Claudia Holze-Thier

Die Pfarrkirche St. Johannes Baptist
zu Attendorn

DENKMALPFLEGE UND FORSCHUNG

IN WESTFALEN

Im Auftrag des Landschaftsverbandes
Westfalen-Lippe

herausgegeben von
Landeskonservator Eberhard Grunsky
Westfälisches Amt für Denkmalpflege
und
Museumsdirektorin Gabriele Isenberg
Westfälisches Museum für Archäologie
Amt für Bodendenkmalpflege

BAND 36

Schriftleitung: Jan Derk Boosen,
Westfälisches Museum für Archäologie
Amt für Bodendenkmalpflege

Klartext Verlag, Essen
1999

Claudia Holze-Thier

Die Pfarrkirche St. Johannes Baptist zu Attendorn

Die Ausgrabungen von 1974

mit Beiträgen von

Otto Höffer und Felicia Schmaedecke

Klartext Verlag, Essen
1999

147 Seiten Text, 105 Abbildungen, 2 Tabellen, 9 Tafeln, 3 Beilagen

Dieses Werk ist mit Unterstützung des Ministeriums für Arbeit, Soziales und Stadtentwicklung, Kultur und Sport des Landes Nordrhein-Westfalen gedruckt worden.

Titelbild:
Aufnahme der Grabungen von Osten: Im Vordergrund die Ostkonche des dritten Baues, im Inneren die Reste des Altarfundaments. Siehe Abb. 20 im Innern.

Einbandgestaltung: Frank Münschke (Klartext Verlag)

Redaktion, Layout und Textgestaltung: SCRIPTORIUM, Stephan Berke, Münster

Schriftentausch: Westfälisches Museum für Archäologie
– Amt für Bodendenkmalpflege –
Zentralreferat · Bibliothek
Rothenburg 30
D-48143 Münster
Tel.: (0251) 5907 262
Telefax: (0251) 5907 211

Die Deutsche Bibliothek – CIP-Einheitsaufnahme

Holze-Thier, Claudia :
Die Pfarrkirche St. Johannes Baptist zu Attendorn : Die Ausgrabungen von 1974 / Claudia Holze-Thier. Mit Beitr. von Otto Höffer und Felicia Schmaedecke. –
Essen : Klartext-Verl., 1999
(Denkmalpflege und Forschung in Westfalen ; Bd. 36)
ISBN 3-88474-798-3

Für den Inhalt und die Richtigkeit der Angaben sowie die Qualität der Abbildungsvorlagen ist der Autor/die Autorin verantwortlich.

© 1999 Westfälisches Museum für Archäologie, Amt für Bodendenkmalpflege, Münster

Dieses Werk ist urheberrechtlich geschützt. Die dadurch begründeten Rechte, insbesondere die der Übersetzung, des Nachdrucks, der Entnahme von Abbildungen, der Funksendung, der Wiedergabe auf fotomechanischem oder ähnlichem Wege und der Speicherung in Datenverarbeitungsanlagen bleiben, auch bei nur auszugsweiser Verwertung, vorbehalten. Die Vergütungsansprüche des § 54, Abs. 2, UrhG, werden durch die Verwertungsgesellschaft Wort wahrgenommen.

Gesamtherstellung: Klartext Verlag, Essen
ISBN 3-88474-798-3

Vorwort der Herausgeberin

In den ersten Monaten des Jahres 1974 konnten in der Pfarrkirche St. Johannes Baptist zu Attendorn umfangreiche archäologische Untersuchungen durchgeführt werden. Ihre Ergebnisse ließen die Erinnerung an die Bedeutung Attendorns für die geschichtliche Entwicklung des südwestfälischen Raums wieder aufleben. Der Nachweis für die Gründung einer Kirche bereits im 9. Jahrhundert untermauerte die in der Landesgeschichte früh geäußerte Annahme, daß im Organisationsplan der für die Missionierung dieser Region zuständigen Kölner Kirche Attendorn als kirchliches Zentrum für den westlichen Teil des Sauerlandes bestimmt worden war. In der Verantwortung der Attendorner "Urpfarre" lag damit in der Folgezeit der regionale Ausbau einer Kirchenorganisation mit dem Ziel der Verbreitung und Vertiefung des Christentums.

Das Bewußtsein, eine zentrale Aufgabe für die Christianisierung der Region übernommen zu haben, spiegelt sich auch in der Baugeschichte der Kirche wieder. Die dem Gründungsbau folgenden drei Neubauten lassen eine Entwicklung zu immer größerer und aufwendigerer Architektur erkennen. Die Architektur reflektiert überdies, vor allem in der Chorlösung der romanischen Basilika, die besonderen Beziehungen Attendorns zur Kölner Kirche. Und nicht zuletzt demonstriert die heute noch bestehende gotische Kirche, der sog. Attendorner Dom, in ihrer Bauform auch die erfolgreiche weltliche "Karriere", die der Urpfarrort bis zum Ausgang des Mittelalters durchlaufen konnte.

Die vorliegende Publikation bietet daher nicht allein eine Darstellung der Baugeschichte der Attendorner Kirche, sondern ist darüber hinaus in der Lage, Einblicke in regional übergreifende historische Prozesse zu vermitteln.

Münster, im Mai 1999
Gabriele Isenberg

Für Bernd, Robin und Ronja

Vorwort

Seit langem bereits hatte der Wunsch seitens des Kreisheimatmuseums und des Vereins für Orts- und Heimatkunde bestanden, die Kirchengrabung des Jahres 1974 aufarbeiten und der Öffentlichkeit als Publikation vorstellen zu lassen. Die wichtigsten Ergebnisse der Grabung, die Abfolge der Kirchenbauten und ihre stilistische Einordnung und Datierung wurden bereits im Jahre 1975 vom Ausgräber, Dr. Uwe Lobbedey, zusammenfassend als Vorbericht veröffentlicht.[1] Einzelne Fundstücke wurden in Ausstellungen und Katalogen des ehemaligen Kreisheimatmuseums[2] präsentiert,[3] jedoch blieb die Forderung nach einer wissenschaftlichen Bearbeitung und Gesamtveröffentlichung der Grabungsdokumentation und des Fundgutes weiterhin bestehen. Als die finanzielle Situation des Vereins für Orts- und Heimatkunde Attendorn für das Jahr 1994 ein solches Vorhaben begünstigte, wurden sich der Ausgräber und der Vereinsvorstand rasch über die Modalitäten des Projektes einig und übertrugen die Aufgabe der Verfasserin. Für eine kunsthistorische Bearbeitung der Basen und Kapitelle, die aus dem spätromanischen Bau stammen und in der gotischen Pfarrkirche sekundär versetzt wurden, mit dem Ziel der Eingrenzung von Datierung und stilistischer Ableitung konnte Frau Felicia Schmaedecke gewonnen werden. Herr Otto Höffer stellte eine umfangreiche Quellenedition zur Baugeschichte der Pfarrkirche zusammen, die in Auszügen hier gedruckt werden soll.[4]

So wurde das Fundmaterial, eingelagert im Südsauerlandmuseum Attendorn, erneut untersucht, katalogisiert und die wichtigsten Stücke gezeichnet.[5] Die Grabungsdokumentation, Bestandteil der Akten des Amtes für Bodendenkmalpflege, Referat Mittelalter, Münster, diente in erster Linie als Grundlage für die Auswertung. Darüber hinaus standen auch private, während der Grabung und späterer Restaurierungsarbeiten angefertigte Fotos und Aufzeichnungen von Herrn Otto Höffer sowie die umfangreiche, in den vergangenen zwanzig Jahren zusammengetragene Materialsammlung zu Kirche und Grabung von Herrn Ludwig Korte zur Verfügung. Wenn auch die Publikation erst mit dem erheblichen zeitlichen Abstand von mehr als zwanzig Jahren in Angriff genommen wurde, so hat sie, gemessen an der nahezu 1500 Jahre währenden Geschichte christlichen Glaubens in Attendorn, an Aktualität kaum eingebüßt.

Die Aufarbeitung einer Altgrabung gestaltet sich stets als eine Suche nach den Erinnerungen Anderer, sofern es der zeitliche Abstand noch zuläßt. Über die Benutzung des amtlich archivierten Materials hinaus ist die private Ansprache von Zeit- und Geschehenszeugen eine wichtige Informationsquelle, deren Wert nicht hoch genug eingeschätzt werden kann. Daß jede Information dem Filter der Sachdienlichkeit im Sinne wissenschaftlicher Korrektheit unterzogen wird, versteht sich dabei von selbst.
In erster Linie sei an dieser Stelle dem Ausgräber, Herrn Prof. Dr. Uwe Lobbedey für seine freundschaftliche Unterstützung, viele wertvolle Hinweise und manch ermutigendes Wort gedankt.

Ohne die tatkräftige Unterstützung der Herren Höffer, Goebel und Korte aus Attendorn, die als engagierte Leiter (komissarisch) des Südsauerlandmuseums (vormals Kreisheimatmuseum) und ehemalige ehrenamtliche Grabungshelfer den Anstoß zur Publikation gaben, und als kompetente Kenner von Ort und Geschichte Attendorns jederzeit als Ansprechpartner zur Verfügung standen, wäre eine Auswertung der Grabung auf diese Weise kaum möglich gewesen. Für die Überlassung einer großen Sammlung privater Aufzeichnungen und Bilddokumentationen sei den Herren Korte und Höffer besonders gedankt.

Der Leiterin des Westfälischen Museums für Archäologie, Frau Dr. Gabriele Isenberg, sei für ihr Entgegenkommen gedankt, sowie allen ihren Mitarbeitern, die mit wertvollen Hinweisen das Zustandekommen dieses Bandes unterstützt haben. Die Grabungstechnik oblag im Jahre 1974 Herrn Joseph Franz Jüttner; einen Teil der Zeichnungen vor Ort und die Umsetzung des Flächenplanes nach Abschluß der Grabung fertigte Frau Ingrid Frohnert an. Die Fundzeichnungen und Ergänzungen des Flächenplanes sowie den Profilplan erstellte Herr Jochen Schieving. Dank gilt ebenfalls dem Schriftleiter der Reihe "Denkmalpflege und Forschung in Westfalen", Herrn Dr. Jan Derk Boosen sowie den Mitarbeitern der Firma Scriptorium, Frau Dr. Ute Rudnick und Herrn Dr. Stephan Berke für die redaktionelle Bearbeitung des Manuskriptes und die Betreuung während der Drucklegung.

---

1 LOBBEDEY 1975, 43-48.

2 Heute Südsauerlandmuseum. Museum für Kunst und Kulturgeschichte des Kreises Olpe in Attendorn, enthaltend das Westfälische Zinnfigurenkabinett.

3 z. B. in Schmiedekunst und Schmiedehandwerk im Kreis Olpe 1981, 14; Der Sauerländer Dom 1994, 10-15, Wasser, Wein und Gerstensaft 1995, 122.

4 Die vollständige Fassung erscheint voraussichtlich in Kürze in der Zeitschrift Heimatstimmen des Kreises Olpe.

5 Zeichnungen: Jochen Schieving.

Die Finanzierung der Grabung im Jahre 1974 gewährleisteten freundlicherweise die Katholische Kirchengemeinde St. Johannes Baptist in Attendorn, die Erzdiözese Paderborn, die Stadt Attendorn und der Kreis Olpe, jene der Auswertungsarbeiten 1994/95 der Verein für Orts- und Heimatkunde und das Südsauerlandmuseum Attendorn. Ihnen allen sei für ihren Beitrag gedankt.

Für vielfache Unterstützung auf fachlicher und privater Ebene möchte ich besonders meinem Mann Bernd danken. Ihm oblag zeitweise auch die Aufgabe, unseren Sohn Lars Robin - bei Abschluß des Manuskriptes 22 Monate alt - von der aktiven Mithilfe abzuhalten.

Der vorliegende Text wurde als Magisterarbeit im Fach Ur- und Frühgeschichte von Herrn Prof. Dr. Jockenhövel an der Westfälischen Wilhelms-Universität betreut und angenommen. Ihm und meinen Eltern, die mein Studium stets mit wohlwollendem Interesse begleiteten, gilt mein besonderer Dank.

Münster, im Juli 1998
Claudia Holze-Thier

Inhaltsverzeichnis

Vorwort der Herausgeberin V
Vorwort VII

1. Einleitung
   1.1. Attendorn in Geschichte und Gegenwart 1
   1.2. Die Pfarrkiche St. Johann Baptist auf Abbildungen des 17.-20. Jahrhunderts 4
   1.3. Das mittelalterliche Attendorn aus archäologischer Sicht 5
   1.4. Die Kirchengrabung 1974 6

2. Die Archäologie der Attendorner Kirchenbauten
   2.1. Vorkirchliche Besiedlung 9
   2.2. Bau I: Die karolingische Saalkirche
      2.2.1. Beschreibung des archäologischen Befundes 10
      2.2.2. Grundriß: Attendorn und der frühe Missionskirchenbau 11
      2.2.3. Ausstattung 14
   2.3. Bau II: Die frühromanische Basilika
      2.3.1. Beschreibung des archäologischen Befundes 14
      2.3.2. Der Grundriß vor dem Hintergrund der Basiliken des 11./12. Jahrhunderts 19
      2.3.3. Ausstattung 21
      2.3.4. Zum Vergleich: Die Kirche zu Bertem 21
   2.4. Bau III: Der romanische Dreikonchenbau
      2.4.1. Beschreibung des archäologischen Befundes 23
      2.4.2. Rekonstruktion und Baugeschichte 29
      2.4.3. Ausstattung 39
   2.5. Bau IV: An den Fundamenten der Pfarrkirche St. Johannes Baptist
      2.5.1. Der gotische Bau 39
      2.5.2. Beschreibung des archäologischen Befundes 45

3. Die Befunde
   3.1. Befundkatalog 49
   3.2. Bemerkungen zu den Profilen 58

4. Das Fundmaterial
   4.1. Keramik 59
   4.2. Eisen 70
   4.3. Buntmetall 74
   4.4. Münzen 82
   4.5. Bein 83
   4.6. Leder 86
   4.7. Glas 86
   4.8. Werkstein 88
   4.9. Sonstiges 91
   4.10. Das Fundspektrum der Attendorner Kirchengrabung 1974 — eine abschließende Betrachtung. 94

5. Spätromanische Spolien in der Pfarrkirche St. Johann Baptist zu Attendorn (*Felicia Schmaedecke*) 97

6. Die Pfarrkirche St. Johannes Baptist in Attendorn. Quellen zur Baugeschichte (*Otto Höffer*) 115

7. Zusammenfassung 127

8. Abkürzungs- und Literaturverzeichnis 135

9. Abbildungsverzeichnis 145

   Tabellen 149

1. Einleitung

1.1. Attendorn in Geschichte und Gegenwart

Die Stadt Attendorn (Kreis Olpe), im südlichen Sauerland am nördlichen Flußufer der Bigge gelegen *(Abb. 1)*, erfreute sich stets der Vorteile einer von der Natur begünstigten Lage.[1] Für die Ansiedlung hatte man eine natürliche Kalksenke, die sogenannte Attendorner Senke, gewählt, die sowohl einen hinreichenden Bestand an Ackerland als auch gegenüber dem Umland gemäßigte klimatische Bedingungen bot. Die Kreuzung wichtiger mittelalterlicher Fernhandelswege in der Stadt – die Straße von Köln nach Kassel schneidet die von Siegen nach Soest – eröffnete Attendorn die Möglichkeit zur Anbindung an die großen Handelsplätze Westfalens und des Rheinlandes.[2]

Über eine vorgeschichtliche Besiedlung des inneren Stadtbezirkes ist bislang wenig bekannt.[3] Einzelfunde, die gelegentlich geborgen werden konnten, sowie die während der Kirchengrabung 1974 beobachtete fundreiche Kulturschicht lassen zumindest auf eine späteisenzeitliche Besiedlung und die Verarbeitung von Eisen vor Ort schließen. Die nicht weiter chronologisch eingrenzbare einheimische, frühgeschichtliche Keramik erlaubt keine Aussagen darüber, ob diese Ansiedlung bis in das 9. Jahrhundert kontinuierlich belegt war.

Attendorn wird zu den Urpfarren des kölnischen Missionsbezirkes gezählt, denen im 9. Jahrhundert wichtige Funktionen in der Verbreitung und Etablierung des christlichen Glaubens oblagen.[4] Der im 11. Jahrhundert aus dem Urpfarrbezirk gebildete Dekanatsbereich Attendorn[5] umfaßte große Teile des Sauerlandes und reichte zu Beginn des 14. Jahrhunderts bis in den Hellwegbereich hinein, mit zahlreichen größeren Orten wie Olpe, Drolshagen, Plettenberg, Menden und Iserlohn.

Erste urkundliche Erwähnung erfuhr Attendorn im Jahre 1072, als u.a. Kirche und Hof zu „Attandarra" vom Kölner Erzbischof Anno an das neugegründete Reformkloster Grafschaft übergeben wurden. Zu diesem Zeitpunkt existierte bereits eine Marktsiedlung in Attendorn mit klösterlichem Hof, Kirchengemeinde und Gerichtsbarkeit *(Abb. 2)*. Mit dem ausgehenden 12. Jahrhundert setzte eine Zeit rascher Entwicklung und des Wachstums ein, begünstigt durch die Förderungen der Kölner Erzbischöfe, die ihren Niederschlag im Selbstbewußtsein der Bürgerschaft fand. 1176 wurde der Gemeinde die Pfarrerwahl überlassen, und wenig später begegnen Attendorner Bürger sowohl in den Kölner Bürgerlisten als auch den Siegburger Mirakelberichten. 1191 erwarb der Kölner Erzbischof die Herrschaft Waldenburg und mit ihr die Ansiedlung Attendorn, 1248 gelangte auch die südlich der Stadt gelegene Burg Waldenburg selbst in den Besitz des Erzbischofs Konrad von Hochstaden. Die Münzprägung setzte in der Zeit zwischen 1208 und 1215 in Attendorn ein.[6] Zu diesem Zeitpunkt muß bereits eine beachtliche stadtähnliche Siedlung bestanden haben, die im Jahre 1222 von Erzbischof Engelbert I. zur Stadt erhoben wurde, nachdem er sie mit Mauern und Gräben zuvor aufwendig befestigen ließ. Die Bevorzugung der Stadt durch die Kölner Erzbischöfe im 13. Jahrhundert im Zuge des Ausbaues ihrer Landesherrschaft mit Attendorn als einem der Stützpunkte war ihrem wirtschaftlichen Gedeihen überaus förderlich.[7] Diese Blütezeit der Stadt ist auch an ihrer Beteiligung an den beiden großen Städtebünden des 13. Jahrhunderts ablesbar, dem Rheinischen und dem Werner, inmitten großer einflußreicher Städte wie Köln, Mainz, Worms, Dortmund, Lippstadt, Münster, Soest und Osnabrück. Bereits früh erfolgte der Beitritt zur Hanse als nahezu notwendige Konsequenz aus dem seit dem ausgehenden 12. Jahrhundert lebhaft von Attendorner Bürgern betriebenen Fernhandel. Ein Stadtbrand um das Jahr 1253 scheint keinen weitreichenden Einbruch verursacht zu haben; offenbar besaß die Stadt hinreichend Ressourcen an Material und Arbeitskraft. Einflußreiche Bürgerge-

---

1 Vgl. dazu auch MÜLLER-WILLE 1951, 1–8; LUCAS 1941, 21 f.
2 LUCAS 1941, 38 ff. Zur Geschichte der Stadt Attendorn zusammenfassend unter Auswertung der älteren Literatur vgl. STOOB 1981. Ausführlichstes Geschichtswerk, jedoch z.T. veraltet BRUNABEND/PICKERT/BOOS 1958. Beide wurden in den nachfolgenden Ausführungen hauptsächlich verwendet; ein weiteres Zitieren kann somit entfallen.
3 Außerhalb des mittelalterlichen Stadtbereiches konnten zahlreiche Fundstellen, darunter einige früh- und hochmittelalterliche Befestigungsanlagen beobachtet werden. LUKANOW 1984, 137–144 sowie einzelne Kurzberichte von LUKANOW, HÖMBERG und NYDOLF in den verschiedenen Bänden der Zeitschrift AFWL (vgl. Literaturverzeichnis). HÖMBERG 1985 ausführlicher zur Wallburg Jäckelchen bei Helden.
4 HÖMBERG 1965, 27–37.
5 Zur Dekanie Attendorn umfassend vgl. HOEYNCK 1885/86.

6 Zur Münzprägung in Attendorn vgl. ausführlicher BERGHAUS 1972, 62–83.
7 Zur Stadtwerdung und der weiteren Entwicklung im 13. Jahrhundert vgl. auch BRUNS 1972.

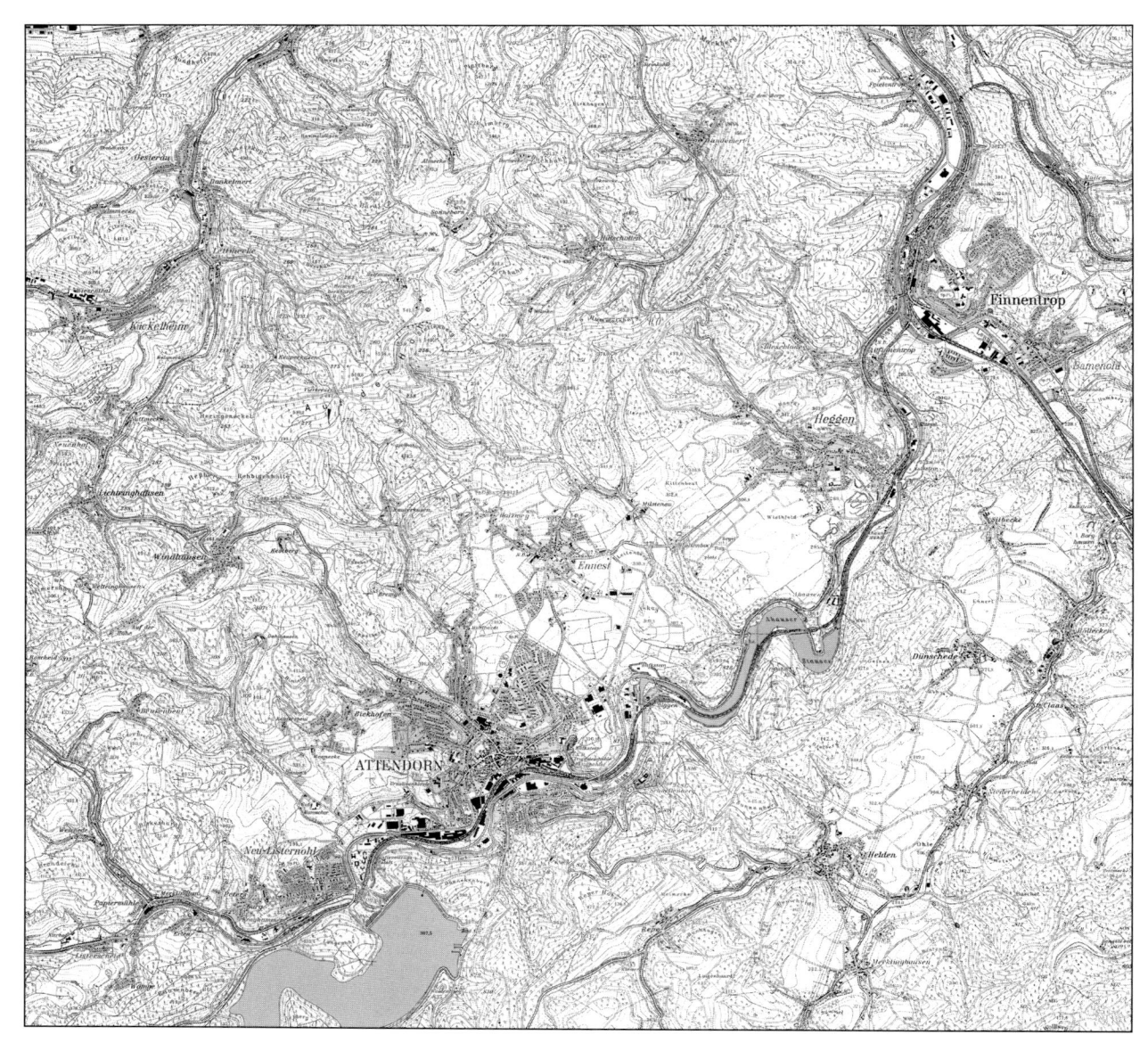

Abb. 1   Topographische Karte Attendorn

schlechter, allen voran die Familie von der Beke, traten nun als Stifter und Wohltäter im kirchlichen und kommunalen Bereich verstärkt auf und lösten eine rege Bautätigkeit im 14. und beginnenden 15. Jahrhundert aus. Die Stiftung des Chorkapitels 1396 durch Johann von der Beke,[8] die den Höhepunkt bürgerlichen Wohlstandes markiert, gab dem geistigen und geistlichen Leben der Stadt wichtige Impulse: Von diesem Zeitpunkt an sollte sowohl die seelsorgerische Betreuung der Bürger als auch die schulische Erziehung der Jugend seitens eines in Attendorn residenten Kapitels von sieben Geistlichen gewährleistet sein. Spätmittelalter und beginnende Neuzeit indes brachten der Stadt empfindliche Einbußen ihres Wohlstandes und leiteten einen allgemeinen Niedergang ein. Pestzüge im 15. und 16. Jahrhundert, die sogenannten Truchsessischen Unruhen 1583/84, zahlreiche Truppendurchzüge und Verwicklungen in die Streithändel der Kölner Erzbischöfe, diverse Stadtbrände, besonders jene von 1656 und 1783, und nicht zuletzt der Dreißigjährige

---

8   SCHMIDT 1992, 44 ff.; ISPHORDING 1954, 825–830.

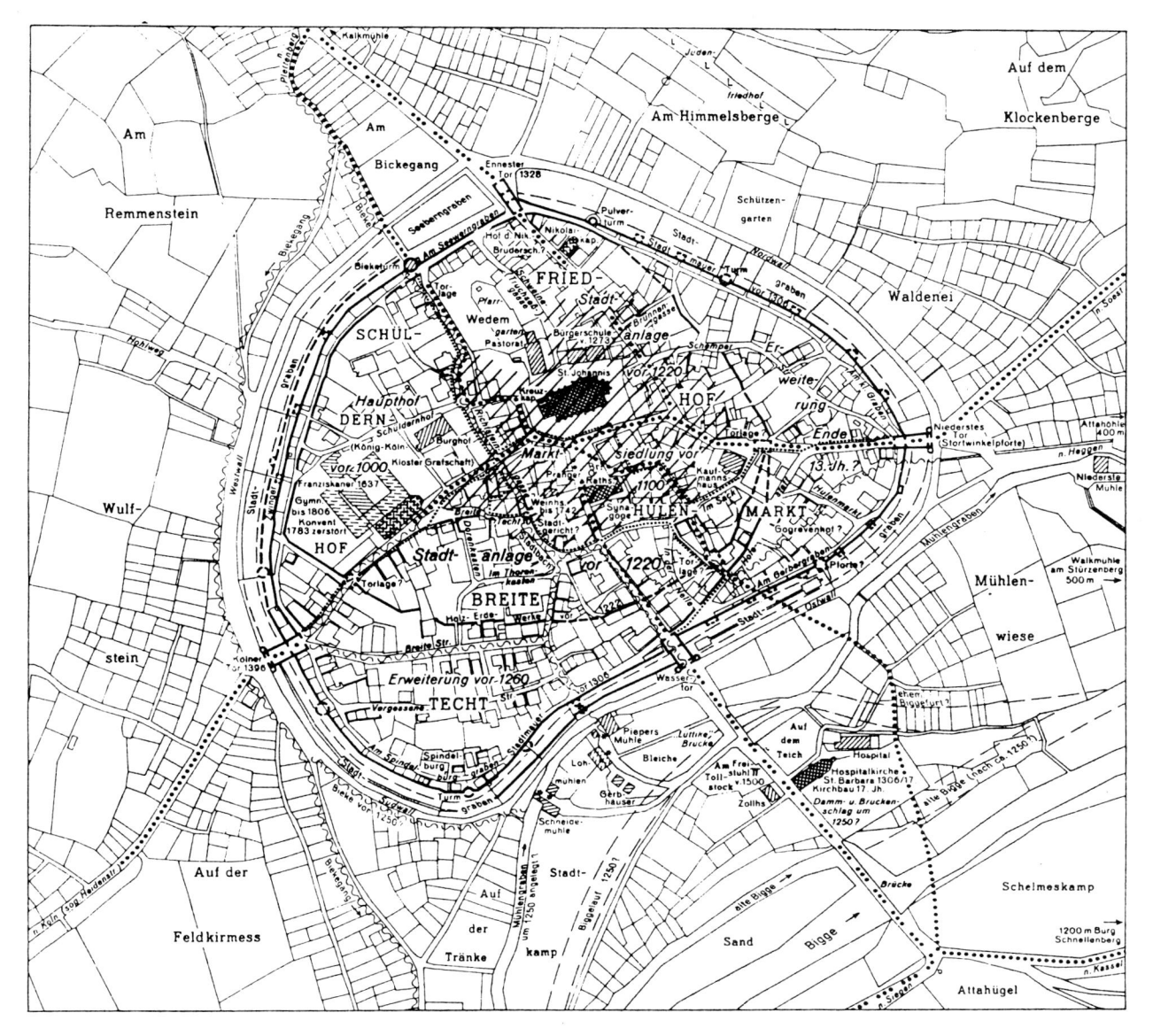

Abb. 2   Wachstumphasen der Stadt Attendorn. Nach STOOB 1981, Taf. 2.

Krieg hinterließen in Attendorn Spuren der Verwüstung, von denen es sich kaum noch zu erholen vermochte. Ungeachtet dessen konnten sich Humanismus und Schulwesen seit dem 16. Jahrhundert entwickeln und brachten durchaus Gelehrte überregionalen Ranges hervor. Einen kulturellen Aufschwung erlebte die Stadt in der Fürstenberg-Zeit: Mit der Übernahme der Verwaltung durch den Drosten Caspar von Fürstenberg zu Beginn des 17. Jahrhunderts und der Etablierung seiner Familie in Attendorn durch den Erwerb der Burg Schnellenberg setzte insbesondere die Belebung von Bautätigkeit und Kunsthandwerk in Attendorn ein. Die Werkstatt des Bildhauers Sasse und deren Umkreis schufen im ausgehenden 17. Jahrhundert eine Vielzahl von qualitätvollen, zum Teil erhaltenen Kunstwerken, darunter auch etliche der in der Pfarrkirche vorhandenen. Der wirtschaftliche Niedergang der Stadt hielt allerdings bis in das beginnende 19. Jahrhundert an, nachdem Attendorn schon lange zuvor seine Vormachtstellung an Olpe, die spätere Kreisstadt, hatte abgeben müssen.

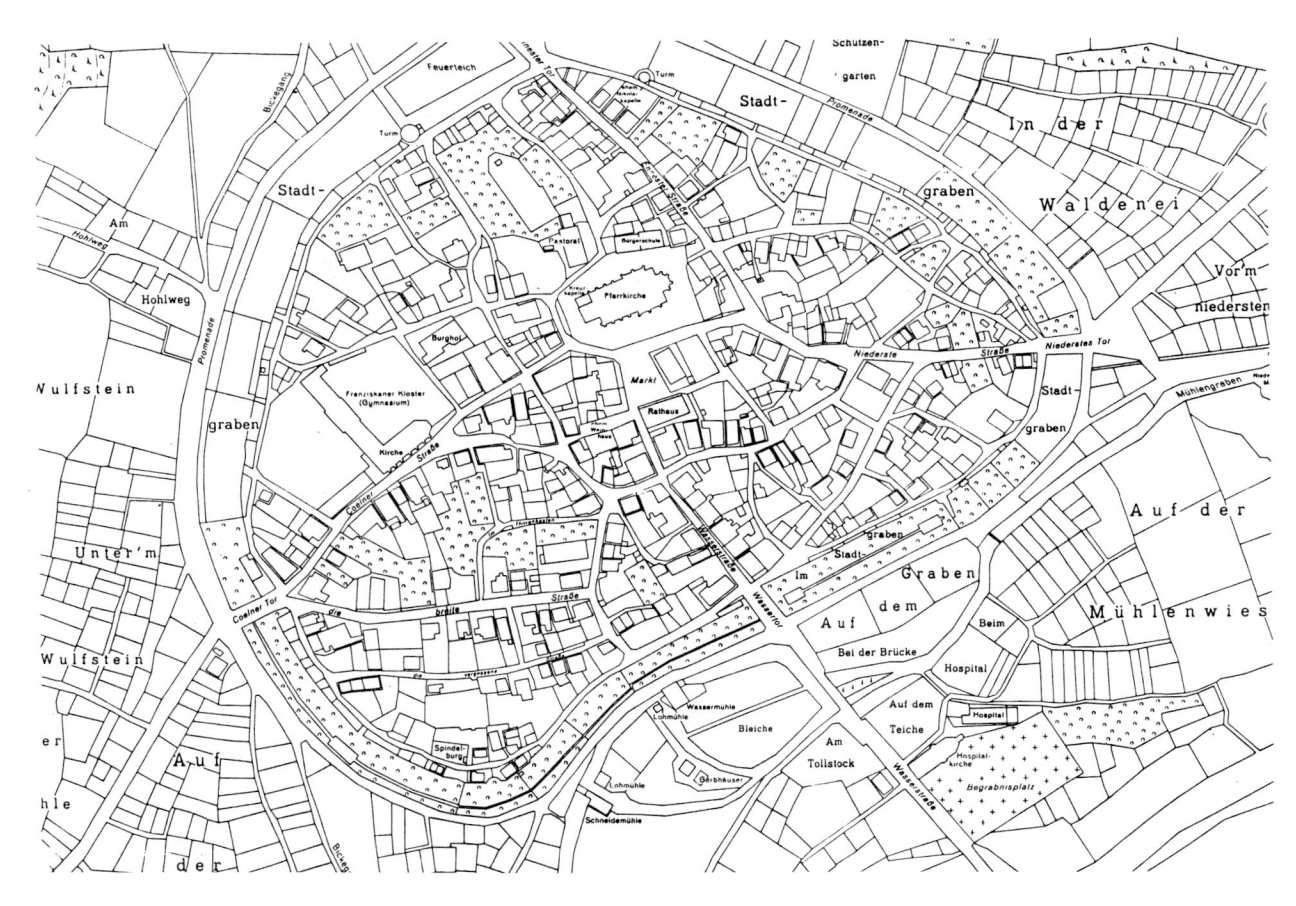

Abb. 3   Plan der Stadt Attendorn 1831/32. Nach STOOB 1981, Taf. 1.

1.2. Die Pfarrkirche St. Johann Baptist auf Abbildungen des 17.–20. Jahrhunderts

Die beiden frühesten Abbildungen der Stadt stammen aus der ersten Hälfte des 17. Jahrhunderts und zeigen ihre Ansicht von Süden.[9] Die eine von ihnen, die sogenannte Schwedentafel, trägt als Datierung die Jahreszahl 1634 und wurde in ihrem heutigen Zustand[10] anläßlich der erfolgreich überstandenen Belagerung durch die Schwedischen Truppen angefertigt. Die zweite Ansicht, entstanden etwa um 1620, ist eine kleine Vignette als Bestandteil der Altartafel des ehemaligen Dreifaltigkeitsaltares in der Pfarrkirche St. Johann Baptist. Auf beiden trägt der Turm dieser Kirche eine barocke Haube, bekrönt von einem Kreuz bzw. einem Hahn. Das Querhaus besitzt zwei hohe spitze Giebel (zumindest zur Marktseite hin) und der Chor ist mit einem spitzen Dachreiter versehen.

Die um 1730 entstandene Zeichnung des Renier Roidkin, ebenfalls von Süden, läßt bereits deutliche Veränderungen erkennen, die möglicherweise auf den Stadtbrand von 1710 zurückzuführen sind. Der Kirchturm trägt jetzt einen hoch aufragenden, etwas überzeichneten Spitzhelm, die Giebel des Querhauses fehlen.

Zwei farbig gefaßte Zeichnungen unbekannter Urheberschaft aus der Zeit um 1800 zeigen die Stadt von der Nord- und Südseite. Der große Brand von 1783 hatte große Zerstörungen verursacht, die sich auf den Zeichnungen gut nachvollziehen lassen: So befindet sich die Stadtmauer um 1800 in beklagenswertem Zustand. Die Pfarrkirche ist unverputzt und mit verschiedenen

---

9   Die meisten Abbildungen veröffentlicht bei BRUNABEND/ PICKERT/BOOS 1958. Darüber hinaus Zusammenstellung mit Nachweis der Eigentümer und des Verbleibs bei CORDES 1972a und in Westfalica Picta 1987, 96–109.

10 Möglicherweise ist das Bild selbst älter und wurde 1634 verändert. Vgl. dazu Bericht über die Restaurierung in den Westfälischen Nachrichten vom 13. Juli 1996.

Dachdeckungen versehen: Chor und (inzwischen wieder barock gestaltete) Turmhaube sind mit Schiefer, das Langhaus mit Ziegelpfannen gedeckt.

Eine weitere farbige Ansicht gleichen Ursprunges wie die beiden vorgenannten umfaßt den Marktbereich mit dem in barocken Formen veränderten Rathaus, dem Haus des Amtmannes und der Pfarrkirche St. Johann Baptist. Der höhergelegene Kirchhof ist darauf von einer Mauer umgeben und wurde offenbar noch als Friedhof genutzt, wie eine ausgehobene Grabgrube und ein einzelner Grabstein zeigen.[11]

Eine Bleistiftzeichnung aus dem Jahre 1833 (Ansicht von Ostsüdost) und eine Lithographie aus dem Jahre 1845 (von Westen) zeigen anstelle der Stadtmauer, die nach dem letzten großen Brand von 1783 nicht wieder errichtet worden ist, eine in gleichem Verlauf angelegte, von Bäumen gesäumte Promenade, über deren Grenzen die Stadt noch nicht hinausgewachsen ist. Die Zeichnung von 1833 gibt die Pfarrkirche nur sehr schematisiert wieder. Auf der Ansicht von 1845 lassen sich mehr Details erkennen: Sie ist verputzt oder gekalkt, allerdings ohne eine farbige Absetzung der Zierglieder.

Die Stadtpläne von 1784, 1810 und 1831/32 *(Abb. 3)* umreißen die Pfarrkirche nur grob; genauer hingegen ist eine Federzeichnung aus dem Jahre 1847, die sogar den Größenverhältnissen des Grundrisses annähernd gerecht wird.

Die bekannten Fotografien der Pfarrkirche setzen um 1875 ein und lassen die unterschiedlichen Veränderungen und Zustände der vergangenen 100 Jahre rekonstruieren.[12]

Die erste größere zeichnerische und fotografische Dokumentation wurde um 1900 im Auftrage des Provinzialkonservators Ludorff angefertigt, weitere entstanden während der Restaurierungsmaßnahmen 1974 (innen) und 1979/80 (außen).[13]

Markante Punkte im Stadtbild und der Umgebung, die neben der Pfarrkirche auf den Abbildungen seit dem 17. Jahrhundert auffallen, sind große Bauten in und um Attendorn: das Hospital und die zugehörige Hospitalkirche St. Barbara südlich vor den Toren der Stadt, das 1420 von dem begüterten, aus Attendorn stammenden Kaufmann Heinrich Wecke gestiftete Kloster Ewig[14] (heute eine mächtige barocke Klosteranlage, deren Gründungsbauten im Jahre 1988 im Rahmen einer archäologischen Untersuchung angeschnitten wurden[15]), die Anlage des Franziskanerklosters mit Kirche und Konventsgebäuden, errichtet 1648–56[16]) sowie die weithin sichtbare Burg Schnellenberg aus dem 13./18. Jahrhundert. Das sorgfältig in alten Formen restaurierte Rathaus[17] aus der Mitte des 14. Jahrhunderts bildet noch heute gemeinsam mit der Pfarrkirche das Herz des innerstädtischen Bereiches.

Attendorn ist heute eine moderne Stadt mit fast 25000 Einwohnern, deren Erwerbsgrundlage vorwiegend auf metallverabeitender Industrie, Handel und Fremdenverkehr beruht. Als touristische Anziehungspunkte sind dabei nicht nur die benachbarte Biggetalsperre (erbaut 1960–65) und die 1907 entdeckte Attendorner Tropfsteinhöhle zu nennen, sondern auch die sichtbaren Relikte mittelalterlicher und frühneuzeitlicher Kultur, wie die Burgen Waldenburg und Schnellenberg, das Ensemble aus Rathaus (mit dem dort befindlichen Südsauerlandmuseum) und Pfarrkirche sowie zahlreiche Fachwerkbauten der Altstadt.

1.3. Das mittelalterliche Attendorn aus archäologischer Sicht

Die im heutigen Stadtbild noch gut erkennbare Struktur des mittelalterlichen Stadtkernes und der Verlauf der Befestigung aus dem beginnenden 13. Jahrhundert bezeugen die mögliche Substanz an Bodendenkmälern in Attendorn.[18] Die Lücken im Altstadtbereich, die der Bombenhagel auf Attendorn im Zweiten Weltkrieg hinterlassen hat, sind in den Jahrzehnten danach vielfach

---

11 Nach dem Stadtbrand von 1783 wurde der Begräbnisplatz an der Kirche zu eng: So sollte ab etwa 1790 nur noch vor den Toren der Stadt bei der Hospitalkirche St. Barbara bestattet werden. HÖFFER 1983a, 14 ff.
12 Vgl. dazu die auswertenden Kapitel zu Bau III (Turm) und IV.
13 Angelegt von O. Höffer, L. Korte, beide Attendorn, und Mitarbeitern des Westfälischen Amtes für Denkmalpflege, Münster.

14 POTTHOFF 1992a, 294 ff.
15 MELZER 1993, 113–119. Zur Keramik THIER 1995a, 121–158.
16 POTTHOFF 1992, 48 ff.
17 NEUMANN 1965, 59–73.
18 Eingetragene Bodendenkmäler im Bereich der Innenstadt sind z.B. das Kölner Tor, das Wassertor, Reste der mittelalterlichen Stadtbefestigung und der Standort der ehemaligen Franziskanerklosterkirche. HÖMBERG in AFWL 3, 1985, 211; AFWL 4, 1986, 237; AFWL 5, 1987, 626 f; AFWL 6A, 1988, 200. Allgemein zur denkmalpflegerischen Einschätzung der Attendorner Altstadt s. auch Einzelberichte zur Denkmalpflege 1980–84: Attendorn. (Ref.: Stöver) In: Westfalen 67, 1989, 385 f.

Abb. 4 Gesamtansicht der Grabung 1974, von Westen. WAfD, Foto Barthe 1974.

unter Aufgabe der alten Bausubstanz wieder geschlossen worden. Wie in zahlreichen anderen deutschen Städten, die in den fünfziger und sechziger Jahren rasch expandierten, fielen auch in Attendorn manche Bodendenkmäler ohne weitere Dokumentation den Bedürfnissen der modernen städtischen Infrastruktur zum Opfer. Mit Ausnahme der Kirchengrabung im Jahre 1974 konnten bislang keine größeren archäologischen Untersuchungen im Bereich der mittelalterlichen Altstadt durchgeführt werden. Dem unermüdlichen Einsatz der örtlichen Heimatpfleger ist es zu verdanken, daß zumindest die noch im Profil der Baugruben sichtbaren Befundreste gedeutet und, wenn möglich, datiert wurden.[19] Vereinzelt wurden bei Baustellenbeobachtungen und kleineren Sondagen Funde geborgen. Nur in den seltensten Fällen gelang es, mittelalterliche oder neuzeitliche Befunde bzw. Bausubstanz zu dokumentieren, da die bereits fortschreitende Bautätigkeit dies nicht mehr zuließ.

1.4. Die Kirchengrabung 1974

Als am 4. Januar des Jahres 1974 die Bauarbeiten für die neue Heizungsanlage in der Kirche begonnen wurde, stieß man bereits sehr früh auf die ersten Spuren von Vorgängerbauten: Der im Osten nahe der Kommunionbank eingesetzte Bagger blieb – glücklicherweise – am massiven Fundament des Dreikonchenchores hängen. So war das Ausmaß der Zerstörung noch nicht sehr groß, und die archäologische Untersuchung konnte aufschlußreiche Einblicke in die Baugeschichte der vier aufeinanderfolgenden Kirchenbauten erbringen. Die rasch herbeigerufenen Mitarbeiter des Westfälischen Amtes für Denkmalpflege, Münster, unter Leitung von Dr. Uwe Lobbedey,[20] wurden unterstützt von ehrenamtlichen Mitarbeitern aus Attendorn (vor allem Mitgliedern des Lehrerkollegiums des Rivius-Gymnasiums unter Leitung von OSTR W. Cordes), die bereits zuvor erste Bergungs- und Sicherungsarbeiten durchgeführt hatten.

Die überraschend und ohne Vorbereitung begonnene Grabung mußte sich mit geringen finanziellen Mitteln und unter dem Druck der Bautermine – die Heizungsarbeiten durften nur kurze Zeit hinausgezögert werden – mit den unbedingt notwendigen Untersuchungen im Schnellverfahren begnügen. Eine vollständige und systematische Grabung war unter diesen Umständen nicht möglich.

Während der etwa sechswöchigen Kampagne konnten oberflächennahe Freilegungen, vor allem von Mauerwerk, in allen Teilen des Kirchenraumes durchgeführt werden *(Abb. 4)*. Dabei wurden 35 Befunde in 14 Schnitten *(Abb. 69)* dokumentiert und zahlreiche Funde geborgen. Für die Niveauvermessungen wurde als Grabungsnullpunkt der topographische Punkt am Turm der Pfarrkirche, der bei 256,886 mNN liegt, verwendet. Auf eine Umrechnung jedes Niveauwertes in „mNN" kann hier jedoch verzichtet

---

19 Eine Zusammenfassung der wichtigsten mittelalterlichen Funde und Fundstellen s. GOEBEL/KORTE 1995, 29–39.
20 Grabungstechnik: J.F. Jüttner; Zeichnungen: I. Frohnert.

werden, da der Aussagewert für die Grabungsergebnisse dadurch nicht vermehrt wird. Die ersten Befunde traten nur wenige Dezimeter unter der Oberfläche des rezenten Kirchenbodens, der bei -0,70 bis -0,73 m gemessen wurde, zutage. Die Grabungstiefe lag 0,30 bis 0,80 m darunter, nur vereinzelt wurden Sondagen zur Einmessung von Unterkanten bis in eine Tiefe von ca. -2 m durchgeführt. Das vertikale Vermessungsnetz bestand aus Nordsüd- und Westost- Koordinaten im Abstand von je 1 m, wobei die Koordinate „100 süd" die ostwestliche Mittelachse des heutigen Kirchenbaues bezeichnet, die um ca. 20 Grad von der Ost-West-Achse nach Nordost/Südwest abweicht. Der Schnittpunkt 100 süd/100 ost befindet sich im Bereich des östlichen Querarmes, etwa 1 m westlich der Vierungsmitte. Die Numerierung der Schnitte erfolgte – mit Ausnahme der Schnitte 1, 2–4 und 14 – in Nordsüdreihen zu je drei Schnitten von Osten nach Westen, so daß Schnitt 1 als östlichster Schnitt die Vierung und Schnitt 14 als westlichster den Turmraum einnimmt, die Schnitte 2, 5, 8, 11 im Nordseitenschiff, 3, 7, 10, 13 im Südseitenschiff und 4, 6, 12 im Mittelschiff liegen *(Abb. 68)*.

Als Dokumentation wurden Befundbeschreibungen, Zeichnungen im Maßstab 1:20, vereinzelt Details im Maßstab 1:10 (insgesamt 25 Blatt, davon 21 mit Flächen- und 4 mit Profilzeichnungen), und zahlreiche Farb- und Schwarzweißfotos angefertigt. Die anschließende graphische Bearbeitung schloß den Beginn einer Umzeichnung der Flächenzeichnungen zu einem Gesamtplan sowie einige Fundzeichnungen ein. Wenn nötig, wurden Fundstücke, vor allem Metallfunde, restauriert und für eine Magazinierung konserviert.

Die Bebauungsgeschichte des Platzes mit ihrer Kontinuität von vier Kirchenbauten schloß mittelalterliche oder neuzeitliche Siedlungsschichten, die hätten berücksichtigt werden müssen, aus; lediglich eine zuunterst angetroffene, frühmittelalterliche Keramik enthaltende Kulturschicht ohne weitere Bebauungsspuren zeigte Siedlungstätigkeit zumindest im näheren Umfeld an. Die Masse der Befunde bilden demnach Mauern und Baubefunde bzw. -schichten. Gräber wurden aus Zeitgründen nur in Einzelfällen freigelegt, jedoch zeigte sich anhand der Bodenbeschaffenheit, daß im gesamten Kirchenraum bestattet worden war. Entsprechend gering ist daher die Anzahl der Funde, gemessen an der freigelegten Fläche; allerdings ist dies bei Kirchengrabungen erfahrungsgemäß die Regel.

Das Fundspektrum selbst ist dem Fundort durchaus angemessen: in nur wenigen Gegenständen spiegeln sich siedlungsspezifische Tätigkeiten wie etwa die Zubereitung von Nahrung oder sonstiges Hauswerk wider. Naturgemäß stärker vertreten sind dagegen die Bereiche religiöses Leben, Bauhandwerk und Freizeit.

Abb. 5 Bau I/III: Ansicht des Chores (Mauer 6) mit der teilweise ausgebrochenen Ostmauer. Im Hintergrund die Nordkonche (1) und der Rest des Altarfundamentes (11) von Bau III. Ansicht von Westen. WAfD, Foto Bathe 1974.

2. Die Archäologie der Attendorner Kirchenbauten

Die im folgenden vorgestellten Befund- und Baubeschreibungen schließen die von U. LOBBEDEY bereits geleistete Auswertungsarbeit ein.[21]

2.1. Vorkirchliche Besiedlung

Der Boden, auf dem die Kirche errichtet wurde, besteht aus Auelehm. Darauf lagert die Kulturschicht *19* als stratigraphisch ältester faßbarer Befund, die von einer dem ersten Kirchenbau vorausgegangenen Besiedlung zeugt.

Der im Fundgut enthaltene Hüttenlehm könnte auf die Existenz von lehmverputzten Flechtwerkbauten in unmittelbarer Nähe hinweisen, Tierzähne und -knochenreste sowie ein hoher Anteil an Gefäßkeramik lassen darauf schließen, daß es sich wohl um Wohnbauten gehandelt haben muß. Die Keramik umfaßt einen Siedlungszeitraum vom 7.-9. Jahrhundert, wobei der Anteil der aus dem Rheinland und der Eifel importierten Keramik sehr hoch ist: Es müssen schon früh ausgeprägte Handelsbeziehungen bis in diese Gebiete hinein bestanden haben. Reste von Rennfeuerschlacke, die an der Oberkante von *19* gefunden wurden, bezeugen die Verarbeitung von Eisenerz. Eine Analyse der Schlacken

---

21 Vorbericht „St. Johann in Attendorn; Drei Kirchen unter dem Boden des Gotteshauses." (In: Festschrift des Rivius-Gymnasiums Attendorn, Hrsg. W. STANNAT, Attendorn 1975, 43–48.).

deutet eine mögliche Herkunft des Erzes aus dem näheren Umkreis von Attendorn an.[22]

2.2. Bau I: Die karolingische Saalkirche

2.2.1. Beschreibung des archäologischen Befundes

Zugehörige Befunde: Mauer *6,* Außenlaufniveau *18,* Lehmschicht *21a?,* Mörtelschuttschicht *25.*

M a u e r w e r k

Chor und Langhaus

Als ältester Baubefund erwies sich das Fundament *6,* das im Osten als weitgehend zusammenhängendes Mauerwerk in den Schnitten 2 und 3/4 *(Abb. 5),* im Langhaus als Rest in den Schnitten 6/9/10 und im Westen als Rest und Ausbruchgrube in Schnitt 12 angetroffen wurde. Von einem Bauniveau bei ca. -1,40 aus waren ca. 50 cm tiefe Fundamentgräben ausgeschachtet und mit einem kleinteiligen Packlagenfundament[23] ausgefüllt worden. Das Aufgehende besitzt eine Breite von 70–75 cm und besteht aus in Mörtel versetzten Bruchsteinen mit bündig gemauerten Außenkanten.

Mauer *6* bildet im Osten einen um Mauerstärke gegenüber dem Langhaus eingezogenen Rechteckchor mit den lichten Maßen von ca. 4,60–4,70 m Länge und 5,10–5,20 m Breite;[24] dies entspricht einer Fläche von 23,46–24,44 m². Nach Westen hin ist der Chor durch zwei um 1,10 m nach innen vorspringende Mauerzungen vom Langhaus abgesetzt, deren nördliche großenteils erhalten ist, die südliche lediglich im Ansatz. Der verbleibende Durchgang muß entsprechend eine Breite von 3 m besessen haben. Das Langhaus erstreckt sich nach Westen hin bis zu dem Rest von Mauer *6* in Schnitt 12 mit einer lichten Länge von 13,90 m und ist aufgrund der in den Schnitten 6/9/10 erfaßten Innenkante der Südwand mit einer Breite von 6,75 zu rekonstruieren. Es umschließt damit eine Grundfläche von 93,83 m². Die lichte Gesamtlänge des Baues beträgt 18,60 m.

Z u g e h ö r i g e   S c h i c h t e n

In Schnitt 4 zeigte sich eine Mörtelschuttschicht *25.* Diese zieht unmittelbar in die Baugrube des Fundamentes hinein und läßt sich damit als Bauschicht für den ersten steinernen Kirchenbau bezeichnen. Ihre Oberkante, die bei -1,38 bis -1,42 liegt, ist als zumindest während des Bauvorganges von Bau I existierendes Innenniveau anzusehen. Reste eines Bodenbelages in situ sind nicht angetroffen worden; möglicherweise wurde er bei dem Umbau zu Periode II aufgenommen. In Schnitt 2, nördlich der NO-Ecke von Mauer *6,* wurde ein Niveau *18,* das direkt auf der Schicht der vorkirchlichen Besiedlung auflag, freigelegt. Mit einer Oberkante von -1,42 m sowie dem Bezug zur vorhergehenden Siedlungsphase dürfte es sich bei Schicht *18* um ein Außenniveau zu Fundament *6* handeln.

Innerhalb des Chores befand sich auf der Mörtelschicht *25* der Mauer *6* eine Lehmschicht *21a.* Es ist nicht mehr nachzuvollziehen, ob diese Schicht das Bodenniveau des ersten Baus darstellt oder bereits zum nachfolgenden gehört. Belaufene Schieferplatten im Außenlaufniveau *18* legen den Schluß nahe, daß der Bodenbelag zumindest partiell aus Schiefer bestanden hat. Darüber hinaus zeigt sich in dieser Schicht eine starke Durchsetzung mit Holzkohle, die auf einen Brand in unmittelbarer Nähe schließen läßt. Möglicherweise kann die Holzkohle als Hinweis darauf verstanden werden, daß Bau I einem Brand zum Opfer fiel, der einen Neubau unter Beibehaltung der alten, wohl unbeschädigten Chorpartie nach sich zog.

G r ä b e r

Zu Bau I gehören Außenbestattungen, von denen eine in Schnitt 2 (innerhalb des nördlichen Chor-Annexes von Bau II) unmittelbar an der Nordkante von Mauer *6* angeschnitten wurde. Die Tatsache, daß der Westturm des nachfolgenden Baues alten Friedhofsbereich überbaut,

---

22 Nach Gutachten Dr. Pietzner, Geologisches Landesamt Nordrhein-Westfalen vom Dez. 1980 ... *handelt es sich bei der vorliegenden Probe um eine typische Rennfeuerschlacke. ... Nesterartige Brauneisensteinvorkommen im Bereich der oberflächlichen, lehmgefüllten Einsenkungen auf dem Massenkalk zwischen Attendorn und Heggen und zwischen Mecklinghausen und Silbecke sind seit langem bekannt und können als Erzlieferanten infrage kommen.*

23 Das zu dieser Zeit selten auftretende Packlagenfundament kann als Hinweis darauf gelten, daß der Baumeister den anstehenden Lehm als Baugrund für nicht ausreichend tragfähig hielt. Ein weiteres Ausschachten der Fundamentgräben mit dem Ziel, auf tragfähigen Baugrund zu stoßen, unterblieb, so daß es sich bei dem ersten Bau um eine in großer Eile oder als Interimsbau errichtete Kirche handeln kann. Vgl. auch CONRAD 1990, 161 ff.

24 Im Fundamentbereich gemessen.

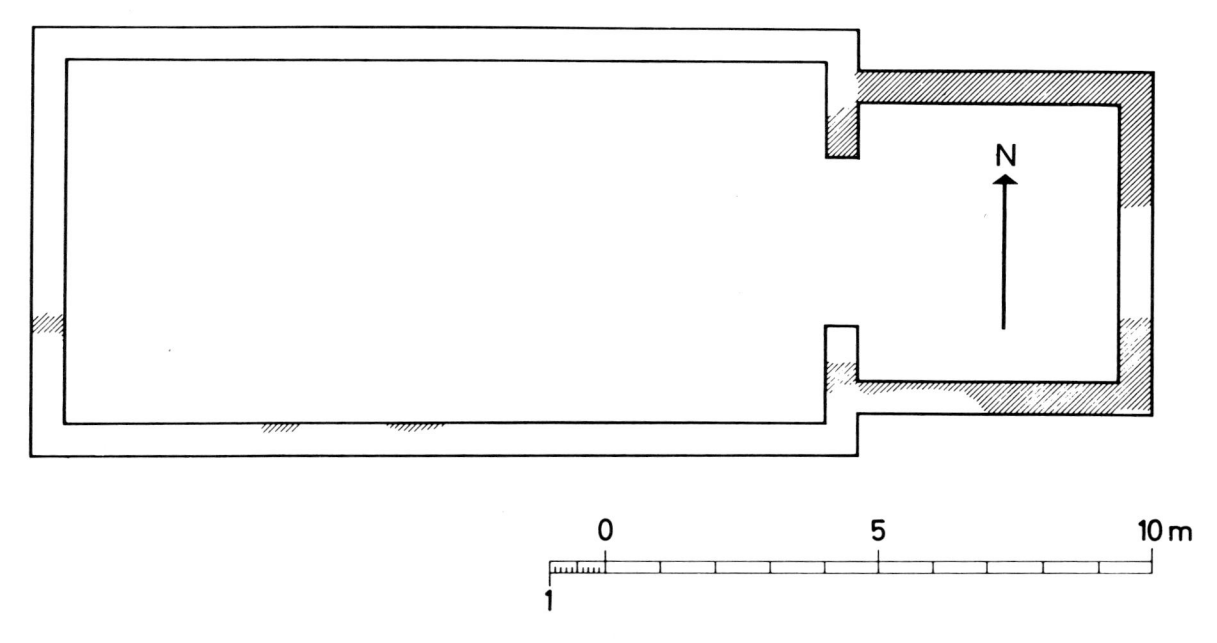

Abb. 6   Bau 1: Rekonstruktion des Saalkirchenbaues. WMfA, Zeichnung Frohnert 1974.

spricht für die Existenz eines Bestattungsbereiches auch westlich der Saalkirche.

Funde

Die dem ersten Kirchenbau vorausgehende Kulturschicht *19* enthielt neben Tierzähnen, verbrannten Steinen, Eisen- und Schlackeresten Keramik des 7-9. Jahrhunderts, so daß der Baubeginn von Bau I frühestens im 9. Jahrhundert angesetzt werden kann. Spuren von Vorgängerbauten in Form von Pfostenlöchern oder Fundamentresten wurden nicht beobachtet, so daß Bau I als erster Kirchenbau an dieser Stelle angesehen werden kann. Im Außenniveau *18* wurde Keramik des 8.-12. Jahrhunderts aufgefunden; der Abbruchhorizont von Mauer *6* ist durch das Vorkommen von Keramik des 10.-12. Jahrhunderts gekennzeichnet. Da Schicht *17* (Bauschicht von Bau II) Abbruchmaterial von Bau I enthält, ist sie indirekt ebenfalls in Betracht zu ziehen: das darin enthaltene Fundmaterial verweist in das 10.-12. Jahrhundert.

2.2.2. Grundriß: Attendorn und der frühe Missionskirchenbau

Der erste faßbare Vorgängerbau der Pfarrkirche St. Johannes Baptist wurde als schlichte Saalkirche mit eingezogenem Rechteckchor wahrscheinlich im 9. Jahrhundert errichtet und ist als Gründungsbau des ausgedehnten Pfarrsprengels anzusehen *(Abb. 6)*. Formal fügt er sich in die homogene Gruppe des fränkischen Typs früher Pfarr-, Stifts- und Eigenkirchen gleicher Grundrißdisposition ein, der sich unter Karl dem Großen ab etwa 800 n.Chr. im Rheinland, dem Maasgebiet und dem Raum Westfalen durchsetzte.[25] Diese ungewölbte, in der Regel nicht oder nur sparsam gegliederte Form der Saalkirche wurde so bis in das 12. Jahrhundert hinein gebaut und erlebte im 12./13. Jahrhundert, durch Wölbung und Westturm bereichert, erneut eine Blütezeit im ländlichen romanischen Kleinkirchenbau.[26]

---

25 Die Saalkirchen Westfalens sind von M. KOCH (unveröffentlichte Magisterarbeit) unlängst eingehender Katalogisierung und Bearbeitung unterzogen worden. Zuvor grundlegend dazu: LOBBEDEY 1981, 29 ff.

26 KOCH o.J., 189.

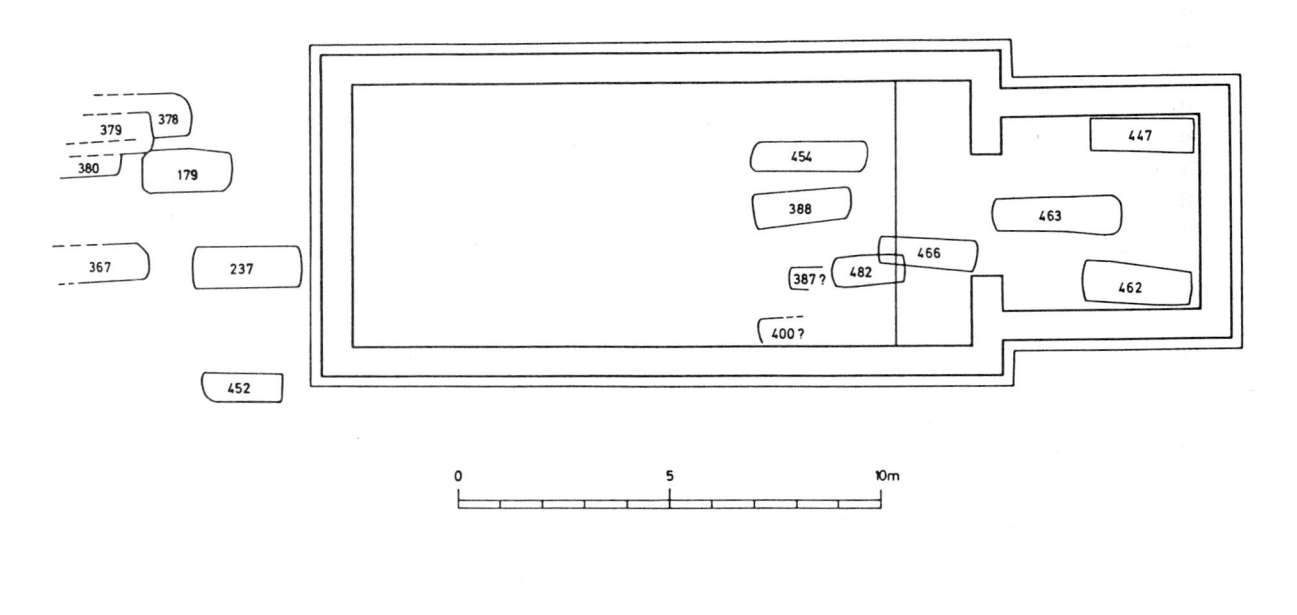

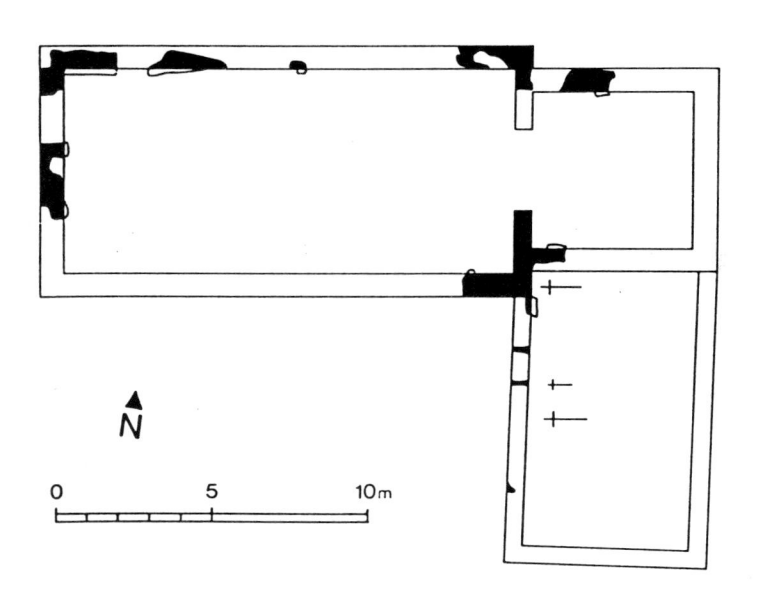

Abb. 7   Bau 1: Grundrisse vergleichbarer Saalkirchen Westfalens aus dem 9./10. Jahrhundert: Herzfeld (nach LOBBEDEY 1993, S. 173) und Enger (nach LOBBEDEY 1979, S. 12).

So verwundert es auch nicht, daß die Saalkirche mit Rechteckchor[27] gerade bei der ältesten Schicht von Pfarr-, Stifts- und Eigenkirchen die am häufigsten anzutreffende Form ist.[28] Die schlichten Bauformen dieser Gruppe werden allgemein mit den im Holzbau gebräuchlichen in Verbindung gebracht, zumal nicht wenige steinerne Saalkirchen dieses Typus über hölzernen Vorgängerbauten

---

27   Neben der Form der ungegliederten Saalkirche ohne abgesetzten Chor; vgl. KUBACH/VERBEEK 1989, 30 ff.

28   KOCH o.J., 183 ff.

2.2. Bau I: Die karolingische Saalkirche

errichtet wurden.²⁹ Besonders für die frühen ländlichen Missionskirchen ist zu bedenken, daß in den wenigsten Fällen Handwerker zur Verfügung standen, die mit der Ausführung komplizierterer Grundrißformen vertraut waren, so daß der Saalkirche mit Rechteckchor allein schon aus praktischen Gründen der Vorzug gegeben wurde. Dieser Typus wird im frühen und hohen Mittelalter auch bevorzugt errichtet,³⁰ daneben gibt es auch zahlreiche Saalkirchen mit apsidial schließendem Chor. Ähnliche Kirchengrundrisse des 9./10. Jahrhunderts wie der in Attendorn ergrabene konnten z.B. in Enger, Herzfeld (Gründung belegt für das Jahr 809) *(Abb. 7)*, Lügde, Lage, Soest (St. Petri und Alt St. Thomae) und Stapellage aufgedeckt werden.³¹ Die sorgfältig bündig gemauerten Kanten am aufgehenden Mauerwerk der Attendorner Saalkirche sprechen dafür, daß man hier bereits mit dem Steinbau vertraut war, oder daß entsprechend geschulte Bauleute aus den umliegenden Oberzentren, vielleicht aus Köln oder Soest, hinzugezogen worden waren.

Den aufgehenden Bereich aus Mauer- oder nur Fundamentstärken rekonstruieren zu wollen scheitert am Fehlen vergleichbar dimensionierter erhaltener Bauten. Wenn auch die Proportionierung eines Kirchengrundrisses im frühen Mittelalter nicht ohne der antiken Baukunst zugrundeliegende Berechnungsmöglichkeiten durchgeführt wurde,³² so ist dies nicht auf den gesamten Bau anwendbar:³³ Lokale Bautraditionen, die technischen Bedingungen durch örtlich vorhandenes Baumaterial sowie Erfahrung und Sicherheitsdenken des ausführenden Baumeisters können auf das Aufgehende Einfluß genommen haben. Über die tatsächliche Raumhöhe karolingischer und ottonischer Saalkirchen im ländlichen Bereich ist wenig bekannt, ebenso über Einzelheiten ihrer Außengliederung und Dachkonstruktion.³⁴ Es wird allerdings gemeinhin von einem niedrigen querrechteckigen Raumquerschnitt ausgegangen.³⁵ Dafür sprechen die oft beobachteten – auch in Attendorn in diesem Bereich liegenden – geringen Mauerstärken von 70–80 cm. Geht man allerdings von der Existenz eines Chorbogens

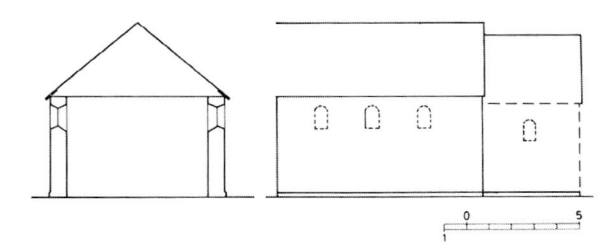

Abb. 8 Bau I: Die heute noch in Teilen erhaltene Saalkirche in Einen/Warendorf, vermutlich vor dem 12. Jahrhundert entstanden. Rekonstruktion des Aufgehenden. Nach Festschrift St. Bartholomäus/Einen 1983, S. 8.

aus, wie es der archäologische Befund vermuten läßt,³⁶ so ist eine äußere Höhenstaffelung vom Chor zum Langhaus durchaus denkbar.³⁷ Reste der vermutlich ältesten erhaltenen, flachgedeckten Saalbauten in Westfalen können bei der Kirche von Einen (Mauern von Langhaus und Chor) *(Abb. 8)* und jener von Welbergen (Langhaus) *(Abb. 9)* noch erfaßt werden. Als Datierung wird für beide das beginnende 12. Jahrhundert angenommen, jedoch können sie auch älter sein.³⁸ Besonders Langhaus und Chor der Kirche von Einen vermitteln in ihren Dimensionen noch weitgehend einen ursprünglichen Raumeindruck, obgleich sie durch spätere Modernisierungen im 16. Jahrhundert verändert wurden: statt der drei kleinen Rundbogenfenster erhielten die Langhauswände zwei, bzw. ein gotisches Spitzbogenfenster, ebenso wurden die Fenster im Chor erweitert; die Kirche wurde eingewölbt, der Chor abgerundet und das Dach erhöht. Die Grundfläche des Langhauses von Einen beträgt ca. 50 m² (bei einer Länge von ca. 8,2 m und einer Breite von ca. 6,1 m), also etwas mehr als die Hälfte des um ca. 5,5 m längeren Attendorner Langhauses, jene des Chores ca. 25 m² (Länge ca. 5,3 m,

---

29 Ebd. 43.
30 LOBBEDEY 1980, 22 1.
31 Zusammenstellung der weiterführenden Literatur zu den jeweiligen Grabungen s. KOCH o.J., 87,106,121,130,162,163,167.
32 Zu den Vermessungsmethoden vgl. BINDING 1993, 339–354.
33 Ebd. 353.
34 KUBACH/VERBEEK 1989, 36 f.
35 LOBBEDEY 1978, 437 ff; ders. 1993, 177.

36 Dies ist allerdings nicht in jedem Falle haltbar und nur hypothetisch, s. dazu KUBACH/VERBEEK 1989, 37.
37 Die oftmals als Beispiele für den karolingischen und ottonischen Saalkirchenbau herangezogenen erhaltenen Bauwerke unterliegen entweder anderen, noch stärker dem antiken Raumempfinden verhafteten Konstruktionsprinzipien, wie etwa die Kirche des 7./8. Jahrhunderts in Escomb oder jene des 10. Jahrhunderts in Bradford-upon-Avon (beide England) (vgl. dazu die entsprechenden Ausführungen bei KOCH o.J., 30 ff., GLAZEMA 1949, 190 ff.; die dort wiedergegebene Rekonstruktion der ergrabenen Kirche von Elst lehnt sich stark an Escomb) oder sind späteren Datums, wie etwa die Kirchen in Amelunxen, Hiltrup oder Angelmodde (vgl. dazu LOBBEDEY 1993, 172–177), und können nur in begrenztem Maße zum Vergleich herangezogen werden, da sie als gewölbte Bauten des ausgehenden 12. Jahrhunderts bereits vor dem Hintergrund romanischen Bauschaffens entstanden sind.
38 LOBBEDEY 1993, 177; DEHIO 1969, 150, 583 f.

Abb. 9 Bau 1: Die Saalkirche von Wellbergen, deren Langhaus ebenfalls vor das 12. Jahrhundert zu datieren ist. Foto WafD 1963.

Breite ca. 4,7 m), etwa entsprechend dem Chorraum in Attendorn. Die Anzahl der Gemeindeglieder in Einen wird für den Zeitraum der Errichtung der Kirche auf höchstens 150 Personen geschätzt, vermutlich auch aufgrund der Tatsache, daß der Platz im Langhaus für mehr Personen in stehender Haltung keinesfalls ausreicht. Im Jahre 1498 zählte die in ihrer Größe bis nach dem Ende des Zweiten Weltkrieges nahezu unveränderte Gemeinde 89 Kommunikanten.[39]

2.2.3. Ausstattung

Hinweise auf eine mögliche innere und äußere Ausstattung konnten dem archäologischen Befund nicht entnommen werden. Die in Schicht *18* (Außenlaufniveau von Bau I) beobachteten abgelaufenen Schieferplättchen können ebensogut außerhalb der Kirche als Wegebefestigung wie innerhalb als Fußboden gedient haben. Ein vollständiges karolingisches Ensemble, bestehend aus Kirchenbau mit mobiler und immobiler Ausstattung wie Bauskulptur, Wandmalerei und liturgischem Gerät hat sich nicht erhalten, doch ist es in Einzelfällen möglich, anhand von Teilaspekten den Gesamteindruck zumindest in Ansätzen zu rekonstruieren. Dies gilt in größerem Umfange allerdings nur für „prominente" Bauten wie z.B. die Palastkapelle Karls des Großen zu Aachen oder das Westwerk von Corvey.[40] Der ländliche Kirchenbau karolingischer Zeit hingegen offenbart sich in der Regel nur im Grundriß. Ausstattungselemente wie die Wandmalereien von Corvey und Müstair, die ornamentale Außengliederung der Torhalle zu Lorsch und die Bauskulptur mancher ergrabenen karolingischen Großbauten darauf übertragen zu wollen, hieße, den archäologischen Befund in seiner Aussage zu mißachten. Andererseits kann die Möglichkeit nicht vollständig ausgeschlossen werden, daß die Attendorner Saalkirche über Schmuck wie Wandmalerei und Bauskulptur verfügte. Die in den Schichten *17* und *21c* (Bauschichten von Bau II) gefundenen Reste kupferner Beschlagplättchen vermutlich eines Reliquienkästchens[41] lassen zumindest auf das Vorhandensein kleiner, der Liturgie und Andacht dienenden Geräte schließen.

2.3. Bau II: Die frühromanische Basilika

2.3.1. Beschreibung des archäologischen Befundes

Zugehörige Befunde: Chorfundament *6*, Nebenraumfundament *9*, Fundament *10*, Fundament *12*, Seitenschiffsfundament *14*, Tonfliesenboden *15*, Brandschicht *16*, Schichtenkomplex *17*, Gräbchen *20* und *20a?*, Schichten *21b,c*, Verfärbungen *22?*, Pfeilerfundamente *26*, Mörtelgrube *27*, Turmfundament *31*, Packlage *34*.

Der zweite Kirchenbau wurde unter Beibehaltung der öst-lichen Chorpartie deutlich vergrößert und in einem anderen Grundrißtypus als sein Vorgänger, als dreischiffige Basilika errichtet.

---

39 Festschrift St. Bartholomäus/Einen 1993, 4–9.

40 Ein weitgehend erhaltener Kirchenbau mit reicher Ausmalung des 9. Jahrhunderts wurde beim Kloster San Vincenzo al Volturno aufgedeckt. Rezension ZETTLER in ZAM 21, 1993, 235–243.

41 Vgl. Kap. 4.3. im Katalog der Funde: Buntmetall Nr. 1.

2.3. Bau II: Die frühromanische Basilika

Abb. 10 Bau I/II: Blick auf die teilweise ausgebrochene Südmauer des Chores von Bau I (6), mit der Erweiterung (9) (Ostmauer des südlichen Annexraumes) nach Süden. Ansicht von Nordwesten. WAfD, Foto Bathe 1974.

Abb. 11 Die Nordmauer des Chores (6), daran nach Norden hin abgehend die Ostmauer (9) des nördlichen Annexraumes mit Fundamentrest 10. An 9 nach Osten hin anschließend das Fundament (12) der Wand eines Anbaues im Osten oder Nordosten der Kirche. Ansicht von Osten. WAfD, Foto Bathe 1974.

Mauerwerk

Chor und seitliche Anbauten

Bau I wurde dazu bis auf die Chorostwand und etwa die Hälfte der Chorsüd- und -nordwand (Mauer 6) abgetragen. An der Süd- und Nordseite entstanden durch Errichtung von Mauerwerk 9 *(Abb. 10, 11)* querhausartige Flankenbauten (Annexe) mit Innenmaßen von ca. 4,40 m × 3,30 m, so daß der bisherige Chor nur noch als flaches Rechteck um 2,20 m nach Osten vorsprang. Im nördlichen Anbau konnte ein zu Bau II gehöriger Schichtenkomplex *17* freigelegt werden. Dieser stößt an die Fundamentreste *6* von Bau I, ohne diese zu überziehen. Es kann demnach davon ausgegangen werden, daß in diesem Bereich große Teile der Mauer *6* auch für Bau II erhalten geblieben sind; möglicherweise als Zungenmauern, um den Anbau sichtbar von Chor und Kirchenraum abzusetzen. Der entsprechende Befund im südlichen Nebenraum ist durch Mauer *1* und Gräber vollständig zerstört. Inwieweit Veränderungen am aufgehenden Mauerwerk des wiederverwendeten Ostteils vorgenommen wurden, ist nicht mehr erkennbar. Eine optische Anpassung an die neuerrichteten Teile durch Verputz und Ausmalung ist jedoch wahrscheinlich.

Im nördlichen Nebenraum fand sich in der NO-Ecke an Mauer *9* anschließend der Fundamentrest *10 (Abb. 11)* mit deutlich ausgebildeter Süd- und Westkante. Demnach handelt es sich um ein ca. 1,40 m nach Süden in den Innenraum vorspringendes Fundament, dessen Funktion allerdings aus dem Befund heraus nicht deutlich wird. Es kann sich bei *10* möglicherweise um die Fundamentierung für einen Altar gehandelt haben. Seine Zugehörigkeit zum zweiten Bau wird in Profil A *(Abb. 70)* deutlich: Schichtkomplex *17* geht in die Baugrube von *10* über, ist also

Abb. 12 Bau II/III: Langhaus- und Pfeilerfundamente im südlichen Teil der Kirche: Pfeiler 26, daran anschließend Pfeiler 28; im Hintergrund Mauern 1 (Südkonche) und 2 (südliche Langhausmauer) von Bau III. Ansicht von Norden. WMfA, Foto Jüttner 1974.

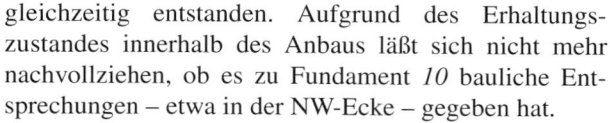

Abb. 13 Bau I-III: Die westlichen Langhausabschlüsse: Turmfundament von Bau III (30), östlich davon ein Rest der Westmauer von Bau I (6); im Süden und Norden an 30 Reste der Langhausfundamente von Bau II (14). Ansicht von Nordosten. WMfA, Foto Jüttner 1974.

gleichzeitig entstanden. Aufgrund des Erhaltungszustandes innerhalb des Anbaus läßt sich nicht mehr nachvollziehen, ob es zu Fundament *10* bauliche Entsprechungen – etwa in der NW-Ecke – gegeben hat.

An die Ostmauer *9* schließt nach Osten hin ein Mauerzug *12* an, dessen Gesamtverlauf jedoch nicht mehr nachweisbar ist. Möglicherweise handelt es sich hier um die Reste einer ehemaligen zu Bau II gehörigen Außenanlage (auch wenn seine Errichtung später als die von *9* erfolgt ist). Dafür sprechen auch die ungleich breiten Seitenschiffe von Bau II (das nördliche ist um ca. 30 cm schmaler als das südliche, vgl. ebd.): vielleicht mußte im Norden Rücksicht auf eine bereits vorhandene Bebauung entlang der Kirche genommen werden.

Chorbogen und Langhaus

In der Flucht der von Bau I übernommenen Chorseitenwände wurden im Langhaus je drei freistehende längsrechteckige Pfeiler von 0,70 m Breite und 1,20 m Länge[42] errichtet *(26)*, das nordöstliche Pfeilerpaar im Abstand von 2,23 m, das südliche mittlere im Abstand von 2,17 m, so daß eine durchschnittliche Jochbreite von

---

42 Im Fundamentbereich gemessen.

ca. 2,20 m angenommen werden kann. Die Mittelschiffsbreite konnte aufgrund des nordsüdlichen Abstandes der beiden östlichen Langhauspfeiler mit ca. 5 m (4,96 m) ermittelt werden. Im Osten entstanden kreuzförmige Chorpfeiler *(Abb. 12)*, deren drei Vorlagen unterschiedlich weit ausladen: die westliche um 40 cm, die östliche um 50 cm, die südliche, bzw. nördliche um 30–35 cm. Der Durchgang vom Langhaus zur Vierung ist mit 4,30 m um ca. 0,60 m schmaler als das Mittelschiff. Am südlichen Vierungspfeiler konnte ein nach Süden abgehender Mauerzug beobachtet werden, der das Seitenschiff vom südlichen Nebenraum scheidet. Da die übrigen Pfeiler freistehend errichtet worden sind, kann es sich nicht um ein Spannfundament handeln, sondern um eine echte Raumteilung, die somit den Begriff „Annexe" für die querhausähnlichen Anbauten rechtfertigt. Durch die nach Osten hin verlängerte Pfeilervorlage entsteht ebenfalls eine Situation stärkerer Abschnürung der Annexräume vom Vierungsbereich. Beide Chorpfeilerfundamente wurden bei der Anlage jener von Bau III als Fundamentverstärkung weitergenutzt.

Mauerwinkel mit nach Osten und Süden bzw. Norden abgehenden Schenkeln in Schnitt 11/12 kennzeichnen den westlichen Abschluß des Langhauses, der gegenüber dem des ersten Baues um ca. 2,30 m nach Westen verschoben worden ist. Die westlichen Pfeileransätze binden hier als Zungenmauern in die Westwand des Baues ein *(Abb. 13)*. Insgesamt ergibt sich damit für das Langhaus eine lichte Länge von ca. 13,80 m, für Chor- und Vierungsbereich ca. 7,40 m, so daß die lichte Gesamtlänge (ohne Turm) mit ca. 21,20 m berechnet werden kann. Nord- und Südwand des Langhauses, Mauer *14*, konnten als Reste in Schnitt 5 und 13 erfaßt werden. Der Abstand ihrer jeweiligen Innenkante zu den Langhauspfeilern ergab eine unterschiedliche Breite der beiden Seitenschiffe: so maß das nördliche ca. 2,20 m, das südliche hingegen ca. 2,50 m. Die lichte Gesamtbreite des Langhauses betrug ca. 11,40 m.

Turm

Im Turmraum, Schnitt 14 *(Abb. 14)*, konnte eine breite, in nordsüdlicher Richtung verlaufende Mauer mit sich nach unten verbreiterndem Fundament (Mauer *31*) aufgedeckt werden. Ein kleiner Rest desselben Mauerwerks kam in Schnitt 12 zutage. Die östlich und westlich der Mauer *31* verlegte Packlage *34* kann als Fundamentverstärkung bei der Errichtung des nachfolgenden Turmes entstanden sein. Fundament und Aufgehendes von *31* sind mit ca. 1,70 m, bzw. 1,12 m Breite deutlich stärker als die übrigen erfaßten Fundamente von Bau II: Eine Mehrgeschossigkeit das aufsitzenden Baues und somit eine Deutung von *31* als Turmfundament kann hier als sicher gelten. Auffallend sind die unterschiedlichen Bindungen von Mauer *31* und dem Seitenschiffsfundament *14*: Während der beim Mörtelverguß von *14* verwendete Mörtel grau, mit grober Flußkiesmagerung und viel ungelöschtem Kalk versehen ist, enthält der von *31* mittelgroben verrundeten Schiefer als Magerung und nur vereinzelt ungelöschten Kalk. Er wird zudem als „locker, hellockrig" bezeichnet, d.h. mit hohem Sandanteil. Ob dies jedoch als Indiz für eine Bauunterbrechung oder spätere Errichtung des Turmes zu werten oder nur Folge einer neuen Mörtelanmischung ist, sei dahingestellt, solange konkrete Hinweise auf eine Einbindung von *31* in das Langhausmauerwerk nicht erbracht werden können. Die unterschiedliche Beschaffenheit des Mörtels kann in diesem Falle auch vom Feuchtigkeitsgrad des jeweiligen Bodenabschnittes abhängig gewesen sein.

Eine symmetrische Ergänzung der Nord- und Südmauer ergibt einen Turm, dessen Außenkanten mit denen der Langhauspfeiler fluchten (dies spräche allerdings für eine gleichzeitige Errichtung von Langhaus und Turm). Durch die Verdickung der Mauern ist der Innenraum schmaler

Abb. 14 Bau II/III: Die Turmfundamente von Bau II (31) und Bau III (30), sowie Packlage 34. Ansicht von Osten. WMfA, Foto Jüttner 1974.

als das Mittelschiff und kann mit ca. 4,50 m × 4,50 m angegeben werden.

Z u g e h ö r i g e   S c h i c h t e n

Die mit Bauschutt, Holzkohle und belaufenen Schiefersteinen durchsetzte Schicht *17* ist dem alten Außenniveau *18* von Bau I aufgelagert und, ebenso wie die Schichten *21b* und *21c*, als Bauschicht von Bau II anzusehen. Auch hier spricht der Holzkohleanteil für eine Brandzerstörung von Bau I. Zur Mörtelanmischung oder Lagerung von Baumaterial während der Errichtung dieses Baues diente möglicherweise die Grube *27*, deren genaue stratigraphische Zugehörigkeit jedoch nicht ermittelt werden konnte. Schicht *17* wird nach oben hin abgeschlossen durch Brandschicht *16*, die auf einen Brand im Innenraum von Bau II schließen läßt. Offenbar waren die Zerstörungen nicht so gravierend, daß ein neuer Kirchenbau vonnöten erschien: lediglich Wiederherstellungsarbeiten, faßbar in Form des ornamentalen Tonfliesenbodens *15* *(Abb. 15, 16)*, wurden durchgeführt. Vom ursprünglichen Boden des zweiten Baues ist nichts erhalten, jedoch ist mit der Oberkante von *16* (-1,14 m) sein Niveau annähernd zu bestimmen. Möglicherweise entsprach es sogar (rechnet man einen Stein- oder Estrichbelag zur Oberkante von *16* hinzu) dem des Tonfliesenbodens *15* (-1,09 m). Das Abbruchniveau von Fußboden *15* und somit des zweiten Baues enthält wiederum Brandreste: so hat wohl erneut ein Brand zur endgültigen Aufgabe von Bau II und Neuerrichtung von Bau III geführt.

Abb. 15 Bau II: Die Rosette des Tonfliesenbodens (15) in Fundlage. Ansicht von Norden. WMfA, Foto Jüttner 1974.

Abb. 16 Bau II: Das Schachbrettmuster des Tonfliesenbodens (15) in Fundlage. Ansicht von Norden. WMfA, Foto Jüttner 1974.

Das parallel zur Chormauer *6* verlaufende Gräbchen *20* kann beim Umbau des Chores entstanden sein: Möglicherweise sollte hier das Fundament auf seine weitere Verwendbarkeit untersucht und gegebenenfalls verstärkt werden. Gräbchen *20a* kann ebenfalls von einer Sondage stammen. Beide Gräbchen, ebenso die sie begleitenden Pfostengruben *22*, enthalten Mörtelschutt, der zumindest auf einen Bauvorgang in unmittelbarer Nähe schließen läßt: eine Entstehung im Zuge der Wiederherstellungsarbeiten beim ersten Brand von Bau II ist auch denkbar, obgleich Brandreste in den Verfüllungen fehlen.

Gräber

Unmittelbar stratigraphisch zu Bau II gehörende Gräber konnten nicht beobachtet werden.

Funde

Die Bauschichten für den zweiten Bau, *17* und *21*, führten sehr viel Keramik Pingsdorfer Art, allgemein datierbar in das 10.–12. Jahrhundert, jedoch auch Keramik Paffrather Art des 11./12. Jahrhunderts sowie einen kleinen Anteil der sogen. Hunneschans-Ware aus der Zeit um etwa 900.[43] Beide Schichten enthielten auch Altmaterial des Vorgängerbaues, wie die Reste eines Kästchenbeschlages aus dem 11./12. Jahrhundert[44] sowie eine Bronzefibel aus dem 9./10. Jahrhundert.[45] Diese können, sofern sie aus dem Außenbereich der ersten Kirche geborgen wurden, auch von einer nahegelegenen Besiedlung stammen. Ein solcher Bereich sind z.B. die Annexräume, deren nördlicher (Schnitt 2) in der Tat eine Fundhäufung von Keramik vor allem Pingsdorfer Art aufweist, vereinzelt tritt auch Ware Paffrather Art auf. Die Homogenität des Fundmaterials und das Vorkommen von überwiegend (Trink-) Geschirrkeramik sprechen allerdings dafür, daß es sich dabei um Abfälle der Bauhandwerker handelt. Unmittelbar an bzw. in den Mauern *9* und *10* befanden sich Keramikfragmente Pingsdorfer Art, die mit dem zum Fundamentieren oder Verfüllen der Baugruben verwendeten Lehm dort eingeschlossen wurden, ebenso im Abbruchhorizont der Mauerteile von Chormauer *6*, die bei der Errichtung von Bau II nicht weiterverwendet sondern abgerissen wurden. Im Mauerlehm von *12* fand sich Keramik Paffrather Art. Aus Schicht *21* stammen zudem eine Knochennadel[46] und verschiedene Reste von Buntmetallschmelze und -schlacke.

---

43   Die beiden eindeutig als Keramik der Hunneschans-Ware identifizierbaren Fragmente wurden im Innenbereich des ersten Baues in Schicht *21* gefunden, wo die allgemeine Fundhäufigkeit sehr gering ist, d.h. das Material gelangte hier eher zufällig in den Boden und ist nicht als Abfall der Bauhandwerker von Bau II zu betrachten. Sie können also zum Altmaterial des ersten Baues gehören.

44   Vgl. Kap. 4.3.: Katalog der Funde: Buntmetall, Nr. 1.

45   Vgl. Kap. 4.3.: Katalog der Funde: Buntmetall, Nr. 2.

46   Vgl. Kap. 4.5.: Katalog der Funde: Bein, Nr. 3.

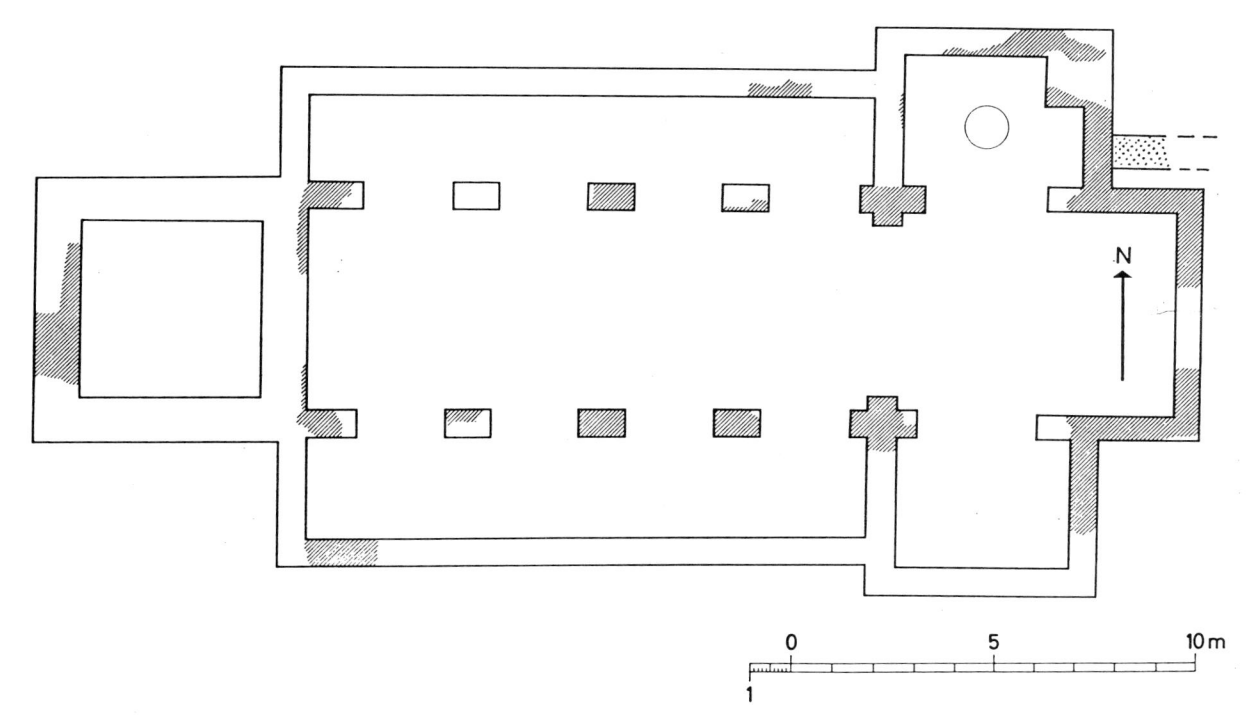

Abb. 17   Bau II: Rekonstruktion der frühromanischen Basilika. WMfA, Zeichnung Frohnert 1974.

Die Erbauungszeit der zweiten Kirche läßt sich aufgrund des Fundmaterials auf das ausgehende 11./beginnende 12. Jahrhundert festlegen.

Der Tonfliesenboden *15* gehört zur Gruppe der im 12. Jahrhundert, besonders etwa ab der Mitte des Jahrhunderts verbreiteten Böden gleicher Art.[47] Sein hoher Abnutzungsgrad – die helle Pfeifentonengobe ist auf etlichen Fliesen durch Belaufen vollständig verschwunden – spricht für eine längere Nutzungsdauer über mehrere Jahrzehnte, so daß der Einbau von *15* in einem größeren zeitlichen Abstand zur endgültigen Aufgabe des Baues im 13. Jahrhundert erfolgt sein muß. Brand und Wiederherrichtung von Bau II dürften demnach in die Mitte des 12. Jahrhunderts gefallen sein.

2.3.2. Der Grundriß vor dem Hintergrund der Basiliken des 11./12. Jahrhunderts

Der zweite Bau unter der Pfarrkirche St. Johannes Baptist folgt in Größe und Ausprägung dem Schema der frühromanischen Kleinbasilika, wie es vor allem im ländlichen Kirchenbau des Rheinlandes[48], vereinzelt auch Westfalens zu finden ist *(Abb. 17)*. Besonders im Rheinland wird die Form der Basilika mit Querarmen noch bis in das 12. Jahrhundert hinein errichtet, obgleich sich zu diesem Zeitpunkt bereits die Tendenz zur Konstruktion durchgängiger zusammenhängender Raumgefüge gegen die Reihung von Einzelräumen durchgesetzt hatte.

Mit einer Vergrößerung von zwei Raumeinheiten der Saalkirche – Chor und Langhaus – auf mindestens acht, nämlich Chor und zwei Annexräume, Vierung, Langhaus mit zwei Seitenschiffen und Turm mit mindestens einem nutzbaren Raum, gibt sich dieser Bau als Komplex zu erkennen, der einem entwickelten Gemeinwesen entsprechend verschiedenen Ansprüchen zu genügen hatte. So galt es zum einen, durch die Erweiterung des Langhauses um die Seitenschiffe einer vergrößerten Gemeinde Raum zu bieten, zum anderen, durch die Schaffung von abgesonderten Raumeinheiten den verschiedenen Bedürfnissen von Andacht und Liturgie, vielleicht auch Bestattung und Totensorge Rechnung zu tragen. So entstanden weitere, mit Altären[49] ausgestattete Kult-

---

47   Vgl. Kap. 4.1., Katalog der Funde: Keramik, Sondergruppen.

48   LOBBEDEY 1975, 47.

49   Daß zumindest im nördlichen Nebenraum höchstwahrscheinlich

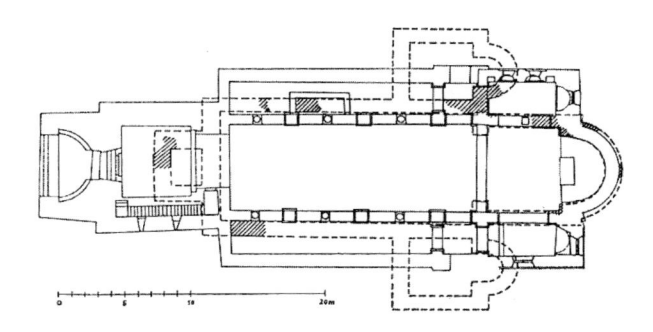

Abb. 18 Bau II: Grundriß der Kirche St. Luzius in Werden, Baubeginn 995, Weihe 1063. Nach ZIMMERMAN und SCHAEFER (Vorroman. Kirchenbauten 1966, S. 371).

bereiche in den Annexen,[50] vielleicht auch im Turm. Auffallend ist eine Konstellation von den drei sich zu einem Mittelbereich hin öffnenden Altarräumen im Osten: Die dadurch entstandene geschlossene Raumgruppe mag mit ihrer Nutzungstradition später den Ausschlag gegeben haben, sich beim nächsten Bau für den Trikonchos als Chorform zu entscheiden. Was die Einbindung des vom Vorgängerbau übernommenen östlichen Chorabschnittes in den Neubau anbetrifft, so ist die Wiederverwendung alter, in der Substanz noch intakter Bauteile, ebenso wie der Einbau von Spolien vorausgegangener Bauten, nicht ungewöhnlich: So wurde, trotz gesteigerten Bauwillens in ottonisch-salischer Zeit gelegentlich das Althergebrachte mit ehrfürchtigem Respekt, gleichsam als Reliquie betrachtet, wenn auch die Errichtung eines neuen, größeren Gotteshauses den Ruhm des Erbauers und seines Schöpfers ungleich mehrte.[51] Der Umbau von einer Saalkirche zur dreischiffigen Basilika unter teilweiser Beibehaltung alter Substanz ist eine im Rheinland im 11./12. Jahrhundert häufig durchgeführte Maßnahme. An dieser Stelle sei aus den zahlreichen Beispielen nur auf die Pfarrkirche St. Johannes d.T. zu Adenau (Rheinland-Pfalz) verwiesen, da sich dieser Vorgang, etwa parallel zur Erweiterung der Attendorner Kirche, hier recht gut nachvollziehen läßt: Der erste Bau des 10. oder 11. Jahrhunderts wurde im 12. Jahrhundert mit schmalen Seitenschiffen erweitert, nachdem der Chor bereits „um 1100" einen Chorturm aufgesetzt bekommen hatte.[52]

Die Ausprägung einer dreischiffigen Basilika mit gegen die Seitenschiffe abgeschlossenen querhausartigen Anbauten im Konzept eines Neubaues ist ungewöhnlich vor dem Hintergrund vergleichbarer Basiliken des 11./12. Jahrhunderts und wirkt eher retrospektiv:[53] Eine ähnliche Situation ist eher bei Bauten karolingischer Zeit zu finden,[54] wie bei der Stiftskirche des 9. Jahrhunderts zu Herdecke, einer Pfeilerbasilika. Auch hier öffnen sich die Nebenräume nur zum Mittelraum und sind gegen die Seitenschiffe verschlossen.[55] Vergleichbar auch die Grundrißdisposition der St. Luziuskirche zu Werden *(Abb. 18)*:[56] Als einschiffiger Bau mit zwei apsidial schließenden Annexräumen begonnen im Jahre 995, Neubau geweiht durch Erzbischof Anno von Köln im Jahre 1063, wurde sie im 11. und 12. Jahrhundert zur (heute in Teilen noch erhaltenen) dreischiffigen Basilika erweitert. Statt der Annexräume erhielt sie nun parallel zum Chor angelegte, zu den Seitenschiffen geöffnete Seitenkapellen. Andererseits ist der Bau von Kirchen mit Annexräumen noch während der Amtszeit Erzbischofs Anno I. (1056–1075) durch das Beispiel der nahe Attendorn gelegenen Kirche zu Helden belegt, wobei hier einschränkend gesagt werden muß, daß sie sich an ein einschiffiges Langhaus anfügen und die Zugänge zur (heute noch erhaltenen) Krypta enthalten.[57]

Der Grund für die Errichtung von Annexräumen bei der Erweiterung des ersten Kirchenbaues zur Basilika kann in einem Neuerwerb oder der Stiftung weiterer Heiligenreliquien, die an den entsprechend geweihten Altären verehrt werden sollten, liegen. Die Annexe bekämen als Aufstellungsort dieser Altäre die Funktion von Nebenchören. Auch eine Nutzung dieser Räume als Bestattungsort ist

---

ein Altar gestanden hat, erklärt sich aus der Lage der Rosette im (nachträglich eingebrachten) Tonfliesenboden. Vgl. dazu das entsprechende Kap. 4.1.: Katalog der Funde: Keramik, Sondergruppen.

50 Deutungen als Diakonien, Pastophorien oder ähnliche, für Laien unzugängliche Nebenräume der syrischen Basiliken treffen hier wohl kaum zu: bei den Nebenräumen von Bau II dürfte es sich schlicht um kapellenartige Gebilde bzw. Nebenchöre gehandelt haben.

51 WEILANDT 1992, 36 ff.

52 KUBACH/VERBEEK 1976, 22 f.

53 Betrachtet vor dem Hintergrund der vorwiegend während der Amtszeit des Erzbischofs Anno von Köln um die Mitte des 11. Jahrhunderts errichteten Basiliken im Machtbereich des Erzbischofs (zu dem auch Attendorn gerechnet werden kann), vgl. dazu BINDING 1975, 131 f. Dabei handelt es sich zumeist um dreischiffige Basiliken mit nur wenig ausladendem Querhaus, d.h. einer starken Betonung der Ost-Westachse.

54 PETERMEISE 1942, 68 f.

55 Ebd. 30 f.

56 Vorromanische Kirchenbauten 1966, 371 f.

57 LOBBEDEY 1977, 270; DEHIO 1969, 210; Zu den Wandmalereien RODENKIRCHEN 1935, 352–356.

möglich,⁵⁸ wenn auch nicht primär, sondern nach der Errichtung der Altäre („ad sanctos"). Der Befund in Attendorn spricht dafür, daß zumindest im nördlichen Nebenraum spätestens nach Einbringung des Tonfliesenbodens im 12. Jahrhundert nicht bestattet werden sollte, da eine ständige Zerstörung einzelner Bodenabschnitte dadurch wohl kaum erwünscht war.⁵⁹ Ob sich zuvor dort eine Grablege örtlicher Adeliger oder Stifter befunden hatte, konnte dem Befund nicht entnommen werden.

Da die schriftliche Überlieferung für Attendorn erst in späten 11. Jahrhundert einsetzt, und Angaben über die Stärke und Struktur der Bevölkerung sich bis in das 12./13. Jahrhundert bislang weder archivalisch noch archäologisch gewinnen ließen,⁶⁰ kann als Hypothese höchstens festgehalten werden, daß eine Vergrößerung des Innenraumes durch die Seitenschiffe und eine Vermehrung der Kulträume auf ein bereits im 11. Jahrhundert einsetzendes Wachstum der Gemeinde schließen lassen kann.⁶¹ Denkbar ist auch, daß der Neubau – falls er nach dem Jahre 1072 stattfand – bereits unter dem Einfluß des Klosters Grafschaft stand, und von dort aus eine Bevorzugung des basilikalen Schemas ausging. Da sich Attendorn zuvor offensichtlich im Machtbereich des Erzbischofs Anno II. von Köln befand, ist bei einem Neubau vor 1072 die unmittelbare Einflußnahme Annos auf den Kirchenbau wahrscheinlich.⁶²

2.3.3. Ausstattung

Mit Ausnahme des sekundär eingebrachten Tonfliesenbodens *15* gibt der archäologische Befund keine direkten Hinweise auf die innere und äußere Ausstattung des Kirchenbaues. Indirekt kann jedoch aus der Anlage des Turmes geschlossen werden, daß sich hier möglicherweise Glocken befunden haben können. Reste von geschmolzenem Buntmetall, Schlacke sowie die zum Einschmelzen vorbereiteten Reste eines kupfernen Kästchenbeschlages können sowohl auf Glockenguß als auch auf die Herstellung anderer Ausstattungsgegenstände wie Türzieher usw. vor Ort während des Bauvorganges deuten. Sollte der noch heute in der gotischen Pfarrkirche vorhandene Taufstein aus Trachyt, in einfacher Pokalform gearbeitet und mit Spuren wohl später hinzugefügter metallener Montierungen versehen, tatsächlich aus dem 11./12. Jahrhundert stammen, so wird auch er aus dem zweiten Bau erhalten sein.⁶³

2.3.4. Zum Vergleich: Die Kirche zu Bertem

Eine Pfeilerbasilika des 11. Jahrhunderts von vergleichbarem Maßstab ist im belgischen Bertem (Prov. Brabant) vollständig erhalten *(Abb. 19).*⁶⁴ Sie präsentiert sich als schlichter, außen ungegliederter Bau mit kleinen schmalen, hoch angesetzten Fenstern in den Seitenschiffen und großzügiger Durchleuchtung des Obergadens mittels großer Fenster, jeweils symmetrisch zur Innengliederung mittig auf den sechs Achsen angelegt. Der Chor wird von je einem Fenster in der Süd- und Nordwand des Chorjoches sowie einem im Apsisscheitel erhellt. Der Westturm, gegenüber dem Mittelschiff geringfügig eingezogen, fügt sich viergeschossig an, mit Schlitzfenstern in den unteren drei Geschossen und je zwei breiten Schallfenstern im oberen Geschoß. Im Inneren werden die Seitenschiffe durch sechs schmale Arkaden vom Mittelschiff geschieden, deren nahezu quadratische Pfeiler zum Mittelschiff hin ebenso wie

---

58 Zur Nutzung von Anbauten oder Annexräumen zu Bestattungszwecken vgl. ISENBERG 1980, 76 und ROESER 1986, 83 ff., 98 f.

59 Das Fehlen von eindeutig zuweisbaren Bestattungen kann darin begründet sein, daß in der Kürze der zur Verfügung stehenden Zeit hier keine Freilegungen mehr stattfinden konnten.

60 Die Berechnungen Haases zur Fläche der Stadt Attendorn (HAASE 1965, 65) sind zwar in gewissem Maße verbindlich, sollten aber, da sie auf rein hypothetischen Überlegungen basieren, auf die Berechnung der Einwohnerzahl nicht ohne weiteres angewandt werden.

61 GENICOT 1972, 128.

62 BINDING 1975, 131 f. Der Kölner Erzbischof Anno I. wird von VERBEEK selbst als Gründer der Attendorner Kirche bezeichnet (VERBEEK 1975, 127: *An kleineren Bauten nennt die Überlieferung in Köln die Pfarrkirche St. Jakob und die Afrakapelle, im Westfälischen die Pfarrkirchen von Attendorn, Drolshagen und Helden.*); dies kann entweder auf einem Mißverständnis der Quelle des Jahres 1072 oder auf den Angaben des Kölner Generalvikars Gelenius aus dem ersten Viertel des 17. Jahrhunderts beruhen. (BRUNABEND/PICKERT/BOOS 1958, 8) Es ist möglich, daß zur Zeit des Gelenius noch diesbezügliche Akten in Köln vorhanden waren. Mit aller Vorsicht kann, obwohl das Fundmaterial diese enge Eingrenzung nicht ermöglicht, der zweite Bau auch vor dem Hintergrund der Kirchengründung in Helden im Jahre 1075 und des ähnlichen Befundes der Annexräume

(die generell einen älteren, eher im 11. Jahrhundert möglichen Bautypus darstellen) in die zweite Hälfte des 11. Jahrhunderts datiert werden.

63 HÖFFER 1983, 10.; Der Sauerländer Dom 1994, 13 und 88.

64 KUBACH/VERBEEK 1976, 89 ff.

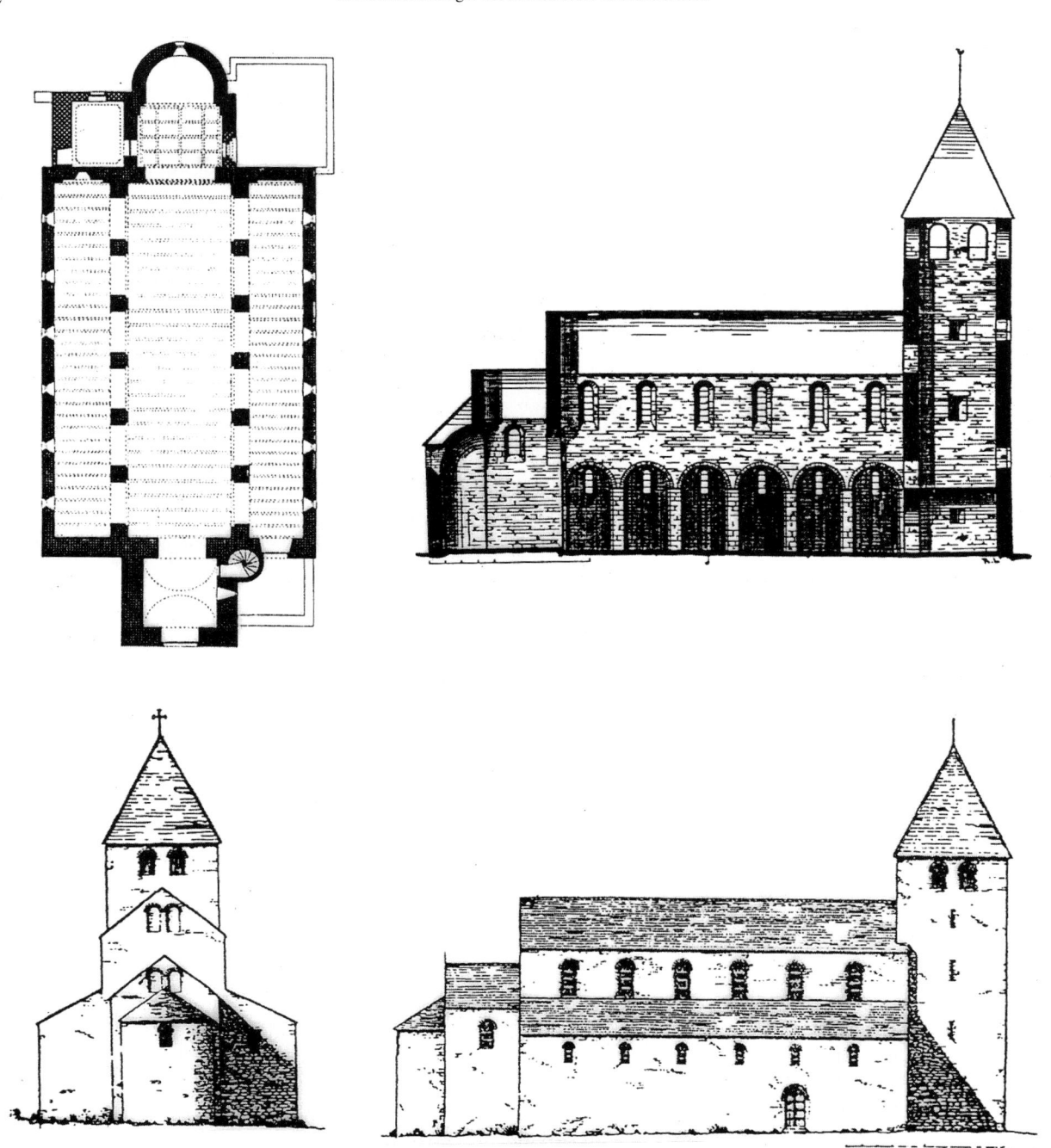

Abb. 19 Bau II: Die Kirche zu Bertem (Belgien), weitgehend erhaltene Basilika des 11. Jahrhunders. Grundriß, Aufriß und Rekonstruktion. Nach KUBACH/VERBEEK 1976, S. 90f.

die Scheidbögen einmal flach abgetreppt sind. Die Bögen ruhen auf einfachen Plattenkämpfern. Das Langhaus der Attendorner Basilika dürfte mit seinen vier Achsen und den längsrechteckigen Pfeilern, mit einer Arkadenweite von nur 2,20 m gedrungener gewirkt haben. Der Anschluß der Nebenräume seitlich an den Chor läßt vermuten, daß sie niedriger als die Seitenschiffe waren und den Eindruck eines flach gelagerten Baues noch verstärkt haben.

Der Beginn des Anbaues eines Westturmes im ländlichen Kirchenbau gilt als ein Phänomen des 11. Jahrhunderts und kann mit dem erstarkten Selbstbewußtsein des lokalen Adels im Zusammenhang stehen: So verkörperte der Westteil, ob als Turm oder Westwerk ausgeprägt, den eher „irdischen" Bereich des Kirchenbaues[65] und konnte im Obergeschoß für Privatmessen, als Gerichtsloge usw. genutzt werden. Die erhaltenen Westtürme des 11. Jahrhunderts sind, ebenso wie der in Bertem, in der Regel drei- bis viergeschossig, sehr schlicht und ungegliedert, mit einem nutzbaren Raum in den beiden unteren Geschossen. Sie sind im romanischen Kleinkirchenbau Deutschlands eine vorwiegend nordwestdeutsche Erscheinung und vervollständigen dabei das Bild kontinuierlicher Höhenstaffelung von Osten nach Westen.[66]

2.4. Bau III: Der romanische Dreikonchenbau

2.4.1. Beschreibung des archäologischen Befundes

Zugehörige Befunde: Chorfundament *1*, Fundamente der nördlichen und südlichen Langhauswände *2*, Fundamentverstärkungen *3* und *4*, gegen *1* gesetztes Fundament *7*, Altarfundament *11*, gegen *1* gesetztes Fundament *24*, Spannfundamente und Pfeilerfüße der Mittelschiffsarkaden *28*, Fußbodenrest (?) *29*, Turmfundament *30*.

Mauerwerk

Der dritte Bau folgt in seiner Anlage dem auf Monumentalität ausgerichteten Grundgedanken des romanischen Mauermassenbaues, obgleich seine Dimensionen nicht die der zeitgenössischen Großbauten erreichen: Seine Ausdehnung, sieht man vom vollständig neu konzipierten Chor ab, steht immer noch in einem gewissen Verhältnis zu Bau II. Anders als bei Bau II wurden bei Bau III keine Mauern oder Fundamente des Vorgängerbaues direkt weiterverwendet, höchstens als Fundamentverstärkungen. Dem dritten Bau fiel auch das im Nordosten an den zweiten Bau anschließende Gebäude (Mauer *12*) zum Opfer. Ob die Brandzerstörung auch die umliegenden

Abb. 20 Bau III: Gesamtaufnahme der Grabung von Osten: Im Vordergrund die Ostkonche (1) des dritten Baues, im Inneren die Reste des Altarfundamentes 11. WAfD, Foto Bathe 1974.

Bauten betroffen hatte und ihren Abriß nötig machte, oder ob man sich entschlossen hatte, dem neuen Baukonzept Raum zu schaffen, ist anhand des Befundes nicht mehr nachvollziehbar. Mit beträchtlich größerem Aufwand als zuvor entstand hier ein Neubau, dessen inneres und äußeres Erscheinungsbild sich wesentlich von dem seiner Vorgänger unterschieden haben dürfte, auch wenn nähere Aussagen darüber nur in begrenztem Maße möglich sind.

Die Fundamente, als Packlagen angelegt,[67] unter-

---

65 Zusammenfassend dazu GENICOT 1972, 129.
66 BACHMANN 1941, 160 f., 170 f.

67 Zu Packlagenfundamenten vgl. SCHNEIDER 1988, 140 f. Bei dieser vorwiegend im 12. Jahrhundert verwendeten Fundamentierungstechnik aus schräg gesetzten Bruchsteinplatten ist der exakte Verlauf des aufgehenden Mauerwerkes aus dem des Fundamentes nicht immer nachvollziehbar, da letzteres in der Regel großflächig angelegt wurde. Nach der Anlage der Fundamente und deren Setzung muß möglicherweise eine erneute Vermessung der zu errichtenden Mauerfluchten vorgenommen worden sein. Für den ersten Bau, die karolingische Saalkirche, ist ebenfalls ein Packlagenfundament belegt, das allerdings zu dieser Zeit recht selten ist und nicht in der ausgeprägten Form der späteren Packlagen ausgeführt ist.

Abb. 21 Bau II/III: Befunde im Nordseitenschiff: Die nördliche Langhausmauer (2) stößt gegen die Nordkonche (1). Südlich von 2 verläuft parallel ein Rest der Langhausmauer von Bau II (14). Ansicht von Westen. WAfD, Foto Bathe 1974.

scheiden sich nicht nur technisch von denen der vorausgegangenen Bauten, sie sind zudem weitaus stärker, ebenso das aufgehende Mauerwerk.

Chor und Vierung

Der Chor der dritten Kirche präsentiert sich als dreiteiliger kompakter Baukörper, bestehend aus je einer nach Norden, Osten und Süden weisenden Konche, die sich zu einem vierungsartigen Mittelraum hin öffneten. Die Ostkonche war dabei durch den Einzug erneut abgeteilt *(Abb. 20).* In der nordsüdlichen Flucht des Einzuges dürfte die Westkante des Altares *11* zu rekonstruieren sein. Die Verdickungen der Fundamente von Nord- und Südkonche lassen möglicherweise auf den Einbau von tiefen, das Halbrund begleitenden Nischen schließen. Die westlichen Schenkel der Seitenkonchen endeten in großformatigen, zum Mittelschiff hin abgestuften Pfeilersockeln.

Langhaus

Mit deutlich erkennbarer Fuge waren die Seitenschiffswände *2* gegen Nord- und Südkonche von *1* gesetzt *(Abb. 21, 22).* Als Konsequenz daraus ergaben sich ungerade, nach Norden und Süden mit spitzem Winkel auslaufende Ostabschlüsse der Seitenwände. Der Verlauf der Südmauer *2* ist leicht in nordöstliche Richtung verzogen: Im Inneren beträgt die Abweichung von der Ost-Westachse auf der gesamten Länge der Mauer 30 cm, außen nur etwa

Abb. 22 Bau II: Befunde im Südseitenschiff: Die südliche Langhausmauer (2) stößt mit erkennbarer Fuge gegen das Mauerwerk der Südkonche (1). Ansicht von Westen. WMfA, Foto Jüttner 1974.

10 cm. Der Ausgleich sollte offenbar durch die Verdickung von *2* nach Osten hin geschaffen werden, d.h. das aufgehende Mauerwerk kann hier durchaus eine leicht abweichende Flucht zugunsten einer geraden Ausrichtung gehabt haben.

Die Baufugen zwischen *1* und *2* können das Resultat einer Rücksichtnahme auf das unterschiedliche Setzungsverhalten der einzelnen Fundamentblöcke gewesen sein:[68] Das kompakte breite Chorfundament wird eine längere Zeit benötigt haben als das schmale Seitenschiffsfundament. Zugleich wird hier auch deutlich, daß der Bau am Chor begonnen und in westliche Richtung fortgesetzt wurde.

Der bisher singuläre Befund eines Ansetzens der Seitenschiffsmauern mitten im Rundungsbereich der Querkonchen wirft die Frage nach einer Änderung der Bauplanung auf. Möglicherweise war ursprünglich nur der

---

68 Baufugen zwischen Dreikonchenchorfundament und Seitenschiffsfundament sowie am Westwerk sind ebenfalls von St. Maria im Kapitol zu Köln (Mitte 11. Jahrhundert) bekannt, wo der Bezug auf das Setzungsverhalten evident wird: KITSCHENBERG 1990, 28 f. Bei einem möglicherweise mit Attendorn zeitgleichen Bau, der Ev. Christuskirche in Plettenberg, konnte eine ähnliche Situation aufgedeckt werden. Allerdings stößt dort das Chorfundament mit Fuge gegen das Langhausfundament, ist also nach ihm entstanden. Die Bauführung wäre damit von Westen nach Osten verlaufen. ELLGER 1991, 144, 152.

2.4. Bau III: Der romanische Dreikonchenbau

Abb. 23 Bau II/III: Der nordwestliche Vierungspfeiler des dritten Baues (28), als Packlage mit dem daraufsitzenden Pfeilerfundament, davor jener des zweiten Baues (26). Ansicht von Süden. WAfD, Foto Bathe 1974.

Abb. 24 Bau II/III: Das Fundament der Stirnwand des Nordseitenschiffes von Bau III unter der gotischen Westwand, darin einbindend das Spannfundament 28 und as nördliche Langhausfundament 2. Südlich von 28 ein Rest des Pfeilers 26 des zweiten Baues. In der linken Bildhälfte das Turmfundament 30. Ansicht von Südosten. WMfA, Foto Jüttner 1974.

Anbau eines neuen Chores an Bau II vorgesehen, so daß *1* gegen die Langhausmauern *14* gesetzt worden wäre. Der Rundungsverlauf von *1* spricht zumindest nicht dagegen. Erst nachdem *1* bereits bis in den entsprechenden Bereich ausgeführt worden ist, kann die Entscheidung zur vollständigen Aufgabe des alten Baues und Errichtung eines neuen Langhauses gefallen sein.

Denkbar ist auch die Planung eines Neubaues mit einschiffigem Langhaus – allerdings hätte dies eine erhebliche Verengung des Langhauses und somit Verkleinerung des Kirchenraumes nach sich gezogen: Ein Umstand, der bei der Kürze des Langhauses nicht zum Konzept des großzügig angelegten Chorraumes paßt.

Die Mittelschiffsstützen von *28* waren unterschiedlich gestaltet: Die beiden westlichen als unregelmäßig kreuzförmige Fundamente mit einer Ausladung von 2,50 m in westöstlicher und 2,10 m in nordsüdlicher Richtung, zum Mittelschiff hin mit Eckvorlagen, zu den Seitenschiffen hin nur einfach mit einer flachen Vorlage *(Abb. 23)*. Die beiden mittleren Pfeiler waren als Quadrate mit einer Kantenlänge von ca. 1,30 m angelegt. Die Abstände zwischen den Pfeilern entsprachen mit 2,50 m der Breite der Seitenschiffe in Höhe der mittleren Pfeiler; auf Höhe der kreuzförmigen Pfeiler war die Seitenschiffsbreite auf 2,30 m verengt. Das Mittelschiff war zwischen den kreuzförmigen Pfeilern und den Vierungspfeilern 6,10 m breit, zwischen den quadratischen 7,20 m. Durch die Anordnung der Mittelschiffsstützen war so ein Langhaus mit einem großen quadratischen Mitteljoch und einem halb so langen Kurzjoch geschaffen worden. Die Pfeiler ruhten auf den Spannfundamenten *28*, deren südliches eine Baufuge aufweist (in Schnitt 12, Nordteil bei 105 süd/79,40 ost, also 1,75 m westlich der durch einen Mörtelabdruck angezeigten Westkante des südlichen Quadratpfeilers). Dies kann als Hinweis auf eine Bauunterbrechung an dieser Stelle gesehen werden, deren Hintergrund jedoch aus dem Befund nicht erschließbar ist. Möglicherweise ist sie bei einer Winterpause während des Fundamentierens entstanden.[69]

Die westlichen Abschlußwände der Seitenschiffe sind noch in den heutigen erhalten, da beim Bau der gotischen Kirche der romanische Westturm bestehen blieb und in das neue Bauwerk einbezogen wurde. Eine südliche Abbruchkante der Westwand von Bau III ist bei 73,10 ost/105,36 süd verzeichnet. Westlich davon folgt ein Stück des zu Bau IV gehörenden Fundamentmauerwerks *8*, und von 73 ost/107,52 süd bis 73 ost/108,80 süd erstreckt sich das Seitenschiffsfundament *2* unter dem Seitenschiff des vierten Baues *(Abb. 24)*.

---

69 Nicht nur wegen der Arbeitsleistung dürfte das Verlegen eines Fundamentes längere Zeit in Anspruch genommen haben, es müssen auch Trocknung und Setzung der Mauermassen berücksichtigt werden. CONRAD 1990, 126 ff.

Bei der Außenrestaurierung 1979/80 konnte nach Entfernung des Putzes an der westlichen Außenwand des Südseitenschiffes eine Baunaht beobachtet werden: Sie verlief von unten noch oben, 1,05 m nördlich der Nordkante des Strebepfeilers beginnend, bis in eine Höhe von ca. 4 m.[70] Auf dem Foto wird deutlich, daß sich vom Turm aus nach Süden einheitliches Mauerwerk mit durchlaufenden Schichten aus langen Steinplatten ca. 2 m nach Süden zieht und anschließend in einen etwa 1 m breiten, im weiteren Verlauf nach oben hin ausgezackten Bereich kleinteiligen, inhomogenen Mauerwerks übergeht. Es kann sich dabei um den Abbruch der Stirnseite von *2* handeln. Anschließend folgt relativ homogenes, kleinteiliges Mauerwerk, das offenbar zu Bau IV gehört. Auf den Innenbereich übertragen korrespondiert diese Angabe mit dem Südende von *2* bei 108,80 süd. Im Nordseitenschiff innen besteht ein einheitlicher Fundamentstreifen vom Spannfundament *28* nach Norden bis zum Nordende von *2* bei 90,80 süd. Erst dann setzt Fundament *8* (Bau IV) an. Die Außenseite des Nordseitenschiffes ließ offenbar keine Baunaht mehr erkennen.[71] Aus diesen Beobachtungen wird deutlich, daß die gesamten westlichen Seitenschiffswände von Bau III in das Fundament und Aufgehende von Bau IV einbezogen wurden, einschließlich der Stirnseiten der Mauern *2*. Sie wurden allerdings zum Teil, wie im Südseitenschiff durch vorgesetztes Mauerwerk *(8)* im Fundamentbereich verstärkt, um dem seitlichen Schub der angebauten Erweiterung und dem Druck der Deckenerhöhung standzuhalten.

Eingang

Bei ca. 108 süd/74 ost wurden in Schnitt 13 an der Nordkante des Südfundamentes *2* einige belaufene Platten beobachtet. Die westlichste davon wies zudem einen Mörtelabdruck auf, der die Ostgrenze des westlichen Türgewändes anzeigen kann. Demnach hätte sich ca. 70 cm von der Westwand des Südseitenschiffes entfernt ein Eingang befunden, dessen Nachfolger am gotischen Bau das Marktportal an dieser Stelle ist.[72] Auffallend ist dabei, daß das Portal keine separaten Fußbodenplatten besaß, sondern daß der Besucher unmittelbar über die Steine des Fundamentes lief. Ungewöhnlich ist diese Situation indes nicht: bei der Grabung in der Ev. Christuskirche zu Plettenberg (errichtet im 2. Viertel des 13. Jahrhunderts; *Abb. 25*) im Jahre 1986 wurden die ursprünglichen Zugangsniveaus der Portale im Langhaus und in der Südkonche freigelegt. Die dort beobachteten Stufenanlagen binden in das Konchenmauerwerk vom Fundament aus ein. Bei dem „Brautportal" in der Südkonche trug nur die oberste Stufe eine Deckplatte, bei der unteren war die Bruchsteinlage offenbar zugleich das Laufniveau.[73]

Fußbodenniveau

Eine belaufene Platte am südwestlichen Langhauspfeiler sowie die möglicherweise ebenfalls als Fußbodenreste zu deutenden Steine von *29* zeigen mit einer Tiefe von -1,02 m bzw. -0,98 m (Oberkante) das Bodenniveau des Innenraumes im Mittelschiff an.

Spätere An- und Umbauten (Bau IIIa)

Einige nachträglich gegen die Fundamente des dritten Baues gesetzte Mauerungen zeugen von Veränderungen, die während oder nach der Fertigstellung des Baues erfolgt sein müssen.

Chor

Nördlich der Mittelachse der Ostkonche setzt außen an die Rundmauer *1* Mauer *7* in nordöstlicher Richtung an, im Zwickel zwischen Süd- und Ostkonche wurde Mauer *24* angesetzt. Mauer *7* weist auf einen im Nordosten an den Chor angefügten Raum unbekannter Ausdehnung und Funktion hin. Möglicherweise hat es sich um einen Kapellenanbau gehandelt. Mauer *24* kann das Fundament eines nachträglich in den Zwickel eingestellten Flankentürmchens sein.

Die Fundamente *3*, *4*, und *13* sind aus dem Befund selbst heraus nicht eindeutig der Periode III oder IV zuzuweisen. Rekonstruiert man aber die Mauer- bzw. Vorlagenfluchten an den Mittelschiffspfeilern und verlängert sie

---

70 Notiz Lobbedey vom 18.3.1980. Foto Höffer 1980.
71 Zumindest wird im Zuge der Restaurierungsarbeiten 1979/80 davon nichts erwähnt (Dokumentation Höffer, 1979/80). Auf einem Foto aus dem Jahr 1890 ist allerdings am unverputzten Nordseitenschiff eine Änderung in der Struktur des Mauerwerkes – es wirkt an dieser Stelle dunkler, glatter – nördlich im Anschluß an den Turm erkennbar. Diese Verfärbung reicht bis in eine Höhe von etwa 2/3 des zweiten Geschosses. Es ist möglich, daß es sich dabei um den Mauerrest des alten Nordseitenschiffes handelt, welches allerdings dann eine beträchtliche Giebelhöhe besessen haben muß.

72 HÖFFER 1983, 7.
73 ELLGER 1991, 143.

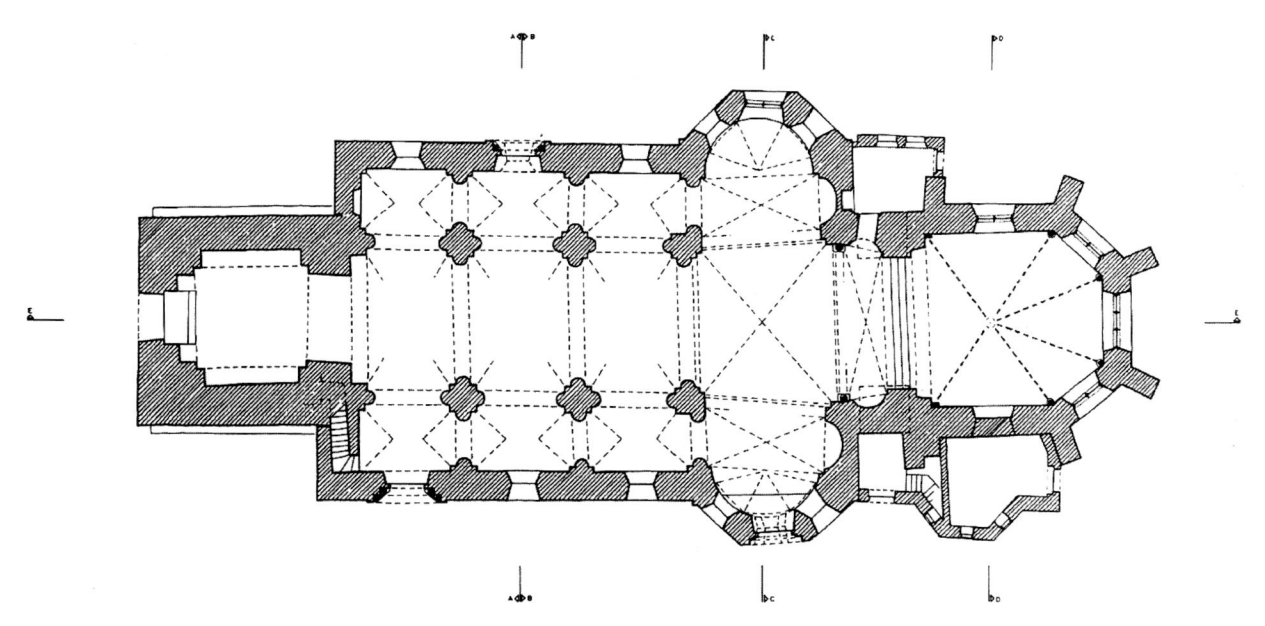

Abb. 25   Bau III: Grundriß der erhaltenen ev. Christuskirche in Plettenberg, um 1240. BA WAfD.

nach Osten, so ergibt sich, daß auf den kurzen „Vorjoch"-Fundamenten der Ostkonche kein Platz für östliche Vierungspfeiler mit ihren Vorlagen bleibt. Wollte man eine Vierung ausbilden, was zu dieser Zeit sehr wahrscheinlich ist, mußte man hier nachträglich Fundamentverbreiterungen schaffen.[74] Aus diesen Nachfundamentierungen läßt sich auf eine mögliche Planänderung nach der Anlage des Chorfundamentes schließen. Denkbar ist auch, daß bei der Fundamentierung des Chores die Erfordernisse des aufgehenden Mauerwerks nicht in jeder Hinsicht bedacht wurden und beim erneuten Abstecken der Mauer- und Pfeilerfluchten die Mängel im Fundament sichtbar wurden. Ein solcher Ablauf konnte bei den Grabungen in der Kirche zu Plettenberg ebenfalls nachgewiesen werden.[75]

Gräber

Da von den zahlreichen Bestattungen, die sich als Verfärbungen abzeichneten, nur drei freigelegt wurden, von denen zwei *(11a)* eindeutig zum vierten Bau gehörten, die dritte *(33)* zu einem der beiden letzten Bauten (III oder IV), sind keine konkreten Aussagen zu diesem Punkt möglich. Es ist jedoch davon auszugehen, daß auch im dritten Bau bestattet worden ist.

Funde

In Schnitt 6 wurde aus dem Abbruchhorizont des zweiten Baues und zugleich Auftrag für den dritten Bau Keramik geborgen, die in ihrer Eigenschaft als Faststeinzeug frühestens dem mittleren, eher dem ausgehenden 13. Jahrhundert angehört.[76] In der Baugrube des vierten Baues fanden sich Bruchstücke bemalten Fensterglases des 12./13. Jahrhunderts, die vom Abbruch des dritten Baues stammen können.

Ansätze einer Datierung

Der Abbruchhorizont des zu Bau II gehörenden Tonfliesenbodens *15* enthielt ausgeprägte Brandreste, so

---

74 Deutung der Fundamente 3, 4, 13 zitiert nach Aktennotiz Lobbedey (Frühjahr 1995).

75 ELLGER 1991, 144, 152. Zur Problematik der Packlagenfundamente und der Notwendigkeit erneuter Vermessung vgl. Kap. 2.4.1.a (Mauerwerk).

76 Es handelt sich dabei um ein Fragment der Warenart „Faststeinzeug Siegburger Art" (vgl. Kap. 4.1., Gruppe 13). Dies ist jedoch kein Indiz für eine Datierung des dritten Baues in das ausgehende 13. Jahrhundert, da die vorhandenen Reste – der Turm und die erhaltene Bauplastik – einen ausreichenden Hintergrund für eine frühere Datierung bilden.

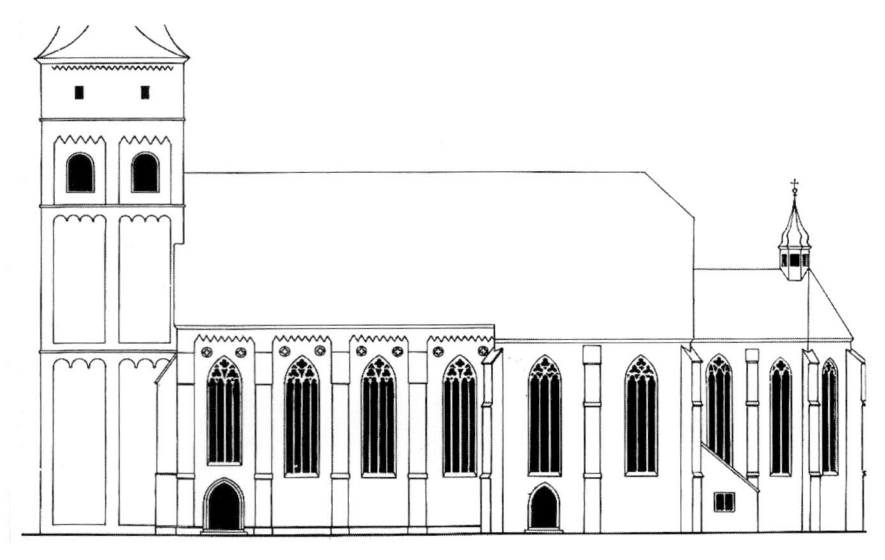

28 2. Die Archäologie der Attendorner Kirchenbauten

Abb. 26   Bau III/IV: Ansicht der Pfarrkirche St. Johannes Baptista von Süden. Nach LUDORFF 1903, S. 19. M. 1:400.

daß der Anlaß für einen Neubau die Brandzerstörung des zweiten Baues gewesen sein kann. Ein ausgedehnter Brand der Stadt Attendorn, der möglicherweise auch die Kirche betroffen hat, ist für die Zeit zwischen 1249 und 1253 belegt,[77] jedoch muß es nicht zwingend dieser Brand gewesen sein, der zur Aufgabe des zweiten Baues geführt hat. Einschränkend muß dazu gesagt werden, daß der Abbruch des dritten Baues bis in die Fundamente eingegriffen hat und keine entsprechenden Schichten mehr zu beobachten waren, die auf einen großflächigen Brand schließen lassen. Die Datierung der aus dem dritten Bau überlieferten Bauplastik in das zweite Viertel des 13. Jahrhunderts[78] läßt indes eher auf eine Errichtung in der ersten Hälfte des 13. Jahrhunderts schließen, ebenso die Konstellation des Dreikonchenchores mit halbrund geschlossenen Apsiden mit einem basilikalen Langhaus, die gegenüber dem nahegelegenen Plettenberg (polygonale Apsiden und Hallenlanghaus) *(Abb. 25)* eine eher altertümlichere Version darstellt, die nur schwer nach der Mitte des 13. Jahrhunderts denkbar ist. Ebenso konnte von SCHMAEDECKE aus der Analyse der offensichtlich jüngeren Plettenberger Bauplastik im Vergleich mit jener aus Attendorn die Abhängigkeit von letzterer ermittelt werden,[79] so daß der zeitliche Rahmen – die Datierung der Attendorner Kapitelle konnte auf die Zeit um 1230 eingegrenzt werden – damit hinreichend abgesteckt sein dürfte. Für eine Bautätigkeit im Bereich des nordwestlichen Vierungspfeilers nach der Mitte des 13. Jahrhunderts, also vielleicht im Zusammenhang mit dem oben erwähnten Stadtbrand um 1253, spricht die dort an eindeutiger Stelle aufgefundene Keramik (s.o.), so daß man hier vielleicht Restaurierungen von Brandschäden vornahm.

Die archivalische Überlieferung legt für eine rege Bautätigkeit, möglicherweise den Neubau der heute bestehenden gotischen Kirche und somit den Abbruch des romanischen Baues die Zeit zwischen 1353 und 1412 nahe,[80] die kunsthistorische Forschung datiert sie aus dem Formengut heraus in die Mitte des 14. Jahrhunderts oder danach.[81] Der Grund für den Neubau ist nicht bekannt. Es kann jedoch bei der allgemein für das ausgehende 13. und beginnende 14. Jahrhundert überlieferten regen Bautätigkeit in Attendorn[82] der Wunsch nach einem größeren, dem veränderten Stadtbild (und Zeitgeschmack) angepaßten Kirchenbau entstanden sein.

---

77 STOOB 1981.
78 Eine kunsthistorische Bearbeitung und Datierung der noch vorhandenen Kapitelle und Basen aus dem dritten Bau wurde von Frau Dr. F. Schmaedecke vorgenommen. Das Manuskript konnte mit frdl. Genehmigung von Dr. Schmaedecke von Verf. bereits eingesehen werden. Im folgenden zitiert Beitrag SCHMAEDECKE.

79 Beitrag SCHMAEDECKE s.u. S. 97.
80 HÖFFER 1983, 11.
81 z.B. DEHIO 1969, 26 ff.
82 STOOB 1981.

2.4. Bau III: Der romanische Dreikonchenbau 29

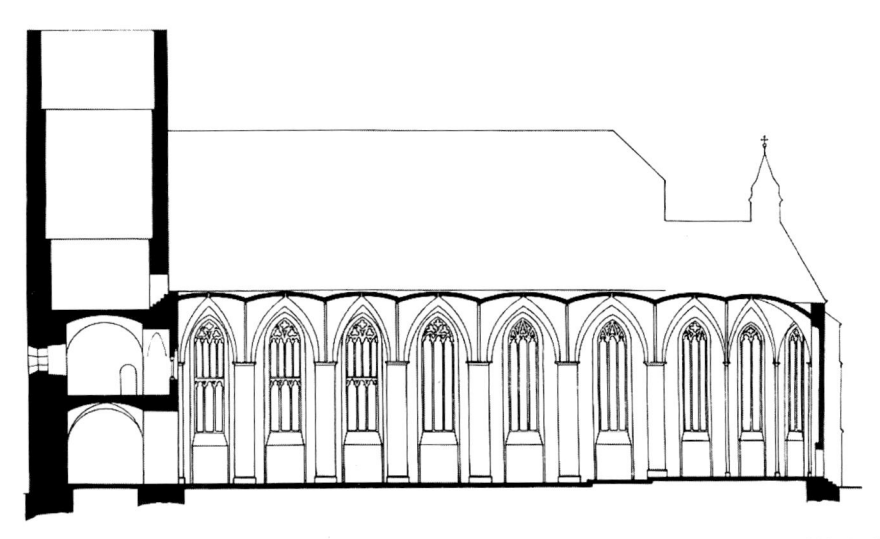

Abb. 27   Bau III/IV: Aufriß der Pfarrkirche St. Johannes Baptista von Süden. Nach LUDORFF 1903, S. 19. M. 1:400.

2.4.2. Rekonstruktion und Baugeschichte

Der dritte romanische Bau unter der Pfarrkirche St. Johannes Baptist zu Attendorn war nach Aussage des archäologischen Befundes eine dreischiffige gewölbte Basilika mit Dreikonchenchor und Westturm. Letzterer ist nahezu vollständig im heutigen Bestand erhalten und soll, zusammen mit dem nachträglich aufgesetzten obersten Geschoß, im folgenden kurz beschrieben werden.

Turm, Äußeres

Von außen betrachtet ist er in vier ungleich hohe, nach oben niedriger werdende Geschosse gegliedert *(Abb. 26-28, 40)*. Am ersten Geschoß befinden sich Reste eines niedrigen, stark abgetreppten Sockels an Nord- und Südseite, der möglicherweise den ganzen Bau einfaßte. Die unteren drei Geschosse werden an den Kanten von etwa gleichbreiten Ecklisenen eingefaßt. Mittels einer ebenfalls durchlaufenden Mittellisene werden die Turmseiten in zwei Felder geteilt,[83] die im ersten Geschoß von einem Fries aus drei, im zweiten aus vier Bögen abgeschlossen werden. Den oberen Abschluß der Wandfelder des dritten Geschosses bildet ein Zackenfries mit einem nachfolgenden breiten Blendfeld *(Abb. 29)*. Das vierte Geschoß hat keine oder sehr schmale Ecklisenen und wird oben von einem kleinformatigen Zackenfries abgeschlossen. Die Geschoßtrennung erfolgt durch umlaufende, mit Platte und Kehle profilierte Gesimsstreifen. Im ersten Geschoß befindet sich in der Westwand ein rundbogiges Portal. Ein Vierpaßfenster in der Westwand[84] des ersten Geschosses, ein kleines Fenster im Erdgeschoß auf der Südseite im Treppenaufgang zur Ratskapelle und je ein schmaler Lüftungsschlitz in der Mittellisene von Nord- und Südwand des zweiten Geschosses belichten spärlich die unteren beiden Geschosse. Im dritten Geschoß befinden sich je Seite zwei rundbogige Schallarkaden, leicht aus der Mittelachse der Felder nach innen verschoben. Die beiden Schallarkaden der Ostwand werden teilweise vom Dach des Mittelschiffes überdeckt.[85] In die

---

83 An der Westseite beginnt die Mittellisene erst oberhalb des Vierpasses, an der Ostseite oberhalb des Durchganges zu den Gewölben. Einen sehr ähnlich gegliederten Turm besitzt die Kirche von Drempt (NL, Provinz Gelderland): auch hier sind die beiden oberen Geschosse (allerdings sind offenbar alle vier Geschosse romanisch) mit einem Zackenfries, die unteren mit

Bogenfriesen versehen. Der Turm wird allgemein in die Zeit um 1200 datiert. KUBACH/VERBEEK 1976, 217.

84 Oberhalb des Portals von 1923 (das seinerseits einen Vorgänger vermutlich aus dem 17. Jahrhundert hatte). Bis 1923 war der Vierpaß bis auf eine kleine viereckige Öffnung vermauert (wie auch auf dem Foto von 1890 ersichtlich). Beitrag HÖFFER.

85 Dieser Zustand besteht erst seit der Restaurierung nach den Kriegszerstörungen. Ein im Stadtarchiv Attendorn befindliches Foto, vermutlich aus dem Jahre 1946, zeigt den Anschlag des in 1945 abgebrannten Langhausdaches an der Ostwand des Turmes. Demzufolge verlief das Dach knapp unterhalb der Fensterecken.

Abb. 28 Bau III: Ansicht der Pfarrkirche von Westen. StA Attendorn, Foto um 1890.

abgestufte Laibung der Öffnungen sind Ecksäulchen mit kräftigem Wulst und kurzen Würfel- bzw. Knospenkapitellen eingestellt. Die innen aufliegende unprofilierte Kämpferplatte zieht sich durch die gesamte Laibung und bildet zugleich das Auflager für die Bögen der um eine Stufe zurückgesetzten beiden Zwischenarkaden. Diese werden in der Mitte von zwei hintereinander angeordneten, den Ecksäulen gleich gestalteten Säulchen unter einer durchgehenden Kämpferplatte gestützt. Alle Säulchen ruhen auf einfachen, an den Ecken abgeschrägten Basen. Die Sohlbank besteht aus einer durchgehenden Platte und springt leicht nach außen vor. Im vierten Geschoß sind, aus der Achse der Wandfelder der unteren Geschosse zu den Ecken hin verschobene, hochrechteckige schmale Fensterluken, je zwei an Nord-, West- und Südwand und eine an der Ostwand.[86] An der

Südwand befindet sich in der unteren östlichen Ecke eine eiserne Ziffer „4", dem Typus nach frühestens dem ausgehenden 15. Jahrhundert angehörend. Der Anbringungsort läßt auf die Endziffer einer möglicherweise vierstelligen Zahl schließen. Eine weitere „Ziffer," vielleicht eine wie ein „Z" gestaltete 2, befand sich bis zu den Kriegszerstörungen ebenfalls an der Südseite in der westlichen unteren Ecke. Die Rekonstruktion einer die gesamte Turmbreite einnehmenden Zahl aus vier Ziffern wird durch die „2" als mögliche erste oder zweite erschwert, da die bekannten eisernen Jahreszahlen an Kirchen und Profangebäuden ausschließlich aus dem 17. und 18. Jahrhundert stammen.[87] Sie stehen in der Regel im Zusammenhang mit Erneuerungsarbeiten, Turmaufstockungen, Wiederherstellungen nach Bränden und Sicherungsmaßnahmen am Mauerwerk mittels Anker, die, neben den gängigen Strich-, „S"- und Gabelformen mit eingerollten Enden, auch als „Z" ausgebildet sein können. Gelegentlich wurden auch Ziffern sekundär als Anker an anderer Stelle verwendet. Denkbar ist auch eine Deutung des „Z" als „1" oder „7". Geht man von der 4 als letzter Zahl eines Datums aus, so kämen die Jahre 1624 und 1784 als die jeweils einem Brand des Kirchturms oder der Kirche nachfolgenden Jahre infrage. Die Wiederaufbauarbeiten am insgesamt schwer beschädigten Bau nach dem Brand von 1783 zogen sich bis in den Beginn des 19. Jahrhunderts hinein; die Akten des Jahres 1784 lassen nicht das Ende eines Bauabschnittes erschließen, der die Anbringung der Zahlen gerechtfertigt hätte.[88]

---

86   Die nördliche Luke der Westwand war zeitweilig vermauert, wie ein Foto aus dem Jahre 1890 belegt. Bei den Wiederherstellungsarbeiten nach den Kriegszerstörungen 1944/45 ist dieses Fenster offensichtlich wieder geöffnet worden. Die Ostwand hingegen erscheint stets nur mit einem Fenster (Fotos Slg. Korte und Stadtarchiv Attendorn). Eine radiale Bogenmauerung über dem Ostfenster der Südwand, die erst bei den Wiederaufbauarbeiten nach dem Kriege vermauert wurde, läßt darauf schließen, daß die Fenster ursprünglich rundbogig angelegt waren. Außen neben den Fensteröffnungen an der Nord- und Ostwand befinden sich Mauerhaken für Fensterläden. Höffer bezeichnet aufgrund dieses Befundes und zahlreicher Quellen im Pfarrarchiv das oberste Geschoß daher als Turmwächterstube (mdl. Mitt. Höffer).

87   Die früheste Datierung befindet sich am Turm der im letzten Krieg zerstörten Stuttgarter Stiftskirche: Die Zahl 1509 wurde jedoch, ebenso wie die nachfolgende 1609, offensichtlich zu einem späteren Zeitpunkt, 1681, angebracht. BOCK 1979, Abb. 149. Die übrigen bekannten Zahlen beginnen in der zweiten Hälfte des 17. Jahrhunderts und reichen an Sakral- und städtischen Profanbauten bis an das Ende des 18., an norddeutschen Bauernhäusern bis in die Mitte des 20. Jahrhunderts. Ein Großteil der ehemals vorhandenen Datierungen wird den Restaurierungsmaßnahmen des 19. und 20 Jahrhunderts zum Opfer gefallen sein und ist nur noch auf älteren Abbildungen erkennbar.

88   Beitrag HÖFFER.

2.4. Bau III: Der romanische Dreikonchenbau

Ebenso scheinen im Jahre 1624 die Restaurierungsmaßnahmen nicht abgeschlossen gewesen zu sein, da erst 1625 Gelder dafür zur Verfügung gestellt wurden.[89] „Rege Bautätigkeit an der Pfarrkirche" ist für das Jahr 1694 belegt,[90] als weitere Daten kämen natürlich auch die übrigen, aus den zahlreichen Bränden und den anschließenden Wiederherstellungen des 17. und 18. Jahrhunderts konstruierbaren Jahreszahlen in Betracht. Die Ziffer bezieht sich jedoch nicht, wie zuvor vermutet,[91] auf eine Aufstockung des Turmes während des 14. oder beginnenden 15. Jahrhunderts. Daß das oberste Geschoß zumindest vor dem Jahre 1634 entstanden sein muß, geht aus der Stadtansicht der „Schwedentafel" hervor.[92] Die Verwendung des Zackenfrieses sowie die radiale Mauerung der Fensterstürze, dem romanischen Bau angepaßt, sowie die Struktur des Mauerwerkes sprechen jedoch für die gleichzeitige Errichtung mit Langhaus und Chor.

Abb. 29 Bau III: Turm, Südseite: Zackenfries oberhalb der Schallarkaden. Slg. Höffer, Foto Höffer 1979/80.

Mauerwerk, Baubestand

Während der Restaurierungsmaßnahmen an der Außenhaut in den Jahren 1979/80[93] konnten vom Gerüst aus am bis dahin unverputzten Bau verschiedene Mauerwerksbefunde dokumentiert werden.[94] Das Innere des Turmes ist im heutigen Zustand oberhalb der Ratsloge weitgehend unverputzt, ebenso der Bereich an der Ostwand außen oberhalb der Gewölbe unter dem Dach des Langhauses. Die wichtigsten Beobachtungen sollen hier kurz vorgestellt werden.

Der mächtige Westturm[95] ist über quadratischem Grundriß aus behauenem Bruchstein in wechselnd mächtigen Schichten, verlegt in ockergelben Mörtel, aufgeführt. Dabei können insbesondere an den romanischen Bauteilen sehr großformatige Platten auftreten,[96] die an der Sichtseite die Steinbearbeitung erkennen lassen. Die Oberfläche wurde demzufolge mit einem groben Werkzeug, möglicherweise mit Spitzeisen oder Bossierhammer abgearbeitet, mit kurzen, sowohl diagonal als auch waagerecht und senkrecht zum Lager ausgeführten Hieben. Diese nicht für den Sichtbereich gedachte Bearbeitungsweise[97] läßt darauf schließen, daß für das Mauerwerk – wie bei der unregelmäßg ausgeführten Bruchsteinmauerung ohnedies anzunehmen ist – von vornherein ein Verputz geplant war. Reste von Verputz wurden an der Westwand des ersten Geschosses auch entdeckt, ihre Datierung ist jedoch fraglich.[98] Das Mauerwerk des obersten jüngeren Geschosses unterscheidet sich deutlich von dem der romanischen: Von den eindeutig als Wiederaufbaumaßnahme nach den Kriegszerstörungen erkennbaren Bereichen an den beiden oberen Geschossen einmal abgesehen *(Abb. 30)*, besteht es aus inhomogenen Schichten (zum Teil bedingt durch häufige Ausbesserungen) von kleinteiligeren Bruchsteinen in grauem lockeren Mörtel. Die Steine sind weniger plattig, so daß die beim Versatz entstandenen Hohlräume durch

---

89   Beitrag HÖFFER.
90   Beitrag HÖFFER.
91   BRUNABEND/PICKERT/BOOS 1958, 8; HÖFFER 1983, 6.
92   HÖFFER 1983, 7.
93   Beitrag HÖFFER.
94   Die im folgenden wiedergegebene Beschreibung stützt sich auf die kommentierte Fotodokumentation, die von Stadtarchivar Höffer angefertigt und Verf. freundlicherweise für die Bearbeitung zur Verfügung gestellt wurde. Sie wird als Dokumentation oder Sammlung (Slg.) Höffer zitiert.
95   Mauerwerkshöhe ca. 40,60 m.
96   Das romanische Mauerwerk zeichnet sich gegenüber dem gotischen durch das Auftreten von insgesamt großformatigerem Material und regelmäßigerer Anordnung der Schichten aus. Die verwendeten Steinplatten sind stärker auf Paßgenauigkeit zuge-

richtet worden, so daß ein Ausfüllen der Lücken durch kleinere Steine weitgehend vermieden wurde. Die Schichten liegen dicht aufeinander und sind sorgfältig vermörtelt. Der Mörtel ist inhomogen, ockerfarben und etwas lehmig.

97   ZUHEIDE/HANNING 1995, 335.
98   Daß die Pfarrkirche in den vergangenen Jahrhunderten verputzt war, ist durch Bild- und Schriftquellen hinlänglich belegt. Allein im 19. Jahrhundert wurde dreimal eine Erneuerung des Außenputzes durchgeführt: 1819, 1861 und 1894. Im 20. Jahrhundert präsentierte sich das Kirchenäußere bis 1980 unverputzt bzw. bei der Restaurierung nach 1945 mit einem steinsichtigen Besenputz versehen, da man dies als „mittelalterlich" und somit authentisch empfand. Beitrag HÖFFER.

Abb. 30 Bau III/IV: Die Kirche nach den Zerstörungen des zweiten Weltkrieges: Die Südwestecke der beiden oberen Geschosse wurde bei der Bombardierung weggesprengt, ebenso die Mittelsäulen der Schallarkaden. Neben den Dächern wurden auch die Fenster und Maßwerke zerstört. StA Attendorn, Foto Bilsing 1946.

Abb. 31 Bau III: Turm, Ostwand zum Mittelschiff hin: Zustand nach der Restaurierung und dem Einbau der Orgel in die Ratsloge 1923. Ansicht von Osten. StA Attendorn, Foto ca. 1930.

kleine Füllsteine ausgefüllt wurden. Die Zierelemente, Lisenen und Friese, sind ebenfalls aus Bruchsteinen modelliert, wobei die Bogenlaibungen der Blendbogenfriese aus behauenen Bruchsteinplatten herausgearbeitet wurden, sofern dies bei dem wenig bearbeitungsfreundlichen Material möglich war. Die Zwickel der Bogenfriese sitzen auf trapezförmigen Konsolsteinen, ähnlich den im Erdgeschoß innen als Gewölbeanfänger ausgebildeten. Möglicherweise bestehen sie aus Kalk- oder Sandstein. Auf ähnlichen Konsolsteinen fußen die unteren Zwickel der Zackenfriese des dritten Geschosses *(Abb. 29)* und des Langhauses *(Abb. 43)*. Der Zackenfries am vierten Geschoß ist dagegen unten nur mit Bruchsteinplättchen versehen. Die geschoßtrennenden Gesimse sind aus Werkstein (Sand- oder Kalkstein) und waren zeitweise rot gefaßt.[99]

Mehrere Brandzerstörungen haben insbesondere die oberen beiden Turmgeschosse in Mitleidenschaft gezogen. Die schriftliche Überlieferung dazu setzt erst im 17. Jahrhundert ein. Ihr zufolge brannte der Turm in den Jahren 1623, 1637, 1656, 1710, 1737, 1742, und 1783. Für die ersten drei Brände und den von 1783 ist die Zerstörung von Glocken belegt, d.h. der Brand muß dabei mindestens bis in das dritte Geschoß hinein geschadet haben. Der obere Turmbereich wird also häufigen Wiederaufbaumaßnahmen unterzogen worden sein: An den unverputzten Wänden im Inneren des obersten Turmgeschosses sind zahlreiche Ausbesserungen erkennbar, und große Teile des Mauerwerks weisen brandgerötete Steinoberflächen auf. Bei den Kriegszerstörungen in 1945 wurde die südwestliche Ecke der beiden oberen Geschosse schwer beschädigt.[100] Im Zuge der Wiederherstellungsarbeiten in den folgenden Jahren wurde die Westseite von der Höhe knapp ober- oder unterhalb der Schallarkaden an neu aufgeführt.[101] Die Säulen der Schallarkaden wurden bis auf jene an der Ostwand neu gefertigt. Hier scheint sich tatsächlich der romanische Baubestand erhalten zu haben.

Inneres

Im Inneren besteht der Turm aus fünf Geschossen,[102] deren untere zwei, Erdgeschoß und erstes Obergeschoß, als nutzbare Räume angelegt sind. Die drei oberen Geschosse springen innen jeweils in der Mauerstärke leicht zurück *(Abb. 27)*.

Das Erdgeschoß wird von einem kreuzgratgewölbten quadratischen Raum (ca. 4,90 × 4,90 m) gebildet, in dessen Westwand sich der heutige Westeingang befindet. Innen 2,65 m breit, verjüngt er sich nach außen hin auf ca.

---

99 Beitrag HÖFFER.

100 Fotos Slg. Korte.

101 Im Bericht darüber (wohl von 1954) heißt es *von der Basis der Glockenfenster vollkommen neu aufgebaut..."* Beitrag HÖFFER; ein Farbfoto aus den 70er Jahren zeigt eine dunklere Färbung des Mauerwerkes, die in einer waagerechten Linie etwas oberhalb der Fenster beginnt (Foto Slg. Korte).

102 Grundriß, Aufriß und Ansicht nach BKW, Kreis Olpe, 1903, 18 f.

1,80 m und wird von dem rundbogigen Portal aus dem Jahre 1923 abgeschlossen. Vor der Renovierung des Jahres 1923 befand sich hier ein kleineres Portal mit der Jahreszahl 1688. Aus den Akten des Pfarrarchives über die Baumaßnahmen im Turm geht hervor, daß man offenbar die Vermauerung von 1688 herausbrach und das Portal in seinen ursprünglichen Dimensionen wieder freilegte. Das Portalgewände außen geht auf einen an romanischen Vorbildern orientierten Entwurf des Architekten Bieker zurück.[103]

Der rundbogige Durchgang vom Turmerdgeschoß innen zum Langhaus besitzt eine lichte Breite von ca. 3,60 m und 2,35 m Länge,[104] entsprechend der Mauerstärke der Turmostwand. Im Durchgang befinden sich nach Norden und Süden hin abgehend die Türen zu den schmalen Treppenaufgängen, die, in der Mauerstärke gelegen und mit einem Tonnengewölbe versehen, zu den oberen Geschossen führen. Die Kämpferzone des Durchganges wird von einer einfachen, nach unten zu schräg in die Wand laufenden Platte gebildet. Im heutigen verputzten Zustand ist nicht mehr zu entscheiden, ob sie zum ursprünglichen Bestand gehörte oder 1923 angefügt wurde. Die Grate des Gewölbes sitzen unten auf trapezförmigen, an einer Seite halbrund ausgebildeten Konsolsteinen, gefolgt von einem kleinen quadratischen Quader.

Das erste Obergeschoß ist weitgehend dem Erdgeschoß ähnlich, ein gewölbter quadratischer Raum, allerdings erweitert um ein Vorjoch mit einer Arkadenöffnung nach Osten hin. Dieser kurze, in der Mauerstärke liegende Raumzusatz wird von einem kleinen Tonnengewölbe mit Stichkappen abgedeckt, während der Hauptraum ein Kreuzgratgewölbe besitzt, dessen Grate ohne Konsole oder Kämpfer aus der Wand treten und zum Scheitel hin flacher werden und verschwinden. Besonderer Schmuck der Arkadenöffnung bilden die acht erhaltenen romanischen Sandsteinsäulen mit ihren Basen und Kapitellen.[105] Auch sie waren lange Zeit den Blicken der Kirchenbesucher verborgen und wurden erst 1911 wiederentdeckt und 1923 wieder freigelegt.[106] Dabei wurden die Säulengruppen restauriert und erneut aufgestellt,

Abb. 32 Bau III: Das erste Turmobergeschoß innen, die sogenannte Ratsloge. Blick auf die Westwand mit dem Vierpaßfenster. Ansicht von Osten. WAfD, Foto Bathe 1974.

die Arkadenbögen neu gemauert. Da man den Einbau einer Orgel in das Turmgeschoß plante, wurde der damals vorhandene Zwickel des doppelten Blendbogens, der auf einer (möglicherweise romanischen) Widderkopfkonsole aufruhte, herausgebrochen und oberhalb der Säulenarkade eine große Bogenöffnung geschaffen.[107] Die Arkade wurde zu diesem Bogen hin mittels eines Betonbalkens abgeschlossen *(Abb. 31)*.[108] In der Westwand des ersten Obergeschosses befindet sich ein Vierpaßfenster, das ebenfalls bis 1923 nahezu vollständig vermauert war *(Abb. 32, 68)*.

Der als Ratsloge bezeichnete Raum des ersten Obergeschosses gehört zu jener Gruppe ähnlich gestalteter Räume in romanischen Westtürmen, die als Kapelle, sofern sie mit einem Altar ausgestattet waren, als Archiv und Versammlungsraum, möglicherweise auch im Zusammenhang mit

---

103 Beitrag HÖFFER.

104 Auch dieser Durchgang wurde erst im Jahre 1923 wieder geöffnet. Zuvor befand sich hier eine „Eichenholzvertäfelung im Barockstil". Bis 1923 befand sich zudem im Turmerdgeschoß eine (möglicherweise barocke) Heilig-Grab-Anlage, die den nördlichen Treppenaufgang verdeckte. Vgl. dazu Beitrag HÖFFER. Den alten Zustand verdeutlichen die Zeichnungen in BKW, Kreis Olpe, 1903, 18 f.

105 Beitrag SCHMAEDECKE.

106 Die Vermauerung wurde vermutlich im Jahre 1852 durchgeführt. Beitrag HÖFFER.

107 Beitrag HÖFFER.

108 Diese Maßnahmen konnten bei einer Bauuntersuchung, durchgeführt von Dr. U. Lobbedey (damals Westfäl. Amt f. Denkmalpflege, Münster) am freigelegten Mauerwerk während der Innenrestaurierung bestätigt werden. Der heutige Zustand der Turmostwand im Inneren stammt aus der Zeit des Wiederaufbaus nach den Zerstörungen des Zweiten Weltkrieges, zwischen 1947 und 1957. Der Widderkopf wurde dabei neu entworfen, da der Verbleib des alten Exemplares offensichtlich nicht mehr bekannt war. Beitrag HÖFFER.

Abb. 33 Bau III/IV: Turm Ostwand während des Wiederaufbaues: Erkennbar sind der Anschlag des Vorkriegsdaches (von 1794?) sowie darunter, auf der Nordhälfte unterhalb des Blendbogenfrieses, der eines älteren. Im unteren Bildbereich das sehr flache Notdach. StA Attendorn, Foto Hormes 1946.

der Rechtsprechung genutzt wurden.[109] Der separat gewölbte östliche Raumabschnitt böte sich für die Errichtung eines Altares an, obwohl die dafür typischen Abstellnischen in den Seitenwänden fehlen (oder im heutigen Zustand nicht mehr erkennbar sind?). Im Mittelalter scheint dieser Raum als Versammlungsraum für die Mitglieder des Stadtrates gedient zu haben,[110] zeitweise auch als Archiv.[111]

Das zweite Obergeschoß ist ein niedriges Zwischengeschoß, von dem aus eine Treppe auf das Gewölbe des Langhauses führt. Der rundbogige Durchgang erscheint vom heutigen Bodenniveau aus sehr niedrig. Im östlichen Schwellenbereich, unter der rezenten Holztreppe, sind jedoch Reste von einer in Bruchsteinmauerwerk ausgeführten Treppe erkennbar. Abgesehen von einem Mauerwerksflicken jüngerer Zeit oberhalb des Durchganges scheint es sich um romanischen Baubestand zu handeln, so daß sich an dieser Stelle auch der Aufgang zum Gewölbe des Vorgängerbaues befand: Dessen Gewölbehöhe dürfte also der des gotischen Baues im wesentlichen entsprochen haben. Oberhalb des Durchganges waren nach den Kriegszerstörungen an der Wand die Anschläge zweier Langhausdächer erkennbar: Jener des abgebrannten Vorkriegsdaches mit einer Neigung von 43°, darunter ein nur schemenhaft sichtbarer älterer mit einer Neigung von 45°.[112] Ob es sich bei dem älteren Anschlag um den des romanischen Langhauses handelt, ist vor dem Hintergrund der zahlreichen Brände fraglich; die Dachneigung von 45° spräche indes nicht dagegen *(Abb. 33)*.[113]

Das dritte Obergeschoß als das höchste beherbergt den Glockenstuhl. Das letzte Viertel der Wandhöhe besteht aus dem oben beschriebenen jüngeren Mauerwerk; hier endet also der romanische Bestand. Das vierte Obergeschoß letztlich enthielt, wie bereits erwähnt, die Turmwächterstube.

Langhaus

Das Langhaus erstreckt sich über 1 1/2 Joche, d.h. ein quadratisches Joch mit Zwischenstützen im Osten, gefolgt von einem halben Joch nach Westen *(Abb. 34)*. Der westliche Bogen lief in die sockellosen, heute noch sichtbaren Vorlagen in der Westwand. Ein ähnlich kurzes, nur einjochiges Langhaus besitzt die Kirche zu

---

109 HOLTZINGER 1962, 109 ff.

110 BRUNABEND/PICKERT/BOOS 1958, 9, ohne Angabe der Quelle. Interessant wäre an dieser Stelle der jeweilige Versammlungsanlaß, da der Stadtrat schließlich das Rathaus als angemessenen Versammlungsort hatte.

111 BRUNABEND/PICKERT/BOOS 1958, 9. Das bei HOLZINGER 1962, 107 f. im Zusammenhang mit Westoratorien erwähnte Michaelspatrozinium des dort errichteten Altares könnte im Falle Attendorn in die 1384 bis 1391 errichtete Hl. Kreuz- und Michaelskapelle nördlich des Turmes übertragen worden sein, nachdem man das Turmobergeschoß nicht mehr als Sakralraum nutzen wollte.

112 Der Anschlag eines Daches mit sehr flacher Neigung wurde von Höffer darunter entdeckt: Es kann sich um den Dachanschlag eines Notdaches gehandelt haben, da die geringe Dachneigung einen niedrigen Holzverbrauch begünstigt. Zwei Notdächer sind archivalisch belegt, jenes nach dem Brand von 1783 (es bestand bis 1794) und nach den Kriegszerstörungen 1945 (wurde 1949 durch das heutige Dach ersetzt). Das auf dem Zerstörungsphoto sichtbare Notdach kann durchaus nach seiner Höhe und seinem Neigungswinkel (13 Grad) zu urteilen jenes von Höffer beobachtete sein.

113 NEUGEBAUER 1981, 124: Eine Neigung von 45° liegt im Rahmen der für romanische Dächer erarbeiteten Angaben von 28–45° bzw. für den Westfälischen Raum steilere Dächer (bis 60°).

2.4. Bau III: Der romanische Dreikonchenbau

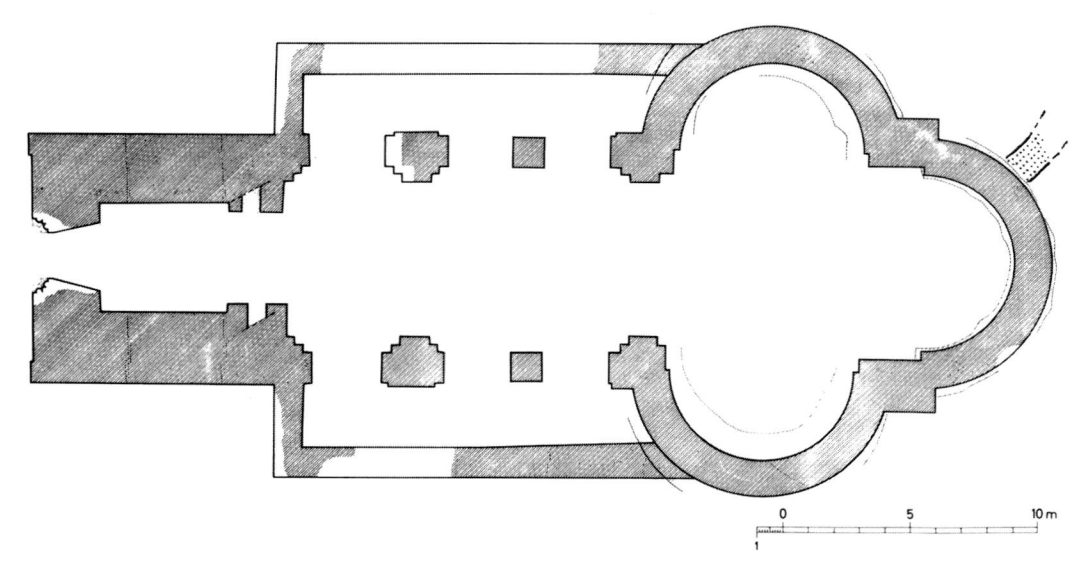

Abb. 34   Bau III: Rekonstruktion des Dreikonchenbaues. WMfA, Zeichnung Frohnert 1974.

Berghausen (Kr. Meschede), eine kreuzförmige gewölbte Pfeilerbasilika des ausgehenden 12. Jahrhunderts, deren Turm auf der Länge eines halben Joches zwischen den Seitenschiffen eingeschoben ist.[114] Sie gehört jener Gruppe kleiner westfälischer Gewölbebasiliken des 12./13. Jahrhunderts an, die – häufig ohne Querhaus – über ein auffallend kurzes Langhaus von nur einem oder zwei Jochen, gewölbte Seitenschiffe, eine im Vergleich zum Langhaus ausgeprägte Chorpartie und einem im Grundriß quadratischen Westturm verfügen.[115] Ähnlichen Zuschnittes, allerdings mit zweijochigem Langhaus sind zum Beispiel die Kirche von Osttönnen (Kr. Soest),[116] jene in Gehrden (Kr. Warburg)[117] sowie die im hessischen Twiste.[118]

So vereint der dritte Kirchenbau in Attendorn typisch „westfälische" Elemente wie den Westturm[119] und das kurze Langhaus, mit rheinischen (bzw. niederrheinischen) Einflüssen, erkennbar an der Ausführung des Kleeblattchores und der Bauornamentik (Kapitelle, Zackenfries).

Chor

Der Chor stellt eine Umsetzung Kölner Dreikonchenbauten des ausgehenden 12. und beginnenden 13. Jahrhunderts, insbesondere Groß St. Martin *(Abb. 35)* (Planung und Ausführung der Chorpartie heute allgemein zwischen 1150 und 1172 angenommen) und St. Aposteln (Chor um 1200) in kleinerem Maßstab dar.[120]

Den Kölner Dreikonchenanlagen und ihren Verwandten in Neuss, Bonn und Roermond *(Abb. 36)* ist in der Literatur stets große Aufmerksamkeit gewidmet worden, da sie unzweifelhaft die Höhepunkte spätromanischen Bauschaffens bilden.[121] Ihre Vorbildfunktion insbesondere für den ländlichen Raum reicht weit in das 13. Jahrhundert hinein und hat sich im ehemaligen Dekanatsbezirk Attendorn in den Ostanlagen der Kirchen in Attendorn, Plettenberg *(Abb. 37, 38)* und Hemer niedergeschlagen.[122] Eine Über-

---

114 DEHIO 1969, 42; WILHELM-KÄSTNER 1955, 386.
115 Ebd. 1955, 384.
116 DEHIO 1969, 434; WILHELM-KÄSTNER 1955, 384.
117 DEHIO 1969, 175.
118 WILHELM-KÄSTNER 1955, 387; FELDTKELLER 1940, 143 ff.
119 BACHMANN 1941, 170 ff.

120 Wie bereits festgestellt von LOBBEDEY 1975, 78.
121 Grundlegend zu den Kölner Dreikonchenbauten immer noch MEYER-BARKHAUSEN 1952. Zusammenfassende Auswertung unter Verwendung auch der älteren Literatur bei KUBACH/VERBEEK 1989, 272 ff. Einzeldarstellungen der Bauten bei KUBACH/VERBEEK 1976.
122 Zur Ausdehnung des Dekanatsbereiches Attendorn ausführlich HOEYNCK 1885/86; zusammenfassend BRUNABEND/PICKERT/BOOS 1958, 45 ff., Karte S. 48 f. Kartierung der Dreikonchenbauten in Westfalen, dem Rheinland und den angrenzenden Ge-

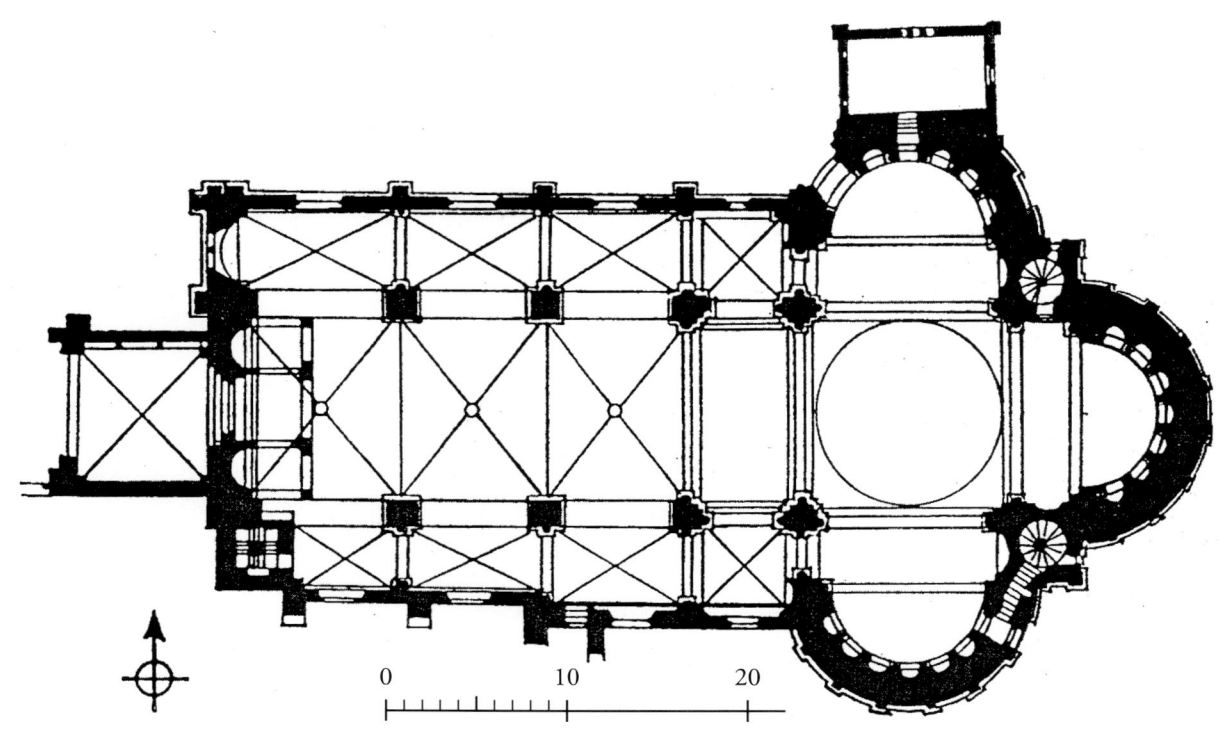

Abb. 35   Bau III: Grundriß der Kirche Groß St. Martin in Köln. Nach KUBACH/VERBEEK 1976, S. 573.

nahme des Dreikonchenmotivs in verkleinerter, oft nur angedeuteter Form als dreifach ausgenischte Chorapsis oder in den Chorkomplex einbeschriebene Konchen findet sich darüber hinaus in zahlreichen Kirchen des Siegerländer und Sauerländer Raumes, deren Bau oder Umbau sich während der ersten Hälfte, eher noch des zweiten Viertels des 13. Jahrhunderts vollzog.[123] Das charakteristische Merkmal der voll ausgeprägten spätromanischen Kleeblattchöre gegenüber den früheren Anlagen ist die Ausbildung von Zwischenjochen vor den Konchen, die außen durch die eingestellten Ecktürme verdeckt werden.[124] Diese Situation ist zwar in Plettenberg, nicht jedoch in Attendorn vorhanden. Ein Zwischen- oder Vorjoch besitzt in Attendorn nur die Ostkonche. Dies stellt eine eigenständige Umsetzung des Dreikonchenplanes dar, die eine stärkere Hervorhebung der Ostkonche zur Folge hat und auf die Symmetrie des Chores zugunsten der Betonung der Ost-West-Achse verzichtet. Da die Fundamentbreite der Seitenkonchen auf eine Ausnischung schließen läßt, nicht jedoch die der Ostkonche, wird dieser Eindruck auch in der Gestaltung des Innenraumes faßbar. Ähnlich wie in Plettenberg dürften sich die Nischen der Seitenkonchen über die volle Wandhöhe erstreckt haben.[125] Hier liegen in den Konchen je drei Nischen vor, die jedoch durch jene beiden in den Vorjochen ergänzt werden. Da der Radius der Attendorner

---

bieten vgl. WILHELM-KÄSTNER 1955, Karte S. 343, zu ergänzen sind Attendorn, Dom-Esch (Kr. Euskirchen), Hemer (Kr. Iserlohn) sowie Rijnsberg und Kampen (beide NL) (KUBACH/VERBEEK 1989, 279). Zu Hemer vgl. ESTERHUES 1965, 102–110: eine erneute Durchsicht von Akten und Fundmaterial der Grabung könnte die Datierung des Dreikonchenchores in Hemer vielleicht näher eingrenzen.

123   Vgl. dazu BÖKER 1984, 56 ff.
124   KUBACH/VERBEEK 1989, 275 ff.

125   Zur Umsetzung des Dreikonchenplanes sowie rheinischer und westfälischer Einflüsse im Siegerländer und Sauerländer Gebiet vgl. KUBACH 1985, 10 ff. Zur Ausnischung der inneren Apsiswand (KUBACH 1985, 10): Es ist evident, daß die volle Wandhöhe der Apsisnischen aus dem Baumaßstab des Kleinkirchenbaues resultiert – und trotzdem rheinischem Einfluß unterliegt: bei einer geringen Wandhöhe ist die Ausführung einer zweigeschossigen Wandgliederung nicht sinnvoll, da die einzelnen Partien zwangsläufig winzig wirken würden. Führt man dagegen die Nischen entsprechend der Wandhöhe aus, so entsteht immer noch der Eindruck einer gewissen bescheidenen Monumentalität und Höhenwirkung. Ebenso dürfte es sich mit dem Dreikonchenchor und seinen ländlichen Ausprägungen verhalten.

2.4. Bau III: Der romanische Dreikonchenbau   37

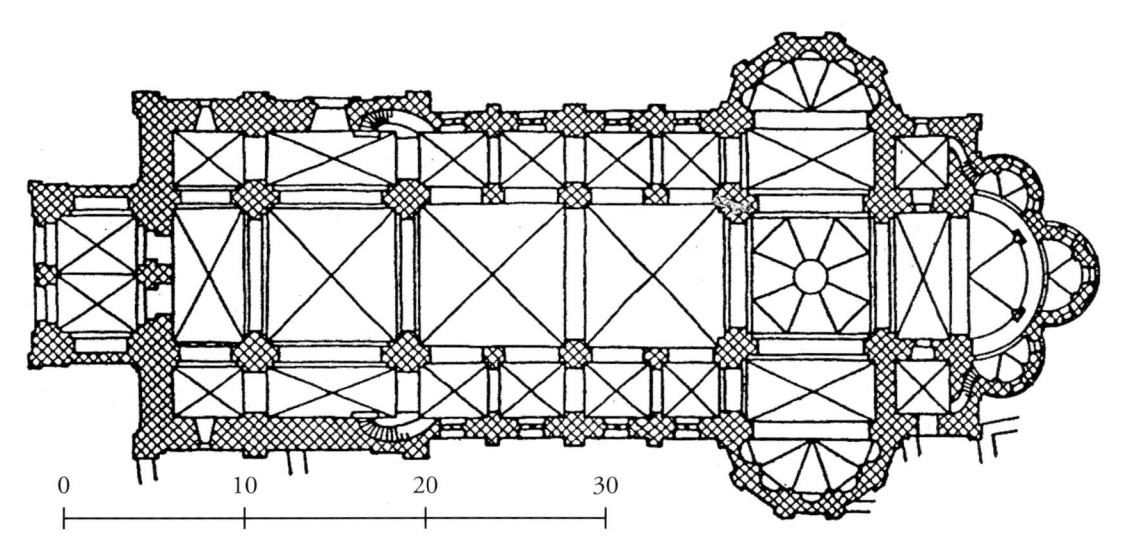

Abb. 36   Bau III: Grundriß der Kirche von Roermond. Nach KUBACH/VERBEEK 1976, S. 966.

Seitenkonchen die Rekonstruktion von fünf Nischen zuläßt, dürfte der Eindruck innen ein ähnlicher gewesen sein.

Raumgliederung

Die zum Mittelschiff hin abgetreppten Vorlagen weisen auf eine Wölbung hin, wie es bei westfälischen Bauten dieser Zeitstellung auch angenommen werden kann. Entsprechend den erhaltenen spätromanischen Kleinbasiliken waren auch in Attendorn die Seitenschiffe gewölbt. Im folgenden sei hier der Versuch unternommen, anhand des Vorlagenbefundes die Innengliederung im Aufgehenden zu rekonstruieren:

Die Langhauspfeiler im Inneren müssen sich, gemäß dem Befund an der Ostwand des Westturmes innen, ohne Sockel erhoben haben. Dort an der Südseite befindet sich noch der erkennbare Ansatz der Arkade des Westjoches. Das Gewölbe des halben Westjoches ist von dem des Ostjoches durch einen breiten Gurtbogen getrennt; von etwa gleicher Breite ist auch jener zur Vierung hin. Die Scheidbögen zu Süd- und Nordkonche des Chores setzen im Westen jeweils in gleicher Breite an und verschmälern sich nach Osten hin um etwa die Hälfte. Der Sinn dieser Asymmetrie ist nicht nachvollziehbar. Die Ostkonche ist mittels eines Vorjoches von der Vierung abgesetzt und erhält dadurch einen kleineren Radius als die Seitenkonchen. Ähnlich dem erhaltenen Vorjoch in Plettenberg wäre auch hier eine Wölbung anzunehmen. Die Seitenkonchen könnten, ähnlich jenen in Plettenberg, mit Vierteltonnen versehen gewesen sein, die Ostkonche ebenfalls oder aufgrund der geringeren Größe halbkugelig abschließend.

Äußeres

Die Wandgliederung der erhaltenen romanischen Geschosse des Westturmes erlaubt in gewissem Umfang eine Rekonstruktion der formalen Außengliederung.[126] Demnach kann sich eine Fortsetzung des Blendbogenfrieses, vermutlich verbunden mit einer Lisenengliederung auf Langhaus und Chor erstreckt haben. Ob der bereits im Zusammenhang mit dem Turm erwähnte Zackenfries auch das Langhaus schmückte, ist vor dem Hintergrund der erhaltenen zeitgenössischen Großbauten fraglich. Denkbar wäre auch eine Kombination von Bogen- und Zackenfries, wie sie sich am Langhaus in Plettenberg findet *(Abb. 38)*, oder eine vertikale Reihung beider Friese, erhalten am Vierungsturm der St. Ludgeruskirche in Münster.[127] Das in der Ecke zwischen Ost- und Südkonche eingestellte

---

126   LOBBEDEY 1975, 48; HÖFFER 1983, 6.
127   POESCHKE/SYNDIKUS/WEIGEL 1993, 115 ff.

Abb. 37 Bau III: Plettenberg, ev. Christuskirche: Blick in Südkonche. WAfD, Foto Nieland 1988.

Abb. 38 Bau III: Plettenberg, ev. Christuskirche, Nordkonche mit Flankenturm. WAfD, Foto 1906.

Fundament *24* erlaubt die Rekonstruktion von Chorflankentürmen mit bescheidenen Ausmaßen, ähnlich den in Plettenberg erhaltenen. Ob sich über dem Dreikonchenchor ein Vierungsturm, nach dem Vorbild von Groß St. Martin in Köln etwa, erhoben hat, ist aus dem archäologischen Befund nicht unmittelbar beweisbar. Hinweise darauf können jedoch in den Nachfundamentierungen *3* im Inneren der Ostkonche gesehen werden, die den Druck auf die Ostkonchenfundamente im Vierungsbereich, wo die Mauer wegen des Einzuges am schwächsten ist, abfangen sollten. Bei den ohnehin breiter angelegten Fundamenten der Seitenkonchen bedurfte es keiner Verstärkung. Das Formengut spätromanischer Baukunst läßt einen Vierungsturm als betonendes, der Durchleuchtung dieses Bereiches förderliches Element wahrscheinlich werden,[128] das den Eindruck einer gewissen Monumentalität des romanischen Baues noch verstärkte.

Auch hier sei auf die ev. Christuskirche in Plettenberg verwiesen, die bis zum Stadtbrand im Jahre 1725 einen Vierungsturm trug.

Der Maßstab, dem sich die dritte Attendorner Kirche fügt, ist ein anderer als jener der rheinischen und niederrheinischen Monumentalbauten, insbesondere der Kölner Dreikonchenkirchen, und dies schlägt sich selbstverständlich in Raumempfinden und -verständnis nieder. Das Motiv der Nachahmung jener Bauformen ist in übergeordneter Hinsicht richtungsweisend. Daneben verdichtet sich indes das Bild der ländlichen fabrica ecclesiae, die zu eigenen Schöpfungen ebenso fähig war wie zur Umsetzung großmaßstäblicher Vorbilder, den Kirchen der Oberzentren, für eigene Zwecke. Daß es dabei zur Vermischung landschaftsbedingter Merkmale kommt, liegt in der Natur der Sache, wobei die Einflüsse des nächstgelegenen Oberzentrums und des Dekanatsbereiches eine größere Rolle spielen als andere.[129]

---

128 KUBACH/VERBEEK 1989, 322 f.

129 BÖKER 1984, 68 ff.

2.4.3. Ausstattung

Neben dem gemauerten Altarfundament *11* in der Ostkonche und Resten farbigen Fensterglases lassen sich keinerlei Ausstattungselemente archäologisch nachweisen. Oberirdisch erhalten haben sich hingegen einige Gegenstände, die zum Inventar der romanischen Kirche gehört haben, etwa das Vortragekreuz aus vergoldeter Bronze, datiert „um 1200",[130] und ein Reliquienkopf aus Lindenholz, datiert in das 3. Viertel des 13. Jahrhunderts.[131] Aus dem Vorgängerbau übernommen wurde möglicherweise das Taufbecken.[132] Die in der Öffnung des ersten Turmobergeschosses, der sogen. Ratsloge,[133] und in den östlichen Seitenschiffjochen eingebauten, ebenfalls zum dritten Bau gehörenden romanischen Kapitelle, Säulen und Basen[134] vermitteln einen Eindruck von der reichen Bauzier, wenngleich jegliche Hinweise auf Wandmalereien fehlen.

2.5. Bau IV: An den Fundamenten der Pfarrkirche St. Johannes Baptist

2.5.1. Der gotische Bau

Die heute bestehende, um die Mitte des 14. Jahrhunderts errichtete gotische Kirche[135] nimmt im Westen mit der Übernahme des Turmes ein Motiv des dritten Baues zwar auf, bekommt jedoch durch ihr Konzept als Hallenkirche und die Erweiterung nach Osten eigene Dimensionen. Gemeinsam mit dem zeitgleich errichteten gegenüberliegenden Rathaus verfügt Attendorn über ein interessantes Ensemble gotischer Baukunst, dem an dieser Stelle nicht die ihm gebührende Aufmerksamkeit gewidmet werden kann.[136] So kann im folgenden der bestehende Bau nur einer kurzen Beschreibung unter Berücksichtigung der vorhandenen Literatur unterzogen werden, da eine eingehende Bauuntersuchung und kunsthistorische Würdigung den Rahmen dieser Publikation sprengen würde.

Baunachrichten

Eine kritische Betrachtung des vorhandenen mittelalterlichen Quellenmaterials zur Pfarrkirche[137] müßte zu dem Eingeständnis gelangen, daß es keine eindeutigen Hinweise auf den Neubau einer Kirche gibt. Die in den Quellen verwendeten Begriffe wie „ad structuram ecclesiae" oder „to buve der hillgen kerken" oder die Erwähnung einer Kirchenfabrik (fabrica ecclesiae) können sich ebenso auf Unterhalts- und Restaurierungsmaßnahmen am bestehenden Bauwerk oder auf den dafür zuständigen Vermögensfond beziehen, da die mittelalterliche Terminologie hier keine Unterscheidungen kennt.[138] Somit ist nur die indirekte Schlußfolgerung aus den in den Quellen erwähnten Tatsachen möglich.

Die früheste Nachricht, die stets auf eine Bautätigkeit bezogen wurde, ist das oft zitierte Testament des Robert von der Beke vom 17. Januar des Jahres 1353, in dem er St. Johannes Baptist sowohl einen Geldbetrag als auch ein Waldstück, möglicherweise zur Gewinnung von Bauholz, vererbt. Indizien für die Vollendung des Chorbereiches und eines Teiles des Langhauses finden sich in der Datierung zweier Altäre: Die erste Erwähnung des Allerheiligenaltares stammt aus dem Jahre 1368, zwischen 1391 und 1396 wurde die Vikarie SSt. Jacobi et Andreae gestiftet. Beide Altäre befanden sich nach der Beschreibung des Kölner Generalvikars Johannes Gelenius aus dem Jahre 1628 in den Zwickeln zwischen den Langhauswänden und den Zungenmauern des „Querhauses", im Norden der Allerheiligenaltar, im Süden der Jakobus/Andreasaltar.[139] Setzt man voraus, daß sich die Nachricht von 1368 auf den bei Gelenius erwähnten Altar bezieht und nicht auf einen möglichen Vorgänger im romanischen Bau, und daß zudem zwischen 1368 bzw. 1396 und 1628 keine Umsetzung der Altäre stattfand, so ist mit der Fertigstellung der drei östlichen Langhausjoche um 1368 zu rechnen. Ein weiterer Hinweis darauf ist in

---

130 Der Sauerländer Dom 1994, 86 f.
131 Ebd. 88.
132 Eine stilistische Einordnung der Taufe und damit eine nähere Eingrenzung der Datierung stehen noch aus.
133 Im örtlichen Sprachgebrauch auch häufig als Ratskapelle bezeichnet.
134 Beitrag SCHMAEDECKE.
135 Beschreibung s. HÖFFER 1983 mit der wichtigsten älteren Literatur sowie BKW Kr. Olpe 1903, 18 ff.

136 NEUMANN 1965, 59–73.
137 Vgl. dazu auch Beitrag HÖFFER.
138 BINDING 1993, 44 f.
139 HOBERG 1994, 40 ff., 51.

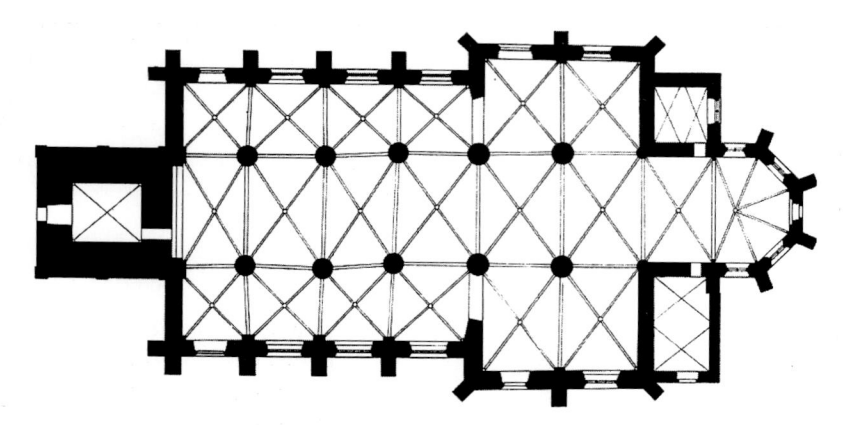

Abb. 39   Bau IV: Grundriß der Pfarrkirche. Nach LUDORFF BKW Kr. Olpe 1903, S. 18. M. 1:400.

einer drei Jahre zuvor eingegangenen Stiftung zu sehen: Die Bereitstellung eines größeren Geldbetrages durch ein Attendorner Ehepaar für die Beleuchtung der Kirche ist für das Jahr 1365 belegt.[140] Zu diesem Zeitpunkt kann ein größerer Bauabschnitt kurz vor seiner Vollendung gestanden haben, der dann, versehen mit Altären und Beleuchtung, bereits für den Gottesdienst benutzt wurde. Eine Bautätigkeit im Bereich des Turmes, die Errichtung der Hl. Kreuz- und Michaelskapelle, ist für die Zeit zwischen 1384 (Bestätigung) und 1391 (Weihe) bezeugt. Aus dem Jahre 1388 ist eine Amtshandlung in der Sakristei überliefert, sie muß also spätestens zu dieser Zeit benutzbar gewesen sein. Die Nachrichten, in denen sachbezogene Spenden im Zusammenhang mit einer Bautätigkeit erscheinen, lassen sich bis in das Jahr 1426 verfolgen, jedoch kann aufgrund des Formengutes davon ausgegangen werden, daß der größte Teil der Kirche noch in der zweiten Hälfte des 14. Jahrhunderts errichtet wurde. Mit der Gründung des Chorkapitels im Jahre 1396[141] kann die Notwendigkeit von Umbauten oder der Hinzufügung weiterer Bauten im Kirchenbereich entstanden sein, zu deren Errichtung auf Mittel aus dem kirchlichen Güterfond zurückgegriffen wurde.

Baubeschreibung

Mauerwerk, Grundriß, Gebäudebestand (Abb. 39–41)

Der gotische Bau[142] besteht wie bereits sein Vorgängerbau aus Bruchstein lokaler Provenienz. Für die Werksteinelemente wie Maßwerk, Strebepfeilerabdeckungen, Gesimse sowie Tür- und Fenstergewände wurde Anröchter Grünsandstein,[143] im Chorbereich vorwiegend gelber Sandstein verwendet, vermutlich beim Wiederaufbau des beim Stadtbrand 1783 schwer beschädigten Chores. Die übrigen Zierelemente wie Blenden, Sockel und Friese wurden mit Bruchstein modelliert *(Abb. 42, 43)*. Während der Restaurierungsmaßnahmen 1979/80 konnten unterschiedliche Mauerungsqualitäten an den einzelnen Bauteilen beobachtet werden, die mit Errichtungs-, Restaurierungs- und Umbauphasen erklärbar sind. So unterscheidet sich generell das gotische Mauerwerk durch weniger sorgfältige Ausführung und die Verwendung kleinteiligeren Steinmaterials vom romanischen. Evident wird dieser Unterschied besonders an den westlichen Stirnwänden der Seitenschiffe und am obersten Turmgeschoß, wo sich die Schnittstellen von Bau III und IV befinden. An den Giebeln der Seitenschiffsstirnwände wurde besonders loses Mauerwerk von geringer Qualität beobachtet, das im Zuge der Wiederaufbaumaßnahmen nach dem Brand von 1783 entstand.[144] Mauerwerk von ähnlich schlechter Qualität befindet sich oberhalb der drei westlichen Fenster

---

140 BRUNABEND/PICKERT/BOOS 1958, 293.
141 Ebd. 316 ff.

142 Vgl. auch ebd. 8 ff.; DEHIO 1969, 27; HÖFFER 1983, 5 ff. Sammlung Korte sowie Dokumentation Höffer. Für zusätzliche mündliche Hinweise sei O. Höffer herzlich gedankt.
143 GOEBEL 1994, 7.
144 Beitrag HÖFFER.

Abb. 40 Bau IV: Ansicht der Pfarrkirche von Süden. Foto Brockmann 1981.

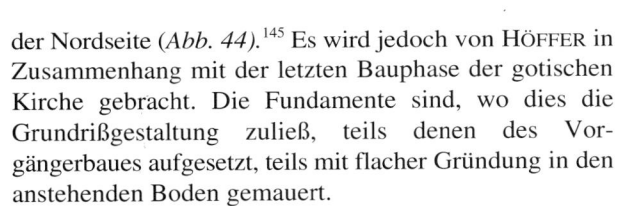

Abb. 41 Bau IV: Ansicht der Pfarrkirche von Norden. Foto Brockmann 1981.

der Nordseite (*Abb. 44*).[145] Es wird jedoch von HÖFFER in Zusammenhang mit der letzten Bauphase der gotischen Kirche gebracht. Die Fundamente sind, wo dies die Grundrißgestaltung zuließ, teils denen des Vorgängerbaues aufgesetzt, teils mit flacher Gründung in den anstehenden Boden gemauert.

In ihrem heutigen Bestand ist die Pfarrkirche eine dreischiffige Hallenkirche zu sechs Jochen, wobei die östlichen Joche im Nord- und Südseitenschiff annähernd auf Mittelschiffsbreite erweitert sind, und damit leicht nach Norden und Süden vorspringen, während die übrigen Seitenschiffsjoche etwa quadratisch sind, und so der Eindruck eines Querhauses entsteht.[146] Verstärkt wird dies noch durch Zungenmauern im Inneren, so daß auch dadurch eine räumliche Gliederung entsteht. Rundgemauerte Pfeiler scheiden das Mittelschiff von den Seitenschiffen, wobei jedoch die Pfeiler keine einheitliche Flucht bilden, sondern im mittleren Bereich des Langhauses leicht nach Norden oder Süden verspringen. Wie bei der Grabung ersichtlich wurde, beruhen diese Ungenauigkeiten auf der Nutzung der Fundamente des Vorgängerbaues. Der Chor setzt sich zusammen aus einem Chorjoch, in den Abmessungen etwa den Mittelschiffsjochen entsprechend, und einer Apsis mit polygonalem 5/8-Schluß. Am Chorjoch schließt sich nach Norden hin über quadratischem Grundriß die alte Sakristei an, nach Süden hin die neue, 1901 über rechteckigem Grundriß errichtete.[147] Im Westen, nördlich des Turmes befindet sich die 1956 errichtete Beichtkapelle an der Stelle der 1783 abgebrannten Heilig-Kreuz- und Michaelskapelle, deren Ruinen erst 1820 entfernt wurden.

---

145 Auf der Aufnahme von Ludorff aus dem Jahre 1900 ist eine Änderung des Mauerwerkes an dieser Stelle erkennbar. Bei Sondagen entlang der Nordseite der Kirche im Jahre 1997 konnte überdies festgestellt werden, daß dieser Zustand sich bis in den Fundamentbereich hinein fortsetzt. Frdl. Hinweis von O. Höffer.

146 Zur Grundrißdisposition der Attendorner Pfarrkirche vor dem Hintergrund gleichzeitiger westfälischer Bauten vgl. WILHELM-KÄSTNER 1955, 435 Anm. 154; 136 Anm. 158. Aus Gründen der Vereinfachung im Rahmen der nachfolgenden Beschreibung soll der Begriff „Querhaus" verwendet werden, da dieser Bauteil sich merklich vom Langhaus absetzt und querhausartige Züge trägt.

147 Daß diese Sakristei einen ebenfalls rechteckigen Vorgängerbau besaß, geht aus den älteren Stadtplänen hervor, besonders aus dem Kirchenumriß in der Federzeichnung des H. Georg aus dem Jahre 1847 (Stadtarchiv Attendorn, Abzug in Slg. Korte).

Abb. 42 Bau IV: Kreuzblende auf dem westlichen Strebepfeiler der Nordseite bei der Freilegung. Slg. Höffer, Foto Höffer 1979/80.

Abb. 43 Bau IV: Zackenfries an der westlichen Stirnseite des Südseitenschiffes. Slg. Höffer, Foto Höffer 1979/1980.

An oder unter ihr muß ein Beinhaus existiert haben, das die bei Neubelegung von Gräbern aufgefundenen Gebeine aufnahm.

Äußeres

Die Jochgliederung in Inneren wird außen angezeigt durch Strebepfeiler, die am Langhaus in Höhe der Fenstersohlbänke, an Querhaus und Chor zusätzlich auf etwa 2/3 der Fensterhöhe abgestuft und mit Wasserschlägen aus Werkstein versehen sind. Nach oben hin schließen die Strebepfeiler mit einer steilen Schräge, abgedeckt mit Werksteinquadern. Der obere Bereich des Wandfeldes am Langhaus enthält dekorative Elemente wie den Zackenfries *(Abb. 40, 41)*[148] – unterteilt durch lisenenartige Fortsetzungen der Strebepfeiler nach oben hin –, die beiden Kreuzpässe oberhalb des Fensters am östlichen Langhausjoch der Südseite und je zwei Kreisblenden mit Vierpässen oberhalb der drei westlichen Fenster auf Nord- und Südseite. Die beiden Kreuzblenden am östlichen Joch der Nordseite fehlen dagegen. An der Nordseite befinden sich zudem quadratische Blenden mit Kreuzpässen in Form des Andreaskreuzes auf den Stirnseiten der drei westlichen Strebepfeiler, die erst bei der letzten Renovierung 1979/80 entdeckt wurden *(Abb. 42)*. Sie entsprechen denen am südlich der Kirche gelegenen Rathaus. Ebenfalls an den westlichen beiden Wandfeldern der Nordseite befand sich noch um 1900 ein Gesims bzw. Reste davon auf Höhe der Fenstersohlbänke, das möglicherweise Chor und Langhaus vollständig umlief *(Abb. 44)*.[149] Ein niedriger Sockel befindet sich nur am Langhaus, während bei Chor und Sakristeien die Sockelzone farbig abgehoben ist. Der querhausartige Charakter der beiden östlichen Langhausjoche war im 17. Jahrhundert, möglicherweise auch bereits zur Erbauungszeit, durch zwei Quergiebel noch verstärkt: Diese Situation ist sowohl auf der sogenannten Schwedentafel aus dem Jahre 1634 als auch auf der Stadtansicht des Altarbildes des Dreifaltigkeitsaltares aus der Zeit um 1620 dargestellt *(Abb. 45)*.[150] Bald danach müssen die Giebel jedoch aufgegeben worden sein, da die Ansicht Roidkins von etwa 1730 sowie eine weitere Ansicht unbekannter Urheberschaft, entstanden um 1800, an dieser Stelle eine glatte Dachfläche erkennen lassen.[151]

Schmale, spitzbogig schließende Fenster beherrschen die Mitte eines jeden Wandfeldes. Ihre Breite und die Anzahl der Fensterbahnen variieren an den einzelnen Bauteilen: zweibahnig am Chor, dreibahnig am Querhaus sowie am Nordfenster des östlichen Langhausjoches, und vierbahnig an der Südseite des Langhauses. Die drei westlichen Langhausfenster nach Norden sind in der unteren Hälfte dreibahnig, nach einer Maßwerkbrücke werden sie geringfügig erweitert und setzen sich nach oben hin vierbahnig fort. Wird das Maßwerk im Couronnement der Chorfenster und der östlichen Langhausfenster der Nordseite von Dreipässen beherrscht, so treten bei den vierbahnigen bzw. den drei- bis vierbahnigen Vierpässe auf. Diese unterschiedliche

---

148 Auch als Sägezahnfries oder Zickzackfries bezeichnet, vgl. BINDING 1987, 147; KUBACH/VERBEEK 1989, 443 ff.; demnach nicht lange vor 1200 aufgekommen.

149 Foto Ludorff, um 1900.
150 BRUNABEND/PICKERT/BOOS 1958, 100.
151 Ebd. 122, 132.

2.5. Bau IV: An den Fundamenten der Pfarrkirche St. Johannes Baptist

Gestaltung der Fenster bzw. Wandflächen läßt in gewissem Maße Rückschlüsse auf die Abfolge der Errichtung zu: Begonnen am Chor, wurde das Bauwerk bis zu den westlichen Stirnwänden des Querhauses aufgeführt. Möglicherweise erfolgte der Abbruch des romanischen Baues erst zu diesem Zeitpunkt, da der Neubau soweit noch nicht an ihn heranreichte *(Abb. 48)*.[152] Bis zu diesem Zeitpunkt war der Altbau noch als Kirche in Funktion, danach konnten die Ostteile des Neubaues geweiht und für den Gottesdienst genutzt werden.

Als Hauptportal ist der marktseitig gelegene Eingang im Westjoch des Südseitenschiffes zu sehen, der sich mit seiner Breite und dem dreifach gestuften Gewände deutlich von den übrigen abhebt. Hier befand sich bereits ein Eingang des romanischen Baues. Zwei weitere Eingänge befinden sich im westlichen Querhausjoch, ein schmaler nach Süden und ein breiterer nach Norden hin. Oberhalb des südlichen Portales befindet sich ein großer, im Material dem Türgewände entsprechender Sandsteinquader mit einer nur 1,5 cm tiefen, 65 × 17,5 cm großen Vertiefung, in der sich offensichtlich ehemals eine Inschriftplatte befunden hat. Der Stein ist zwar zerbrochen, scheint jedoch aufgrund seiner Position mittig über dem Portal nicht sekundär dorthin gelangt zu sein.[153] Die alte Sakristei ist von Osten her zugänglich und besaß ursprünglich nach Norden hin ein spitzbogiges Fenster.[154] Ein heute vermauertes Portal, das an anderer Stelle bereits erwähnt wurde, befindet sich an der Ostseite des Chores,[155] ein weiteres konnte 1980 an der westlichen

Abb. 44 Bau IV: Die beiden westlichen Fenster auf der Nordseite. WAfD, Foto Ludorff 1900.

Stirnwand des Südseitenschiffes freigelegt werden. Es befindet sich in etwa 4 m Höhe über dem Boden und diente als Zugang zu einer im westlichen Joch des Mittel- oder Südseitenschiffes gelegenen Orgelempore. Bei der Freilegung wurde eine belaufene steinerne Türschwelle beobachtet, die für eine längere Nutzung des Einganges spricht, ebenso wie die eisernen Türangeln und Reste des Schlosses. Offenbar wurde die Nische erst von außen zugemauert, da sich in dem Hohlraum zwischen der Rückwand und einer etwas oberhalb der Schwelle liegenden Orgelbühne allerlei Abfall angesammelt hatte. Die Nische wurde vermutlich erst 1882 auch von innen geschlossen.[156] Eine vermauerte Öffnung, die wohl nicht als Tür anzusprechen ist, wurde ebenfalls 1979/80 am östlichen Querhausjoch der Nordseite sichtbar. Im Inneren

---

152 Ein Zustand dieser Art ist an der Paulkirche in Halberstadt (abgetragen 1970) konserviert: der gotische Chor aus der zweiten Hälfte des 14. Jahrhunderts ist dem romanischen Bau (Mitte 13. Jahrhundert) angesetzt, mit deutlich erkennbaren Mauerverzahnungen für den Weiterbau am westlichen Strebepfeiler. CONRAD 1990, 61 Abb. 30.

153 Notiz und Zeichnung L. Korte, 26. u. 29.11.1979, Slg. Korte. Foto: Dokumentation Höffer 1979/80. Eine steinerne Inschriftplatte befindet sich oberhalb des rechten Einganges des Paradieses am Dom zu Münster. Sie enthält ein auf das Paradies bezogenes lateinisches Epigramm des münsterschen Gelehrten und Kanonikers Rudolf von Langen (1438–1519) aus der Zeit kurz vor 1486 (LOBBEDEY 1993a, 101, 105, 108). Eine weitere Inschriftplatte mit dem Datum des Baubeginnes (1522) befindet sich über dem Südportal der Kirche St. Klemens in Telgte (DEHIO 1969, 554). Ebenfalls den Baubeginn (1340), darüber hinaus noch den Urheber des Neubaues (die Gemeinde) nennt die Inschriftplatte am Westportal der Überwasserkirche zu Münster (WEIGEL 1993, 164). Alle drei Beispiele sind jedoch ungleich größer als der Attendorner Stein. Es ist nicht auszuschließen, daß auch in den Sandstein über dem Attendorner Portal ein Datum oder Widmungsspruch festgehalten war, allerdings läßt die geringe Größe nur auf ersteres schließen.

154 Freigelegt bei den Restaurierungsmaßnahmen 1979/80.

155 s.u. Abschnitt „Spätere Anbauten", S. 46.

156 Beitrag HÖFFER: Für das Jahr 1882 wird die Vermauerung einer Nische mit 156 Ziegeln erwähnt. Für die kleine Nische im nördlichen „Querhaus" wären dagegen nur etwa 70–80 Ziegel vonnöten gewesen. Möglicherweise wurden 1882 beide Nischen vermauert, im Jahre 1879 dagegen eine weitere, bislang unbekannte „unter einem Fenster".

Abb. 45 Bau IV: Ansicht der Stadt Attendorn um 1650. Ausschnitt aus dem Altarbild des ehemaligen Dreifaltigkeitsaltares in der Pfarrkirche. Südsauerlandmuseum Attendorn. Foto StA Attendorn.

konnte bereits 1974 an dieser Stelle eine ca. 30 cm über dem Kirchenboden beginnende, oben rundbogig schließende Nische von etwa 1,10 m Höhe und ca. 68 cm Tiefe aufgedeckt werden. Im Bogen war an unauffälliger Stelle die Jahreszahl 1882, wohl das Datum des Verschlusses, zu lesen, rechts darüber eine kleine 1, die vermutlich zu einer früher dort lesbaren Jahreszahl gehörte. In der Rückwand befindet sich zusätzlich links unten eine quadratische flache Nische. Ob es sich bei dieser Nische um eine Lavabonische oder – wegen der Verbindung nach außen – eher um ein Pest- oder Armenpförtchen handelte, kann aufgrund des Befundes nicht eindeutig entschieden werden.[157]

Inneres (Abb. 46, 47)

Das Innere präsentiert sich als Hallenraum mit drei annähernd gleichhohen Schiffen – die Seitenschiffe sind geringfügig niedriger –, geschieden durch kräftige, von einem schlichten Sockel abgesehen, schmucklose Säulen. Aus ihnen erheben sich, durch die ausladende Kämpferplatte gebündelt, die Rippen des vierteiligen Kreuzrippengewölbes. Im Chor sind die Rippen tief unter die Kämpferzone herabgezogen und enden erst im unteren Viertel der Fensterhöhe. Darunter befinden sich sechs Heiligenfiguren auf Konsolen. Die Scheid- und Gurtbögen sind in der Regel schmal, den Rippen angepaßt, mit Aus-

---

157 HÖFFER 1983, 8. Eine Lavabonische, in deren Piscina immerhin geweihtes Abendmahlsgerät gereinigt wurde, ist mit einem Pestpförtchen schwer vereinbar. Es ist möglich, daß die 1879 erwähnte Nische auf der Südseite an derselben Stelle lag und als Lavabonische genutzt wurde. Vgl. dazu BINDING 1987, 245 (Piscina). Heute enthält die Nische den Weihwasserbehälter.

2.5. Bau IV: An den Fundamenten der Pfarrkirche St. Johannes Baptist

Abb. 46 Bau IV: Inneres der Pfarrkirche nach Osten. WAfD, Foto Brockmann 1981.

Abb. 47 Bau III/IV: Inneres der Pfarrkirche nach Westen. WAfD, Foto Brockmann 1981.

nahme der Scheidbögen in den Seitenschiffen zwischen Langhaus und Querhaus: Sie sind als breite Bogenunterzüge ausgeführt, wobei der südliche breiter ist als der nördliche. Sie setzen die Mauerzungen zwischen Seitenschiffen und Querhaus fort und betonen dessen Eigenständigkeit. Die Chor- und Langhauswände sind durch rechteckige Wandvorlagen und tiefe, bis zum Boden reichende Fensternischen gegliedert, die in Querhaus und Vorjoch fehlen. Anstelle eines Sockels läuft eine niedrige Stoßleiste um, ansonsten wurde auf weitere Elemente der Wandgliederung verzichtet. Insgesamt ist die Innenraumgestaltung im heutigen Zustand als nüchtern und schmucklos zu bezeichnen – ein Eindruck, der allerdings nicht dem ursprünglichen entspricht: Während der Restaurierungsarbeiten im Jahre 1974 wurden Reste gotischer Wandmalereien entdeckt, darunter die Darstellung der Hll. Christophorus und Johannes des Täufers sowie der Rest eines Wappens, möglicherweise der Familie von der Beke, an der Ostwand des Nordquerhausarmes.[158]

---

158 Slg. Korte. Die Wandmalereien wurden untersucht, dokumentiert und wieder abgedeckt, sind also heute nicht mehr sichtbar.

2.5.2. Beschreibung des archäologischen Befundes

Zugehörige Befunde: Fundament *8*, Gräber *11a*, Fundament *13*, Schmelzofenrest *32*, Grab *33?*, provisorische Zwischenmauer *35*.

Mauerwerk

Von dem vierten Bau wurden zum Teil die Fundamente *8* der Außenmauern und Mittelschiffsstützen angeschnitten. Das zweite Säulenpaar von Osten ruht mit seinen Fundamenten auf dem Mauerzwickel (Mauer *1*) von Nord- und Ostkonche, bzw. Süd- und Ostkonche des Vorgängerbaus auf, wobei zum Mittelschiff hin Fundamentverstärkungen in Form des Mauerwerkes *13* vorgesetzt sind. Auch die Fundamente der beiden westlichen Säulenpaare sind auf der Grundlage alten Mauerwerkes errichtet, das erste von Westen auf dem Pfeilersockel *5*, das zweite auf der Spannmauer *28*. Die Mittelschiffsbreite orientiert sich so an der des romanischen Baues, die Seitenschiffe sind jedoch um etwa zwei Mauerstärken

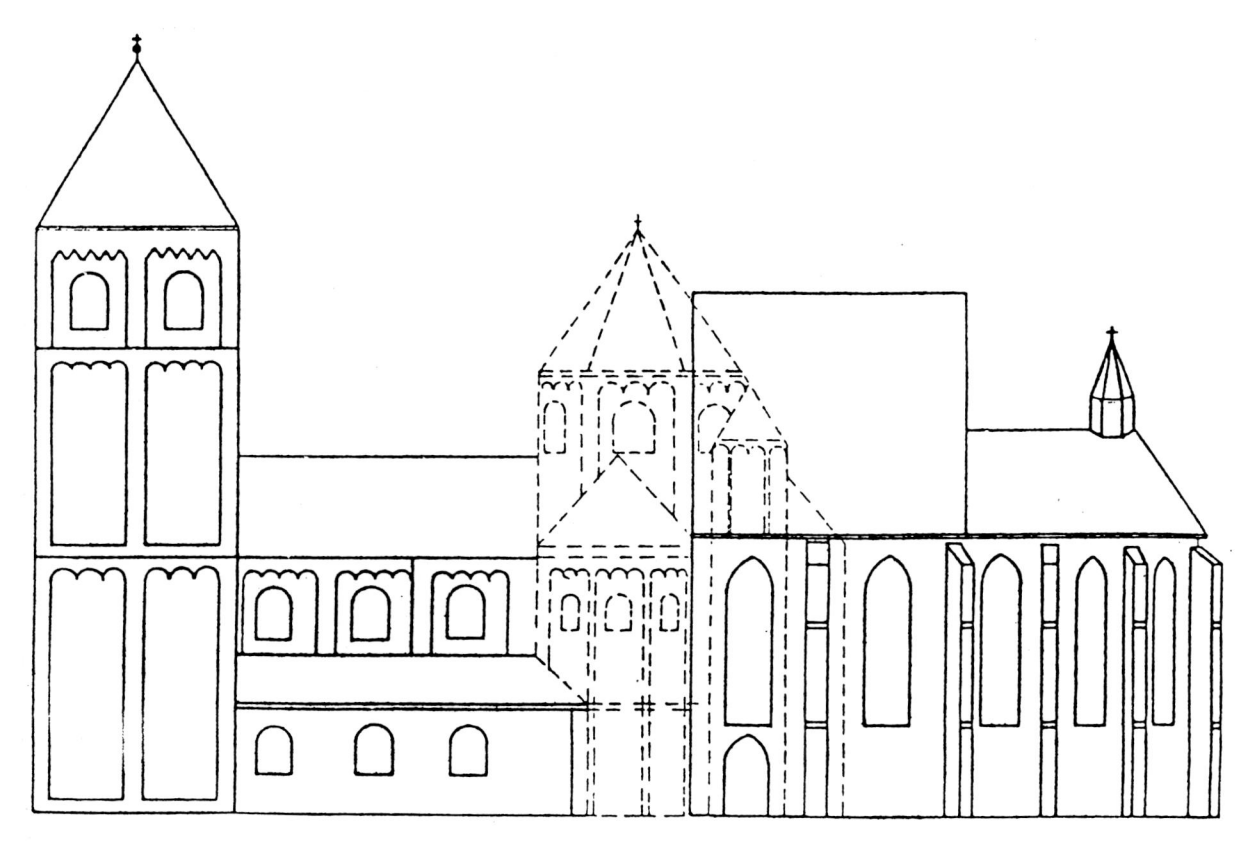

Abb. 48 Rekonstruktion des dritten Baues während der Errichtung des Chor- und "Querhaus"bereiches der gotischen Kirche. Nach GOEBEL 1994, S. 9.

verbreitert worden. Dem weiter genutzten Rest der südwestlichen Stirnwand des dritten Baues wurde ebenfalls eine Fundamentverstärkung (zu *8)* vorgesetzt.

Spätere Anbauten

An der Südseite des nordwestlichen Säulenfundamentes war zum Mittelschiff die gegen den Verputz des Sockels stoßende Bruchsteinmauer *35* gesetzt. Es kann sich dabei um die Abmauerung eines Teiles des bereits fertiggestellten vierten Kirchenbaues handeln, die eine Nutzung des Raumes für den Gottesdienst ermöglichen sollte. Fundamentreste am westlichen Chorabschluß, die vor Beginn der Grabungen dort beobachtet wurden, könnten ebenfalls zu einer Abmauerung oder eher zu einem nach Gründung des Chorkapitels errichteten Lettner gehört haben. In diesem Zusammenhang kann auch die oben bereits erwähnte Tür an der Ostseite des Chores entstanden sein, die den Geistlichen den Zugang von ihren vermutlich im Norden und Osten der Kirche gelegenen Wohnungen aus ermöglichte. Daß sie nur als Zugang zum als Notkirche genutzten Chor während der Bauzeit des Langhauses angelegt war,[159] ist angesichts ihrer Ausstattung mit einem Werksteingewände wenig wahrscheinlich.

G r ä b e r

Zahlreiche Gräber, die das Mauerwerk des dritten Baues durchschlugen, sind demnach als zum vierten Bau gehörig gekennzeichnet. Sie waren im gesamten freigelegten Raum anzutreffen, mit einer Verdichtung der Belegung nach Osten hin. Eine Bestattung nahe der Kommunionbank wurde durch den zu Beginn der Baumaßnahme eingesetzten Bagger angerissen und zerstört, dabei kam ein beigegebenes Schwert aus der

---

159 HÖFFER 1983, 5.

2.5. Bau IV: An den Fundamenten der Pfarrkirche St. Johannes Baptist

ersten Hälfte des 16. Jahrhunderts[160] zutage. Zwei freigelegte Bestattungen im Vierungsbereich *(11a)*, die das Altarfundament des romanischen Baues durchstießen, konnten aufgrund der Kleinfunde in das 16./17. Jahrhundert datiert werden.[161] Der Verfüllung eines nicht weiter freigelegten Grabes am östlichen Ende des Langhauses entstammt eine Münze aus den Jahren 1583–1612.[162] Unsicher in seiner Datierung hingegen ist der interessante Befund eines Pilgergrabes *(33)*, als solches ausgewiesen durch die Muschel im Brustbereich des Skelettes:[163] Ob es zum bestehenden Bau oder seinem Vorgänger gehörte, konnte aus der stratigraphischen Lage bzw. aus der Position der Muschel nicht eindeutig geschlossen werden. Eine Datierung frühestens in das mittlere 13. Jahrhundert ist ebenso möglich wie eine spätere in das 14./15. Jahrhundert.

Eine Grablege in der Pfarrkirche möglichst weit im Osten oder nahe dem Altar eines favorisierten Heiligen zu erhalten, war in Mittelalter und Neuzeit stets dem örtlichen Adel und hohen Klerus vorbehalten und in der Regel mit großzügigen Stiftungen verbunden.[164] Das Recht auf einen bestimmten Begräbnisplatz konnte erworben und in der Familie weitergegeben werden. Drei Urkunden im Pfarrarchiv zu Attendorn aus den Jahren 1732 und 1738 nennen solche Erbbegräbnisse:[165] Es werden die Grablegen der Familien Ahausen, Burghof und das „sog. Waldenburger Begräbnis oder Grabstein mit einem Deutschen Ordenskreuz gezeichnet" erwähnt. Eine genaue Lokalisation ist jedoch nicht mehr möglich, da die im Boden eingelassenen Grabsteine bei der Neuverlegung des Fußbodens im Jahr 1843 entfernt und als Belag für den Mittelgang bzw. Postament für den Taufstein verwendet wurden.[166] So kann auch ein Grabstein, der 1974 nahe dem Südwesteingang gefunden wurde, sekundär verlegt worden sein und nicht mehr einer Bestattung zugeordnet werden.[167] Mit einer großzügigen Geldspende verbunden war im Jahre 1503 der Wunsch der Dorothea von Hatzfeld nach ihrer Grablege im Gang nahe dem Altar SSt. Sebastian und Anna, wohl im Südseitenschiff, im vorletzten Joch nach Westen.[168] Eine weitere archivalisch belegte Bestattung ist jene des Priesters Baetstove, Rektor des Allerheiligenaltars, der sich im Jahre 1532 sein Grab nahe seiner Wirkungsstätte wünscht,[169] also im nördlichen Seitenschiff, westlich der Zungenmauern des „Querhauses", wo sich nach der Beschreibung des Gelenius (1628) der Altar „Omnium Sanctorum" befand.[170]

F u n d e

Aus der Fundamentgrube des gotischen Baues in Schnitt 3 stammen, neben Resten von Fensterglas des Vorgängerbaues, auch Glasfragmente des 16./17. Jahrhunderts, die nur während der zahlreichen Wiederherstellungsmaßnahmen nach den Kirchenbränden dorthin gelangt sein können. Ebenfalls in einer Fundamentgrube von 8 wurde Steinzeug Siegburger Art des 14./15. Jahrhunderts gefunden. Aus den Verfüllungen der Gräber *11a* stammen, neben dem bereits als Grabfunde erwähnten Material, Fragmente diamantgeschnittenen Rautenglases, die frühestens dem 16. Jahrhundert angehören können. Aus der Nähe dieser Bestattungen, aus dem umliegenden Friedhofsboden, wurden das Fragment einer Wappenscheibe des 16. Jahrhunderts sowie die Randscherbe eines Hohlglases des 15. Jahrhunderts geborgen.[171] Es muß also im 16./17. Jahrhundert zu einer Neuverglasung der Kirche gekommen sein. Anlaß dafür können die Zerstörungen durch Brand und Blitzeinschlag im 17. Jahrhundert gewesen sein: so schlug am 26. April des Jahres 1623 ein Blitz in den mit Blei gedeckten Pfarrkirchturm ein, der am Turm und der anstoßenden Kapelle Beschädigungen hinterließ. Während des dreißigjährigen Krieges zerstörte ein Feuer im Jahre 1637 mindestens Dach und Glocken der Pfarrkirche; deren Wiederherstellung zog sich bis nach 1652 hin, jedoch nur, um durch eine erneute

---

160 Vgl. Kap. 4.2., Katalog der Funde: Eisen, Nr. 1.

161 Vgl. dazu die entsprechenden Kapitel im Katalog der Funde zu Rosenkranzperlen (Bein), Leder, Stecknadeln (Buntmetall), Murmeln (Keramik und Werkstein) und Messer (Eisen).

162 Vgl. Kap. 4.4., Katalog der Funde: Münzen, Nr. 1.

163 Vgl. Kap. 4.9., Katalog der Funde: Sonstiges, Nr. 1.

164 EGGENBERGER/DESCOEUDRES 1992, 445 ff.

165 Beitrag HÖFFER.

166 Beitrag HÖFFER.

167 Slg. Korte: Nach den dort vorhandenen Fotos und Notizen handelt es sich um eine stark belaufene rechteckige Platte aus rötlichem Sandstein (?), auf der noch das Oberteil eines Wappens – ein Schwan? – und die Worte „MEMENTO MORI" erkennbar sind.

168 Beitrag HÖFFER; HOBERG 1994, 51.

169 Beitrag HÖFFER.

170 HOBERG 1994, 51. Im Nordseitenschiff wurden bei den Ausgrabungen zahlreiche Grabstellen erfaßt, die jedoch nicht mehr gezielt ausgegraben und dokumentiert werden konnten. Nicht näher lokalisiert werden konnte die bei BRUNABEND/PICKERT/BOOS 1958, 116; SCHÖNE 1968, 176 und Beitrag HÖFFER erwähnte Grablege des Johann Gottfried von Fürstenberg, gest. 1624.

171 Zu den Glasfunden vgl. Kap. 4.7., Katalog der Funde: Glas.

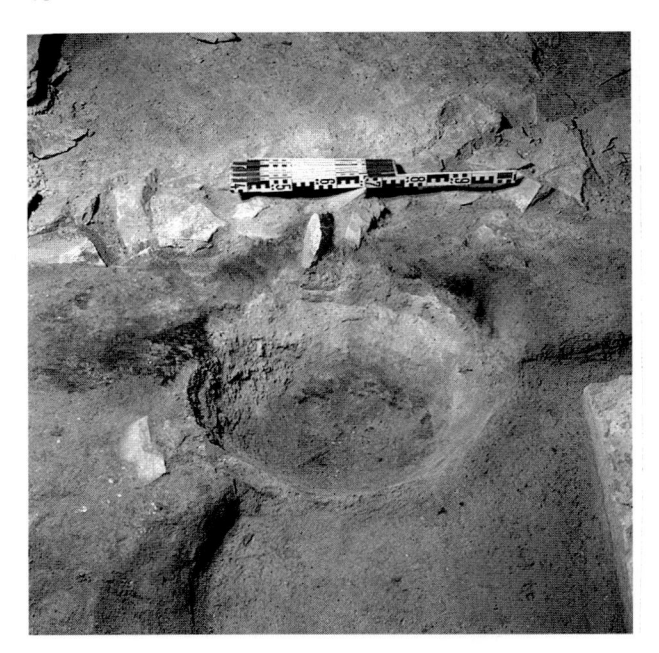

Abb. 49 Bau III oder IV: Rest des Schmelzofens 32. Ansicht von Norden. WMfA. Foto Jüttner 1974.

Feuersbrunst im Jahre 1656, der auch die Hälfte der Stadt zum Opfer fiel, wieder zunichte gemacht zu werden.[172] Reste geschmolzenen Bleies, mit Mörtel und Steinen verbacken, die im Mittelschiff aufgefunden wurden, sowie Reste von Dachziegeln zeugen ebenfalls davon. Die späteren Brände des 18. Jahrhunderts[173] haben nach Ausweis des auf das 16./17. Jahrhundert beschränkten Fundmaterials keinen Niederschlag im Boden der Kirche gefunden. Zu den Wiederherstellungsarbeiten kann auch ein Neuverputz des Inneren gehört haben: Ein Pfostenloch in Schnitt 1, das sich auf den ersten südöstlichen Pfeiler bezieht, enthielt Reste von Wandputz mit nicht näher bestimmbarer grüner, rötlicher und rotbrauner Bemalung. Ein in der Substanz verwandter Brocken bemalten Wandputzes fand sich in der Verfüllung des Schmelzofenrestes 32 *(Abb. 49),* zusammen mit Bruchsteinen und Mörtelschutt. Eine Analyse der Schmelzofenwandung wurde nicht durchgeführt, doch ist es möglich, daß hier Blei für die neue Fensterverglasung geschmolzen worden ist.[174] Sollte dies der Fall gewesen sein, so ist in Betracht zu ziehen, daß im 15./16. Jahrhundert allmählich das Gießverfahren zur Herstellung der Bleiruten durch das Ziehverfahren abgelöst wurde,[175] so daß ein Vorkommen solcher Schmelzöfen zur Bleiverarbeitung als Temporärbauten während eines Kirchenbaues spätestens nach dem 17. Jahrhundert nicht mehr vorausgesetzt werden kann.

---

172 BRUNABEND/PICKERT/BOOS 1958, 105, 118; Beitrag HÖFFER.
173 HÖFFER 1983, 6.
174 Nach einer Bemerkung von L. Korte (Sammlung Korte) gab es im Fundmaterial „Blei aus einem Schmelztiegel". Da keine für die Herstellung von Bleistegen typischen Reste gefunden wurden und eine Erwähnung von Bleiresten in der Befundbeschreibung des Ausgräbers nicht erscheint, kann es sich auch um eine Verwechslung mit geschmolzenem Dachblei handeln.
175 STROBL 1990, 117 f.

3. Die Befunde

3.1. Befundkatalog

Vorbemerkung

Zur schnelleren Orientierung auf dem Flächenplan *(Beilage 1)* ist jeweils der nächste Schnittpunkt zweier gerader Koordinaten angegeben. Dies gilt nur für eindeutig abgrenzbare Einzelbefunde, wie z.B. Mauern oder Pfostenlöcher, nicht jedoch für Schichten. Unter- und Oberkanten wurden, wo ermittelbar, bezogen auf den topographischen Punkt am Westturm der Kirche, der als Grabungsnullpunkt diente, angegeben. Er liegt bei 256,886 m NN (vgl. dazu auch Kap. 1.1.4.).

1 Chormauerwerk der romanischen Kirche (BP III)

Schnitt: 1, 2, 3/4, 5/8, 7/10, 13
Koordinaten: 86–100 ost/90–110 süd

Fundament einer Choranlage in Dreikonchenform, bestehend aus einer Süd- und Nordkonche mit deutlich zur Mitte hin von ca. 2,60 m auf ca. 3 m verstärkten Fundamenten und einer Ostkonche mit einer Fundamentstärke von ca. 2,20 m, zur Mitte hin auf 1,80 m ausdünnend. Die Ostkonche besaß an der Innenseite einen Einzug von ca. 40 cm. Vom aufgehenden Mauerwerk waren nur stellenweise noch Reste vorhanden, meist nicht mehr als eine Lage. Nur an der Ostkonche zeichneten sich noch die Innen- und Außenflucht ab. Die Mauerstärke des Aufgehenden betrug hier 1,65–1,72 m, das Fundament sprang beidseitig um 10–15 cm vor. Während die Ostkonche im wesentlichen ungestört vorgefunden wurde, waren die Außenkanten der Seitenkonchen teilweise durch die Fundamente des bestehenden Baues ausgebrochen, die Innenkanten durch Gräber gestört. Der innere Radius der Ostkonche betrug ab dem Einzug gemessen 3,55 m.

Der gesamte Komplex bestand aus gemörteltem Mauerwerk in Schieferbruchstein, aus unregelmäßigen plattigen Steinen, lagerhaft verlegt in Schichthöhen von 12–20 cm. Die Reste des Aufgehenden bestanden aus Zweischalenmauerwerk. Die Sichtflächen der Steine waren steinmetzmäßig behauen, soweit nicht natürliche Spaltflächen eine glatte Oberfläche bildeten. Als Füllung waren kleinere und große Bruchsteine in reichlich Mörtel vergossen. Das Fundament, soweit freigelegt, bestand aus unregelmäßigen, meist kleineren Bruchsteinen in Mörtelbettung. Der Mörtel war von hellbräunlicher Farbe, locker, sehr inhomogen und grob mit Bachkies gemagert, mit weißen Kalkbröckchen und unverziegeltem Lehm durchsetzt. Das Fundament war ohne Ausschachtungsgrube gegen den Boden gemauert.
OK -0,84; UK tiefer als -1,40. OK Fundament -0,97 bis -1,13.

2 Seitenschiffsmauern der romanischen Kirche (BP III)

Schnitt: 3, 5/8, 7/10, 13
Koordinaten: 84–86 ost/92 süd und 74–86 ost/ 08 süd

Zwei in ostwestlicher Richtung verlaufende Mauerzüge, die mit Fuge gegen die Seitenkonchen gesetzt worden waren. Auf der Südseite verbreiterte sich die freigelegte Mauerkrone von 1,30 m (im Westen) auf 1,45 m (nach Osten). Als Rest des Aufgehenden können nur zwei Steine an der Südkante des Fundamentes bei 79 ost angesprochen werden. Sie ergeben eine Mauerstärke von maximal 1,15 m. Das Fundament sprang nur stellenweise beidseitig um 10–15 cm vor. Der Rest des Aufgehenden und die obere Fundament- oder Sockellage entsprach dem Chormauerwerk *1,* ebenso die obere Lage des südlichen Fundamentes. Beim Anstoß des Südfundamentes gegen die Südkonche *1* wurden noch zwei abgetreppt vorspringende Fundamentlagen freigelegt. Im Bereich des heutigen Südportals fand sich die Spur eines älteren Einganges, erkennbar an der abgelaufenen Oberfläche der Steine.
OK -0,96; UK tiefer als -1,32.
E i n z e l f u n d e : Keramik – 1 BS (Gr. 11) in FN 8.

3 Fundamentverbreiterung (BP IIIa)

Schnitt: 3/4
Koordinaten: 96–98 ost/96 süd und 98 ost/104 süd

Fundament, dem Fundament *1* im Inneren der Ostapsis beidseitig auf Höhe des Einzuges nachträglich als rundliche Packung vorgesetzt. Wie *1* aus unterschiedlich großen Schiefersteinen ohne Ausschachtungsgrube in Mörtel verlegt. Der Mörtel erschien gegenüber *1* jedoch etwas dunkler, grau statt ocker.
OK -1,06.

4 Fundamentverstärkung (BP IIIa oder IV)

Schnitt: 3/4
Koordinaten: 96 ost/104 süd

Fundament, entsprechend *3,* aber mit hellerem, mehr ockerfarbigem Mörtel, der sowohl zum Mörtel von *1* wie von *8* Ähnlichkeit zeigt. Nachträglich innen gegen den Ansatz des Südschenkels der Ostapsis *1* gemauert. Das relative Verhältnis zu Fundament *3* und *13* konnte nicht geklärt werden.
OK -0,97.

5 entfällt.

6 Mauerwerk eines vorromanischen Baues (BP I; II)

Schnitt: 2, 3/4, 6/9/10, 9/12
Profil: A, B, C, D, E
Koordinaten: 76 ost/100 süd, 80 ost/102 süd und 90–96 ost/96–102 süd

Von einem rechteckigen Chor war die Nordmauer in ganzer Länge, die Ost- und Südmauer teilweise und die Zungen für den Chorbogen im Norden ganz, im Süden als Rest erhalten. Vom Langhaus dieser ersten Periode konnten nur ein kleines Stück der Südwand und ein geringer Rest der Westwand erfaßt werden, der Rest war durch die Fundamente der BP III oder durch Gräber zerstört. Fundament und aufgehendes Mauerwerk, zum Teil bis 50 cm hoch erhalten, bestanden aus in Mörtel verlegten Bruchsteinen. Die meist unregelmäßig geformten, unterschiedlich großen, häufig recht hohen Bruchsteine waren als Schalenmauerwerk versetzt. Im Mauerkern berührten sich die Steine teilweise oder ließen Raum frei, der mit meist kleinteiligem Material gefüllt war. Da der Stein nicht plattig bricht, sondern eher grobmuschelig, und die Steinhöhen sehr ungleich waren, fielen auch die Schichthöhen sehr unregelmäßig aus. Das Fundament bestand aus kleinen, etwa faustgroßen Kalkbruchsteinen, die in unregelmäßiger Packlage in Lehm verlegt waren. Es lag ohne Vorsprung senkrecht unter der Mauer. Der Mörtel war hellockerfarben, füllte die Fugen nicht gleichmäßig, sondern nur mit Lücken und ließ sich leicht ausbrechen. Er war teilweise recht fest, aber sehr inhomogen, mit stellenweise viel Lehm, meist kleineren Bröckchen ungelöschten Kalks, auch grobem Flußkies und haftete zum Teil sehr schlecht an den Steinen, da jene von einem Lehmfilm umgeben waren.

An der Kante des Fundamentes wurden stellenweise hochkant stehende kleinere Platten beobachtet.
Die Mauerstärke schwankte zwischen 70 und 75 cm, in der Regel betrug sie meist 70-72 cm.
OK -0,98; OK Fundament -1,42; UK -1,95.
E i n z e l f u n d e : Keramik – 1 RS, 1 WS (Gr. 11) in FN 2 (= Abbruch-OK der Nordmauer von *6);* 1 WS gleicher Art in FN 9 (= Ausbruchgrube von *6).*

7 Fundament eines Anbaues (BP IIIa)

Schnitt: 1
Koordinaten: 102 ost/96–98 süd

Fundament aus Schieferbruchstein, teils lagerhaft, teils regellos gemauert, mit Mörtel vergossen. Der hellgraue Mörtel von geringer Festigkeit war grob mit Bachkies gemagert und enthielt viel ungelöschten Kalk. Das Fundament war nachträglich gegen die Ostapsis von *1* gesetzt und in seinem weiteren Verlauf nach Nordosten durch die Ausschachtung für die Heizung gestört.
OK -1,12; UK -1,83.

8 Fundamente der gotischen Kirche (BP IV)

Schnitt: gesamt

Fundamente aus Schieferbruchstein, meist lagerhaft in nicht sehr festem bräunlichen, grob gemagerten Mörtel verlegt. Die Pfeilerfundamente waren gegen die sehr enge Ausschachtungsgrube gemauert. In der Heizungsausschachtung am Nordquerhaus kam bis ca. -2,13 bündig gemauertes Fundament zutage, dann ein leicht vorspringender Absatz. Offenbar erfolgte hier die Mauerung in offener Baugrube.
OK: -0,76.
E i n z e l f u n d e : Keramik – 1 WS (Gr. 14) in FN 37 (= Fundamentgrabenfüllung von *8,* unmittelbar an der Südkante der Mauer).

9 Fundamente von Querarmen (BP II)

Schnitt: 2/5, 3/4, 5/8
Koordinaten: 88–96 ost/92–94 süd und 92 ost/102–106 süd

Im Norden wurden Teile von Nord- und Ostmauer sowie ein geringer Rest der Westmauer eines Raumes gefunden, im Süden nur der größere Teil der Westmauer. Das

Fundament bestand aus meist großen unbehauenen Kalkbruchsteinen und war sehr unregelmäßig mit z.T. großen Abständen verlegt worden. Es war in mittelbraunen, im Süden gelblich-braunen, mit Mörtelbröckchen gesprenkelten Lehm gebettet. An der nordöstlichen Ecke des Nordraumes wurde auch grünlich-grauer Lehm bei -1,75 beobachtet. Die Stärke des Fundamentes betrug 85–90 cm, im Süden stellenweise auch bis 1,16 m.
OK -0,97; UK tiefer als -1,75.
E i n z e l f u n d e : Keramik – 1 WS (Gr. 11) in FN 20; mit nicht gesicherter Zuweisung, d.h. die Fragmente stammen laut Fundbuch aus dem „Schnitt 2, Bereich von 9, evtl. zu 17 gehörig" (vgl. auch 17): 1 RS, 4 WS (Gr. 11) aus FN 5.

10 Fundament im Nordquerarm (Altar?) (BP II)

Schnitt: 2, 5/8
Profil: 2A
Koordinaten: 88–92 ost/92–94 süd

In Schnitt 2 wurden zwei Fluchten von kleinen Bruchsteinen im rechten Winkel zueinander freigelegt. Nach Norden hin waren sie durch ein jüngeres Grab gestört. Die oberste erhaltene Lage lag in lockerem braunen, lehmigen Boden mit Mörtelbröckchen. Darunter erschien eine bis 4 cm dicke Schicht Mörtelschutt, dann eine Lage flacher Bruchsteine auf grobem gelblichbraunem Kalkgeröll – z.T. zerschlagener Grus (vielleicht Überreste vom Kalkbrennen?). Diese Schichtung reichte bis ca. 35 cm unter die Abbruch – OK und war mit Fuge nachträglich von Westen gegen die Fundamentierung *9* gesetzt. Darunter folgten unbehauene Bruchsteine in bräunlichgrauem durchmischtem Lehm, die ohne erkennbare Fuge in *9* übergingen. *10* hatte keine geraden Baugrubenwände, sondern ganz flach muldenförmige.

Der gelblichbraune Kalkhorizont fand sich in entsprechendem Niveau auch nördlich des jüngeren Grabes.
OK -1,24; UK tiefer als -1,66.
E i n z e l f u n d e : Keramik – 4 WS (Gr. 11) in FN 19; 1 WS gleicher Art in FN 24.

11 Altarfundament (BP III)

Schnitt: 1
Koordinaten: 96–98 ost/92–94 süd

Der in der Grabungsfläche freigelegte Befund – regellos liegende kleinere Bruchsteine, dazwischen der mit Mörtelschutt und menschlichen Knochen vermischte lehmige Boden des ringsum liegenden Friedhofes – erwies sich als gestört. Mindestens zwei mittelalterliche Gräber, die hintereinander in der Mittelachse lagen, konnten als Ursache der Störung festgestellt werden. Durch Sondage wurde festgestellt, daß unter der Grabsohle gemörteltes Fundamentmauerwerk lag. Auf die weitere Ausgrabung mußte verzichtet werden.
OK-1,19; UK tiefer als -1,80.

11a Gräber (zu BP IV)

In der Mittelachse von *11* waren zwei Gräber hintereinander eingetieft, das westliche mit beinernen Perlen eines Rosenkranzes in Kopfgegend und kleinem Eisenmesser in Leibgegend sowie Stoffresten, das östliche mit Lederschuhen. Beide Gräber konnten nicht mehr dokumentiert werden. Ein Foto des westlichen Grabes *(Abb. 62)*[176] zeigt eine geostete Bestattung in gestreckter Rückenlage, mit im Becken-, bzw. Bauchbereich angewinkelten Unterarmen. Das Skelett wird von Augenzeugen der Freilegung insgesamt als grazil bezeichnet, mit nur geringen Abnutzungsspuren am Gebiß. Es scheint sich um ein jugendliches Individuum gehandelt zu haben.
UK -1,80 (östl. Grab).
E i n z e l f u n d e : Eisen – 1 Messerklinge[177] sowie 6 lange Nägel in FN 6; 1 dünner Eisenstab in FN 44.
Bein – 35 längsovale Perlen unterschiedlicher Größe in FN 44;[178] und 2 menschliche Zähne in FN 44.
Leder – Reste von Schuhen in FN 6.[179]
Textil – Reste.

12 Fundament (BP IIa)

Schnitt: 4
Koordinaten: 92–94 ost/ 96 süd

In westöstlicher Richtung verlaufendes Fundament aus mittelgroßen unbehauenen Schieferbruchsteinen, in lokkeren lehmigen Boden verlegt. Der südliche Teil war oben mit hellgrauem Mörtel vergossen. Das Fundament war von Osten gegen *9* gesetzt, und wurde von *1* und *13* überlagert. Seine Breite betrug ca. 1,20 m.
OK -1,11.

---

176 Slg. Korte.
177 Vgl. Kap. 4.2., Katalog der Funde: Eisen, Nr. 2.
178 Vgl. Kap. 4.5., Katalog der Funde: Bein, Nr. 1.
179 Vgl. Kap. 4.6., Katalog der Funde: Leder.

E i n z e l f u n d e : Keramik – 2 WS (Gr. 4) in FN 14.
Buntmetall – 1 Nagel in FN 14.

13 Fundamentverstärkung (BP IIIa oder IV)

Schnitt: 3/4
Koordinaten: 94 ost/96 süd und 96 ost/104 süd

Fundament aus unbehauenen Bruchsteinen, etwas lagerhaft gepackt, mit grauem Mörtel vergossen. Mit Fuge gegen *1* gesetzt. Vom Befund her (Mörtelvergleich) konnte nicht geklärt werden, ob *13* als nachträgliche Verstärkung zur Periode III zu rechnen ist oder als Pfeilerfundament zu Periode IV. Daß zum Mittelschiff hin jeweils eine gerade Mauerflucht aufgesetzt war, spricht für eine Zugehörigkeit zum romanischen Bau III als Planänderung oder nachträgliche Anfügung.

14 Seitenschiffsmauern (BP II)

Schnitt: 5/8, 13
Koordinaten: 86–88 ost/94 süd

Fundamente aus Bruchsteinen, Schiefer und Grauwacke-artigen Blöcken, unbearbeitet, regellos gepackt, in den Fugen brauner Lehm. Als Rest des Aufgehenden waren auf dem nördlichen Fundament bei 85 ost zwei Steine der Südkante in Mörtelbettung erhalten (OK -1,12) sowie auf dem südlichen Fundament am Westende des Südschiffes ein 20 cm hoher, mit Mörtel vergossener Mauerrest (OK -1,09). Eine Mauerkante war hier nicht erhalten. Der Mörtel war grau mit grober Flußkiesmagerung und viel ungelöschtem Kalk, dazwischen auch Lehm. Im dem am Westende des Südschiffes angelegten Profilschnitt wurde die Südkante der Mauer erfaßt. Die Nordkante war hier modern gestört.
OK: -1,08; UK tiefer als -1,50.

15 Tonfliesen – Musterfußboden[180] (BP IIa)

Schnitt: 2/5
Profil: A
Koordinaten: 90 ost/96 süd und 86–88 ost/94 süd

---

180 GOEBEL/KORTE 1994, Nr. 5, 12. Die Reste des Fußbodens wurden geborgen und befinden sich zum Teil in der Schausammlung des Südsauerlandmuseums in Attendorn. Dort wurde aus ihnen eine Rekonstruktion der Rosette und einiger Felder des Schachbrettmusters ausgelegt.

Musterfußboden, bestehend aus Tonfliesen, die teils dunkelblaugrau, teils rotgebrannt, teils mit weißem Überzug versehen sind. Die Dicke der Fliesen schwankt, sie beträgt 1,5–2,4 cm und im Durchschnitt knapp 2 cm. Die Ränder sind durchweg nach unten abgeschrägt. Die Fliesen waren im Farbwechsel in zwei Mustern verlegt.
Das eine Muster bestand aus einer runden Mittelplatte von 21 cm Durchmesser. Daran schlossen sich drei konzentrische Ringe aus Dreieckplatten mit Sternmotiv, die hellen Spitzen nach außen. Breite des inneren Ringes 12,5 cm, des mittleren 14 cm, des äußerem 15 cm. Außen schlossen sich Dreiecke und Zwickelfüllungen an, weiter nordwestlich waren als zweites Muster quadratische Platten von 16 cm Seitenlänge erhalten, schräg abweichend von der Kirchenflucht. Die Platten waren in bräunlich-hellgrauem Mörtelbett mit vielen ungelöschten Kalkbröckchen verlegt. Unter dem Mörtelbett befand sich ein graues Laufniveau. In zweiter Verwendung lag eine Platte vermauert im nordwestlichen Vierungspfeilerfundament.
OK -1,09; UK -1,18.
E i n z e l f u n d e : Keramik – Tonfliesen des Musterfußbodens (o. FN).[181]
Eisen – 1 Nagel in FN 12 (= Abbruchhorizont von 15); 1 langer Nagel, 2 bandartige Stücke (zusammenkorrodiert) sowie mehrere Eisenstücke, z.T. mit anhaftenden (angeschmolzenen) Buntmetall-, Mörtel-, Lehm- und Holzkohlebröckchen in FN 49 (= Mörtelschuttschicht, wohl Bettung des Fußbodens, unter *15*).
Buntmetall – 2 Buntmetallbrocken, mit Holzkohle, bzw. Kalk verbacken in FN 12; 1 Beschlagstück.[182]
Schlacke – 3 Stücke leichter Schlacke in FN 12.
Bein – Mit unsicherer Zuweisung, d.h. laut Fundbuch „Schnitt 4, oberste Mörtelschuttschicht, vielleicht identisch mit der Schicht unter dem Tonplattenboden": 1 längsovale Beinperle in FN 50.[183]

16 Brandschicht (BP II)

Schnitt: 2
Profil: A

Holzkohle-Lage von ca. 2 mm Stärke, darunter Bräunung des Bodens.
OK -1,14; UK -1,17.

---

181 Vgl. Fundmaterial: Keramik, Sondergruppen.
182 Vgl. Fundmaterial: Buntmetall, Nr. 1.
183 Vgl. Fundmaterial: Bein, Nr. 2a od. b.

17 Schichtkomplex (BP II)

Schnitt: 2, 3/4
Profil: A

Schichtkomplex, bestehend aus unterschiedlichen Schichten: lagenweise wechselnd brauner, sehr viel Bauschutt enthaltender Lehm und grauer festgetretener Lehm mit Holzkohle. In beiden Schichtarten lagen verkantet zahlreiche stark belaufene Schieferplatten. Der Schichtkomplex lief ohne besondere Grenze oder Ausschachtungsgrube in das Mauerwerk *10,* war also zweifellos gleichzeitig. Im Süden stieß er gegen die Mauer *6,* war also jünger als diese. Er enthielt graue Scherben der Keramik „Pingsdorfer Art" und reduzierend gebrannte, blaugraue Irdenware, darunter ein handgroßes, in viele Teile zerbrochenes Kugeltopf-Wandstück, ferner sehr dünnes Bronzeblech mit gepunztem Rand.
OK -1,18; UK -1,42.
E i n z e l f u n d e : Keramik – 1 RS, 40 WS in FN 13 sowie 1 RS, 15 WS in FN 38 (Gr. 3); 10 WS in FN 13, 17 WS in FN 30 sowie 1 RS, 10 WS in FN 38 (GR. 4); 5 WS in FN 38 (Gr. 8); 1 RS, 23 WS in FN 13 sowie 8 RS, 3 BS, 1 Henkel und 1 Tülle in FN 38 (Gr. 11); mit unsicherer Zuweisung, d.h. laut Fundbuch „Schnitt 2, Bereich von *9,* evtl. zu *17* gehörig" (vgl. auch *9*): 1 RS, 4 WS (Gr. 11) in FN 5.
Eisen – 1 Eisenring, 1 flaches Eisenblech, zahlreiche stark korrodierte Eisenstücke, darunter Nägel in FN 38 sowie 1 Kastenbeschlag mit 2 Nägeln[184].
Buntmetall – Bronzeblechreste in FN 13 und 38[185] sowie geschmolzene, verschlackte Buntmetallbrocken, mit Kalkmörtel verbacken in FN 38.
Schlacke – 7 Brocken unterschiedlicher Größe, Schiefersteine mit „Glasur" – möglicherweise mit Schlackerest? – in FN 38.

18 Lehmschicht mit Laufhorizont (BP I)

Schnitt: 2
Profil: A

Unter *17* lag ein Horizont von grauem Lehm, stark mit Holzkohle vermischt, darin eine deutliche Fußbodenschicht aus abgelaufenen Schieferplättchen und Kieseln. Ein erkennbar belaufener Horizont hatte sich nicht gebildet, dennoch handelte es sich offensichtlich um ein Laufniveau. Ein deutlicher Anschluß an *6* war nicht erkennbar, doch dürfte es sich, nach der Höhenlage zu urteilen, um ein zu *6* gehöriges Außenniveau gehandelt haben.
OK -1,42; UK -1,46.
E i n z e l f u n d e : Keramik – 1 WS (Gr. 5), 1 WS (Gr. 8), 1 WS (Gr. 11) in FN 15; 1 BS (Gr. 11) in FN 18.

19 Kulturschicht (vor BP I)

Schnitt: 2, 4, 9/12
Profil: A, B, C, D, E

Dem anstehenden lehmigen Boden aufliegende Schicht aus homogenem, feinen, mittelgraubraunem Lehm, teils etwas gelblich, nach unten zu heller werdend, dicht mit feinen Holzkohlebröckchen gesprenkelt, zuweilen ein wenig Hüttenlehm, vereinzelt Steine.
OK -1,41; UK -1,56.
E i n z e l f u n d e : Keramik – 1 WS in FN 7, 1 WS in FN 32, 1 RS, 1 WS in FN 39 sowie 1 RS, 1 WS in FN 51 (Gr. 1); 1 WS in FN 7 (Gr. 2); 1 WS in FN 36 (Gr. 4); 1 WS in FN 11, 1 WS in FN 16, 1 WS in FN 34 sowie 1 WS in FN 51 (Gr. 5); 2 WS in FN 39 (Gr. 6); 1 WS in FN 16 sowie 1 WS in FN 32 (Gr. 7); 6 WS in FN 35 sowie 1 WS in FN 36 (Gr. 8); 2 WS in FN 16 sowie 2 WS in FN 36 (Gr. 11); 1 WS in FN 35 sowie 1 WS in FN 51 (Gr. 12); mit unsicherer Zuweisung: 1 RS in FN 27 (Gr. 1); 1 WS in FN 47 (Gr. 2); 1 WS in FN 46 (Gr. 4); 1 WS in FN 43 (Gr. 5); 1 RS in FN 27 (Gr. 6); 1 WS in FN 54 (Gr. 7); 1 WS in FN 46 sowie 1 WS in FN 47 (Gr. 8); 4 WS in FN 47 (Gr. 11).
Knochen – 2 Tierzähne in FN 35, 3 Tierzähne, 1 Knochenfragment in FN 39, 1 Großtierzahn, 1 Eberzahn, 1 Knochenfragment in FN 51.
Eisen – mit unsicherer Zuweisung: 2 Eisenstücke, evtl. Schmelzkuchen, in FN 27.
Stein – 3 Bröckchen verbrannte Steine in FN 32, 2 Gesteinsbruchstücke Mayener Basaltlava in FN 35, 2 gröbere Kieselbruchstücke, z.T. verbrannt, in FN 39.
Schlacke – 1 Schlackenstück in FN 39.

20 „Ausbruch"gräbchen (BP II?)

Schnitt: 4
Koordinaten: 92–94 ost/98 süd

Kleiner Graben von 30–50 cm Breite, gefüllt mit graubraunem Lehm, der mit Mörtelschutt und Steinen stark durchsetzt war. Das Gräbchen hatte unregelmäßige Be-

---
184 Vgl. Fundmaterial: Eisen, Nr. 3.
185 Vgl. Fundmaterial: Buntmetall, Nr. 1.

grenzungen und eine unebene muldenförmige Sohle. Es war eindeutig jünger als die Chormauer 6. Es konnte nicht ausgeschlossen werden, obwohl dies wenig wahrscheinlich erschien, daß es rezent bei den Bauarbeiten entstanden war.
OK -1,39; UK -1,70.
E i n z e l f u n d e : Keramik – 1 RS (Gr. 1) sowie 1 WS (Gr. 11) in FN 10.

20a Gräbchen (BP II?)

Schnitt: 4
Koordinaten: 92–94 ost/100 süd

Gräbchen der gleichen Art wie *20*, parallel dazu verlaufend.
UK unter -1,51.

21 Schichtkomplex (BP I?, II)

Schnitt: 4

21a (BP I od. II)
Profil: C
Auf *25* aufliegende braune, homogene Lehmschicht im Chor, die bei ca. 92 ost abfiel und in einer graubraunen Lehmaufplanierung auslief. Fraglich, ob zu Periode I oder II gehörend.
OK -1,22; UK -1, 48.

21b (BP II)
Profil: B, C
Gelbliche, braune und rötliche Lehmaufplanierungen mit Bauschutt und Steinen, in verschiedenen Horizonten. Diese Schichten gingen eindeutig über den Abbruchschutt der Mauer *6* hinweg, gehörten also mit Sicherheit zu Periode II.
OK -1,00; UK -1, 33.

21c (BP II)
Profil: B, C
Sehr homogene feine Lehmaufplanierung im Mittelschiff mit vereinzelten kleinen Schiefersteinen und feinem Hüttenlehm, wohl von einer abgeschwemmten alten Kulturschicht. Das Material entsprach *19*. Wie *21b* ist auch *21c* nach dem Abbruch von Bau I entstanden (vgl. Profil B).
OK -1,04; UK -1,46.
E i n z e l f u n d e : allgemein aus *21a–c* FN 22:

Keramik – 1 WS (Gr. 5), 1 WS (Gr. 7), 2 WS (Gr. 8), 1 WS (Gr. 10)
Buntmetall – getriebenes Bronze- oder Kupferblech.[186]
Knochen – 1 Knochennadel, flaches Ende durchbohrt.[187]

aus *21b* FN 52:
Keramik – 15 WS (Gr. 11).
Buntmetall – 1 Bronzefibel.[188]

vermutlich zu *21b* FN 17:
Keramik – 1 WS (Gr. 11).

aus *21c* FN 41:
Keramik – 1 RS, 3 WS (Gr. 1), 1 RS (Gr. 10).
Schlacke – 2 Brocken, vermutlich Eisenschlacke.
Knochen – 1 Tierknochenfragment.

22 Gruben (BP II?)

Schnitt: 4
Koordinaten: 92–94 ost/98 süd

Flache Gruben, gefüllt mit Lehm wie *19,* jedoch mit Steinen und etwas Mörtelschutt vermischt. Im Schnitt flach muldenförmig und 2–4 cm unter das Niveau der gezeichneten Fläche eingetieft, nur zum Zentrum hin etwas tiefer. Möglicherweise handelte es sich um Unterkanten von Pfostengruben oder auch rezente Störungen.
OK -1,52.

23 Pfostengrube

Schnitt: 4

Pfostengrube, gefüllt mit graubraunem, durch reichlich Holzkohle dunkel gefärbtem Lehm und hellen Mörtelbröckchen.
OK -1,48.

24 Fundamentverstärkung (BP IIIa)

Schnitt: 4
Koordinaten: 96 ost/106 süd

Fundament aus Bruchsteinen verschiedener Größe, teils

---

186 Vgl. Fundmaterial: Buntmetall, Nr. 1.
187 Vgl. Fundmaterial: Bein, Nr. 3.
188 Vgl. Fundmaterial: Buntmetall, Nr. 2; LOBBEDEY in: Der Sauerländer Dom 1994, Nr. 7, 14 f.

lagerhaft, teils unregelmäßig gepackt, mit Mörtel vergossen. Die Südostecke war durch eine neuzeitliche Innenbestattung ausgebrochen. Die Ost- und Südkante wurden erfaßt, die Ostkante stieß gegen Gewachsenes. Ob ein Gegenstück im Norden vorhanden war, konnte wegen der Störungen in diesem Bereich nicht geklärt werden.
OK: -0,99; UK -1,91.

25 Mörtelschuttschicht (BP I)

Schnitt: 4
Profil: C

Planierschicht aus Mörtelbröckchen, mit braunem Lehm und Bruchsteinsplitt vermischt, ca. 8–12 cm dick. Der fein zerkleinerte Mörtel ist vermutlich kein Fugenmörtel vom Abbruch, sondern umgelagerter Fallmörtel. Die Schicht zog deutlich in die Fundamentgrube der Mauer 6 hinein, sowohl an der Ost- wie an der Südmauer. Sie neigte sich in gleicher Weise auch in Schnitt 4 zum Fundament der Chorbogenmauerung ab. Auch an der Westwand 6 konnte sie festgestellt werden. Wahrscheinlich handelte es sich um eine Werkschuttschicht von der Errichtung der Mauer 6.
OK -1,38; UK -1,50.

26 Pfeiler (BP II)

Schnitt: 6/9/10, 9/12, 11/12
Koordinaten: 74, 80, 84, 88 ost/96 süd und 74, 78, 80, 84, 88 ost/102 süd

Längsrechteckige Pfeiler im Langhaus aus Kalk- und Schieferbruchsteinen, teils quaderförmig, teils unregelmäßig. Die oberste Lage wies bündige Kanten auf. Sie war in bräunlich-hellgrauem Mörtel verlegt, der mäßig fest war und feine, ungelöschte Kalkbröckchen enthielt, ferner unregelmäßige, teils grobe Magerung. Diese gemörtelte Schicht wurde wie Mauer 10 durch eine Bodenaufschüttung unter dem Fußboden-Niveau von Bau II verdeckt. Unter ihr sprang der untere Fundamentbereich vor. Er war aus kleineren Bruchsteinen unregelmäßig in Lehm verlegt. Der Fugenlehm war teils hellbraun, teils graubraun durchmischt. Die Maße der Pfeilerfundamente betrugen 0,72–0,74 m × 1,17 m.

Im Osten befanden sich im Norden und Süden je ein kreuzförmiger „Vierungspfeiler" mit Ausladung von 35 cm nach N und S und 41 cm nach W. Im Westen standen Mauerzungen mit dem Westwand- bzw. Turmfundament *31* in Verband.

Die Pfeilerfundamente waren eingetieft in die homogene Lehmaufplanierung *19*. Es war deutlich erkennbar, daß eine rötliche Lehmschicht, die über den Abbruch der Seitenmauer *6* zog (vgl. *21b*), von dem Pfeilerfundament abgeschnitten wurde.
OK -1,02; UK unter -1,47.

27 Mörtelgrube (wohl BP II)

Schnitt: 9/12
Koordinaten: 84 ost/100 süd

Muldenförmige Grube mit gerundetem Grundriß, im Profil mit sehr flacher Böschung ansetzend. Füllung: Zuunterst sehr fest verbackener bräunlich-hellgrauer Mörtel mit grobem Kalkschotter, der vielfach gerundet war, ca. 15 cm dick. Darüber ca. 10 cm brauner vermischter Lehm mit Steinen, darüber ca. 20 cm Kalkschotter – teils gerundetes, teils scharfkantiges Material, offensichtlich Flußschotter; möglicherweise bildete dies ein Material, das zur Mörtelmagerung ausgesiebt worden war: Hier wurde demnach das zu grobe Material weggeschüttet. Darüber ca. 8 cm rötlichbrauner kiesiger Sand mit Steinen. Deckschicht: eine 5–10 cm starke Lehmaufplanierung mit wenig Mörtelschutt, Holzkohle, bräunlichgrau, teils mit gelblichen Lehmbrocken. Darüber eine ockerfarbene Mörtelschuttschicht – offenbar Abbruchschutt. Auf dem gleichen Niveau lagen auch große Bruchsteine in einer bis zu 10 cm starken Abbruchschuttschicht. Diese wurden abgedeckt von einer Lehmaufplanierung, an deren UK sich verziegelter Lehm konzentrierte.

Schichtenanschlüsse für eine stratigraphische Periodenzuweisung fehlten. Das Vorkommen von Abbruchschutt und die Oberkante der Deckschicht bei -1,33 sprechen gegen eine Zuweisung zum Bauniveau der Periode I bei durchschnittlich -1,44, für Periode III liegt die Deckschicht dagegen zu tief.
OK -1,33; UK -1,99.

28 Spannfundamente und Pfeilerfüße der romanischen Mittelschiffsarkaden (BP III)

Schnitt: 6/9/10, 9/12, 11/12
Koordinaten: 76, 80, 84 ost/96 süd und 74–88 ost/104 süd

Unregelmäßige, meist schräge Packlagen von Bruchsteinen, überwiegend kleinere flache Schieferplatten, in braunen lehmigen Boden verlegt, entsprechend den tieferen

Lagen von *2*. Auf der Südseite war die oberste Lage mit Mörtel vergossen. Besonders kräftig war die Mörtelschicht dort, wo die Pfeiler aufgesessen haben. 80 cm östlich des westlichen Pfeilers der Südarkade deutete sich eine Arbeitsfuge an. Westlich bestand das Fundament in der (allein freigelegten) oberen Lage aus großen Platten in Mörtelbettung und war durch das Pfeilergewicht stark zusammengedrückt: die Oberkante des Fundamentes von -0,98 westlich des Pfeilers auf -1,10 unter dem Pfeiler. Westlich dieses westlichen Pfeilers war das Fundament wieder ohne Plattenabdeckung gemörtelt, und zwar mit einem dunklen, bräunlich-grauen, mit grobem Kies versetzten Mörtel.

Auf dem Südfundament war der Fuß des westlichen Pfeilers vollständig erhalten bis zu einer Höhe von 0,26 cm. Wie bei den übrigen Pfeilerresten handelte es sich um vermörteltes Schalenmauerwerk mit glatten Sichtflächen (vgl. unter *1*). Eine Sockelausbildung gab es nicht (vgl. *30*). In der nordöstlichen Ecke haftete noch Putz am Mauerwerk. Der Pfeiler war längsrechteckig mit einer kräftigen Vorlage zum Mittelschiff hin, die von rechteckigen Eckvorlagen flankiert wurde. Es ergab sich eine regelmäßige Stufung mit Kantenlängen von durchschnittlich 30–35 cm. Die Stirnbreite der Vorlage zum Mittelschiff hin betrug 1,20 m, zu den Scheidbögen der Längsachse hin 1,30 m. Zum Seitenschiff hin trat eine Vorlage von doppelter Breite wie ihr Gegenstück (2,38 m) und halber Stärke (0,15 m) nur wenig vor.

Von den weiteren Pfeilern der Südarkaden, dem nach Osten folgenden quadratischen Zwischenpfeiler und dem Vierungspfeiler waren nur Mörtelkanten mit Abdrücken der Steine erhalten.

Auf dem Nordfundament ist das Gegenstück zu dem westlichen Pfeilerrest der Südseiten nur in seiner Osthälfte erhalten, ebenfalls mit Putz versehen. Vollständig ist der Grundriß des quadratischen Zwischenpfeilers (Kantenlänge 1,28). Vom Vierungspfeiler ist die West- und Südvorlage im Grundriß vollständig. Die hier wie beim Gegenstück auf der Südseite verhältnismäßig geradlinige Kante nach Osten gegenüber dem Fundament *8* ist mit ihrer erhaltenen Höhe von -1,17 sicher nicht der Ostabschluß des Pfeilers, vielleicht aber die Fundamentkante. Beide Vierungspfeilerfundamente beziehen die Pfeilerreste 26 der Periode II mit ein.

Auf der Nordseite war westlich des quadratischen Zwischenpfeilers eine ausgeprägte Mörteldecke auf der Packlage nicht erkennbar, wohl aber vor dem Turmfundament. Die Fundamentbreite betrug zwischen den Pfeilern ca. 1,60 m, unter ihnen bis 3,00 m. Ein Fuge gegenüber dem Fundament *1* wurde nicht beobachtet.

OK: beim Südfundament am nachträglich abgesunkenen Westpfeiler bei -1,10, sonst bei -0,98 bis -1,02; beim Nordfundament zwischen -1,12 und -1,32; Pfeiler-OK - 0,89; UK tiefer als -1,32.

29 Rest eines Fußbodens? (BP III)

Schnitt: 9
Koordinaten: 97 ost/95 süd

An der Nordostecke des westlichen Hauptpfeilers der Nordreihe lag eine Steinplatte, die gut in den Winkel zwischen nördlicher und östlicher Vorlage eingepaßt war. Es könnte sich um den Rest eines Plattenfußbodens zu Bau III gehandelt haben (OK -0,98). An der Nordkante des quadratischen Zwischenpfeilers östlich davor waren mehrere Steine gegen den Sockelfuß gesetzt (OK -1,12). Sie könnten, eventuell als Unterbau, zu diesem Fußboden gehören, ebenso ein in Mörtel verlegter kleiner Stein an der Südkante der nordwestlichen Langhausvorlage am Turm (OK -0,89) und ein weiterer großer, auf Lehm aufliegender Stein auf dem Fundament *30* nördlich der südwestlichen Langhausvorlage (OK -0,93).

30 Fundament und Mauerwerk des bestehenden Turmes (BP III/IV)

Schnitt: 12, 14
Koordinaten: 70–74 ost/96–104 süd

Fundament aus Bruchsteinen, meist flach oder unregelmäßig gelegt und, soweit nach unten verfolgt (40 cm tief), mit Mörtel sehr unregelmäßig und grob vergossen. Der Mörtel war bräunlich und sehr ungleichmäßig. Zwischen den Steinen lag viel Erde. Eine Fuge gegenüber *2* oder *28* konnte nicht festgestellt werden.

Das Aufgehende besteht aus Zweischalenmauerwerk aus Bruchsteinen mit glatten Sichtflächen (vgl. *1*). Mit den westlichen Vorlagen der Langhausarkaden besteht offensichtlich Verband. Eine Sockelausbildung gibt es weder an der Turmöffnung noch an den Eckvorlagen der Langhausarkaden. An der südlichen Vorlage des nördlichen Eckpfeilers befindet sich Putz, dessen Unterkante bei -1,01 auf einem vorspringenden Stein aufsitzt.
OK -1,01.

31 Turmfundament von Bau II (BP II)

Schnitt: 12, 14
Koordinaten: 74 ost/98 süd (und 68 ost/102 süd)

Westmauer eines Turmes aus großen, unregelmäßig geformten Kalkbruchsteinen und kleineren Schieferplatten, in Mörtel verlegt. Der Mörtel war hellockrig, locker, mit mittelgrobem Zuschlag (Schiefer, gerundet) und nur vereinzelt ungelöschtem Kalk. Das Fundament war aus dem gleichen Steinmaterial lagerhaft in mittelbraunem Lehm verlegt. Mauer und Fundament treppten sich nach unten ab. Die Stärke des Aufgehenden betrug vermutlich 1,12 m (sofern man die oberste erhaltene Lage symmetrisch ergänzt). Das Fundament wurde durch die Nord- und Südwand des heutigen Turmes abgeschnitten. Anscheinend war es infolge der ehemaligen Auflast stark abgesackt. Es überbaute alten Friedhofsboden. Von der Ostwand des Turmes, zugleich die Westwand des Langhauses von Bau II, waren an der Ostkante des Fundamentes *30* und von dieser abgeschnitten Fundamentreste erhalten.
OK -1,00.

32 Schmelzofenrest (BP III oder IV)

Schnitt: 12
Koordinaten: 82 ost/102 süd

Rest eines kreisförmigen Schmelzofens, muldenförmig eingetieft, mit 55–56 cm Durchmesser, mindestens 0,35 cm unter zugehörigem Niveau. Die Wandung war ringsum ca. 10 cm tief verziegelt. Innen war sie hellorange gefärbt, nach außen rot und rotbraun. Im südöstlichen und südwestlichen Quadranten war die Oberfläche ringsherum geschwärzt. Spuren einer geschwärzten Schicht fanden sich auch nördlich der Anlage. An der Sohle kamen Steine der Mauer *6* zutage. Mit Ausnahme des untersten Teiles, der etwas aschenartige Substanz enthielt, aber kaum Holzkohle, waren die Wandungen von einer harten dünnen, im Bruch buntfarbigen Schlacke überzogen. Auf dieser haftete der Mörtelstaub der Einfüllung fest an. Die Füllung bestand aus Bruchsteinen und Mörtelschutt, darunter bemalter Wandputz.

Die Anlage setzte die Existenz des Fundamentes *28* voraus, war also jünger.
OK -1,08; UK -1,37.
E i n z e l f u n d e : Schlacke – Wandungsreste des Schmelzofens: verziegelter Lehm, an der Innenseite teilweise mit Schlacke bedeckt in FN 53. Eine Analyse des Materials wurde nicht durchgeführt. Es ist jedoch möglich, daß hier Blei geschmolzen wurde.
Mörtel, Putz – Mörtelbrocken, bemalter Putz in FN 53.

33 Grab mit Pilgermuschel (zu BP III od. IV)

Schnitt: 4/6
Koordinaten: 90 ost/104 süd

Geostete Bestattung im Holzsarg, welche die südliche Chorbogeneinschnürung (Mauer *6*) von Bau I durchschlägt. Vom Sarg konnten noch eine rechteckige Verfärbung, Holzreste und Sargnägel aufgefunden werden. Die Verfüllung enthielt Bauschutt.

Das Skelett lag in feuchtem Lehm, der auf eine mittelalterliche Bestattung schließen läßt. Die Arme lagen seitlich am Körper ausgestreckt, der Kopf war leicht nach N zur linken Schulter geneigt. Die Knochen der rechten Hand und des rechten Fußes fehlten. Insgesamt vermittelte das Skelett den Eindruck, daß es sich bei dem Bestatteten um eine hochgewachsene kräftige Person gehandelt haben muß.

Im Brustbereich lag auf der rechten Seite, unmittelbar neben dem Brustbein, eine zweifach durchbohrte Pilgermuschel, die ursprünglich auf der Kleidung befestigt gewesen sein dürfte. Länge des Skelettes am Befund gemessen 1,85 m.
E i n z e l f u n d e : o. FN – Pilgermuschel.[189]

34 Packlage (vor BP III, wohl zu BP II)

Schnitt: 14
Koordinaten: 66–70 ost/98–102 süd

Packlage aus regellos gepackten Bruchsteinen. Östlich des Fundamentes *31* flächig ausgebreitet (also den Innenraum des Turmes von Bau II ausfüllend) als eine 10–40 cm dicke Lage mit dazwischengeschüttetem kiesigen Sand, Lehm und Mörtelschutt. An der Westseite mit 50 cm Stärke gegen das Fundament *31* gepackt und nach Westen wie nach Norden und Süden durch das Turmfundament *30* abgeschnitten und überlagert, ohne Zwischenschüttung. Vermutlich zur Befestigung des Bodens nach Anlage des Fundamentes *31* eingebracht. Nicht auszuschließen ist, daß dies erst kurz vor der Errichtung von Bau III geschah.
OK -1,09.

---

189 Vgl. Kap. 4.9. Sonstiges; GOEBEL in: Der Sauerländer Dom 1994, 13, Nr. 6.

35 Provisorische Zwischenmauer?

Schnitt: 9
Koordinaten: 78 ost/97 süd

Auf dem nördlichen Arkadenfundament *28* liegt eine Steinreihe mit nördsüdlich gerichteter Ostflucht, welche die Flucht der Ostvorlage des westlichen Hauptpfeilers zum Mittelschiff hin fortsetzt. Die Steine sind gegen den Putz des Pfeilers gesetzt. Möglicherweise handelt es sich um den Rest einer provisorischen Abmauerung eines Teils von Bau III während des Neubaues von Bau IV.
OK -1,03.

3.2. Bemerkungen zu den Profilen

Es wurden insgesamt fünf Profile angelegt (A–E), die jedoch aufgrund der mangelnden Tiefe der Grabung in ihrem Aussagewert begrenzt waren. Es konnten dabei – neben der allgegenwärtigen vorgeschichtlichen Siedlungsschicht *19* – nur die Bau-, bzw. Abbruchschichten von Bau I und II dokumentiert werden, die in ihrem stratigraphischen Verhältnis zueinander am besten in Profil A erkennbar sind. Aus diesem Grunde soll nur dieses als Umzeichnung vorgelegt, die übrigen vier kurz beschrieben werden *(Beilage1)*. Alle fünf Profile wurden an einer Kante von Mauer *6* angelegt (Profil A in Schnitt 2, B, C in Schnitt 4 und D, E in Schnitt 12, vgl. Schnittplan) und beziehen sich auf ihr unmittelbares Umfeld.

Profil A spiegelt den Übergang von Bau I zu Bau II wider: Zuunterst befindet sich die vorgeschichtliche Kulturschicht *19*, die von einem Pfostenloch aus Schicht *17* abgeschnitten wird. Auf *19* liegt die als Laufhorizont identifizierte Schicht *18* als Außenniveau von Bau I, zahlreiche belaufene Schieferplatten enthaltend. Das nachfolgende Schichtenpaket *17* entstand durch den Abbruch von Bau I und den Neubau von Bau II. Großformatige Bruchsteinplatten, welche die Anlage des Profils erheblich erschweren, gehören zum aufplanierten, vorwiegend im unteren Schichtenbereich abgelagerten Abbruchmaterial des ersten Baues. Der obere Bereich von *17* ist von feinerem, weniger mörtelhaltigen Material gekennzeichnet und kann als Bauhorizont von Bau II angesehen werden. *17* wird abgeschlossen von einer dünnen mörtelhaltigen, mit Holzkohle durchsetzten Schicht, die als Bettung des ersten Fußbodens von Bau II gedient haben kann. Insbesondere nahe der Nordkante von Mauer *6* weist Schicht *17* eine Konzentration von Brandresten auf, die den Zerstörungshorizont von Bau I markieren. Eine ausgeprägte Brandschicht, Schicht *16*, ist *17* aufgelagert: Dieser Brand führte nicht zur Aufgabe des Gebäudes, sondern zog Wiederherstellungsmaßnahmen wie den Einbau des Tonfliesenbodens *15* mit seiner darunter erkennbaren Bettungsschicht nach sich.

In den Profilen B und C ist die Befundlage eine ähnliche wie in A: erkennbar ist das auf *19* abgelagerte Schichtenpaket *21b,c,* das in seinen Eigenschaften etwa *17* entspricht. Auch hier, vor allem in Profil C, wird der Ablaufcharakter durch das Ineinandergreifen der einzelnen Schichten von *21b,c* und umgeschichtetes großformatiges Steinmaterial deutlich.

Die Profile D und E erbrachten dort, wo *17* bzw. *21b,c* zu erwarten waren, etwas homogeneres Material, das in Grundzügen jedoch *17* und *21b,c* ähnelt. In C und D trat zudem Schicht *25* auf, die von ihrer Beschaffenheit und stratigraphischen Lage her die Bauschicht zu Bau I bildet. Die Zugehörigkeit von Schicht *21a* ist aus Profil B heraus nicht eindeutig zu klären (vgl. Kap. 2.2.1, Zugehörige Schichten).

4. Das Fundmaterial

Die Verteilung der einzelnen Materialgruppen auf die Befunde bzw. Fundnummern ist *Tab. 1* zu entnehmen. Nicht alle Fundstücke können hier abgebildet werden, da einige nicht mehr zugänglich waren oder ihr Aussehen aus der Beschreibung heraus zu erschließen ist.

4.1. Keramik

Vorbemerkung

Das keramische Fundmaterial ist, typisch für eine Kirchengrabung, spärlich, da während der Nutzung des Gebäudes kaum Siedlungsabfälle in den Boden gelangten. Der Kirchenboden war durch einen Estrich oder Plattenfußboden versiegelt, so daß lediglich kleine Objekte – Verlustfunde – durch die Ritzen im Belag in das Erdreich gelangen konnten und durch Umschichtung der Erde bei Bestattungen in tiefere Schichten transportiert wurden. Unter den Attendorner Funden dürfte dieser Umstand für die Murmeln und das Miniaturgefäß zutreffen. Reste von größeren Keramikgefäßen gelangten ausschließlich bei Um- oder Neubaumaßnahmen sowie bei Bestattungen in den Boden, sei es in Fundamentgräben, Ausbruchgruben, Pfostenlöchern, Grabfüllungen oder Aufplanierungen. In der Regel handelt es sich dabei um Trink- oder Schankgefäße, die den Bauarbeitern vor Ort zerbrachen und als Abfall in die vorhandenen Gruben geworfen wurden. Die Zubereitung ihrer Mahlzeiten in keramischen Kochtöpfen fand nach Ausweis zahlreicher Vergleichsbefunde an anderer Stelle statt, so daß Reste dieser Gefäße kaum vertreten sind. Fremde, oft ältere Siedlungsabfälle konnten jedoch bei Aufplanierungen in jüngere Schichten gelangt sein, die für eine Datierung von Befunden daher nur bedingte Aussagen zulassen.

Das keramische Fundmaterial der Grabung des Jahres 1974 wird im folgenden in zwei Abschnitten vorgestellt: Der Beschreibung der Gefäßkeramik, gegliedert nach Warenarten, folgen die Objekte der Sondergruppen – Spielzeug (Miniaturgefäß und Murmeln) sowie die Baukeramik (Plattenfußboden). Nicht näher berücksichtigt wurde ein unstratifiziertes Pfeifenstielfragment des 18. Jahrhunderts.

Die Gefäßkeramik

Vorbemerkung

Der Umfang der Keramikfunde ist, gemessen an Siedlungsgrabungen, sehr gering, obwohl die Zahl von 407 Gefäßfragmenten zunächst hoch erscheint *(Tab. 2)*. Die Scherben sind jedoch aufgrund der mechanischen Einwirkung von Bau- und Abrißvorgängen an der Kirche sehr kleinteilig und entsprechen dem üblichen Bild keramischer Funde aus mittelalterlichen Kirchen. Unter den Funden traten 23 Randscherben auf, so daß sich die Mindestindividuenzahl der in der Attendorner Kirche angetroffenen Gefäße auf unter 40 Exemplare belaufen dürfte. Es handelt sich vornehmlich um Trink-, Schank- und Vorratsgefäße, während die Kochgefäße in der Minderheit sind. Für die kleinformatigen Kugeltöpfe kann außerdem eine Verwendung als Trinkgefäß oder anderweitig genutztes Behältnis postuliert werden, da an ihnen kaum Brandspuren auftreten, die eine Verwendung auf dem Herd bezeugen würden. Auffällig ist, daß es sich bei den meisten Gefäßen um Importe, vor allem aus dem Rheinland (Rheinisches Vorgebirge sowie Siegburg) und der Eifel (Mayen) handelt, da sich nur die Fragmente der Gruppen 1–3 einheimischen Warenarten zuweisen lassen (72 Scherben = 17,7%). Bei den wenigen Stücken der Gruppe 1 handelt es sich zudem um vor- oder frühgeschichtliche Keramik, die auf eine Vorgängerbesiedlung hinweisen. Die übrigen Funde stammen fast ausschließlich aus dem Mittelalter (ca. 8./9. bis 14. Jahrhundert), die wenigen neuzeitlichen Scherben des 15. bis 18. Jahrhunderts traten als Lesefunde in den gestörten oberen Schichten zutage.

Die Vorlage der Gefäßkeramik wurde, aufgrund der Vielzahl kleiner Fragmente, nach Warenarten gegliedert (Teil A–G, Gruppe 1–15), da eine formtypologische Bearbeitung der wenigen Einzelmerkmale kaum weitere Aussagen zulassen würde. Den 23 Rand- und 7 Bodenscherben sowie den 3 Henkelfragmenten und einem Tüllenfragment stehen 373 Wandscherben gegenüber, die ausschließlich über ihre Machart definiert werden können. Die Bearbeitung der geringen Fundmenge kann außerdem nicht zur Aufarbeitung der Keramik dienen, sondern vornehmlich zur Datierung der Befunde und Bauphasen. Daher beschränken sich die Angaben im folgenden auf eine Definition der Warenart, die Hinweise zur allgemeinen Datierung, den kurzen Versuch der Herkunftsbestimmung sowie die Auflistung der wichtigsten weiterführenden Literatur.

Die Verteilung der Funde auf die Fundnummern und Befunde ist der *Tab. 2* zu entnehmen, ebenso die absolute Anzahl der Fragmente jeder Warenart sowie deren Anteil bezogen auf die Gesamtmenge. Auf eine Berechnung der Anteile innerhalb der Befunde wurde aufgrund der geringen Fragmentzahlen verzichtet.

A) Uneinheitlich gebrannte Irdenwaren

Gruppe 1 (Taf. 1, Nr. 1–5)

Uneinheitlich, schwach gebrannte handgemachte Irdenware mit feiner Sandmagerung, z.T. mit Gesteinsgrus, evtl. auch mit organischem, herausgewittertem Material (Kalk?) gemagert. Der Scherben ist sehr porös und tritt in verschiedenen Erdfarben auf (grau, braun bis rötlichbraun). Es handelt sich um eine einheimische, vor- und frühgeschichtliche Ware, die aufgrund fehlender Formmerkmale zeitlich nicht näher angesprochen werden kann.

Gruppe 2

Uneinheitlich, überwiegend reduzierend hart gebrannte handgemachte Irdenware mit feiner bis mittlerer Sandmagerung. Das mehrere Erdfarben (grau bis rotbraun) aufweisende Wandfragment dieser einheimischen Ware läßt sich nicht näher als in das frühe Mittelalter datieren, da eine Formansprache nicht möglich ist.

B) Reduzierend gebrannte graue Irdenwaren

Gruppe 3 (Taf. 1, Nr. 6,7)

Reduzierend gebrannte, handgemachte graue Irdenware, sehr fein mit weißem bis farblosem Sand gemagert. Der graue, fast schwarze Scherben ist sehr hart, jedoch noch porös gebrannt. Es handelt sich um eine hochmittelalterliche, vermutlich einheimische Ware, aus der vornehmlich Kugeltöpfe gefertigt worden sein dürften. Das einzige Randstück deutet in seiner Ausgestaltung – weit ausladend und geschwungen – auf eine Datierung dieses Fragments in das 12. oder frühe 13. Jahrhundert hin.[190]

Gruppe 4

Reduzierend gebrannte, handgemachte graue Irdenware mit blätterteigartiger Bruchstruktur („Paffrather Irdenware") mit grauer bis weißer Oberfläche. Der Scherben ist stark mit feinem, weißem bis farblosem Sand gemagert und porös. Diese Ware wird in der einschlägigen Literatur „blaugraue Irdenware", in der jüngeren Forschung jedoch meist „Paffrather Ware" – nach einem Töpferort im Rheinland – genannt. Es handelt sich um eine Importware, die nicht in Attendorn oder der näheren Umgebung hergestellt wurde. Eine Produktion im Rheinland, evtl. in Paffrath kann aufgrund des Fundortes vermutet werden: ein Import aus dem südniedersächsischen Raum, der lediglich anhand einer Formanalyse erkennbar wäre, kann ausgeschlossen werden. Die Laufzeit dieser Ware beginnt am Ende des 11. Jahrhunderts und endet in der Mitte des 14. Jahrhundert, ihre Blütezeit mit einer allgemeineuropäischen Verbreitung fand sie vor allem im 12. Jahrhundert. Diese Datierung kann auch für die vorliegenden Fragmente zutreffen.[191]

C) Oxidierend gebrannte rote Irdenwaren

Gruppe 5

Oxidierend gebrannte, drehscheibengefertigte, fein gemagerte rote Irdenware mit sehr feiner Sand- und/oder Gesteinsgrusmagerung, die gelegentlich auch fehlen kann. Die Oberfläche dieser nur schwach bis mäßig hart gebrannten Ware ist oft kreidig, sehr glatt und neigt in der Regel eher zu einer orangeroten als zu einer ziegelroten Farbe. Es handelt sich um eine frühmittelalterliche feine Drehscheibenware, die im Rheinland oder in der Eifel (Mayen) gefertigt wurde. Da in Attendorn lediglich Wandscherben vorliegen, ist weder eine genaue zeitliche

---

[190] Untersuchungen zur lokalen Keramikentwicklung in der Gegend um Attendorn liegen noch nicht vor, so daß als Vergleich lediglich auf die Untersuchungen der Keramik vom Altenfels bei Brilon und der Graf-Gerlachsburg bei Netphen-Solbach hingewiesen werden kann; vgl. LOBBEDEY 1979, 46 ff. 56, 60 ff.; HEINE 1979, 90, 92 f.

[191] Vgl. u.a. LUNG 1955/56, 361 ff.; LÜDTKE 1985, 62 f.; JANSSEN 1987, 24; GRABERT/ZEISCHKA 1987, 15 ff.; LÜDTKE 1989, 217 f.; JÜRGENS 1991, 33 ff.; HEEGE 1992, 11 f., 104 f. sowie besonders die Zusammenstellung bei THIER 1993, Warenart 114, 39 f.

Ansprache möglich noch die exakte Provenienzbestimmung. Eine Zuweisung in das 8./9. Jahrhundert ist jedoch wahrscheinlich.[192]

D) Oxidierend gebrannte helle Irdenwaren

Gruppe 6

Oxidierend gebrannte, drehscheibengefertigte, feine helle Irdenware („Mayener Ware"). Der Scherben ist im Kern hellgrau, auf der Oberfläche gelblich. Es treten neben feinem Sand schwarze, nadelförmige, sehr harte Magerungspartikel auf, die auf eine Entstehung im Bereich der Eifel hindeuten, so daß es sich um Keramik „Mayener Art" handeln dürfte. Eine genaue Datierung dieser nur durch Wandscherben vertretenen Ware ist kaum möglich, eine Zuweisung in das 8./9. Jahrhundert jedoch anzunehmen.[193]

Gruppe 7

Oxidierend gebrannte, drehscheibengefertigte, rauhwandige helle Irdenware mit sehr starker, feiner bis mittlerer Sandmagerung und einer Wandstärke von 6,5 bis 8,5 mm. Der Scherben entspricht dem der „Pingsdorfer Ware" (s.u.), weicht jedoch durch die fehlende Bemalung und die hohe Wandstärke deutlich ab. Diese auch als „rauhwandige Drehscheibenware" bezeichnete Gruppe wurde im Rheinland sowie in Ostwestfalen, Südniedersachsen und Nordhessen von der Karolingerzeit an bis in das 12. Jahrhundert gefertigt. Die vorliegenden Fragmente dürften aufgrund der Lage des Fundortes aus dem Rheinland stammen. Eine nähere Eingrenzung der Datierung dieser Funde als „karolingisch" ist nicht möglich.[194]

Gruppen 8–12: Rheinische Vorgebirgswaren

Vorbemerkung

Die nachfolgenden 5 Gruppen der oxidierend gebrannten hellen Irdenwaren werden allgemein den sogenannten „Rheinischen Vorgebirgswaren" zugewiesen, die u.a. in den Orten Pingsdorf, Badorf, Eckdorf und Walberberg gefertigt wurden. Aufgrund einer noch immer unzureichenden Fundvorlage der in diesen Orten geborgenen Töpfereiabfälle sowie einer bereits auf älteren Terminologien basierenden, ungeklärten und noch nicht abschließenden Einteilung wird diese Keramik, nach den Eigenschaften des Scherbens, der Art der Verzierungen und der Gestaltung der Gefäßformen in verschiedene Warenarten gegliedert, die entweder nach Töpfer- oder aber nach Fundorten benannt wurden (u.a. „Badorfer-", „Pingsdorfer-" oder „Walberberger Ware"). Diese Unterscheidung liefert lediglich grobe Anhaltspunkte für eine Datierung, nicht jedoch für die Zuweisung zu bestimmten Herstellungsregionen oder einzelnen Orten. Nicht nur im rheinischen Vorgebirge wurden diese Waren gefertigt, sondern in weiten Teilen des Rheinlandes, in Südlimburg sowie im südniedersächsisch-nordhessischen Raum. Erst eine feintypologische Untersuchung der dortigen Töpfereiabfälle und ein chorologischer Vergleich kann Hinweise auf genauere Provenienzangaben oder eine feinere Chronologie liefern. Die Herkunft der aus Attendorn vorliegenden Scherben ist aufgrund des Fundortes im nahegelegenen rheinischen Vorgebirge zu suchen. Die 5 Gruppen traten mit 261 Fragmenten in einem Anteil von 64 Prozent bezogen auf die Gesamtmenge aller geborgener Keramik auf, so daß von einer deutlichen Dominanz dieser Importe gesprochen werden kann. Ihr Anteil unter den Keramikfunden des 9. bis 12. Jahrhunderts gestaltet sich noch höher und liegt im Bereich von 80 bis 90 Prozent. Die einheimischen Waren dieser Zeit spielten daher im Umfeld der Kirchenbauten kaum eine Rolle.

Die nachfolgende Einteilung in 5 Gruppen basiert auf den allgemein gebräuchlichen Terminologien und wurde anhand deren Definitionen teilweise rein subjektiv vorgenommen, besonders bei den Wandscherben, bei denen die eigentlichen charakteristischen Elemente, die Verzierungen, nicht auftraten.[195]

---

192 Vgl. u.a. LOBBEDEY 1968, 69 f.
193 Vgl. u.a. LOBBEDEY 1968, 23 f., 69 f.; HEEGE 1992, 103 f.; JANSSEN 1987, 19; WEGNER 1990, 32 ff. Abb. 29, 31 und REDKNAP 1988, 13 ff.
194 Vgl. u.a. LOBBEDEY 1968, 68 ff.; HEEGE 1992, 100; PEINE 1993, 151 ff.

195 Zum den Problemen der Vorgebirgskeramik sei allgemein auf die Arbeiten von LOBBEDEY 1968, 71 ff.; VAN ES/VERWERS 1975, 133 ff.; LÜDTKE 1985, 60 ff.; REINEKING V. BOCK/ JÜRGENS 1985, 32 ff.; JANSSEN 1987, 11 ff. 41 ff. bes. 77 ff.; HAUSER 1989, 60 ff.; LOBBEDEY 1989, 14 f.; WIRTH 1990, 8 ff.; HAUSER 1991, 209 ff.; HEEGE 1992, 11 ff., 83 ff. bes. 100 ff.; PEINE 1993, 247 ff., 251 ff. und ders. 1993a, 152 ff. hingewiesen.

Gruppe 8 (Taf. 1, Nr. 8–11)

Oxidierend gebrannte, drehscheibengefertigte, sehr feine helle Irdenware mit Rollstempeldekor („Badorfer Ware"). An den vorliegenden Fragmenten trat das charakteristische Rollstempeldekor nur in Einzelfällen auf, so daß die meisten Stücke aufgrund der sehr feinen Sandmagerung, der kreidigen, glatten Oberfläche und des in der Regel nur mäßig harten Brandes dieser Ware zugewiesen wurden. Eine eindeutige Unterscheidung zu den nachfolgenden Waren ist daher nicht in jedem Fall gegeben. Die Laufzeit der „Badorfer Ware" beginnt im 8. und endet im frühen 10. Jahrhundert, wobei die technologisch weitgehend identischen „Reliefbandamphoren" (Gr. 9) bis in das 11. Jahrhundert auftreten können.[196]

Gruppe 9 (Taf. 1, Nr. 12, 13)

Oxidierend gebrannte, drehscheibengefertigte, feine helle Irdenware mit stempelverzierten Leistenapplikationen („Reliefbandamphoren"). Die Warenart entspricht jener der Gruppe 8, eine Unterteilung fand lediglich aufgrund der besonderen Gefäßform – der Reliefbandamphore – statt, deren Laufzeit etwas von derjenigen der „Badorfer Ware" abweicht und vom frühen 8. bis in das 11. Jahrhundert reicht.[197]

Gruppe 10 (Taf. 1, Nr. 14)

Oxidierend gebrannte, drehscheibengefertigte, feine helle Irdenware mit Rollstempeldekor und rotbrauner Bemalung („Hunneschans Ware"). Die Fragmente dieser Ware weisen im Scherben die gleichen Merkmale wie die beiden vorhergehenden Gruppen 8 und 9 auf und werden lediglich aufgrund ihrer Verzierungen einer anderen Warenart zugewiesen. Die als „Hunneschans" – nach einem niederländischen Fundort – bezeichnete Ware trägt die charakteristischen Merkmale der „Badorfer Ware", das Rollrädchendekor, sowie die rotbraune Bemalung der „Pingsdorfer Ware". Die als „pastos" beschriebene, d.h. mit den Fingern kräftig aufgetragene Bemalung läßt sich aufgrund des mäßig harten Brandes bei starkem Druck oft von der Gefäßoberfläche abreiben, so daß auch Fragmente, die nur eine solche Bemalung tragen, dieser Ware zugewiesen werden können. Dies ist auch bei einem Fragment aus Attendorn der Fall. Die noch in spätkarolingischer Zeit hergestellte Ware läßt sich aufgrund verschiedener Befunde sehr genau in einen Übergangshorizont verweisen, der die zweite Hälfte des 9. Jahrhunderts und die Zeit „um 900" umfaßt.[198]

Gruppe 11 (Taf. 2, Nr. 1–18; Taf. 3, Nr. 1–11)

Oxidierend gebrannte, drehscheibengefertigte, feine helle Irdenware mit rotbrauner Bemalung („Pingsdorfer Ware"). Der in verschiedenen Farb- und Härtevarianten vorliegende Scherben dieser Ware ist stark mit sehr feinem weißem bis farblosem Sand gemagert, der aufgrund des scharfen Brandes eine rauhe, oft sandpapierartige Gefäßoberfläche erzeugte. Die beiden Farbvarianten der Scherbenoberfläche reichen von einem hellen Weiß über verschiedene Gelbtöne hin zu grauen, dunkelgrauen bis fast oliven Erscheinungen. Mit diesem Farbwechsel steigt gleichzeitig die Härte des Scherbens von hart über sehr hart bis fast klingend hart, so daß die dunkleren Vertreter eigentlich dem Faststeinzeug zugerechnet werden könnten. Gleichzeitig verändert sich die Färbung der roten Bemalung von Hellrot über Rotbaun hin zu einem dunklen Violett, das sich von der oliven Scherbenoberfläche kaum noch absetzt. Eine eindeutige zeitliche Abfolge dieser verschiedenen Varianten konnte noch nicht bewiesen werden, doch scheint während der langen Laufzeit ein Trend zu einen höheren Brand und einer dunkleren Färbung vorzuliegen. In Attendorn traten fast sämtliche Farbvarianten auf, wobei jene mit einem gelben bis dunkleren Scherben dominieren. Aufgrund der wenigen Formmerkmale ist eine Bestimmung des Gefäßformenspektrums dieser am stärksten vertretenen Ware (56,7%) kaum möglich, doch liegen eindeutig Becher mit Standring sowie kleine Kugeltöpfe mit geschnittenem Boden vor, die vermutlich ebenfalls den Trinkgefäßen zugerechnet werden können. Die „Pingsdorfer Ware" weist eine Laufzeit vom Beginn des 10. bis zur Mitte des 13. Jahrhunderts auf, eine weitere Feinchronologie ist bisher noch nicht erarbeitet worden.[199]

---

196 Vgl. u.a. JANSSEN 1987, 17 f. 43 f.; RECH 1989, 336 ff. und HEEGE 1992, 87 ff., bes. 100 f.

197 Vgl. u.a. LOBBEDEY 1968, 74 ff., 81 f.; JANSSEN 1987, 21, 45 f., und HEEGE 1992, 100 f.

198 Vgl. u.a. VAN ES/VERWERS 1975, 148 ff.; CLAUSSEN/LOBBEDEY 1985, 76 ff.; JANSSEN 1987, 19, 44 f.; LOBBEDEY 1989, 14 f. und HEEGE 1992, 83 ff., 87 ff., 100 f.

199 Vgl. u.a. LOBBEDEY 1969, 122; LÜDTKE 1985, 69 f.; JANSSEN 1987, 22 ff., 46 f.; FRIEDRICH 1988, 271 ff.; HAUSER 1989, 60 ff.; LÜDTKE 1989, 216 f.; LÜDTKE 1989a, 35 ff.; KLUGE-PINSKER 1992, 23 f.; HEEGE 1992, 103 f. und zusammenfassend THIER 1993, Warenart 322, 94 ff. Eine weiterführende Arbeit zur Feinchronologie der Pingsdorfer Ware wird als Dissertation von Markus Sanke M.A. in Kürze vorgelegt.

Gruppe 12

Oxidierend gebrannte, drehscheibengefertigte, sehr harte helle Irdenware („Walberberger Ware"). Diese Ware ist in den Materialeigenschaften des Scherbens ähnlich aufgebaut wie die „Badorfer Ware" (Gr. 8), jedoch höher und härter gebrannt sowie in der Färbung eher bräunlich. Sie wird daher gelegentlich auch als „überbranntes Badorf" bezeichnet, was durch die fast identischen Laufzeiten seine Bestätigung findet. Dennoch handelt es sich um eigenständige Ware, die meist bei Kugeltöpfen auftritt, und nicht um vermeintliche Fehlbrände oder um eine Ware 2. Wahl. Die bisher bestimmte Laufzeit dieser Ware reicht von der Mitte des 8. bis in das ausgehende 9. Jahrhundert.[200]

E) Faststeinzeug

Gruppe 13

Reduzierend gebranntes graues Faststeinzeug mit farbloser Ascheanflugglasur („Siegburger Faststeinzeug"). Der dunkelgraue Scherben weist eine braune Oberfläche auf, die durch die Magerung mit weißem Sand rauh bis körnig erscheint. Der Brand ist klingend hart, die Scherbenoberfläche jedoch erst teilweise gesintert. Diese Warenart, bei der vornehmlich Becher und Krüge auftreten, wurde in der zweiten Hälfte des 13. Jahrhunderts in Siegburg gefertigt. Ihre Laufzeit dürfte kaum über die Wende vom 13. zum 14. Jahrhundert hinaus gereicht haben, da zu dieser Zeit die Produktion des voll ausgeprägten Steinzeuges einsetzt (Gr. 14).[201]

F) Steinzeug

Gruppe 14

Oxidierend gebranntes gelbliches Steinzeug („Siegburger Steinzeug") mit Ascheanflugglasur, welche die Oberfläche der Gefäßwandung darunter rotbraun („geflammt") erscheinen läßt. Der gelbe bis hellgraue Scherben weist keine sichtbare Magerung auf und ist vollständig gesintert.

Diese Ware wurde vorwiegend in Siegburg gefertigt; eine Produktion in weiteren rheinischen Orten, in Waldenburg in Thüringen sowie in der Region um Beauvais in Frankreich konnte jedoch inzwischen nachgewiesen werden. Bei den aus Attendorn stammenden Funden ist allerdings eine Herkunft aus Siegburg wahrscheinlich. Die Laufzeit dieser Ware beginnt in der Zeit „um 1300" und endet abrupt mit der Zerstörung der Siegburger Aulgasse, des Töpferviertels im Jahre 1632. Die der beschriebenen Ware entsprechenden Gefäße wurden jedoch im 14. und 15. Jahrhundert gefertigt, da in der Folgezeit andere Formen, meist mit Reliefverzierungen versehen und ohne geflammte Oberfläche hergestellt wurden. Eine Feintypologie der Gefäßformen ist zwar durch zahlreiche datierbare Funde, vor allem aus den Niederlanden, sowie durch über 40 Münzschatzgefäße möglich, verbietet sich jedoch bei den vorliegenden kleinen Fragmenten. Die Attendorner Funde können daher zeitlich nur ungefähr in das 14. und 15. Jahrhundert eingeordnet werden.[202]

G) Neuzeitliche Keramik

Gruppe 15 (Taf. 3, Nr. 12)

Spätmittelalterliche und neuzeitliche Keramik verschiedener Warenarten.

In dieser Gruppe werden verschiedene Warenarten zusammengefaßt, die jeweils mit nur einem Fragment vertreten sind; eine nähere Bearbeitung ist daher wenig sinnvoll. Es handelt sich um 2 WS einer oxidierend gebrannten hellen Irdenware mit brauner Engobe, den Henkel einer oxidierend gebrannten weißen Irdenware mit grüner Glasur sowie eine WS reduzierend gebrannten Steinzeugs mit bräunlicher Oberfläche. Alle 4 Fragmente traten als Lesefunde zutage, eine genauere zeitliche Ansprache aus einem Befund heraus ist nicht möglich. Die Funde entstammen dem 15. bis 18. Jahrhundert und gehören zu Gefäßen, die vermutlich im Rheinland gefertigt wurden.[203]

---

200 Vgl. u.a. BÖHNER 1955/56, 372 ff.; JANSSEN 1987, 18 f., 44; RECH 1989, 309 ff., 336 ff. und HEEGE 1992, 100 ff.

201 Vgl. u.a. BECKMANN 1975, 11; STEPHAN 1983, 99 ff.; HÄHNEL 1987, 9 ff.; STEPHAN 1988, Ware 5100, 106 f.; ALDERS 1988, 306 ff.; WIRTH 1990, 13 ff.; HEEGE 1992, 26 ff. und THIER 1993, 130 ff.

202 Vgl. u.a. KLINGE 1972, 7 ff.; BECKMANN 1975, 11 ff.; STEPHAN 1983, 99 ff.; HURST U.A. 1986, 176 ff.; REINEKING VON BOCK 1986, 50 ff.; HÄHNEL 1987, 9 ff.; STEPHAN 1988, Ware 5200, 107f.; JANSSEN 1988, 311 ff.; WIRTH 1990, 13 ff. und zusammenfassend THIER 1993, Ware 601 und 611, 142 f., 145 ff.

203 Auf die Angabe spezieller Literatur kann an dieser Stelle verzichtet werden.

Keramische Sondergruppen

A. Kinderspielzeug

1. Miniaturgefäß aus Steinzeug (FN 1) (Taf. 4, Nr. 1, Abb. 50)

Nachahmung eines Kruges mit unprofiliertem ausladendem Fuß, leicht geriefter Bauchpartie und schlankem geradem Hals. Den oberen Abschluß des Bauches bildet ein Band aus schräg verlaufenden, vermutlich mit einem Stäbchen o.ä. hergestellten Eindrücken. Die Gefäßmündung ist abgebrochen, doch sind auch auf dem Hals noch Spuren eines ähnlichen Ornamentes erkennbar. Der fehlende Bandhenkel von ovalem Querschnitt war unterhalb des Randes angesetzt und endete auf dem Bauchwulst. Trotz seiner geringen Größe ist das Gefäß hohl und innen gleichmäßig gerundet, offensichtlich mit einem Rundstab ausgehöhlt. Es besteht aus hellgrauem reduzierend gebranntem Steinzeug mit Salzglasur. Schlieren auf der Oberfläche rühren von Verunreinigungen im Ton her: möglicherweise wurde hier ein „Restbestand" verwertet. Die gelblichen Flecken im Bauch- und Fußbereich können durch den Glasurvorgang hervorgerufen worden sein. Maße: erhaltene H. 3,3 cm, Dm Fuß 1,8 cm, Dm Bauch 1,8 cm, Dm Öffnung oben 0,7 cm.

Material und Ausführung des Gefäßes sprechen für eine Herstellung im Raerener Töpfereigebiet etwa um 1500.[204]

Miniaturgefäße als Kinderspielzeug[205] sind im Rheinland bereits aus römischer Zeit bekannt.[206] Bis in die Gegenwart sind sie als naturgetreue Nachahmungen des „Erwachsenengeschirrs" bei Kindern beliebt, und so wurden diese zierlichen Gegenstände oft mit erstaunlicher Sorgfalt hergestellt und gestaltet – obgleich es sich im Mittelalter anfänglich nur um Nebenprodukte der Töpfereien handelte.[207] Nicht nur Schankgefäße wie das Attendorner Stück sind in Miniaturform überliefert, auch Koch-, Brat- und Backgeschirr – sogar ein klassischer Kugeltopf des 11./12. Jahrhunderts, nur wenige Zentimeter groß.[208] Die meisten bekannten Spielzeuggefäße kamen, wie überhaupt keramisches Spielzeug (Figuren, Tiere, Murmeln, Rasseln), bei Burgen- oder Stadtgrabungen zutage,[209] etwa in Göttingen, Minden, Lübeck und Wismar,[210] was sich letztlich auf die besseren Importbedingungen als auch auf das Ökonomiegefälle zwischen bürgerlichen bzw. adeligen und bäuerlichen Abnehmern dieser Ware zurückführen läßt: Keramisches Spielzeug war wohl nicht jedem Kind zugänglich. So gehörte das Attendorner Krüglein vielleicht einem Kind aus angesehener Bürgerfamilie und kann mit einer Lieferung rheinischer Keramik in die Stadt gelangt sein. Vielleicht ist es auch ein „Mitbringsel" eines Verwandten oder von einer geschäftlichen Reise des Vaters nach Köln oder Aachen.

2. Murmeln (aus FN 1 und o. FN)

a. Murmel aus weißer Irdenware, Dm. 1,6 cm.[211] (FN 1, unstratifiziert).

b. 4 Murmeln, je eine aus beiger, grauer, rötlicher und manganroter Irdenware (o. FN).[212] Dm der beigen: 1,3 cm; Dm der grauen: 1,4 cm; Dm der rötlichen: 1,4–1,6 cm; Dm der manganroten: 1,4 cm. Diese Stücke wurden in der Verfüllung eines Grabes unmittelbar westlich vom romanischen Altarfundament *11* aufgefunden. Die stratigraphische Situation spricht für eine Datierung der Bestat-

---

204 Ein nahezu identisches, komplett erhaltenes Krüglein befindet sich in der Sammlung van Beuningen (NL), vgl. RENAUD o.J., 41. Die Herstellung von Miniaturgefäßen aus Irdenware und Steinzeug ist jedoch im Mittelalter nicht auf das Rheinland beschränkt: In Sachsen, Südniedersachsen und Nordhessen wurden sie ebenso angefertigt wie in Südskandinavien und England. – Vgl. HOFFMANN 1996, 158 ff.; SCHÜTTE 1982, 207; STEPHAN 1982, 114; STAUCH 1993a, 85.

205 Salbentöpfchen oder die beim Spinnen benötigten Stippnäpfe sind in der Regel größer und weitmundiger. Sie imitieren zumeist nicht die Originalformen der übrigen Gebrauchskeramik, sondern bilden eine eigene Gruppe. Daß sie allerdings auch zum Spielen verwendet wurden, liegt in der Natur kindlicher Phantasie. Zu methodischen Grundfragen der archäologischen Erfassung von Spiel und Spielzeug vgl. auch HOFFMANN 1996, 128–133.

206 SPECK 1993, 19.

207 Zu Herstellung und Handel von tönernem Kinderspielzeug ausführlich HOFFMANN 1996, 158 ff.

208 Bodenfund aus Schloß Horst, Gelsenkirchen; unpubliziert (WMfA, Münster). Frdl. Hinweis von Dr. H.-W. Peine, WMfA.

209 Etliche Funde, gemeinsam mit Schrift- und Bildquellen zusammengestellt, in: Spielzeug in der Grube lag und schlief... (1993).

210 Zu Göttingen vgl. SCHÜTTE 1982, wie oben; zu Minden und zu mittelalterlichem Kinderspielzeug zusammenfassend: WATERSTRADT 1987, 147–154; zu Lübeck: GLÄSER 1989, 557; zu Wismar: Buchholz 1990, 56 f. Einen Eindruck von der reichen „Puppengeschirrausstattung" adeliger Kinder vermitteln die bei Grabungen in Schloß Hallwil/Schweiz gefundenen Stücke (16./17. Jahrhundert): mehrere Sätze Koch- und Servicegeschirr, z.T. auch aus Metall, standen in der Kinderküche zur Verfügung, vgl. LITHBERG 1932, 37 ff.

211 Eine weitere, nur geringfügig größere (Dm 1,65 cm) Murmel aus hellem Marmor befindet sich in derselben FN. Vgl. Fundmaterial: Werkstein, Nr. 1.

212 In derselben FN befindet sich auch eine große Murmel aus Kieselstein.

tung in eine Zeit nach dem Abbruch des romanischen Dreikonchenchores etwa um die Mitte des 14. Jahrhunderts.

Murmeln wurden als billiges Nebenprodukt der Töpfereien vertrieben[213] und sind aufgrund ihrer simplen Ausführung nur schwer einer bestimmten Manufaktur zuzuordnen, geschweige denn einer feinchronologischen Einordnung zu unterziehen.[214] Die Murmeln aus heller und beiger Irdenware können allerdings nur aus Produktionsstätten stammen, in denen hellbrennende, d.h. kalkhaltige tertiäre Tone verwendet wurden, wie in Südflandern, Südlimburg, Südniedersachsen, Nordhessen und dem Rheinland.[215] Die engen Beziehungen Attendorns zum Rheinland machen eine Herkunft von dort wahrscheinlich, wenn auch nicht mit letzter Sicherheit beweisbar.

Ihr erstes Auftreten im 12./13. Jahrhundert[216] könnte auf den Beginn der Verwendung keramischer Murmeln bzw. das Aufkommen des Murmelspiels selbst hinweisen. Seine Blütezeit erlebte es im späten Mittelalter und der frühen Neuzeit, möglicherweise bedingt durch eine Ausbreitung der Schulbildung in allen Bevölkerungsschichten: *Erst als Zählen und Rechnen zum Allgemeingut wurden, konnte das Schussern[217] seinen eigentlichen Siegeszug antreten.*[218]

Keramische, seltener steinerne oder gläserne Murmeln treten häufig bei Stadtkern- und Siedlungsgrabungen zutage, jedoch auffallend oft bei Kirchengrabungen:[219] Die ebenen Fußböden dort mögen ein ideales Spielfeld abgegeben haben; Nischen, Pfeiler und schlecht beleuchtete Ecken verbargen die Spieler vor den Augen der Geistlichen. Das Murmelspiel war ein nicht nur bei Kindern sondern auch bei Erwachsenen beliebter Zeitvertreib, bei dem es zum Teil um weit mehr als die reine Spielfreude ging: Das vom Göttinger Rat im Jahre 1354 erlassene Spielverbot wurde mit dem Verlust von Hab und Gut

Abb. 50 Spielzeugkrug aus Steinzeug (Raeren), Anfang 16. Jahrhundert. Foto WMfA 1979.

durch derlei Zeitvertreib begründet.[220] Das Murmelspiel als Kinderspiel jedoch galt als harmlos und wurde vom Stadtrat von Nördlingen im Jahre 1426 ausdrücklich gestattet, ebenso in Nürnberg (im Jahre 1503) – dort allerdings nur nach Beendigung des Gottesdienstes: Das Spiel im Kirchenraum scheint also nichts Ungewöhnliches gewesen zu sein.[221]

---

213 Murmeln in diesem Sinne als (Kinder-) Spielzeug: Die Tonkügelchen konnten auch eine andere, weniger friedliche Funktion haben: als „Schrot"-Munition, von den Töpfereien gleich fässerweise verhandelt, wurden sie beim Seegefecht eingesetzt, um die Segel des Gegners zu zerfetzen und dessen Schiff manövrierunfähig zu machen, vgl. THIER 1993, 294. Es ist jedoch davon auszugehen, daß es sich bei den meisten der zahlreichen in Kirchen und Altstädten aufgefundenen Stücken eher um Spielzeug handelt, vgl. SCHÜTTE 1982, 201.
214 THIER 1993, 294.
215 Ebd. 295.
216 SCHÜTTE 1982, 201; STAUCH 1993, 73.
217 Ugs. Ausdruck für Murmelspiel.
218 STAUCH 1993, 73.
219 THIER 1993, 294.

220 SCHÜTTE 1982, 203; HOFFMANN 1996, 155 f.
221 ENDREI 1988, 9, 137 sowie Abb. XI, XVI.

Abb. 51 Zeichnerische Rekonstruktion des Tonfliesenbodens. Slg. Korte, Zeichnung Korte.

B. Baukeramik

1. Tonfliesen eines Musterfußbodens (vgl. auch Katalog der Befunde, Nr. 15); (Abb. 51)

In Schnitt 2/5 wurden Reste eines zu Bau II gehörenden Fußbodens aufgedeckt,[222] der offensichtlich erst nach einem Brand innerhalb des Baues dort aufgebracht worden war. Die Fundamente der beiden nachfolgenden Bauten haben den größten Teil des Bodens zerstört, so daß nur noch zwei kleine Areale dokumentiert werden konnten.
Der Boden bestand aus Tonfliesen in geometrischen Formen, wie Kreis, Quadrat und Dreieck. Der größte Teil von ihnen ist oxidierend rot gebrannt, einige Fliesen sind zusätzlich auf der Oberfläche mit einer hellen, ehemals wohl weißlichen Engobe aus Pfeifenton versehen. In den meisten Fällen ist sie nur noch in Resten vorhanden, da die Fliesenoberflächen stark abgenutzt sind. Ein weiterer Teil ist reduzierend grau – schwarz gebrannt. Die Dicke der Fliesen schwankt zwischen 1,5 und 2,4 cm, sie beträgt durchschnittlich knapp 2 cm. Die Kanten sind zur Unterseite hin abgeschrägt, d.h. die Fliesen wurden ohne Fuge in eine Mörtelbettung verlegt. Das Material ist Irdenware aus grobem, mit Feinkies und Sand gemagertem Ton, ähnlich Dachziegeln, der in Platten geschnitten wurde (Zieglerware). Der Brand ist schwach bis mäßig hart, der Scherben porös und neigt zum Absanden.

Die Musterung des Bodens setzte sich ursprünglich aus einem kreisförmigen Ornament (Rosette), bestehend aus einer runden Mittelplatte und drei anschließenden, aus Dreiecken im Farbwechsel verlegten konzentrischen Kreisen sowie einer Fläche aus geometrisch verlegten, farblich ebenfalls alternierenden quadratischen und dreieckigen Platten (Schachbrettmuster) zusammen. Die hellen Dreiecke der Rosette weisen dabei mit den Spitzen nach außen: es wird dadurch der Eindruck eines Stern- oder Sonnenornamentes hervorgerufen. Die schwarzen Dreiecke des inneren Ringes haben eine längere Basis als die der äußeren.

Folgende Fliesenformen liegen vor (die Beschreibung gibt den rezenten Zustand wieder):
a. Eine runde Platte als Mittelmotiv des Kreisornamentes, schwarz, Dm 21 cm (Fragment).
b. Spitzwinklige Dreiecke aus den Kreisen, rot mit heller Engobe, Kantenlänge 14–15 cm × 5–8 cm × 14–15 cm.
c. Spitzwinklige Dreiecke aus dem inneren Kreis, schwarz, Kantenlänge 14–15 cm × 12–13 cm × 14–15 cm.
d. Spitzwinklige Dreiecke aus den beiden äußeren Kreisen, schwarz, Kantenlänge 14–15 cm × 9–10 cm × 14–15 cm
e. Stumpfwinklige Dreiecke als Zwickelfüllungen im Übergang zur Flächengestaltung, schwarz, Kantenlänge 12 cm × ca. 23 cm × ca. 12 cm (ergänzt).
f. Annähernd gleichschenklige Dreiecke aus der Fläche, schwarz, möglicherweise auch als Übergangselement zur Flächengestaltung verwendet, Kantenlänge 11 cm × 20 cm × 11 cm.
g. Annähernd gleichschenklige Dreiecke aus der Fläche, rot, Verwendung und Maße wie e.
h. Rote Quadrate mit heller Engobe aus der Fläche, Kantenlänge 15–16 cm.
i. Schwarze Quadrate aus der Fläche, Maße wie g.
k. Rote Quadrate aus der Fläche, Maße wie g.

Die als rot bezeichneten Fliesen werden ebenfalls eine helle Engobe besessen haben, die jedoch durch Abnut-

---
222 Vgl. Kap. 2.3.3. Bau II „Ausstattung".

Abb. 52   Siegen, Martinikirche, Tonfliesenboden, aufgedeckt bei Grabungen 1960. WAfD, Foto 1960.

zung verschwunden ist.

Musterböden aus Tonfliesen treten vereinzelt bereits in römischen Befunden zutage, sind jedoch im mittelalterlichen Nordwesteuropa frühestens seit dem 10./11. Jahrhundert belegt. Mit zunehmender Knappheit an den begehrten und teuren, oft aus antiken Bauten zweitverwendeten Natursteinfliesen im hohen Mittelalter setzten sich die Tonfliesenböden als erschwingliche Alternative ab dem 12. bis etwa in das 16. Jahrhundert als Fußbodenbelag in Kirchen, Klöstern, Burgen, Rat- und Bürgerhäusern durch.[223] Waren sie anfangs noch in der Anlage der Musterung und Farbgebung – der durch die weiße Engobe auf den oxidierend gebrannten Fliesen hervorgerufene Kontrast zu den reduzierend gebrannten als Imitation von Naturstein[224] – als Kopien der Steinböden gedacht, so verselbständigte sich die Gestaltungsweise ab dem 13. Jahrhundert insoweit, als daß man begann, die einzelnen Fliesen mit geprägten Ornamenten zu versehen.[225] Frühe Plattenböden des 12. Jahrhunderts aus unverzierten Tonfliesen, wie der in Attendorn aufgefundene, konnten in Westfalen bei Grabungen in der Martinikirche zu Siegen (um 1100)[226] *(Abb. 52)* und der Pfarrkirche zu Bochum - Stiepel (1. H. 12. Jahrhundert) aufgedeckt werden, im Rheinland – dem Schwerpunkt ihrer Verbreitung[227] – in folgenden Objekten: in der Pfarrkirche St. Klemens zu Solingen (12. Jahrhundert), in der Augustinerinnenkirche zu Merten/Sieg (1160– 1170), in den Kirchen St. Pantaleon (1170–1180) und St. Gereon zu Köln (um 1190), in der Pfarrkirche zu Duisburg – Mündelheim (Mitte 12. Jahrhundert), im Kapitelsaal des Prämonstratenserklosters Knechtsteden, in der Zisterzienserkirche zu Altenberg (um 1190), in der Zisterzienserinnenkirche zu Walberberg (um 1197) und im Kapitelsaal und der Kirche der Benediktinerabtei Brauweiler (4. Viertel 12. Jahrhundert, bzw. um 1200). Aus dem frühen 13. Jahrhundert stammt der Plattenboden der Probsteikirche von Oberpleis *(Abb. 53),* zwar noch im Musterschema des 12. Jahrhunderts gestaltet, jedoch mit eingeprägten Buchstaben versehen.[228]

Stilistisch steht der Attendorner Boden jenen aus Bochum-Stiepel, Solingen, Köln, St. Pantaleon, südliche Westempore und St. Gereon, Brauweiler, Krypta sowie Walberberg sehr nahe und kann, auch aufgrund der Keramik in der stratigraphisch dem Brand der Kirche und der Neuverlegung des Bodens vorausgehenden Schicht, allgemein in das 12. Jahrhundert datiert werden. Legt man allerdings aufgrund des Fundmaterials den Zeitraum für die Errichtung des zweiten Baues in das ausgehende 11./beginnende 12. Jahrhundert, und setzt man anhand des Abnutzungsgrades des Bodens (die helle Engobe ist auf etlichen Fliesen vollständig abgerieben, obgleich der Boden sich nicht an einer stark belaufenen Stelle, etwa im Mittelschiff, befand) eine Nutzungsdauer von einigen Jahrzehnten voraus, so käme eine Verlegung um die Mitte des 12. Jahrhunderts in Betracht. Der die Rosette abschließende Ring aus rechteckigen Platten, wie bei den übrigen vergleichbaren Böden vorhanden, fehlt bei ihm allerdings: möglicherweise handelt es sich um eine einfachere Ausführung der Rosette für den Boden des Seitenschiffes. Die Lage der Rosette innerhalb des umgebenden geometrischen Musters ist stets auf Hauptachsen oder markante Punkte des Raumes bezogen, etwa dem Standort eines AltareIn Attendorn ist sie ähnlich jener in Solingen: im Ostbereich des nördlichen Seitenschiffes vor dem Altar, so daß auch in Attendorn unmittelbar östlich der Rosette ein Altar vermutet werden kann.

Eine zeichnerische Rekonstruktion des Bodens durch Herrn L. Korte *(Abb. 51)* ergab einen Gesamtdurchmesser der Rosette von 1,04 m, wobei sich auf den inneren ersten Ring je 11 helle und dunkle Dreiecke, auf den zweiten je 22 helle und dunkle und auf den dritten Ring je 33 helle und dunkle verteilen müßten. Dies entspricht den vergleichbaren Befunden aus St. Pantaleon und St. Gereon in Köln, Walberberg und Brauweiler, bei denen der erste Ring 10–11, der zweite 20–21 und der dritte 30–32 Dreiecke je einer Farbe aufweisen. Stets ist auch dort der

---

223 KIER 1970, 13.
224 Ebd. 13 Anm. 6.
225 LANDGRAF 1992, 149.
226 Die in Klammern angegebenen Datierungen betreffen stets die Tonfliesenböden, nicht den zugehörigen Kirchenbau, da ein Boden auch später – wie in Attendorn –, etwa nach Abnutzung oder Zerstörung des ersten Bodenbelags, eingebracht worden sein kann.
227 KIER 1970, 35 ff.
228 Ebd. 36 und Katalog. Ein schräg zur Kirchenachse verlegter Bodenrest aus quadratischen roten Tonplatten wurde während der Restaurierungsarbeiten 1962/63 im Chorbereich der Stiftskirche zu Freckenhorst (Kr. Warendorf) beobachtet, jedoch nicht weiter dokumentiert. Bei einer späteren Sondage in diesem Bereich durch Lobbedey (1967) wurde der Boden erneut im Profil angeschnitten. Demnach ist er als erster Bodenbelag stratigraphisch dem heute noch stehenden Bau aus dem Ende des 11./ Beginn des 12. Jahrhunderts (Weihe 1129) zuzurechnen. Da die Ostteile mit der Krypta zur ersten Bauetappe gehören, ist eine Datierung in die Zeit um 1090 möglich. (Akten des WMfA Münster, Ref. Mittelalter.) Ob der Boden mehrfarbig war, ist nicht mehr zu entscheiden, da keine Fliesen geborgen wurden. Nach Ausweis der Fotos scheint der Boden jedoch längere Zeit belaufen worden zu sein.

Abb. 53   Oberpleis, Probsteikirche St. Pankratius, Tonfliesenboden, zeichnerische Rekonstruktion. Nach SCHMITZ-EHMKE 1975, S. 122.

innere Ring durch breitere dunkle Dreiecke betont. Die unterschiedlichen Ausführungen der Rosetten lassen eine implizierte Zahlensymbolik im engeren Sinne nicht zu: vielmehr wird das Ornament an sich als Erinnerung an den ursprünglichen Sinngehalt stehen, und nunmehr dekorative, auf den Höhepunkt des Raumes hinweisende Funktion besessen haben.[229]

Ein Werkstattzusammenhang zwischen dem Attendorner Boden und jenen des nördlichen Rheinlandes kann als wahrscheinlich angesehen werden, sei es auch nur in Form von Wanderhandwerkern, die Mustervorlagen aus dem Rheinland in die Sauerländer und Siegerländer Gebiete brachten. Eine Anfertigung der Fliesen vor Ort ist möglich, da für die engobierten Fliesen rot brennender Ton verwendet wurde, während die rheinischen Böden überwiegend aus den örtlich anstehenden hell brennenden Tonen bestehen. Das Material für die weiße Engobe, der Pfeifenton, kann aus dem Westerwald eingeführt worden sein.

2. Dachziegelreste (o.FN)

Einige unstratifiziert geborgene Dachziegelreste sollen hier nicht näher vorgestellt werden. Sie entsprechen teilweise, soweit erkennbar, der seit dem hohen Mittelalter gebräuchlichen Form „Mönch und Nonne" und können sowohl den dritten als auch den vierten Bau gedeckt haben. Darstellungen der Pfarrkirche von 1800 zeigen das Langhaus mit Ziegeldeckung, während Chor und Turmhaube schwarze Dächer, d.h. Schieferdeckung besitzen.[230]

4.2. Eisen

Neben den zahlreichen, für Kirchengrabungen obligatorischen Sarg- und Baunägeln, die in der Regel stark korrodiert sind und keiner weiteren Bearbeitung unterzogen wurden, kamen nur wenige eiserne Fundstücke zutage, die aufgrund ihres Erhaltungszustandes Aussagen über ihre ursprüngliche Gestalt zulassen. Die eindeutig einer Form und Funktion zuweisbaren Stücke sollen hier vorgestellt werden.

1. Schwert
(ohne FN) (Taf. 5, Abb. 54)

Zu Beginn der Ausgrabung konnte aus einem von dem Bagger angerissenen Grab ein Schwert geborgen werden.[231] Nähere Fundumstände sind daher nicht bekannt, jedoch wurde die Fundstelle als Grab identifiziert.[232] Sie liegt vor den heutigen Chorstufen nahe dem nordöstlichen Vierungspfeiler, etwa auf Höhe der Kommunionbank.

Es handelt sich um ein Schwert zu anderthalb Hand[233] mit einer erhaltenen Gesamtlänge von 1,16 m. Die Griffangel, mit dem Knauf 28 cm lang, geht etwa 6 cm oberhalb der eigentlichen Klinge in einen gekehlten Ansatz über. Dort befindet sich beidseitig eine Schlagmarke, eine Hausmarke innerhalb eines wappenförmigen Feldes. Am oberen Ende der Griffangel befindet sich ein separat geschmiedeter, aufgesetzter eiserner Knauf in Form eines achteckigen Pyramidenstumpfes, mit rechteckigen, zur Klinge hin rundlichen Eintiefungen. Die Klinge ist schlank, 4 cm breit, unten zugespitzt und im Querschnitt mit einem Mittelgrat ausgebildet. Einige nicht mehr identifizierbare Reste korrodierten Eisens, die mit dem Schwert gefunden wurden, können von der Parierstange oder dem Gefäß stammen.

Das Schwert zu anderthalb Hand tritt seit dem 13. Jahrhundert vereinzelt, im 14. und 15. Jahrhundert dann

---

229 KIER 1970, 35 ff. Die dem Tonfliesenboden von Oberpleis immanente Kosmossymbolik spiegelt Bildung und Weltbild einer klösterlichen Gemeinschaft wider und ist nach den Vorstellungen des Auftraggebers zur Erbauung der Mönche in dieser Weise ausgeführt worden. Vgl. dazu SCHMITZ-EHMKE 1975, 120–123. Obwohl ein geistiger Hintergrund in diesem Sinne für eine ländliche Pfarrkirche wie Attendorn in Ermangelung einer solchen Zielgruppe nicht unbedingt vorausgesetzt werden kann, sollte nicht unbeachtet bleiben, daß zum Zeitpunkt der Verlegung des Bodens das Kloster Grafschaft als Grundherr bestimmend gewesen sein dürfte. Beide, das Kloster Grafschaft und die Propstei Oberpleis, sind Filiationen des von Anno II. gegründeten Siegburger Reformklosters und dürften miteinander in Verbindung gestanden haben. Vgl. auch HÖFFER 1983, 4.

230 BRUNABEND/PICKERT/BOOS 1958, 122a, 144a und Frontispiz. Vgl. auch Beitrag HÖFFER: Demnach wurde beim Wiederaufbau nach 1783 das Dach unterschiedlich gedeckt.

231 Das Schwert befindet sich im Besitz der kath. Kirchengemeinde Attendorn und wird im Südsauerlandmuseum in Attendorn aufbewahrt. Publiziert in: Schmiedekunst und Schmiedehandwerk im Kreis Olpe 1981, 14, Kat.-Nr. G6.

232 Freundliche Mitteilung von L. Korte, Attendorn.

233 Aufgrund der Längenverhältnisse, der Klingenform und -breite wird das Fundstück als Schwert zu anderthalb Hand (auch Anderthalbhänder genannt) bezeichnet. Vergleichswerte ermittelt bei UHLEMANN 1968. – Der Übergang zwischen Reiterschwert und Degen ist jedoch vereinzelt fließend und hängt vielfach von der Ausgestaltung des Gefäßes ab. Vgl. MARTIN 1967, 194 f., BOEHEIM 1890, 281.

Abb. 54   Schwert zu Anderthalb Hand. Detail des Knaufes. Foto WMfA, 1979.

hauptsächlich als Reiterschwert auf und wird bis zu seiner allmählichen Ablösung durch den Degen im ausgehenden 16. Jahrhundert zur charakterstischen Waffe des Ritteradels.[234] Es konnte jedoch auch beim Fechten zu Fuß genutzt werden, wobei, wie zeitgenössische Abbildungen zeigen, mit einer Hand der Griff, mit der anderen der Knauf umfaßt wurde.[235]

Schwertklingen mit Ansatz treten seit dem Beginn des 16. Jahrhunderts auf und verbreiten sich rasch in Europa.[236] Für sie jedoch ist diese Form seltener belegt, in der Regel tritt sie bei Degen oder Rapieren auf. Technische Bedingung für das Auftreten des Ansatzes ist eine Umgestaltung der Handhabe von direkt am Griff ansetzender Parierstange zu breiten Gefäßkonstruktionen, die der Hand mehr Schutz bieten. Der Ansatz, durch die Konstruktion des Gefäßes oft freiliegend, wurde zumeist zur Anbringung von Beschau- oder Meisterzeichen genutzt.[237]

Die Form des polygonalen Pyramidenstumpfknaufes erfreut sich besonders im 14., 15. und 16. Jahrhundert sowohl auf Schwertern als auch auf Degen großer Beliebtheit.[238] Die im Vergleich mit den früheren Stücken zierlichere Variante auf dem Attendorner Schwert, zudem noch mit Einlegearbeit – vielleicht aus Edelstein oder Elfenbein – gehört bereits dem 16. Jahrhundert an.[239]

Der Vergleich einer archäologisch geborgenen Schwert-

---

234   BOEHEIM 1890, 244ff.
235   UHLEMANN 1965, Abb. 44.
236   BOEHEIM 1890, 260.
237   BOEHEIM 1890, 254.

238   MARTIN 1967, 72, Textabbildung: Grabfigur des Poincenet de Juvigny, gest. 1419: der Schwertknauf ähnelt sehr dem des Attendorner Stückes, ebenso wie die Schwertknäufe auf weiteren Grabdenkmälern des späten Mittelalters: Ebd. 90, Abb. 75: Grabstein Johanns III. v. Rappoldstein, gest. um 1362. Ebd. 108, Abb. Nr. 89: Grabstein des Sir Robert Grushill (?), um 1430. Zu Beginn des 17. Jahrhunderts erlebt diese Form des Knaufes eine Renaissance, allerdings zeichnet sie sich dann durch eine kräftige Kehle am unteren Ende aus. Vgl. NORMAN 1980, 257 Nr. 38; 269 Nr. 65. Das Reiterschwert zu anderthalb Hand ist zu diesem Zeitpunkt jedoch bereits nicht mehr allgemein im Gebrauch. Problematisch für eine Datierung des Attendorner Schwertes und der Bestattung bleibt jedoch der mehrfach belegte Brauch in Adelsfamilien, ein älteres Schwert, etwa ein Familienerbstück, zu führen (NORMAN 1980, 50 ff.) oder aber, eine ältere Klinge zu Repräsentationszwecken mit neuen Montierungen zu versehen. Der abschließende Datierungsvorschlag sei daher unter Vorbehalt zu betrachten.

239   FORRER 1905, 39 ff.

klinge ohne Montierungen wie Griffpolster, Gefäß und Parierstange mit den in Museen und Sammlungen aufbewahrten vollständigen Stücken gestaltet sich schwierig und kann nur zu einer ungefähren Datierung führen. Ein vielleicht vergleichbares Schwert befindet sich im Klingenmuseum Solingen[240] und wird in die Zeit um 1520 datiert. Zwei weitere ähnliche Stücke, deren eines aus dem Besitz des Reformators Ulrich Zwingli (1484–1531) stammen soll, werden ebenfalls dem ersten Viertel des 16. Jahrhunderts zugeschrieben.[241]

Eine Zugehörigkeit der Hausmarke als Schlagmarke zu einer der bekannten Klingenwerkstätten konnte nicht ermittelt werden,[242] möglicherweise entstammt die Klinge einer lokalen Produktion: Eine ausgedehnte Waffenindustrie als Zweig des traditionell stark vertretenen Eisen- und Stahlgewerbes in der Sauerländer und Siegerländer Region ist für das mittelalterliche Attendorn bekannt. Schwertfeger sind für dort die Jahre 1440, 1595 und 1616 belegt.

Der Fund eines Schwertes in einer als christlich anzunehmenden Bestattung, noch dazu im Kirchenraum an prominenter Stelle nahe dem ehemaligen Hochaltar, mag auf den ersten Blick befremden, hängt doch Beigaben seit Beginn der Christianisierung stets der Geruch von Aberglauben an. Anders verhält es sich mit Trachtbestandteilen und christlichen Attributen wie Kreuzen, Rosenkränzen und dergleichen. Das Schwert kann dagegen sowohl Bestandteil einer standesgemäßen Tracht sein als auch christliches Attribut im Sinne der „ecclesia militans", als Instrument des Kampfes für Kirche und Glauben.[243] Die Haltung der mittelalterlichen und frühneuzeitlichen Kirche dazu spiegelte sich wider in der seit 1447 belegten Zeremonie der feierlichen Übergabe eines geweihten Schwertes – in der Regel ein Zweihänder – an verdiente Fürsten durch den Papst.[244] Bekannt ist auch der Brauch, einem verstorbenen Offizier seinen Degen auf den Sarg zu legen.[245] Der archäologische Nachweis einer Waffenbeigabe in dieser oder ähnlicher Form gelang bislang nur in wenigen Fällen, etwa in der Kirche zu Deggendorf-Rettenbach/ Niederbayern, wo zwei Bestattungen aus der zweiten Hälfte des 16. Jahrhunderts mit Schwert, bzw. Degen, Sporen und Messer aufgedeckt wurden.[246] Eine Zusammenstellung aller bis dahin bekannten Schwertgräber durch FINGERLIN 1992 zeigt, daß sich Zeitraum, Personenkreis und Region dieser Beigabensitte eingrenzen lassen. Demnach handelte es sich bei den Verstorbenen stets um Angehörige des höheren Adels, Grafen, Pfalzgrafen und Herzöge, die Sterbedaten liegen in der zweiten Hälfte des 16. bis 1. Hälfte des 17. Jahrhundert.[247] Ein aufschlußreicher Befund wurde aus der Stiftskirche St. Peter zu Fritzlar bekannt.[248] Aus einem Grab, das sich ursprünglich in einer Kapelle südlich des Chores befand, wurden die Reste eines nahezu vollständigen Rapiers geborgen. Die Waffe war dem Toten, einem etwa 35-jährigen Mann, auf die Brust gelegt worden, mit der Spitze zu den Füßen zeigend. Der Bestattete konnte mit einiger Wahrscheinlichkeit als Caspar von Breidenbach, gen. Breidenstein (gest. 1606) identifiziert werden, einem kurmainzischen Rittmeister, der vermutlich um 1600 Befehlshaber eines kurmainzischen Truppenkontingentes in Fritzlar war. Sein Epitaph, sekundär im Kreuzgang der Stiftskirche plaziert, zeigt ihn in Rüstung, mit Feldherrnstab und einer Waffe ähnlich jener im Attendorner Grabe gefundenen. Da sich das Epitaph seiner Gattin ebenfalls in der Stiftskirche befindet, ist anzunehmen, daß er in Fritzlar ansässig geworden war und möglicherweise zu den örtlichen Honoratioren gehörte. Die Beigabe des Schwertes kann auf Wunsch des Verstorbenen oder Initiative seiner Verwandten erfolgt sein und einen im norddeutschen Raum ungebräuchlichen Ritus dargestellt haben. Mit Ausnahme dieses, des Attendorner Grabes sowie der beiden Dresdener Gräber[249] *(Abb. 55)* stammen alle übrigen Belege aus dem süddeutschen und österreichischen Raum. Der Fritzlarer Befund läßt den Zusammenhang zur historischen Situation evident

---

240 UHLEMANN 1965, 45.

241 SEITZ 1965, 282, Abb. 188.

242 Nach freundlicher Mitteilung von Museumsdirektor Dr. H.-U. Haedecke, Klingenmuseum Solingen setzt die Kenntnis der Blankwaffenmarken erst um die Mitte des 16. Jahrhunderts ein. (Brief Haedecke an Korte, 21.1.1976, Sammlung Korte.)

243 LCI, Stichwort „Schwert", Sp. 136 f.

244 SEITZ 1965, 286 f..

245 HdA, Stichwort „Grabbeigaben", Sp. 1083–1111.

246 MITTERMEIER 1992a, 119–123.

247 FINGERLIN 1992, 70 f., 227 f. kann auf zehn Fundstellen verweisen, bei denen in einem Falle sogar drei Säbel, in einem anderen zwei Degen aus Familiengrüften geborgen werden konnten. In den meisten Fällen sind die mit Waffen bestatteten Personen und ihre Lebensdaten bekannt. Eine Gruppe von drei Schwertgräbern, datiert 1533, 1558 und 1563 ist aus der Familiengrablege derer von Trapp in Südtirol bekannt. TRAPP 1981, 90. Die darin angekündigte Veröffentlichung über Waffenfunde in Tiroler Erbbegräbnissen konnte leider nicht ermittelt werden. Ein weiterer Schwertfund stammt aus einem Grab in der Frauenkirche zu Dresden und wird in die Mitte des 16. Jahrhunderts datiert. SPEHR 1994, 211 Abb. 6; 215 Abb. 15.

248 SCHOTTEN 1989, 29 ff.

249 FINGERLIN 1992, 227; SPEHR 1994, 211, 215.

werden: gerade im Zeitalter der Glaubenskämpfe gewinnt der Begriff „ecclesia militans" an Bedeutung, wird die Waffe als benediziertes Instrument dessen fernab jeglichen Aberglaubens dem zu Lebzeiten um die Verteidigung des Glaubens verdienten Toten mit in sein Grab gegeben.

Dies erlaubt zumindest die Vermutung, bei dem Attendorner Schwertgrab könne es sich um das eines Offiziers, nach der Lage der Grabstätte zu urteilen möglicherweise einer bedeutenden örtlichen oder aus dem süddeutschen Raum zugewanderten Familie entstammend, gehandelt haben. Eine namentliche Identifizierung des Toten ist allerdings nicht möglich und würde den archäologischen Befund überstrapazieren. Der Bestattungszeitraum kann, wenn auch das Schwert in die erste Hälfte des 16. Jahrhunderts datiert ist, im Rahmen der oben angeführten allgemeinen Datierung der Schwertgräber liegen, da häufig Waffen aus Familienbesitz über mehrere Generationen im repräsentativen Bereich verwendet wurden.

2. Messerklinge
(FN 6, aus einem der Gräber 11a) (Taf. 4, Nr. 4)

Im westlichen der beiden Gräber, die im Bereich des zu Bau III gehörenden Altarfundamentes eingetieft waren, befand sich, neben den Resten eines Rosenkranzes im Kopfbereich,[250] ein als Messerfragment identifizierter Eisengegenstand in Leibgegend des Bestatteten. Es handelt sich um den oberen, gleichmäßig spitz zulaufenden Teil einer Messerklinge von ca. 7 cm Länge, max. 1,8 cm Breite und 0,1–0,2 cm Dicke. Der Verlauf der Klingenkanten zur Spitze hin ist leicht gerundet. Da das Stück stark korrodiert, verbogen und beschädigt ist, lassen sich die Rücken- und Schneidenseite nicht mehr bestimmen, ebenso sind Aussagen über die Oberflächenzier nicht mehr möglich. Die stratigraphische Lage des Grabes macht eine Datierung vor der Mitte des 14. Jahrhunderts unwahrscheinlich, da die Bestattungen erst nach dem Abbruch des romanischen Chores dort angelegt sein können.

Messer, die sich gleichmäßig von Rücken und Schneide aus zur Spitze hin verjüngen, treten bereits im 13. Jahrhundert auf, zeichnen sich jedoch durch geraden Verlauf beider Klingenkanten, also dreieckigen Zuschnitt aus. Ein gerundeter Kantenverlauf kommt mit dem

Abb. 55 Bestattung eines Edelmannes mit seinem Schwert: Grab des Herzogs Albrecht von Holstein (gest.1613) in der Kreuzkirche zu Dreden. Zeichnung von der Graböffnung 1764. Nach FINGERLIN 1992, S. 228.

---

250 Vgl. Fundmaterial: Bein, Nr. 1.

ausgehenden 14. Jahrhundert in Mode.[251] In Form und Größe dem Attendorner Stück vergleichbar ist ein Messer des frühen oder mittleren 15. Jahrhunderts aus London,[252] jedoch auch im frühen 16. Jahrhundert tritt dieser Typus noch auf, wie das Bild des Jan Mostaert „Die heilige Familie bei der Mahlzeit", entstanden etwa 1510, zeigt.[253] Die Messer der nachfolgenden Perioden sind durch stark ober- oder unterständige Schneiden gekennzeichnet.[254]

Da das Tragen von Messern bei Frauen, besonders aus gehobenem gesellschaftlichem Umfeld,[255] bereits im hohen Mittelalter nicht mehr üblich war, ist davon auszugehen, daß es sich bei dem Bestatteten um ein männliches Individuum gehandelt haben kann.

3. Rest eines Scharniers
(FN 38, aus Schicht 17) (Taf. 4, Nr.3, Abb. 56)

Flaches Eisenstück von mindestens 7,5 cm Länge,[256] 1,2–3,5 cm Breite und 0,4–0,15 cm Dicke, dessen eines Ende breitgehämmert, das andere eingerollt worden ist. In den Ecken des breiten Endes sind zwei Löcher, in denen sich noch Reste zweier Nägel von rechteckigem Querschnitt befinden. Da Schicht 17 sowohl stratigraphisch als auch durch Funde des 9.–11./12. Jahrhunderts definiert ist, existiert bereits eine zeitliche Vorgabe für das Stück.

Nach Form und Größe zu urteilen handelt es sich um den Scharnierbeschlag eines hölzernen Kastens oder einer kleinen Truhe, die der Aufbewahrung von Schriftstücken, oder liturgischen Geräten diente. Kleine Möbelstücke dieser Art sind nur in den seltensten Fällen aus der Zeit vor dem 13. Jahrhundert überliefert, wie etwa die dendrochronologisch in das Jahr 1172 datierte Baumlade von Drüggelte (Westfalen) oder der etwa zeitgleiche Archivkasten aus dem Kloster Ebstorf bei Lüneburg (Niedersachsen),[257] müssen aber zahlreich in Kirchen vorhanden gewesen sein, da letztere als sicherer Aufbewahrungsort für wichtige Schriftstücke galten.

Ob die beiden Fragmente von im Querschnitt rechteckigen Nägeln sowie das eines flachgehämmerten Eisenstückes *(Taf. 4, Nr. 2)* von 5,6 cm Länge, 1,6–2,8 cm Breite und ca. 0,2 cm Dicke, am breiten Ende mit einer wulstartigen Verdickung (alle aus FN 38), auf demselben Gegenstand angebracht gewesen sind, ist fraglich.

4. Ring (Öse)
(FN 38, Schicht 17) (Taf. 8, Nr. 13; Abb. 56)

Unregelmäßig geformter Ring aus einem bis zu 0,4 cm dicken Eisendraht, dessen Enden unsorgfältig versetzt schließen. Dm außen 2,1 cm, innen 1,5 cm.

Das vergesellschaftete Fundmaterial aus Schicht 17 läßt sich allgemein in das 10. bis beginnende 12. Jahrhundert datieren. Eine Verwendung des Ringes als Bestandteil von Sattelzeug, Schwert- oder Gürtelgarnituren ist denkbar, ebenso als Gewandöse oder Aufhänger von kleineren Gerätschaften wie Pinzetten oder Nadeln.[258]

4.3. Buntmetall

1. Beschläge von liturgischem Gerät, vermutlich eines Reliquienkästchens
(aus FN 13, Bef. Nr. 17; FN 22, Bef. Nr. 21; FN 38, Bef. Nr. 17)[259] *(Taf. 6, Nr. 1–11; Taf. 7, Nr. 1–10)*

Zahlreiche kleine und größere Fragmente von ehemals rechteckigen Buntmetallblechen mit getriebenen Verzierungen konnten aus den Schichten *17* und *21* geborgen werden. Alle sind stark korrodiert und von grünschwarzer Farbe, zum Teil mit braunen Rostflecken dort, wo sich noch eiserne Nägel befinden. Da das Material an frischen Bruchkanten rötlich schimmert, handelt es sich vermutlich um Kupfer. Einige Fragmente weisen bis zu drei originale Kanten auf, so daß eine Bestimmung der ursprünglichen

---

251 COWGILL/DE NEERGARD/GRIFFITHS 1987, 78–102.
252 COWGILL/DE NEERGARD/GRIFFITHS 1987, 101 f., Nr. 258.
253 Thuis in de late middeleeuwen 1980, 126.
254 CALISCH 1993, 537–565, hier 514 ff.
255 Bei der Lage der Bestattungen 11a ist zu vermuten, daß es sich um Angehörige der städtischen Oberschicht gehandelt haben muß.
256 Ohne die Einrollung am schmalen Ende gemessen.
257 REINLE 1988, 295 f.; APPUHN 1980, 345 f. und Abb. 33 f.

258 CAPELLE 1976, Nr. 109 f., 450, 483, allerdings alle aus Buntmetall. Die in früh- und hochmittelalterlichen Befunden anzutreffenden Ringlein an Schmuckstücken und Amuletten sind in der Regel aus Buntmetall oder Silber. Eine Einordnung des Attendorner Stückes in den Bereich von Waffen, Bekleidung und Gerätschaften erscheint daher gerechtfertigt.
259 Aus welcher Fundnummer bzw. welchem Befund die Stücke im einzelnen stammen, konnte nicht mehr rekonstruiert werden; beide Schichten enthalten Abbruchmaterial von Bau I und sind als Bauschichten von Bau II anzusehen. Die Keramik beider Schichten verweist in das 10.–12. Jahrhundert.

Größe annähernd möglich ist. Anscheinend handelt es sich um Material, das erneut eingeschmolzen und weiterverwendet werden sollte: Scharfe, leicht umgebrochene Kanten an einigen Fragmenten zeugen von einem Umknicken und anschließendem Auffalten der Bleche, möglicherweise um sie vor dem Wiedereinschmelzen zu zerkleinern. Einige Fragmente sind mit unregelmäßig in Randnähe angebrachten, oft auch ausgerissenen kleinen Löchern versehen, die zum Teil noch kleine Eisennägel, in einem Falle einen Buntmetallnagel von 9 mm Länge enthalten. Knickspuren nahe den ausgerissenen Löchern zeugen von einem gewaltsamen Entfernen der Bleche von ihrer Unterlage.

Die Dicke der Fragmente beträgt durchschnittlich 0,05 cm. Auf keinem der Bleche konnten Spuren von Vergoldung entdeckt werden. Die Verzierungen sind frei, d.h. nicht über einem Model oder Gesenk von der Rückseite aus getrieben und vielfach unregelmäßig in Tiefe und Anordnung. Sie treten als randbegleitende kleine runde und größere ovale Buckel, oder im Innenbereich der Plättchen als Linien, oft parallel verlaufend, auf. Vereinzelt konnten größere Fragmente zusammengesetzt und so die Rekonstruktion floraler Ornamente ermöglicht werden. Insgesamt ist die Herstellung mit nur mäßiger Sorgfalt durchgeführt worden, ablesbar in ungeraden Kantenverläufen, ungleichmäßigen Abständen der Buckel und unsicher geführten Linien. Das einheitliche Fehlen von Vergoldung (nahezu alle bei Ausgrabungen geborgenen Fragmente dieser und ähnlicher Art sind vergoldet) sowie die sonst homogene Ausführung lassen den Schluß zu, daß es sich bei den Blechen um Zierstücke desselben Gegenstandes gehandelt haben muß. Bei den im folgenden vorgestellten Fragmenten handelt es sich um jene, die eindeutig einer Form zuzuweisen sind oder zusammengesetzt ein Ornament erkennen lassen. Darüber hinaus existieren noch ca. 50 zum Teil nur millimetergroße, überwiegend unverzierte Stücke, die sich einer Zuordnung weitgehend entziehen.

Schmale Blechstreifen

Fünf Streifen, zum Teil aus mehreren Fragmenten zusammengesetzt, sind von einer Breite von 0,9–1,1 cm und entlang der Längskanten mit kleinen, im Durchmesser ca. 0,15–0,2 cm messenden runden Buckeln versehen. Alle Schmalseiten sind abgebrochen, eine schmale Kante mit Buckelverzierung wurde nicht beobachtet: Demnach ist keines der Fragmente als Endstück anzusprechen. Der längste erhaltene Streifen mißt 7,7 cm, die übrigen 5,3 cm,

Abb. 56 Eisenöse und eiserne Scharniere, 9.-11./12. Jahrhundert. Foto WMfA 1979.

6,0 cm, 5,8 cm und 4,4 cm. Die Nagellöcher sind sowohl in Randnähe unterhalb oder inmitten der Buckel als auch in Streifenmitte angebracht und liegen meist in 1–2 cm, in einem Falle in 5,5 cm Abstand zueinander. Auf einem der Streifen sind zwei Löcher, ein größeres von 0,2 cm sowie ein kleineres von 0,1 cm Durchmesser, direkt untereinander angebracht. Möglicherweise kreuzten sich hier zwei Streifen.

Perlstabförmiger, sehr schmaler Streifen

An beiden Schmalseiten abgebrochenes Fragment von 3,2 cm Länge und 0,5–0,6 cm Breite, mit einem mittig angelegten Nagelloch. Als Verzierung sind rechtwinklig zur Längskante verlaufende ovale Buckel von ca. 0,2 cm Breite eingebracht, die jedoch zur einen Schmalseite hin nach unten aus der Reihe verrutscht und durch dazu leicht versetzte oben ergänzt worden sind.

Unverziertes Fragment von mittlerer Breite

Mit drei originalen Kanten erhaltenes Fragment von 2 cm Breite, nach einer Länge von 1,6 cm abgebrochen. Mit Ausnahme der randbegleitenden kleinen runden Buckel sonst keine Verzierungen. Ein kleines Nagelloch in Randnähe. Ein weiteres Fragment von 1,8 cm Länge und 1,2 cm Breite mit einer erhaltenen Kante könnte aufgrund der gleichen Randgestaltung zu diesem Stück gehören.

Verziertes Fragment von mittlerer Breite

1,6 cm breites, in 5,5 cm Länge erhaltenes Fragment mit drei originalen Kanten. Die langen Seiten mit kleinen runden Buckeln versehen, auf einer Seite jedoch stark verdrückt. Vier Nagellöcher, davon zwei in Randnähe der Langseiten, zwei in den Ecken der erhaltenen Schmalseite. Die Innenfläche ziert eine eingetriebene langgestreckte liegende Ranke in S-Form mit eingerollten Enden. Ob weitere, schwach erkennbare Linien zum Ornament gehören oder Resultat der gewaltsamen Entfernung von der ursprünglichen Unterlage sind, ist aufgrund des schlechten Erhaltungszustandes der Oberfläche nicht zu entscheiden.

Verzierte breite Fragmente

13 teilweise zusammenpassende Fragmente mit großflächiger Ornamentgestaltung gehören zu einer Gruppe breiterer Bleche. Die Randgestaltung besteht hier aus größeren ovalen Buckeln. Ein Stück mit drei originalen Kanten besitzt eine Breite von 4,5 cm und ist nach 3,8 cm abgebrochen, vier weitere mit nur einer Kante messen in der Länge 2,7 cm, 3,2 cm, 4,8 cm und 6,5 cm. Auf allen Fragmenten sind geschwungene Linien eingetrieben, teilweise auch parallel verlaufend. Sie lassen sich zu Rankenornamenten ergänzen, bestehend aus S-förmigen Ranken mit eingerollten verdickten Enden. Die Ecken sind mit gegenläufig gerollten „Ablegern" gefüllt, möglicherweise ebenso die Zwickel zwischen den Ranken. An einigen Stellen wird deutlich, daß die Randbuckel nach den Ornamenten eingebracht worden sind, da letztere dort in den Randbereich hineinreichen und von den Buckeln überlagert werden. Die Nagellöcher sind unregelmäßig in größeren Abständen angebracht und nehmen keine Rücksicht auf die ornamentale Gestaltung, können sogar inmitten einer Linie liegen.

Großes unverziertes Stück

Fünf Fragmente lassen sich zu einem großen Stück mit zwei originalen Kanten zusammensetzen, deren eine gerade und mit größeren ovalen Buckeln verziert, die andere konvex ausbiegend geschnitten und unverziert ist. Eine dritte erkennbare Kante erweckt eher den Eindruck, durch Knickung und anschließenden Bruch entstanden zu sein. Die Länge der geraden Kante beträgt 5,5 cm, die der gebogenen ca. 7,5 cm; insgesamt ist das Stück unregelmäßig trapezförmig mit einer maximalen Länge von 10,3 cm und einer max. Breite von 6,9 cm. Die Oberfläche ist, von Beschädigungen und Korrosionsspuren abgesehen, sehr glatt und weist keinerlei Spuren von getriebenen Verzierungen auf. Die mindestens 4 Nagellöcher sind in großen Abständen unregelmäßig über die Fläche verteilt und zumeist ausgerissen.

Kleines unverziertes Stück

Dieses Fragment mit einer Größe von 0,7 × 2,5 cm und einer erhaltenen buckelverzierten Kante entstammt vermutlich einem anderen Zusammenhang als die vorgenannten, da es dicker ist, und die Buckel einen größeren Abstand zueinander haben. Hier ist also Altmaterial unterschiedlicher Provenienz zum Einschmelzen zusammengenommen worden. Es ist daher fraglich, ob die oben beschriebenen Fragmente, auch wenn sie in Herstellungsart und Dicke sehr ähnlich sind, tatsächlich einem einzigen Gegenstand entstammen.

Beschlagbleche der in Attendorn gefundenen Art können an verschiedenen liturgischen Gegenständen des frühen und hohen Mittelalters wie Büchern, Reliquiaren, Altarkreuzen, Ziborien und Tragaltären angebracht sein. Das Format der Bleche spricht in diesem Falle eher für die Anbringung an einem Reliquiar oder einem Tragaltar. Besonders die Bursen- und Schreinchenreliquiare des 9.–11. Jahrhunderts[260] weisen durch Abstufungen und ein abgewalmtes Dach häufig Flächen auf, die eine Anbringung von Blechen wie die in Attendorn gefundenen ermöglichen könnte, so etwa ein stufenförmiges Schreinchenreliquiar aus Niedersachsen, datiert in das beginnende 13. Jahrhundert.[261] Enge Verwandtschaft in der technischen Ausführung zeigt auch ein bursenförmiges Reliquiar aus England, ein Bodenfund aus Winchester *(Abb. 57)*. Es wird in das 9./10. Jahrhundert datiert und stammt

---

260 BRAUN 1940, 163 ff.; ORNAMENTA ECCLESIAE 1985, Bd. 3, 103 ff.
261 ORNAMENTA ECCLESIAE 1985, Bd. 3, 101 Nr. H 23.

möglicherweise nicht aus England, sondern vom kontinentaleuropäischen Festland.²⁶²

Treibarbeiten vegetabilischen oder figürlichen Charakters auf Beschlagblechen von Reliquiaren sind bereits in der christlichen Spätantike hergestellt worden und erleben im 8. Jahrhundert einen Aufschwung, der schließlich zur größten Blütezeit dieser Technik im 12. und 13. Jahrhundert führt.²⁶³ Die Ornamentik der Attendorner Stücke verweist allerdings in einen früheren Zeitraum: die Ranken sind sehr einfach gehalten und ähneln eher jenen des 11./12. Jahrhunderts. Allerdings ist dies als Kriterium zur Datierung nicht unbedingt zwingend, da Stilmerkmale sich bei Werken provinzieller Kunst häufig erst später durchsetzen und in schlichterer Form auftreten können. Vergleichbares Rankenwerk ziert z.B. das bereits erwähnte Reliquiar aus Winchester, das Reliquienschwert aus Essen (10. Jahrhundert)²⁶⁴ und die Goldene Altartafel aus Basel (11. Jahrhundert)²⁶⁵ sowie ein Tragaltar aus Lüttich (Mitte 11. Jahrhundert)²⁶⁶ und ein Kreuzreliquiar aus den Kloster Denkendorf bei Esslingen (um 1125).²⁶⁷ Da sich im fortschreitenden 12. Jahrhundert allgemein eine Wandlung in der Rankenornamentik hin zu üppigeren, stärker differenzierten Formen vollzog, können die Attendorner Bleche eher dem 10./ 11., spätestens der ersten Hälfte des 12. Jahrhundert angehören.

Fragmente ähnlicher Buntmetallbleche, meistens feuervergoldet, sind häufig bei Grabungen früh- und hochmittelalterlicher Kirchen geborgen worden.²⁶⁸ Sie und mit

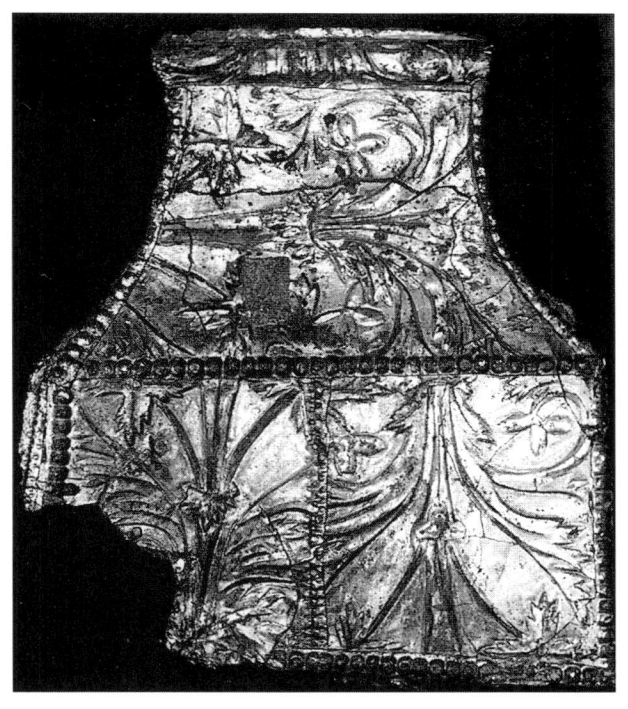

Abb. 57 Reliquiar, 9./10. Jahrhundert. Gefunden bei Ausgrabungen in Winchester/England. Nach WILSON 1986, S. 159.

ihnen die in Museen und Sammlungen erhaltenen Tragaltäre und Reliquiare als Vertreter hochentwickelten städtischen und klösterlichen Kunstschaffens vermitteln uns ein Bild von der sonst nur wenig bekannten mobilen Innenausstattung, im Falle der als Grabungsfunde geborgenen Stücke insbesondere jener der Kirchen im ländlichen Bereich: Das Bestreben, den heiligen Reliquien nahe zu sein, sie unmittelbar bei sich tragen zu können entspricht ebenso der konkret-realistischen Anschauungsweise der frühen, von Mission geprägten Kirche Nordwesteuropas wie die Möglichkeit des Vollzugs heiliger Handlungen an jedem geeigneten Ort, ermöglicht durch den Tragaltar.²⁶⁹ Gerade die Häufigkeit der Funde von Buntmetallblechen spricht von einem flächen-

---

262 WILSON 1986, 158 ff.; HINTON/KEENE/QUALMAN 1981, 45–77.
263 BRAUN 1940, 558 ff.
264 ELBERN 1988, 108 und Abb. 65.
265 Ebd. 1988, 113 und Abb. 72.
266 Das Reich der Salier 1992, 372 f.
267 Ebd. 432 f.
268 Auch bei zahlreichen anderen westfälischen Kirchengrabungen konnten Bleche dieser oder ähnlicher Art geborgen werden: So zum Beispiel aus der Brandschicht der karolingischen Vorgängerkirche von St. Georg zu Vreden (vgl. CLAUSSEN /WINKELMANN 1953, 313 f.), aus der St. Dionysius-Kirche zu Seppenrade (vgl. ZEISCHKA 1983, 91 Kat. Nr.173) sowie aus der St. Ludgeri-Kirche zu Albersloh (vgl. LOBBEDEY 1972a, 46 ff.), der Stiftskirche zu Neuenheerse (LOBBEDEY/CLAUSSEN 1984, 26 ff.) und den Kirchen zu Beelen, Brenken (St. Kilian), Burgsteinfurt (ev. Kirche), Enger (St. Dionysius), Geseke (St. Petri), Heiligenkirchen (ev. Kirche), (alle unpubliziert; frdl. Hinweis von Dr. B. Thier, WMfA Münster, nach Autopsie aller o.g. Fundkomplexe im Rahmen einer Fundinventarisation). Auch in klösterlichem Fundgut enthalten im Marienstift zu Minden (unpubliziert, o.), dem Kloster tom Roden/Höxter (vgl. RÖBER 1992, 147, 167 Taf. 11.) und der Abtei (vormals Damenstift) Liesborn (vgl. PEINE 1993a, 205 f.). Außerhalb Westfalens seien hier nur als besonders interessante Beispiele genannt: Einen Ausschnitt einer szenischen Darstellung bildet ein feuervergoldetes Bronzeblechfragment mit der Darstellung eines Christuskopfes mit Nimbus und Strahlenkranz und noch schemenhaft erkennbarem Kreuz aus der St. Remigius-Kirche zu Nagold (vgl. ROESER 1986, 168, 189 Abb. 150 Fund 230). Reste eines ganzen Tragaltares aus dem 11. Jahrhundert konnten in der Kirche von Etzel aus der Brandschicht des ersten Holzkirchenbaues aus dem 10./11. Jahrhundert geborgen werden. (vgl. HAIDUCK 1992, 78 ff.)
269 HAIDUCK 1992, 80.

2. Emailscheibenfibel
(aus FN 52, Schicht 21b)[272] *(Taf. 7, Nr. 19, Abb. 58)*

Aus einer Bauschicht des zweiten Baues in Schnitt 6, die noch planiertes Altmaterial des ersten enthielt, konnte ein auf den ersten Blick unscheinbares kleines Schmuckstück, eine Fibel, geborgen werden. Bei näherer Untersuchung entpuppte es sich jedoch als hochinteressanter Fund, dessen Aussagewert weit über den lokalhistorischen Bereich hinausgeht.

Die Fibel ist in einem fragmentarischen Zustand erhalten. Sie besteht aus einer leicht verbogenen runden Platte aus Buntmetall[273] *(...) von 22 mm Durchmesser und einer Dicke (am Rand gemessen) von 1 bis 1,3 mm. Auf der Rückseite ist der Nadelhalter erhalten. Von der Nadelrast gibt es keine Spur, ebensowenig von der Nadel.*[274] *Der Dekor der Vorderseite ist verschliffen, die Oberfläche ist korrodiert und zeigt auf beiden Seiten braune Verkrustungen wohl von der Lagerung im Boden.*

Die Verzierung auf der Vorderseite ist mitgegossen. Sie zeigt ungefähr in der Mitte eine kreisrunde Fläche, von der aus radiale und schräge Stege zu einem Randwulst laufen. Zwischen diesen bestehen vertiefte Flächen, in denen sich nach Analogie vergleichbarer Fibeln Emaileinlagen befinden, von denen aber keine Spuren erhalten sind.[275] Von den in einem Restaurierungsbericht erwähnten Vergoldungsresten konnte mikroskopisch allerdings nichts mehr entdeckt werden.

Die Attendorner Fibel gehört zur Gruppe der sogenannten karolingisch-ottonischen Scheibenfibeln, die im nordwesteuropäischen Raum hauptsächlich im 8.–10. Jahrhundert verbreitet waren, jedoch noch bis in das beginnende 12. Jahrhundert hinein gefertigt und getragen wurden.[276] Dieser Fibeltypus zeichnet sich durch seine oft schlichte Form aus, bestehend aus einer rechteckigen oder

Abb. 58 Emailscheibenfibel aus Buntmetall, Ende 9./Anfang 10. Jahrhundert. Foto WMfA 1979.

deckenden Vorkommen dieser Geräte auch in einfacher Ausführung, obgleich sie aufgrund des geringeren Materialwertes gegenüber Gold und Silber in den zeitgenössischen Schriftquellen nur wenig Beachtung fanden.[270] Die Tatsache, daß auch bei den bekannten Fragmenten aus anderen Kirchen häufig ausgerissene Nagellöcher und Spuren von absichtlichem Verknicken oder Zerknüllen der Bleche beobachtet werden konnten, spricht dafür, daß gezielt für den Kirchenneubau und seine Ausstattung Altmaterial gesammelt und weiterverwertet wurde. Die Verwendung des Materials alter liturgischer Gegenstände, sei es als Rohmaterial oder als zweitverwendeter Schmuck des Objektes, zur Herstellung neuer war durchaus möglich. Ebenso wurden fromme Stiftungen von Laien in Form von Schmuck und anderen Wertgegenständen als Materialspende für den Kirchenbau gern angenommen.[271]

---

270 BRAUN 1940, 95 ff.

271 WEILANDT 1992, 181 ff. Das Zerkleinern des zum Einschmelzen gedachten Altmaterials soll einen gleichmäßigen Schmelzvorgang bewirken.

272 Bereits veröffentlicht von LOBBEDEY in: Der Sauerländer Dom 1994, 14 f.

273 Die naturwissenschaftliche Untersuchung von sechs Fibeln des 9./10. bis 13. Jahrhunderts aus Düna, Kr. Osterrode/Harz kam zu dem Ergebnis, daß als Material bei der Fibelherstellung Messing mit einem hohen Bleigehalt, möglicherweise zur Verbesserung der Gießfähigkeit, verwendet wurde. BRACHT /BROCKNER 1995, 411–419. Ob das Attendorner Stück ebenfalls aus Messing besteht, ist ohne Materialanalyse nicht zu klären.

274 Die Fibelhalterungen sind bei den untersuchten Fibeln aus Düna nachträglich angelötet worden, da ihr Bleigehalt von dem der jeweiligen Platte abweicht. BRACHT/BROCKNER 1995, 413 ff.

275 Beschreibung nach LOBBEDEY in: Der Sauerländer Dom 1994, 15.

276 FRICK 1993, 244.

4.3. Buntmetall

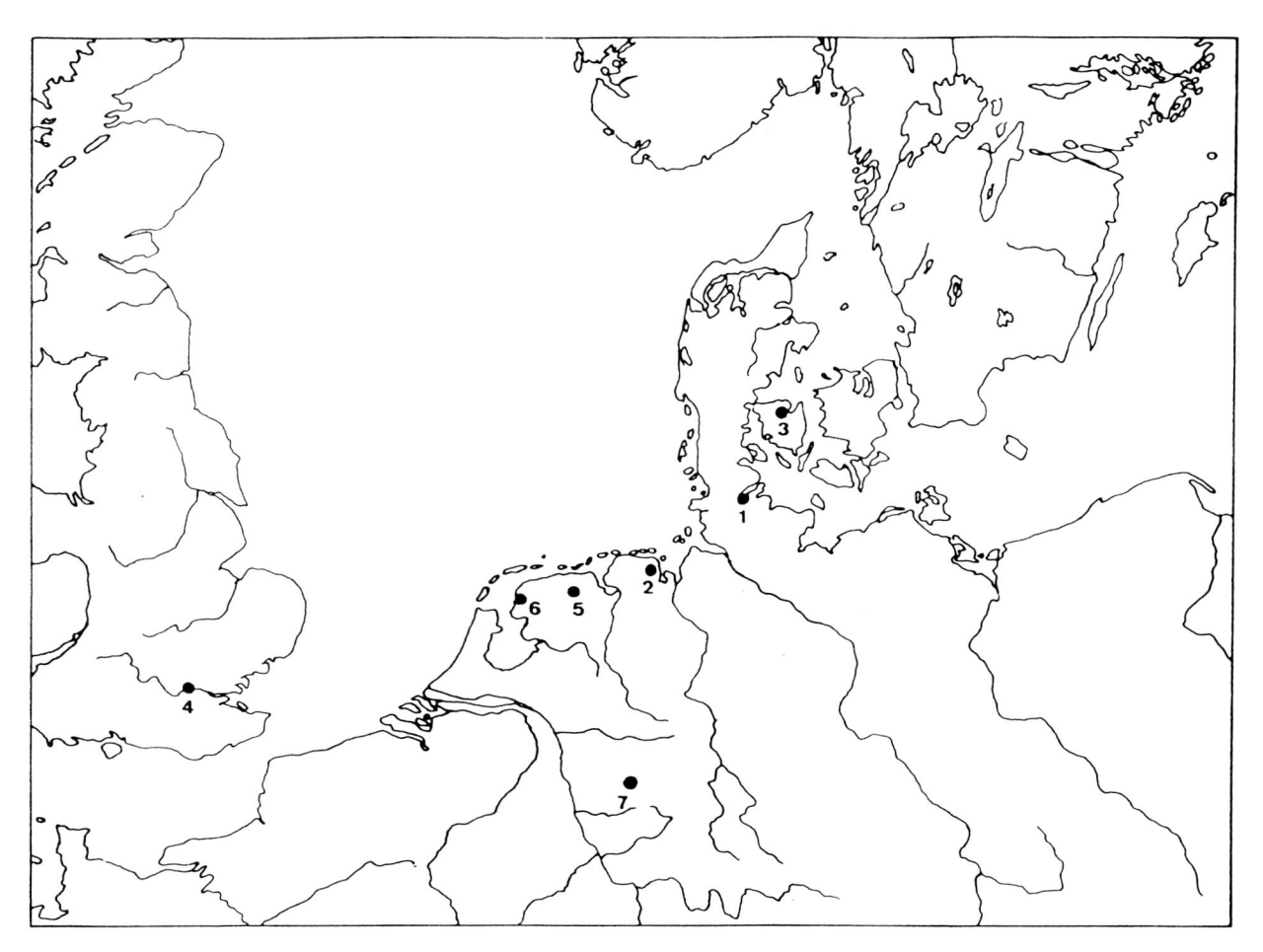

Abb. 59 Die bekannten Scheibenfibeln mit Sternmotiv: 1. Haithabu, 2. Neuwarfen, 3. Ejby Molle (Odense), 4. London, 5. Groningen, 6. Wijnaldum, 7. Attendorn. Karte nach FRICK 1993, S. 441, ergänzt um Nr. 7. Zeichnung Schieving.

runden Grundplatte aus Bunt- oder Weißmetall, seltener Gold, mit verzierter Vorderseite und Nadelkonstruktion auf der Rückseite.[277] Die Verzierung auf der Vorderseite kann in verschiedenen Techniken wie Filigran, Granulation, Auflötung, Gravur oder – wie in den meisten Fällen – mittels Emaillierung aufgebracht sein. Die Attendorner Fibel wurde in Grubenemailtechnik verziert, d.h. die Stege, zwischen denen die farbige Glaspaste aufgebracht und festgeschmolzen werden sollte, sind mitgegossen.[278] Da ein gußgleiches Gegenstück zu dieser Fibel aus dem friesischen Wijnaldum (Niederlande) existiert, fand der Guß in einer wiederverwendbaren zweiteiligen Form (Model), vermutlich aus Ton statt.[279]

Das Dekor der Fibel verweist sie in die Gruppe der „Scheibenfibeln mit Sternmotiv",[280] von der bislang nur sechs weitere Exemplare bekannt waren. Ihre Verbreitung beschränkt sich auf den Nordseeraum *(Abb. 59)*: Sie wurden im friesischen und niedersächsischen Küstengebiet, in Haithabu, auf Fünen und in London aufgefunden.[281] Die Attendorner Fibel [282] als siebtes Stück dieser Gruppe ist also zugleich das am weitesten südlich belegte. Für die Exemplare aus Neuwarfen, Groningen und Wijnaldum wird eine gemeinsame Werkstatt, möglicherweise in Friesland, angenommen. Aufgrund der

277 Ebd. 247.
278 Ebd. 248 ff.
279 Ebd. 255. Zur Scheibenfibel von Wijnaldum vgl. ebd. 405 (Kat. Nr. 6) und 461 Taf. 17,6.
280 FRICK 1993, 330 f.
281 Ebd. 441 Karte 15.
282 In der umfassenden Arbeit FRICKs nicht aufgeführt, da an entlegener Stelle publiziert.

vergrößert, o. Maßstab.

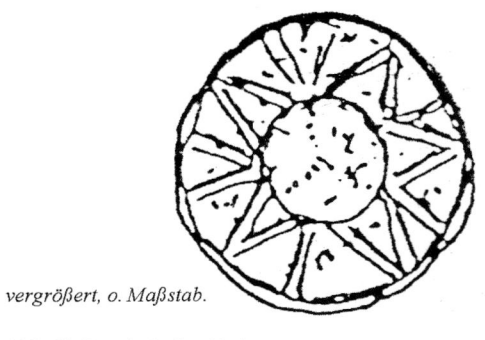

Abb. 60 *Emailscheibenfibel aus Wijnaldum. Nach* FRICK *1993, S. 461.*

für das Neuwarfener Stück gesicherten Zeitstellung können diese drei Fibeln, und somit auch jene aus Attendorn, in das ausgehende 9./beginnende 10. Jahrhundert datiert werden.[283] Der Werkstattzusammenhang ist durch die gußgleiche Fibel aus Wijnaldum *(Abb. 60)* ebenfalls als gesichert anzusehen.

Datierung und stratigraphische Fundlage sprechen dafür, daß die Fibel einst einem Besucher des ersten Kirchenbaues gehört haben muß. Welchen Weg sie allerdings von der friesischen Nordseeküste bis in das Sauerland genommen hat ist nicht mehr nachvollziehbar: Vielleicht wurde sie von einem durchreisenden Fernhändler mitgebracht, vielleicht aber auch von einem Attendorner, den seine Reisen an die Nordseeküste geführt hatten, oder von einem friesischen Besucher. Die Tragweise kann allerdings anhand von Bildquellen rekonstruiert werden: bei der sogenannten karolingisch-ottonischen Einfibeltracht wurde in der Regel das Obergewand von einer Scheibenfibel zusammengehalten: bei Männern der „sagum", ein langer Reitermantel, an der Schulter, bei Frauen die „palla", ein ebenfalls langer Mantel, in Brustmitte.[284] Allerdings stellt sich angesichts der geringen Größe der meisten Scheibenfibeln, wie auch der Attendorner, die Frage, ob sie tatsächlich geeignet waren, schwere Kleidungsstücke wie etwa einen Wollmantel zusammenzuhalten. Darüber hinaus ermöglicht der Abstand zwischen Nadel und Platte nur das Fassen einer Stofflage eines mittelschweren oder kräftigen Wollstoffes. Eine Verwendung insbesondere der Kreuz- und Heiligenfibeln als Schmuckstück, vielleicht als Abzeichen, das seinen Träger/seine Trägerin als Anhänger des Christentums oder Mitglied einer religiösen Gemeinschaft ausweist, ist deshalb in Betracht zu ziehen.

3. Stecknadeln
(FN 25, 26 und o. FN) (Taf. 7, Nr. 11–17, Abb. 61)

Alle Stücke bestehen aus Buntmetall, möglicherweise Messing, und sind durch Korrosion grün-grau verfärbt. Stellenweise befinden sich braune Ablagerungen auf der Oberfläche.

a. Stecknadel mit Glaskopf

FN 26, aus Schnitt 1/4, unstratifiziert.
L 5 cm, Dm des Glaskopfes 0,4 cm, Dm des Nadelschaftes 0,09 cm.

Der aus einem Buntmetalldraht gezogene Nadelschaft ist an einem Ende mit einem unregelmäßigen honiggelben Glastropfen versehen. Die Spitze ist abgebrochen.

b. 5 Nadeln mit Spiralkopf

Zwei Stücke aus FN 25, die anderen drei o. FN, aus dem Bereich von Schnitt 2, aus nicht definierten Schichten sowie einem Grab nahe dem romanischen Altarfundament *11*. Möglicherweise entstammen alle Nadeln der Bestattung, allerdings wurde nicht beobachtet, ob sie in der Verfüllung oder unmittelbar im Sargbereich lagen.
L 3,25–4,15 cm, Dm der Köpfe 0,32–0,19 cm, Dm der Schäfte 0,11–0,09 cm.

Innerhalb der Gruppe der fünf Stecknadeln lassen sich zwei Varianten unterscheiden: eine größere, robustere und eine kleinere, zierlicher ausgeprägte. Alle sind aus Stücken von Buntmetalldrähten gezogen worden, deren eines Ende zugespitzt, das andere zu einem engen Spiralknoten gewunden ist, der den Kopf bildet.

c. 2 lange Nadeln mit abgebrochenem Kopf oder Oberteil

o. FN, aus dem Bereich von Schnitt 2, vgl. b.
L 5,9 cm und 6,9 cm, Dm Nadelschaft 0,1 cm und 0,09 cm.

d. Nadel mit ösenförmig gestaltetem Kopf

o. FN, vgl. b, c.
L 4,8 cm, Dm Nadelschaft 0,1 cm, Dm Öse 0,24 cm.

---

283 FRICK 1993, 330 f.
284 Ebd. 348 ff.

4.3. Buntmetall

Metallene Stecknadeln dienten seit dem hohen Mittelalter bis in die frühe Neuzeit als Schmuck und zur Drapierung vorwiegend weiblicher Tracht, insbesondere für Hauben und Kopfputz oder zur Befestigung von Schleiern. Später wurden sie – nun statt aus Buntmetall aus weniger schmückendem Eisen – ausschließlich für Handarbeiten wie Nähen verwendet. Als Vorläufer der Stecknadel im frühen Mittelalter ist die Beinnadel anzusehen, deren Verwendung im 12. Jahrhundert durch das Aufkommen feiner gezogener Drähte (und damit der Möglichkeit zur Herstellung von dünnen Nadeln in Massenproduktion) durch die der Messingnadeln verdrängt wird.[285] Nicht nur die Lebenden befestigten allerlei Zierat mittels Nadeln an Haar und Kleidung, auch den Toten wurde, sofern sie aus begütertem Hause stammten, ein festliches Gewand oder Schleier mit auf die letzte Reise gegeben, wie zahlreiche Funde von Nadeln in Gräbern des späten Mittelalters und der frühen Neuzeit belegen. Auffallend ist dabei, daß es sich nicht nur um die Bestattungen von Damen, sondern auch die von Geistlichen handelt: So kamen z.B. zahlreiche Nadeln aus Gräbern der münsterischen Domherren zutage.[286] Das Vorkommen von Stecknadeln in einer Bestattung muß also nicht zwangsläufig auf ein weibliches Individuum hindeuten, sondern kann auch allgemein mit dem Drapieren von Totenkleidung und Sargausstattung zusammenhängen.[287] Möglich ist auch, daß die Nadeln von Kirchgängerinnen verloren wurden und sich in Fußbodenritzen festsetzten, so daß sie bei der Anlage einer Grabgrube ins Erdreich gelangten.

Stecknadeln mit Glaskopf konnten bei Ausgrabungen in London nur in Schichten des späten 12. Jahrhunderts beobachtet werden,[288] jene mit Spiralkopf dagegen erwiesen sich als sehr langlebig: ihre Verwendung ist vom 14. bis in das 18. Jahrhundert hinein belegt, wobei der Schwerpunkt im 14.–16. Jahrhundert liegt. Diese einfache Form widersetzt sich jedoch weitgehend einer genaueren Datierung innerhalb dieses Zeitraumes, zumal sowohl kräftige als auch feine Nadeln zeitgleich auftreten.[289] Die

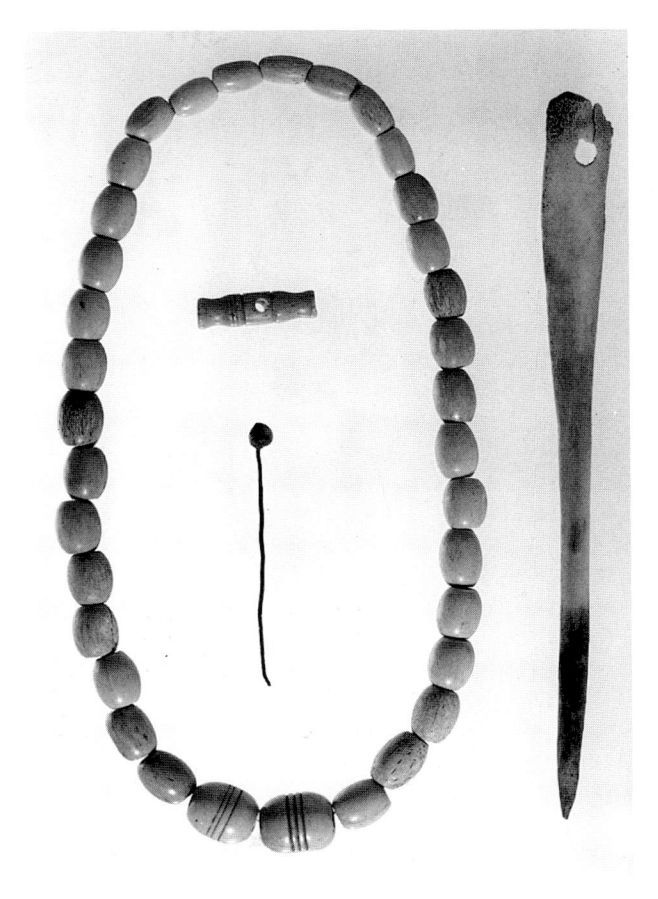

Abb. 61 Stecknadel aus Buntmetall mit Glaskopf, 12. Jahrhundert; beinerne Rosenkranzperlen, 14./15. Jahrhundert; Knochennadel, 11./12. Jahrhundert. Foto WMfA 1979.

langen Nadeln ohne Kopf können einem mit Spiraldrähten kombinierten Haarschmuck angehört haben, der zum Befestigen des Schleiers im Haar diente, jene mit Öse als Kopf hat vielleicht einen kleinen Anhänger getragen.[290]

Die große Anzahl der zeitweise zur festlichen Haartracht benötigten Stecknadeln wird in Stephan Lochners Triptychon im Kölner Dom (um 1440) deutlich: die kunstvoll gewundenen Zöpfe der Gefährtinnen der Hl. Ursula sind mit Blumen, Diademen und Bändern geschmückt, die überreich mit Nadeln besteckt wurden.[291] So erstaunt auch nicht die Menge des weiblichen Bedarfes an Stecknadeln: ein Posten in der Aussteuer einer englischen Prinzessin im Jahre 1348 belief sich auf 12000 Stück. Der Bezug erfolgte sowohl aus regionaler Fertigung als auch durch

---

285 EGAN/PRITCHARD 1991, 297. Die bei CAPELLE 1976, 17–22 beschriebenen Nadeln werden nicht näher datiert und können einem Zeitraum vom 9. bis 12. Jahrhundert entstammen.

286 Eine Publikation der Grabung Domherrenfriedhof 1987–89 befindet sich in Vorbereitung. Zahlreiche Stecknadeln befinden sich auch im Fundmaterial des ehemaligen Augustinerklosters Ewig/Attendorn (freundl. Hinweis von Dr. B. Thier). Ob sie Bestandteil der barocken Ordenstracht waren oder von besuchenden Damen dort verloren wurden, sei dahingestellt.

287 PEINE 1993a, 194.

288 EGAN/PRITCHARD 1991, 297 f.

289 EGAN/PRITCHARD 1991, 299 ff.; Opgravingen in Amsterdam 1977, 133 ff.

290 EGAN/PRITCHARD 1991, 295 f.

291 EGAN/PRITCHARD 1991, Abb. 298.

Importe: so sind Lieferungen aus Flandern nach England bekannt, deren eine im Jahre 1440 für sieben Händler 83000 Nadeln umfaßte.[292]

4. Ringfragment (?)
(aus FN 1) (Taf. 7, Nr. 18)

Bandförmiges gebogenes Buntmetallstück von 0,08 cm Dicke, sich von 0,3 auf 0,8 cm verbreiternd. Das Fragment ist stark korrodiert, mit bräunlichen Ablagerungen auf der Oberfläche. Vermutlich geschmiedet.

Es könnte sich um das Fragment eines Fingerringes handeln, ähnlich jenem auf der Graf-Gerlachs-Burg bei Netphen-Sohlbach, Kr. Siegen, aufgefundenen. Aufgrund bekannter Vergleichsstücke aus sächsisch-thüringischen Friedhöfen des 8.–11. Jahrhunderts ist eine Datierung des Attendorner Fragmentes in diesen Zeitraum vertretbar.[293]

5. Haarspange (?)
(o. FN) (Taf. 7, Nr. 20)

Aus dem Bereich von Schnitt 2, möglicherweise aus derselben Bestattung wie die Nadeln 3b, c, d.
L 3,05–3,6 cm, B 0,29 cm.

Bandförmiger, im Querschnitt gewölbter und an beiden Enden abgebrochener Buntmetallstreifen, der sowohl in etwa halber Länge als auch kurz vor dem einen Ende scharf umgebogen worden ist. Stark korrodiert; vermutlich geschmiedet. Ob die wellenförmigen Verbiegungen im Verlauf des Bandes sekundär entstanden sind, ist nicht mehr zu entscheiden. Die Form und Elastizität des Gegenstandes lassen auf eine Verwendung als Haarspange o.ä. schließen.

6. Ziernagel
(FN 14, Bef. Nr. 12) (Taf. 8, Nr. 1)

Aus dem zum zweiten Bau gehörenden Fundamentbereich *12* stammt ein vermutlich als Ziernagel verwendeter Gegenstand mit einer erhaltenen Länge von ca. 24 mm und einem Kopfdurchmesser von max. 17 mm. Bei der geringen Größe des Nagels wird es sich um den Beschlag

---

292 EGAN/PRITCHARD 1991, 297.
293 Frdl. Hinweis von Dr. U. Lobbedey. Vgl. auch LOBBEDEY 1979, hier 96, 98.

eines Kästchens, möglicherweise auch einer Schwert- oder Dolchscheide gehandelt haben.

4.4. Münzen
(Taf. 8, Nr. 2–4)

Drei Kleinmünzen frühneuzeitlicher Zeitstellung konnten während der Ausgrabung geborgen werden. Prof. Dr. P. Berghaus, Münster, nahm freundlicherweise die Bestimmung vor.

Funde von Kleinmünzen kommen bei Kirchengrabungen häufig zutage und sind als Kollektengeld oder Verlustfunde anzusehen, die durch Ritzen im Fußboden z.B. bei der Anlage von Bestattungen in die Erde gelangten. Da sich obertägig in Museen und Sammlungen in der Regel nur Münzen mit höherem Wert erhalten haben, liefern die Funde von „Kleingeld" oft fehlende Informationen über den Gesamtbestand der Währung einer Epoche bzw. einer Region. Die drei in Attendorn aufgefundenen Münzen können auch als Hinweise auf wirtschaftliche Beziehungen in die benachbarten Regionen wie das Rheinland, den hessischen und wittgensteinischen Raum aufgefaßt werden.

1. Erzbistum Köln, Ernst von Bayern (1583–1612) (FN 31)
   Heller o.J.; Münzstätte Werl.
   Vorderseite: •ER•D•G•E•COLON (Abb. geviertes Wappenschild: alternierend 2 Rautenwappen und 2 steigende Löwen)
   Rückseite: NVMMVS•WERL / •VIII• (Abb. Wappenschild: Schlüssel auf Balkenschild).
   Silber, Dm 17,0 mm, 0,65 g. Das Stück entstammt einem nicht weiter freigelegten Grab, das im Mittelschiff westlich der östlichen Chormauer 6 angeschnitten wurde

2. Solms-Hohensolms, Ludwig (1668–1707), Hohensolm (FN 1, unstratifiziert)
   Schüsselpfennig o.J., einseitig (Abb. geteiltes Wappen: stehender Löwe und Rose, im Perlkreis).
   Silber, Dm 11,5 mm, 0,18 g.

3. Sayn-Wittgenstein oder Solms (FN 1, unstratifiziert)
   Anonymer Schüsselpfennig (um 1630), einseitig (Abb. Zwillingskreuz mit Punkten in den Winkeln und drei Punkten an den Enden).
   Silber, Dm 11,0 mm, 0,2 g.

4.5. Bein

1. Rosenkranzperlen
(FN 44 aus Bef. Nr. 11a) (Taf. 8, Nr. 5–9, Abb. 61)

Bei dem westlichen der beiden Gräber, die das spätromanische Altarfundament *11* stören, wurden in der Kopfgegend eine Anzahl beinerner durchbohrter Perlen, in der Leibgegend ein kleines eisernes Messer[294] und einige Stoffreste aufgefunden *(Abb. 62)*. Weiterhin entstammen der Grabfüllung ein dünner, rechtwinklig gebogener Eisenstab unbekannter Funktion sowie zwei menschliche Zähne, deren Größe und äußerst geringer Abnutzungsgrad auf ein jugendliches Individuum schließen lassen. Dieses Grab sowie das östlich anschließende lagen auf der Mittelachse des gotischen Baues im westlichen Bereich der Vierung. Die Zerstörung des Altarfundamentes gibt einen Terminus post quem für die Bestattungen, die demnach nur zum gotischen Bau gehören können, und somit in eine Zeit nach der Mitte des 14. Jahrhunderts zu datieren sind.

Erhalten sind 34 längsovale Perlen unterschiedlicher Größe,[295] von denen 2 einen Durchmesser von 10–11 mm und eine Länge von 12–13 mm, 27 einen Durchmesser von 8–8,5 mm und eine Länge von 9–11 mm und die übrigen 5 einen Durchmesser von 5–6 mm und eine Länge von 8–10 mm aufweisen. Alle Perlen sind in ihrer Längsachse durchbohrt und an den Ansatzstellen der Löcher etwas abgeflacht. Die Größe der Bohrungen beträgt einheitlich 2,5 mm. Die beiden großen Perlen sind zudem an ihrer dicksten Stelle mit je drei umlaufenden Gurtfurchen versehen.

Die Lage der Perlen im Grab legt den Schluß nahe, es könne sich um eine Kette im Sinne eines Schmuckstückes gehandelt haben.[296] Allerdings kann davon ausgegangen werden, daß bei einer Bestattung an solch prominenter Stelle eher ein Mitglied des Chorkapitels oder einer der führenden Kaufmanns- oder Adelsfamilien seine Grablege gefunden hat. Ein als Kleidungs- oder Trachtbestandteil mitgegebenes Schmuckstück wäre dann erwartungsgemäß auch von höherem materiellen und künstlerischen Wert.

Abb. 62 Grab 11a. Fundort der Rosenkranzperlen. Slg. Korte, Foto Korte 1974.

Eine Kette aus Beinperlen paßte in diesem Falle höchstens zu einem Kindergrab, ähnlich wie das kleine, als Messer gedeutete Eisenobjekt. Geht man davon aus, daß die Anzahl der Perlen größer war und die Lage in Kopfgegend als Resultat einer postmortalen Verwerfung (vielleicht bei der Bestattung) gedeutet werden kann, so ließe sich aus den Beinperlen auch ein Rosenkranz rekonstruieren. Vereinzelt konnte jedoch auch der Rosenkranz um den Hals getragen werden, eine Sitte, die sich insbesondere an der Wende des 14. zum 15. Jahrhundert nachweisen läßt und mit der „heiligen und deshalb unheilabwehrenden Kraft der Gebetskette" in Zusammenhang gebracht wird.[297] Die von RITZ angeführten Beispiele dafür[298] belegen u.a. eine Verwendung dieser Tragweise bei Kindern.

Die beiden großen Perlen könnten als Paternosterperlen, d.h. als eingeschobene Merkzeichen, die mittelgroßen als

---

294 Vgl. Fundmaterial: Eisen, Nr. 2.

295 Ursprünglich sollen noch mehr Exemplare vorgelegen haben (frdl. Mitteilung von U. Goebel, Attendorn), jedoch gelangten nur diese 34 Perlen in den Besitz des Kreisheimatmuseums (heute Südsauerlandmuseum) Attendorn.

296 Im Inventar des Südsauerlandmuseums Attendorn als „Perlenkette" bezeichnet.

297 RITZ 1975, 92, 97.

298 Ebd. 92.

sogenannte Aveperlen und die fünf kleinen als Bestandteil der unteren Abschlußgestaltung verwendet worden sein.[299] Die Art des in regelmäßige Abschnitte (Gesetze) unterteilten Rosenkranzes bildete sich während des 14. und 15. Jahrhunderts aus und erreichte mit der Unterteilung in fünf Gesetze zu je 10 Aveperlen und einer Paternosterperle, d.h. insgesamt 55 Kranzperlen, um 1500 ihre endgültige und am weitesten verbreitete Form.[300] Da die Abschlußgestaltung nicht unmittelbar am Kranz ansetzt, sondern bei dieser Form meist durch eine kurze Reihe kleinerer Perlen verlängert wird, könnten hier die fünf kleinen Perlen angebracht gewesen sein. Nähme man die in einer Mörtelschuttschicht in Schnitt 4 aufgefundene längliche Perle (Nr. 2a aus FN 50) hinzu, so könnte sie zusammen mit den kleinen Perlen ein Kreuz in der Abschlußgestaltung gebildet haben.[301]

Als Grabbeigabe ist der Rosenkranz in spätmittelalterlichen und neuzeitlichen Gräbern keine Seltenheit, besonders in Süddeutschland, Österreich und der Schweiz.[302] Ob es sich bei den Bestatteten ausschließlich um Angehörige des Klerus handelt,[303] ob der Rosenkranz als Trachtbestandteil[304] oder ob er als Beigabe mit apotropäisch-prophylaktischem Charakter zu sehen ist, kann im Einzelfalle nicht entschieden werden, da eine Identifizierung der Bestatteten nur in den seltensten Fällen möglich ist.[305]

Beinerne Rosenkränze gehörten wie solche mit Holzperlen zur preisgünstigen Massenware,[306] deren Fertigung auf der Drehbank nur eine begrenzte Formenvielfalt erlaubt.[307] Eine Datierung aufgrund typologischer Kriterien ist also kaum möglich: runde, ovale und doppelkonische Formen sind langlebig und können als mittelalterlich – neuzeitlich eingeordnet werden. Als Anhaltspunkt für eine Datierung kann die Massierung von Rosenkränzen in Gräbern des späten Mittelalters und der frühen Neuzeit sowie die Tragweise (14./15. Jahrhundert) gelten. Andererseits liegt mit dem hölzernen Rosenkranz aus dem Grab des im Jahre 1648 verstorbenen Grafen Karl Ludwig Ernst von Sulz in der Pfarrkirche von Tiengen ein Exemplar mit sehr ähnlich gestalteten Perlen vor, das den Datierungszeitraum dieser Formen bis in das 17. Jahrhundert erweitert.[308] Das ebenfalls im Grab gefundene Messer verweist den Befund und damit wohl auch den Rosenkranz in das 15./16. Jahrhundert.

2. Drei einzelne Beinperlen
(Taf. 8, Nr. 10, 11, Abb. 61)

a. aus FN 50; b. o. FN.; c. aus FN 29[309]

a. Mehrfach profilierte Beinperle, quer zur Längsachse durchbohrt. An einem der beiden Enden befindet sich eine konische Vertiefung, wohl von der Befestigung auf der Drehbank. L. 21,2 mm; Dm 6,4 mm. Die Perle wurde aus einer Mörtelschuttschicht in Schnitt 4 geborgen.
Es handelt sich mit größter Wahrscheinlichkeit um einen Kreuzbalken des abschließenden Kreuzes eines Rosenkranzes; s.o. bei Nr. 1.
b. Längliche Beinperle in Form eines verrundeten Doppelkonus mit zwei Gurtfurchen im Bereich der breitesten Stelle. L 18,3 mm; größter Dm 9,5 mm.
Auch diese Perle kann Bestandteil eines Rosenkranzes gewesen sein; s.o. bei Nr. 1.
c. Kleine scheibenförmige Beinperle mit abgerundetem Profil. Dm 5 mm.
Die stratigraphische Fundlage – in Schnitt 6, „über frühroman. Pfeiler, Abbruchschutt, und Auftrag für spätroman. Periode" (Text lt. Fundzettel), also zwischen Periode II und III, sowie die vergesellschaftete Keramik sprechen für eine Datierung im das 13. Jahrhundert.

---

299 Ebd. 66 ff.

300 Ebd. 64 f.

301 500 Jahre Rosenkranz 1975, 188 Nr. B 178 (Abb. 19) (18. Jahrhundert); 171 Nr. B 55 (Abb. 35) (17. Jahrhundert).

302 DANNHEIMER 1984, 135–138; MIGLBAUER 1991, 93–113. Als Datierung wird hier allgemein neuzeitlich angegeben, vgl. MITTERMEIER 1992, 167–180. Die Deggendorfer Gräber werden als barockzeitlich bezeichnet.

303 DANNHEIMER 1984, 138.

304 RITZ 1975, 90 ff.; OEXLE 1986, 460.

305 Daß es sich nicht immer um Kleriker handelte, bestätigt ein Befund aus Gelterkinden/Schweiz: dort wurde im Grab einer offensichtlich weltlichen adeligen Dame ein Rosenkranz entdeckt. Das Grab wird in das 16. Jahrhundert datiert; EWALD 1973, 271 ff. Ebenfalls einer weltlichen Herrschaft, einem Angehörigen der Familie von Wolkenstein-Rodenegg, wurde ein Rosenkranz mit ins Grab gegeben. Die Gruft wurde im ersten Viertel des 16. Jahrhunderts belegt, vgl. ZEMMER-PLANK 1992, 136 ff.

306 RITZ 1975, 87 ff.

307 Zur Herstellung vgl. OEXLE 1986, 455–462, hier 457 f.; SCHUCK 1992, 416 f.

308 FINGERLIN 1992, 310.

309 Alle drei Perlen konnten nicht mehr aufgefunden werden. Die Beschreibung stützt sich daher auf die des Ausgräbers Dr. Lobbedey sowie die in den Grabungsakten und der Sammlung Korte vorhandenen Fotos und Zeichnungen. Ebenfalls als Bestandteil eines Rosenkranzes kann ein Beinring gelten (max. Dm. 1,65 cm, Dicke 0,33 cm), dessen Foto in der Sammlung Korte vorhanden ist; dort als Grabungsfund bezeichnet. Der Verbleib des Stückes ist jedoch unbekannt, ebenso sein Fundort oder seine stratigraphische Zuordnung.

3. Knochennadel
(FN 22 aus Bef. Nr. 21) (Taf. 8, Nr. 12, Abb. 61)

An der Südwand des zu Periode I und II gehörenden Chores (innen) wurde in dem als Bauschicht zu Periode II gehörenden Schichtpaket 21 neben Keramik des 10.–12. Jahrhunderts[310] sowie Fragmenten getriebenen Bronzebleches[311] eine Knochennadel geborgen. Das Stück ist 13,8 cm lang, an seinem unteren Ende zugespitzt und am oberen Ende mit einer unregelmäßig runden, 5 mm großen Durchbohrung versehen. Die untere Hälfte der Nadel besitzt einen annähernd dreieckigen Querschnitt, während sie nach oben hin flach und breiter wird. Die Durchbohrung befindet sich an der breitesten Stelle, etwa 6 mm vom oberen Rand entfernt. Die Spitze wirkt abgenutzt. Ob die dunkle Verfärbung des unteren Viertels durch Gebrauch oder die Lagerung im Boden entstanden ist, kann nicht mehr festgestellt werden.

Nach den in Form und Größe sehr ähnlichen Vergleichsstücken, die bei den Grabungen „Schild" und „Plessenstraße" in Schleswig zutage traten,[312] wurde die Nadel aus der Fibula eines Schweines gearbeitet.[313] Als eine mögliche Funktion dieses Nadeltypus käme eine Verwendung im Bereich des Hauswerkes beim Flechten von Bast oder Wolle, z.B. bei der Herstellung von Handschuhen, Mützen und Strümpfen, infrage.[314] Auch eine Verwendung als Haarnadel zum Befestigen von Netzen oder Hauben wurde in Betracht gezogen. Dabei kämen allerdings eher die kleineren verzierten Stücke zur Anwendung.[315] Verschiedentlich wurde auch die Vermutung geäußert, es könne sich bei den Knochennadeln um Griffel (Stili) zum Beschriften von Wachstafeln handeln. Die Gestaltung des Oberteiles der verzierten Nadeln, nämlich eine spatelartige, flache Abarbeitung des Kopfes, wäre dann zum Glätten des Wachses genutzt worden, ähnlich den vielerorts bekannten metallenen Griffeln. Das Loch im Oberteil könnte zur Befestigung des Griffels am Gürtel oder an der Wachstafel gedient haben. Gegen eine Deutung als Griffel spricht allerdings das gerundete Oberteil des Attendorner Stückes und etlicher Schleswiger Nadeln sowie die Fundhäufung in Schleswig: Dies würde bedeuten, daß es in nahezu jedem Haushalt der mittelalterlichen Schleswiger Handwerkersiedlung Lese- und Schreibkundige gegeben haben müßte – ein Umstand, der weit aus dem Rahmen durchschnittlicher mittelalterlicher Literalität fiele. Unterstellt man hier jedoch eher die Fähigkeit zum Rechnen oder Anfertigen kurzer rechnerischer Notizen, z.B. Bestellungen, so könnte der anspruchslos gefertigte Beingriffel etwa die Funktion eines heutigen Bleistiftes besessen haben. Die sorgfältige Glättung der Wachstafel wäre in diesem Falle nicht notwendig und auch mit dem Finger zu leisten gewesen. Indizien für eine Nutzung der Attendorner Knochennadel als Griffel sind der dreieckige Querschnitt der unteren Hälfte und die dunkle Verfärbung, die durch ständige Benutzung und Verschmutzung mit kohlenstoffversetztem Wachs entstanden sein könnte.[316] Aufgrund des nur spärlich erhaltenen, zeitgenössischen organischen Materials ist die Frage nach einer eindeutigen Verwendungsweise dieser Nadeln momentan nicht zu klären.

Die Datierung der Attendorner Knochennadel läßt sich anhand der Keramik aus dem Fundkomplex auf das 10.–12. Jahrhundert eingrenzen. Die vergleichbaren Stücke aus der Grabung Plessenstraße in Schleswig werden in das Ende des 11. bis Beginn des 13. Jahrhunderts datiert, jene aus der Grabung Schild in das 11.–14. Jahrhundert,[317] wobei sich die Nadeln gleichmäßig auf alle Schichten verteilten.

4. Kammzinken
(o. FN, aus Schicht 17)

Aus der als Bauschicht für den zweiten Bau anzusehenden Schicht *17* kamen zwei Kammzinken zutage. Beide sind ca. 3,3 cm lang, max. 0,3 cm breit und 0,15 cm dick und sind daher einheitlicher Abkunft. Nach ihrer Größe zu urteilen sind sie möglicherweise Bestandteil eines

---

310 Vgl. Befundkatalog Nr. 21 sowie Fundmaterial: Keramik.
311 Vgl. Fundmaterial: Buntmetall, Nr. 1.
312 ULBRICHT 1984, Taf. 33, 34, 80 und 81.
313 Vgl. ebd. Taf. 80 Nr. 10–12, wobei Nr. 10 in Größe und Form des Oberteiles der Attendorner Nadel sehr nahe kommt.
314 Ebd. 54 f. 77 Anm. 22.
315 Ebd. Taf. 81 Nr. 6–9. – Eine weitere Knochennadel dieses Typus stammt aus einem Grab im Bremer St. Petri-Dom, vgl. BRANDT 1988, 105. Eine Funktion als Halterung eines Netzes wäre bei diesem, in die 2. Hälfte des 18. Jahrhunderts datierten Grab eher wahrscheinlich, da am Schädel Reste eines netzartigen Gewebes beobachtet werden konnten. Ob die Knochennadel zu diesem Grab gehört oder sekundär aus einer der gestörten älteren Bestattungen in die Grabfüllung gelangt ist, geht aus dem Befundbericht allerdings nicht hervor.
316 Damit das erhitzte Wachs nicht in die Poren des Holzes eindrang, wurde es mit Asche versetzt. Frdl. Hinweis von Prof. Dr. T. Capelle, Münster.
317 ULBRICHT 1984, 10 ff.

einteiligen Kammes gewesen, ein Typus, der im frühen und hohen Mittelalter verbreitet war.[318]

5. Kammfragment
(o. FN, unstratifiziert)[319]

Auf beiden Seiten abgebrochenes Fragment eines Kammes von 2,7 cm Länge, 3,9 cm Höhe und ca. 0,3 cm Dicke. Auf dem ca. 1,6 cm breiten Steg befinden sich an den Bruchstellen Reste von Nagellöchern, etwa in halber Höhe des Steges Von den 17 noch erkennbaren Zinken sind 4 abgebrochen, die übrigen an ihrem unteren Ende zugespitzt.

Es handelt sich um das Fragment einer mittleren Lage eines Dreilagenkammes, bei dem zu beiden Seiten verzierte Bügel mittels kleiner Niete aufgebracht wurden. Diese Form tritt besonders im 11./12. Jahrhundert auf.[320]

4.6. Leder

Lederreste
(FN 6 und o. FN, aus Grab 11a)

Aus dem östlichen der beiden Gräber, die in das Altarfundament von Bau III eingetieft worden sind, konnten insgesamt sieben Lederstücke geborgen werden,[321] von denen vier als Bestandteile von Schuhsohlen identifizierbar sind. Alle vier bestehen aus zwei Lederlagen und haben je eine gerundete Kante mit 0,1–0,2 cm großen Nadeleinstichen. Das größte der Fragmente, max. Länge 6 cm, max. Breite 4,7 cm, weist an der Kante einen vertikalen Stichverlauf auf, d.h. die Naht griff noch ein ehemals seitlich ansetzendes Lederstück mit. Trotz der lagerungsbedingten Schrumpfung des Leders erscheinen die Sohlenreste klein und können einem jugendlichen Individuum gehört haben. Eine Datierung der Bestattungen *11a* in eine Zeit nach der Mitte des 14. Jahrhunderts, vermutlich in das 16./17. Jahrhundert, konnte bereits aus dem übrigen Fundmaterial bzw. der stratigraphischen Situation erschlossen werden. Eine Rekonstruktion der Schuhe selbst ist nicht möglich.[322]

4.7. Glas[323]

a. Hohlglas

1. **Fragment eines Maigeleins**
(FN 25, Lesefund aus Schnitt 1, obere Schichten) (Taf. 8, Nr. 14)

Randfragment einer kleinen flachen Trinkschale, eines sogenannten Maigeleins, aus ursprünglich hellgrünem Opalglas. Die Oberfläche ist durch die Bodenlagerung stumpf, braungrau und teilweise irisierend verfärbt. Der Rand ist etwas verdickt und fast senkrecht. Auf dem leicht gebauchten Gefäßkörper sind drei kugelförmige Verdickungen auf der Innen- und Außenseite erkennbar, die wohl als Warzen gedacht waren. Da die Gefäßwandung zu einer Seite hin leicht konvex ausbiegt, kann es sich um den seltenen Typus des ovalen oder schiffsförmigen Maigeleins handeln. Auch der Verlauf des Randes legt dies nahe. Dicke des Glases 0,15 cm, am Rand bis 0,35 cm. Länge max. 4,5 cm, Breite max. 3,0 cm.

Das Maigelein war ein besonders im 15. Jahrhundert beliebtes und sehr verbreitetes Trinkgefäß, das sowohl aus Murano importiert als auch in Deutschland hergestellt wurde. Es diente dem Weingenuß und zählte als ovale oder schiffsförmige Ausführung zu den sogenannten Duftgläsern, welche die Blume des Weines besonders zur Geltung bringen sollten. Ein komplett erhaltenes schiffsförmiges Maigelein mit Warzenmuster (aus Murano) befindet sich in der Sammlung Bremen in Krefeld und wird in das 15. Jahrhundert datiert. Die ovale oder schiffsförmige Form tritt jedoch noch bis das 16./ 17.

---

318 Ebd. 34 f., 46 f. Taf. 61–63.
319 Das Kammfragment wurde aus dem Abraum geborgen und befindet sich in Privatbesitz.
320 ULBRICHT 1984, 46 ff. und Taf. 64–73.
321 Es fand sich noch ein kleines, nicht näher bestimmbares Stoffstück, auf das hier nicht weiter eingegangen werden soll.
322 Funde von Lederresten in Gräbern des 16./17. Jahrhunderts, die Rückschlüsse auf den Schuhtyp zulassen, stammen z.B. aus der Pfarrkirche von Niedenstein-Kirchberg (Schwalm-Eder-Kreis): SCHWIND 1989, 175–191. Ein größerer Komplex von Schuhfunden ähnlicher Zeitstellung wurde bei Ausgrabungen in der Festung Bourtange/Niederlande zutage gefördert: GOUBNITZ 1993, 525–532.
323 Die Fensterglasfunde wurden Dr. U. Korn, Westf. Amt für Denkmalpflege, Münster, vorgelegt. Für Hinweise zu Datierung, Herstellungstechniken und Literatur sei ihm herzlich gedankt.

Jahrhundert auf.[324] Der Fund des Fragmentes eines Maigeleins in einem Kirchenraum kann jedoch auch auf seine Verwendung als Reliquienglas hinweisen, da insbesondere kleinformatige Gefäße, im 15./16. Jahrhundert bevorzugt Gläser für die Einlassung in das Reliquiensepulcrum eines Altares verwendet wurden.[325]

b. Flachglas

Bei allen Flachglasfunden ist die Oberfläche durch die Bodenlagerung stumpf und mit Auflagerungen versehen, jedoch in der Regel nicht irisiert. Es handelt sich durchweg um Opalglas.

Mittelalterliches Fensterglas

1. Drei Fragmente bemalten Fensterglases
(FN 21, zu Bef.-Nr. 8) (Taf. 9, Nr. 2, 4, 5)

Zwei weiße Fragmente sowie ein blaues mit Schwarzlotmalerei, Dicke des Glases in allen Fällen ca. 0,33 cm.

Die Bemalung auf den weißen Fragmenten besteht aus Feldern, ausgefüllt mit einer Kreuzschraffur, die als Reste von Blättern gedeutet werden können. Es handelt sich demnach um Reste von Grisaillescheiben mit Blattornamenten aus dem 13. Jahrhundert, wie sie etwa aus der Zisterzienserkirche Altenberg bei Köln (Scheiben um 1270) erhalten sind.[326]

Das blaue Fragment zeigt Streifen in Verbindung mit Bögen und stammt vermutlich von einem Perlrandstreifen, wie sie besonders häufig im 13. Jahrhundert bei der Gestaltung von Bildflächenbegrenzungen verwendet wurden. Ähnliche Streifen sind ebenfalls bei den o.g. Altenberger Scheiben erhalten, so daß das blaue Fragment durchaus vom selben Fenster stammen kann wie die beiden weißen. Die exakt gleiche Dicke der Fragmente legen dies ohnehin nahe. Alle drei Fragmente wären so dem romanischen Bau zuzuordnen.

2. Fünf Fragmente unbemalten Fensterglases
(FN 28, Schicht zu Bau III oder IV)

Vier weiße Fragmente und ein blaues Fragment von 0,25–0,4 cm Dicke, die nicht näher datierbar sind, aber als allgemein mittelalterlich angesehen werden können.

Frühneuzeitliches Fensterglas

1. Dünnes unbemaltes Blankglas
(FN 1, unstratifizierte Lesefunde, FN 21, zu Bef. Nr. 8, und FN 6, aus den Gräbern 11a)

Ca. 40 Fragmente farbloser Scheiben von durchschnittlich 0,15 cm Dicke. An einigen sind originale diamantgeschnittene Kanten erhalten, die noch den Verlauf der Bleiruten als dunkle Verfärbungen zeigen.[327] Die Winkel der Kanten zueinander lassen auf eine Rautenform der Scheiben schließen. Der Diamantschnitt der Ränder, erkennbar an glatten rechtwinkligen Kanten im Gegensatz zu den mittelalterlichen Kröselkanten[328] wird ab dem 16. Jahrhundert durchgeführt. Farblose Rautenverglasung tritt vereinzelt ab dem mittleren 14. Jahrhundert in Frankreich auf und wird zur Rahmung und somit Betonung farbiger Bildfelder eingesetzt.[329] Diese Technik der Fenstergestaltung setzt sich in der Folgezeit zunehmend durch, da „*Humanismus im 15. und die Reformation im 16. Jahrhundert bewirkten, daß in der Kirche in fortschreitendem Maße das helle Tageslicht dem mystischen Halbdunkel und farbigen Dämmern vorgezogen wurde.*"[330] So können diese Fragmente bei einer Neuverglasung der gotischen Attendorner Kirche nach dem 16. Jahrhundert in den Boden gelangt sein.[331]

---

324 BAUMGARTNER/KRÜGER 1988, 307 f., 379; BREMEN 1964, 346 ff.

325 Vier als Reliquiengefäße für die Altarweihe verwendete Maigelein des 15. Jahrhunderts befinden sich im Erzbischöflichen Diözesanmuseum Köln. SCHULTEN 1978, 102 f. Die Vermutung, es könne sich bei dem Attendorner Maigelein um ein Reliquienglas handeln, wird verstärkt durch die Tatsache, daß der Anteil zeitgleicher Gefäßkeramik aus der Kirchengrabung verschwindend gering ist.

326 BEEH-LUSTENBERGER 1967, Nr. 58, 59; dies. 1973, 68 f.

327 Zur Technik der Bleiverglasung vgl. FRODL-KRAFT 1970, 44 f.; STROBL 1990, 114 ff.

328 Der Zuschnitt mittelalterlichen Fensterglases erfolgte mittels eines erhitzten TrenneisenDie Kanten wurden anschließend mit einem zangenförmigen Instrument, dem Krösel- oder Fügeisen, nachbearbeitet, so daß sich muschelförmige Einbuchtungen, die sogen. Kröselkanten bildeten. Vgl. dazu STROBL 1990, 84 f.

329 FRODL-KRAFT 1970, 82 Abb. 14.

330 BEEH-LUSTENBERGER 1973, 9 f.

331 Vgl. Kap. 2.3.1., Bau III, Funde.

2. Dünnes bemaltes Blankglas
(FN 1, unstratifizierte Lesefunde und FN 6, Gräber 11a)
(Taf. 9, Nr. 3)

Die in Dicke und Substanz dem zuvor beschriebenen unbemalten Blankglas entsprechenden zwei Fragmente lassen noch Reste von feiner Schwarzlotmalerei erkennen, die vielleicht von Gewandfalten oder Binnenstrukturen vegetabiler Ornamente stammen können. Die Feinheit der Striche verdeutlichen den in der frühen Neuzeit stattfindenden Wandel zur Kleinformatigkeit der Bildfenster, die zunehmend auf Nahsicht gearbeitet wurden.[332]

3. Bemaltes Fragment mit Schriftzug
(FN 25, Lesefund aus Schnitt 1, obere Schichten) (Taf. 9, Nr. 1)

Ein aus zwei Fragmenten zusammensetzbares Stück gelblich-weißen Glases mit einem in Schwarzlotmalerei aufgebrachten, in hängender Rundung verlaufenden Streifen. In dessen Innerem befinden sich links die Reste eines augenförmigen Ornamentes, an das sich nach rechts zwischen je zwei dünnen Linien verlaufend die kapitalen Buchstaben „ANNO" anschließen. Die Schrift ist steil, mit zum Teil eingerollten Hasten und kleinen Einbuchtungen an den schmalen Schrägstrichen des „N". Länge max. 4,4 cm, Breite max. 4,8 cm. Die Außenrundung des Fragmentes läßt auf einen Gesamtdurchmesser der Scheibe von 30 cm schließen.

Es handelt sich um den Bestandteil des Schriftzuges einer runden datierten Wappen- oder Stifterscheibe, nach dem Schriftbild zu urteilen aus dem 16. Jahrhundert. Stiftungen von Kirchenfenstern durch begüterte Adelige, Bürger oder später auch Institutionen wie Räte und Zünfte sind aus Mittelalter und früher Neuzeit in großem Umfange bekannt geworden und bildeten einen weithin sichtbaren Beweis für Reichtum und Ansehen des Stifters. Als frühestes Beispiel kann das Bildnis des Stifters und Glasmalers Gerlachus aus Arnstein gelten, der um die Mitte des 12. Jahrhunderts der Praemonstratenserkirche Arnstein gleich fünf Scheiben aus eigener Herstellung stiftete, deren eine am unteren Rand sein Bild trägt.[333] Waren die Stifter in den ersten Jahrhunderten noch im Hintergrund des dargestellten Geschehens als andächtige, zumeist kleinformatige Nebenfiguren zu sehen, so setzte sich mit dem wachsenden Selbstbewußtsein des Bürgertums seit der Mitte des 14. Jahrhunderts allmählich eine stärker in den Mittelpunkt gerückte Darstellung des Stifters und seines Familienwappens durch, bis die Selbstdarstellung oder das Wappen das gesamte Bildfeld einnimmt. Dies führt schließlich zur Ausprägung der kleinformatigen Kabinettscheiben, die nun auch ihren Einzug in Rats- und Bürgerhäuser halten.[334] Vor diesem Hintergrund muß auch das Fragment der Attendorner Wappenscheibe gesehen werden: Vermutlich handelt es sich um die Stiftung einer angesehenen örtlichen Bürger- oder Adelsfamilie im 16. Jahrhundert. Ähnlich in Schriftduktus und Gliederung des umlaufenden Schriftstreifens sind die runden Stifterscheiben zweier Kanoniker aus dem Jahre 1533, ursprünglich an der St. Apostelkirche zu Köln oder den zugehörigen Kanonikerhäusern angebracht, sowie die Wappenscheibe des Johann Schenk von Limpurg aus dem Jahre 1535, vermutlich aus Wimpfen *(Abb. 63).*[335] Zwei weitere Wappenscheiben ähnlicher Ausführung befinden sich im Besitz des Westfälischen Landesmuseums für Kunst und Kulturgeschichte in Münster. Sie erinnern an zwei Kanoniker des münsterischen Domkapitels, Reiner Jodefeld und Johann Knipperdollinck, und werden in die Zeit um 1540–48 bzw. 1537–53 datiert. Ihr ursprünglicher Standort ist nicht bekannt; möglicherweise waren sie am Alten Dom oder den umliegenden Kurien angebracht.[336] Da sich im ausgehenden 16. Jahrhundert die Schriftart und der Bildaufbau merklich änderten, kann das Attendorner Fragment der ersten Hälfte, eher noch der Mitte des 16. Jahrhunderts angehören.

4.8. Werkstein

1. Murmeln

a. Murmel aus hellem Kalkstein (Marmor?) (FN 1, unstratifiziert) Dm 1,65 cm.
b. Murmel aus weißem Kieselstein mit braunen Flecken (wohl Eisen-Einschlüssen) (o. FN, aus einem der Gräber *11a*[337]) Dm 1,9 cm.

---

332 BEEH-LUSTENBERGER 1973, 10.
333 BECKSMANN 1975, 65 ff.
334 Ebd. 76 ff.; BEEH-LUSTENBERGER 1973, 10; DETHLEFS 1997.
335 BEEH-LUSTENBERGER 1967, Nr. 199, 200 und 204. Dies. 1973, 231 f. und 238.
336 DETHLEFS 1997.
337 Vgl. Fundmaterial, Keramik, Sondergruppen: 4 weitere keramische Murmeln stammen aus demselben Grab. Die Fundum-

Zu Murmeln und Murmelspiel vgl. den entsprechenden Katalogbeitrag in Kap. 4.1., Keramik, Sondergruppen. Marmorne Murmeln traten in Göttingen erst in Schichten des 16. Jahrhunderts auf.[338] Dies kann u.a. mit der Verfeinerung der Wasserkrafttechnik im ausgehenden Mittelalter im Zusammenhang stehen, die eine Produktion regelmäßiger Steinkugeln ermöglichte: Durch wehrartige Konstruktionen konnte der Wasserdruck eine Bachlaufes dazu genutzt werden, grob zugerichtete Marmorbrocken in sogenannten Kugelmühlen zu regelmäßigen Kugeln zu verarbeiten.[339] Ihr seltenes Auftreten im archäologischen Kontext spricht allerdings dafür, daß es sich – wie bei Glasmurmeln – um die Luxusausführung der Murmel gehandelt haben muß. Eine andere, weitaus weniger friedliche Verwendungsweise als Armbrustmunition, eingesetzt z.B. bei der Vogeljagd, ist für kleine Steinkugeln dieser Art ebenfalls belegt, dürfte aber für die Attendorner Stücke kaum infrage kommen.[340]

2. Säulenfragmente
(FN 28) (Taf. 9, Nr. 8)

Zwei Fragmente einer Säule aus einheimischem Gestein von beiger bis beigegrauer Farbe und sandsteinartiger Beschaffenheit, durchsetzt mit zahlreichen Einlagerungen von kleinen Fossilien. Auf der Oberfläche sind sie häufig ausgebrochen und haben kleine Löcher oder Krater

Abb. 63 Wappenscheibe des 16. Jahrhunderts. Wappen des Grafen Johann Schenk von Limpurg. Hess. Landesmuseum Darmstadt. Nach BEEH-LUSTENBERGER 1967, Kat.-Nr. 204.

hinterlassen. Der horizontale Bruch *„ist durch eine Zwischenlage von Versteinerungen – Crinoidenstielgliedern – verursacht worden."*[341] Die vertikalen Bruchflächen weisen ausgedehnte Brandspuren auf, die ein Bersten des Steines durch Hitzeeinwirkung nahelegen. Die Länge der beiden zusammengehenden Fragmente beträgt insgesamt max. 16,3 cm, der ursprüngliche Säulendurchmesser ist mit 23,5 cm zu rekonstruieren.

An einigen Stellen haben sich Spuren zweier Bemalungsschichten erhalten, deren untere aus grauer, sehr feiner Tünche, die obere aus weißlicher, dickerer besteht. Die Oberflächenbearbeitung des Steines erfolgte durch senkrechte parallele Hiebe mit dem Spitzeisen, eine als Glattfläche bezeichnete mittelalterliche Steinbearbeitung. Da zum Ende des 15. Jahrhunderts eine Bearbeitung mit dem Scharriereisen gebräuchlich wird,[342] kann das Säulenfragment nur einem Zeitraum davor entstammen. Die als Fundort im Südseitenschiff angegebene Schicht konnte keiner der Bauperioden zugewiesen werden, scheint sich jedoch, da sie als „oberste durchmischte Schicht" bezeichnet worden ist, auf Bau III oder IV zu

---

stände sind jedoch nicht weiter bekannt, vermutlich wurden sie aus der Verfüllung geborgen.

338 SCHÜTTE 1982, 203.

339 Aus einer Informationsschrift der Kugelmühle Almbachklamm, Marktschellenberg (Kr. Berchtesgadener Land), heute noch als Touristenattraktion in Betrieb: *Die würfelförmigen Marmorstücke kommen in die Kugelmühle, die aus dem unteren, feststehenden Schleifstein (aus hartem Sandstein vom Obersalzberg) und der oberen Drehscheibe (aus Buchenholz) besteht, auf die das Wasserrad (aus Lärchenholz) aufgezapft wird. Die Mahldauer beträgt je nach Größe 2–8 Tage. Anschließend müssen die Kugeln noch feingeschliffen und poliert werden.... Die Untersberger Marmorkugelmühlen wurden 1683 gegründet und zählen zu den ältesten Gewerbebetrieben in Bayern. Von hier gingen die als Kinderspielzeug beliebten Marmeln (...) in alle Welt. Über Rotterdam und London wurden sie hauptsächlich nach Ost- und Westindien exportiert. An die 600 bis 800 und manchmal sogar 1000 Zentner (1 Zentner waren ungefähr 10000 Stück) im Jahr. Der Segelschiffahrt waren sie als Fracht hochwillkommen, weil sie bei verhältnismäßig großem Gewicht wenig Raum einnahmen. Die letzten Murmeln aus Untersberger Marmor gingen von hier 1921 nach London.* Vgl. dazu auch FREUDLSPERGER 1919, 1–36.

340 BOEHEIM 1890, 441 ff.

341 L. Korte in Sammlung Korte.

342 ZURHEIDE/HANNING 1993, 334.

beziehen. Fragmente dicken Fensterglases³⁴³ verweisen auf eine allgemein als mittelalterlich zu bezeichnende Zeitstellung. Der ursprüngliche Aufstellungsort dieser Säule ist nicht mehr zu ermitteln, jedoch muß es sich um den Bestandteil eines kleinmaßstäblichen Architekturgliedes, wie etwa Fenster oder Tür, gehandelt haben. Kleine Säulen mit ähnlichem Durchmesser (etwa 20 cm) befinden sich in den Schallarkaden des Turmes (zu Bau III gehörend). Möglicherweise ist das Säulenfragment dem Abbruchschutt des dritten Baues zuzuordnen; da es jedoch nicht an stratigraphisch eindeutiger Stelle gefunden wurde, ist dies als Hypothese zu betrachten.

3. Deckel- oder Spielsteine
(FN 1, unstratifiziert, und o. FN)

Zwei annähernd runde Steinplatten aus Schiefer,³⁴⁴ an den Rändern grob behauen, deren größere (aus FN 1) einen Durchmesser von ca. 5 cm und eine Dicke von ca. 0,7 cm, die kleinere einen Durchmesser von ca. 2,5 cm besitzt (ihre Dicke ist nicht mehr bekannt).

Steinscheiben unterschiedlicher Größe und Dicke sind aus mehreren Grabungen und Fundbergungen bekannt geworden, auch aus Attendorn.³⁴⁵ Besonders umfangreich ist der Fund von etwa 70 Exemplaren aus Sandstein auf der Burg Isenberg bei Hattingen (errichtet etwa 1195, zerstört 1225), von denen die größeren (Dm ca. 6–12,5 cm und größer) als Schleudersteine oder Gefäßdeckel, die kleineren (Dm 1,8–4,5 cm) als Spielsteine gedeutet wurden.³⁴⁶ Ebenfalls als Spielsteine angesprochen werden Scheiben aus Sandstein und Schiefer mit einem Durchmesser von 4–4,5 cm Durchmesser, die bei Grabungen auf dem Domberg in Bamberg zutage kamen, sowie weitere Exemplare unterschiedlicher Größe aus den Altstadtgrabungen von Soest, Ahaus und Freiberg/Sachsen.³⁴⁷ Es kann sich bei mittelgroßen Stücken (Dm 5–9 cm) geringerer Dicke auch um Gefäßdeckel handeln,³⁴⁸ im Kirchenbereich möglicherweise um Abdeckungen von Reliquienbehältern. Dabei handelt es sich in der Regel um kleinere Gefäße aus Glas oder Keramik, die bei der Weihe in den Stipes eines Altares oder vereinzelt auch in das Kapitell einer Säule eingelassen wurden.³⁴⁹ Bislang sind aus Westfalen drei Fälle bekannt geworden, bei denen behauene Schieferplatten als Deckel von Gläsern in situ beobachtet werden konnten:³⁵⁰ Ein Reliquienglas des 15. Jahrhunderts, mit einem Schieferstein abgedeckt, wurde in einem Altar der Attendorner Pfarrkirche aufgefunden und befindet sich heute im Kreisheimatmuseum Attendorn.³⁵¹ Ein weiterer, nahezu identischer Befund stammt aus der Kirche St. Vinzentius in Bochum-Harpen. Der Glasbecher wird hier in die Zeit um 1500 datiert.³⁵² Besonders aussagekräftig ist der Fund eines gläsernen Reliquienbechers in der Gastkirche von Recklinghausen: Hier war die inliegende Weiheurkunde erhalten und ergab das Datum 1486.³⁵³ Der Durchmesser der jeweiligen Steinscheiben betrug allerdings, passend zu den Gefäßöffnungen (Mündungsdurchmesser ca. 7 cm) ca. 9 cm, so daß die beiden wesentlich kleineren Fundstücke aus der Attendorner Kirchengrabung auf einem Krug oder einer Kanne gesessen haben können. Die Verschlußart der sechs aus Westfalen bekannten Reliquienbehälter aus Ton ist in den Fällen des Steinzeuggefäßes aus der Recklinghäuser Gastkirche (datiert in das 15. Jahrhundert),³⁵⁴ der beiden Gefäße aus der Kirche St. Lamberti zu Oberhundem, Kr. Olpe (ein kleiner Henkeltopf mit Standboden, datiert in das 13. Jahrhundert und eine kleine Kanne aus dem ersten Drittel des 14. Jahrhunderts),³⁵⁵ des Steinzeugbechers aus Schmallenberg-Felbecke, Hochsauerlandkreis (datiert in das 14./15. Jahrhundert)³⁵⁶ sowie eines unbestimmbaren Gefäßes (als „kleine Urne" bezeichnet, münzdatiert nach 1300) aus einem Altar in der Kirche von Beddelhausen,

---

343 Vgl. Fundmaterial: Glas.

344 Beide Stücke konnten nicht mehr aufgefunden werden. Die Beschreibung erfolgt daher anhand der Grabungsunterlagen und eines Fotos aus der Sammlung Korte.

345 Im Fundmaterial der Grabung im Kloster Ewig/Attendorn befinden sich mehrere Exemplare aus Schiefer, darunter ein größeres mit einer Lochung (unpubliziert, frdl. Hinweis von Dr. B. Thier). Aus dem Stadtgebiet von Attendorn sind weitere Funde von Schiefersteinscheiben, hier als Spielsteine bezeichnet, bekannt. GOEBEL 1991, 42 f.

346 SEIBT (Hrsg.) 1990, 160, 165; LOBBEDEY 1983, 71.

347 BRITTING/HOFFMANN/SPECHT 1993, 202, 207 f.; KARRAS 1992, 177–182, 236 Kat. Nr. 99; MELZER 1995, 41; HOFFMANN 1996, 156.

348 LOBBEDEY 1983, 71.

349 THIER 1993, 318.

350 Mindestens drei weitere Reliquiengefäße (zwei gläserne Maigelein des 15. Jahrhunderts sowie ein Tongefäß des 17. Jahrhunderts), die mit einem Schieferdeckel versehen sind, befinden sich im Besitz des Erzbischöflichen Diözesanmuseums in Köln. SCHULTEN 1978, 102 f.

351 Der Sauerländer Dom 1994, 93 Nr. 28.

352 LOBBEDEY 1977a, 525.

353 PEINE 1989, 238 ff. Ein weiteres Reliquienglas sowie ein Steinzeuggefäß stammen aus dem Stipes des Hauptaltare

354 PEINE 1989, 241.

355 LOBBEDEY 1983a, 245 f.

356 Ders. 1977a, 526.

Kreis Siegen-Wittgenstein,[357] nicht bekannt; der Topf aus der Kirche St. Martin zu Dünschede, Kr. Olpe, war mit einer unbestimmbaren organischen Substanz und einem Wachssiegel verschlossen.[358] Das jüngere Gefäß aus Oberhundem, eine nur 9,5 cm hohe Kanne, besitzt einen Mündungsdurchmesser von 4 cm: Ein Stein von 5 cm Durchmesser, wie der größere der beiden Fundstücke, hätte hier passen können. Eine Verwendung als Spielsteine, besonders der kleineren Steinscheibe, kann jedoch nicht ausgeschlossen werden.

4. Perle aus Gagat
(o. FN, unstratifiziert)

Es handelt sich um eine schwarzglänzende durchbohrte Perle, deren Enden leicht abgeflacht sind. Ihr Durchmesser beträgt 1,5–1,8 cm, jener der Bohrung 1,8 mm. Mit größter Wahrscheinlichkeit war sie Bestandteil eines Rosenkranzes, der entweder vollständig aus Gagat bestand oder einzelne Gagatperlen als Paternosterperlen eingefügt besaß. Gagat, eine bitumenreiche Kohleart, die sich aufgrund ihrer geringen Härte gut drechseln, schnitzen und polieren ließ, wurde von der Antike bis in die Gegenwart hauptsächlich in Nordwestspanien, England (nahe der Stadt Whitby) und bei der namengebenden Stadt Gagis in Lykien/Kleinasien gewonnen. Vereinzelte kleinere Vorkommen in Süddeutschland und der Steiermark sind im Spätmittelalter und der frühen Neuzeit erschlossen worden, erreichten jedoch nie die Bedeutung der drei großen Förderungs- und Verarbeitungsgebiete. Datierung und Herkunft der Attendorner Perle sind nicht näher einzugrenzen. Möglicherweise steht diese Perle jedoch ebenso wie die Muschel aus Grab 33 in Zusammenhang mit der Jakobusverehrung und dem Santiago-Pilgerwesen des hohen und späten Mittelalters.[359]

Abb. 64 Das Pilgergrab 33 mit der Muschel im Bereich des rechten Brustkorbes. Slg. Korte, Foto Korte 1974.

4.9. Sonstiges

1. Pilgermuschel
(o. FN, aus Grab 33) (Taf. 9, Nr. 6, Abb. 64, 65)

Linke (untere) tief gewölbte Klappe einer Kammuschel (*pecten maximus*) mit zwei Durchbohrungen in Randnähe unterhalb der Wirbelgegend. Die Oberfläche ist infolge der Bodenlagerung mit braunen Auflagerungen versehen. Die Ränder sind bestoßen, die Ohren abgebrochen, und das rechte Loch nur zur Hälfte erhalten. Länge max. 6,5 cm, Breite max. 5,1 cm, Dm des Loches 0,6–0,7 cm.

Besonders interessant ist dieser Fund wegen seiner Lage im Grab: Die Muschel fand sich im Brustbereich des Skelettes auf der rechten Seite *(Abb. 64)*.

Muscheln dieser Spezies wiesen seit dem 11. Jahrhundert den Träger als Pilger aus, der die Wallfahrtstätte des Apostels Jakobus im nordspanischen Santiago de

---

357 ILISCH 1980.
358 LOBBEDEY 1977a, 525 f.
359 Zu Gagatartefakten vgl. VON PHILIPPOVICH 1966, 286–295; THIER 1993a, 331–338; ders. 1995, 358.

Abb. 65 Pilgermuschel aus Grab 33, 13.-15. Jahrhundert. Foto WMfA 1979.

Abb. 66 Darstellung eines Santiagopilgers mit einer im Brustbereich auf dem Mantel sitzenden Muschel. 14. Jahrhundert. Oldenburger Handschrift des Sachsenspiegels. WMfA, Umzeichnung G. Helmich.

Compostela besucht hatte. Sie galten als besondere Auszeichnung und wurden häufig dem Träger nach seinem Tode mit in das Grab gegeben. So stammen auch die meisten der archäologisch erfaßten Muscheln aus Gräbern. Aus dem gesamten europäischen Raum zogen die Pilger entlang festgelegter Routen nach Spanien und brachten zum Beweis ihrer Ankunft dort Muscheln und andere Devotionalien wie z.B. Jakobusfigürchen und Rosenkränze aus dem dort anstehenden Gagat mit nach Hause, die in Santiago im florierenden Devotionalienhandel erworben werden konnten. Auch aus Westfalen sind zahlreiche Funde dieser Art bekannt, wie auch der einer Muschel aus dem benachbarten Dünschede. Eine als nicht weiter stratifizierbarer Lesefund geborgene Gagatperle aus der Attendorner Kirchengrabung zeugt davon, daß es vielleicht mehr als einen Attendorner nach Santiago de Compostela gezogen hat oder zumindest die Verehrung des Heiligen hier sehr ausgeprägt war.[360] Die stratigraphische Lage des Pilgergrabes läßt eine engere Datierung nicht zu: es kann zum dritten Bau ebenso gehört haben wie zum vierten. Die Konsistenz der Grabverfüllung wies auf eine mittelalterliche Bestattung ebenso die Haltung der Arme: Sie lagen längs am Körper ausgestreckt. Diese Position ändert sich im Verlauf des Spätmittelalters zur Gebetshaltung, d.h. Hand- und Unterarmknochen finden sich dann im Beckenbereich, später auch im Brustbereich. Aus dem Befundbericht geht zudem hervor, daß der Tote in einem Brettersarg bestattet wurde. Somit kann das Grab nicht mehr dem 13. Jahrhundert angehören, da zu diesem Zeitpunkt noch eine gemauerte Grabumrandung erwartet werden kann. Der Fundort der Muschel im Grab läßt indes eine Datierung frühestens in das beginnende 14. Jahrhundert zu: Die Muschel wurde nun nicht mehr auf der Tasche in Hüftgegend getragen, sondern auf Hut und Mantel, bei letzterem im Brustbereich befestigt *(Abb. 66, 67)*.[361]

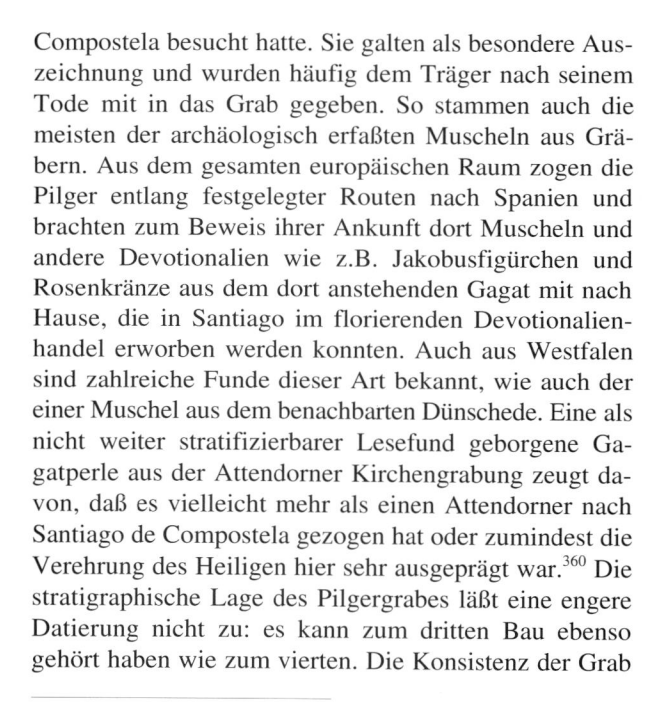

360 Davon legen auch der Jakobus- (und Andreas-)altar und die barocke Jakobusstatue in der Pfarrkirche Zeugnis ab.

361 Grundlegend zu Pilgerzeichen der mittelalterlichen Santiagowallfahrt: KÖSTERS 1983. Weiterführende und aktualisierte Bearbeitung, auch unter Berücksichtigung der westfälischen Neufunde: THIER 1995, 351–360.

2. Fossiler Seeigel
(o. FN, unstratifiziert) (Taf. 9, Nr. 7)

Im Verlauf der Grabung kam ein versteinerter Seeigel (Höhe 2,5 cm, max. Dm. 3,3 cm) aus Calcedon, einer Silexvariante, als unstratifizierter Lesefund zutage. Die Oberfläche des Stückes weist Abnutzungsspuren in Form von blanken glatten Stellen auf, vermutlich entstanden durch häufiges Betasten. Da es sich nicht um ein im Sauerland einheimisches Fossil handelt, sondern eine vorwiegend im Ostseebereich vorkommende Art (irreguläre Seeigel der Gattung *galerites vulgaris*),[362] ist dieser Fund als Import zu betrachten. Der Zeitpunkt seiner Ankunft in Attendorn kann jedoch nicht mehr nachvollzogen werden.[363]

Das Aufsammeln und Aufbewahren von Petrefakten, Versteinerungen pflanzlicher oder tierischer Lebensformen aus vergangenen Erdzeitaltern, ist vom Paläolithikum bis in die Neuzeit archäologisch belegbar.[364] Sie wurden als Schmuckstücke, Amulette oder, sofern sie aus Silex bestanden, auch als Rohmaterial für die Geräteherstellung verwendet. Daneben gab es zu jeder Zeit auch interessenbedingte Sammlungen, sei es auf der Basis wissenschaftlicher Erforschung oder des Sammelns kurioser Naturerscheinungen.[365] Der früheste Beleg einer Erkenntnis der ursprünglichen Natur der Fossilien findet sich in den Schriften des Xenophanes im ausgehenden 7. Jahrhundert v.Chr., eine erste Beschreibung der einzelnen Arten bei Plinius d.Ä. (23–79 n.Chr.). Dennoch wurden die Fossilienfunde bis in das 16. Jahrhundert hinein entweder als zufälliges Naturspiel oder als Produkt unheimlicher Vorgänge aus dem Reich der Magie betrachtet. Eine eingehende wissenschaftliche Beschäftigung mit Fossilien setzte im ausgehenden 16. Jahrhundert ein, vor allem vor dem Hintergrund der Sintflutlehre. Die Diskussion um das Sein und Wesen der Petrefakte spielte sich jedoch vornehmlich in den Kreisen weniger Gelehrter ab und ist kaum in das von Glauben und Aberglauben geprägte Denken des Volkes eingedrungen. Hier entspannen sich phantastische Sagen und Legenden über die Entstehung der Fossilien, ihre angeblichen

Abb. 67 Die Pilgertracht des Nürnberger Patriziersohnes Stephan III. Praun (1544-1591) von 1571. Germanisches Nationalmuseum Nürnberg. Foto Germanisches Nationalmuseum Nürnberg 1994.

Eigenschaften als Reste von Drachen, Riesen oder sonstigen Fabelwesen.

Speziell die Seeigel in ihren unterschiedlichen Ausprägungen wurden in Mittelalter und Neuzeit z.B. als „Donnersteine" (entstanden durch die Blitzeinschläge des Donnergottes Donar), in diesem Zusammenhang auch als „Gewittersteine" (zur Abwehr von Gewittern), als „Seelensteine" im Bereich des Totenbrauchtums sowie als „Schlangeneier" oder „Drudensteine" bezeichnet.[366] In vorgeschichtlicher Zeit, insbesondere in der Bronzezeit treten sie häufig im Bereich der Sepulchralkultur als Beigaben auf.[367]

---

362 Freundlicher Hinweis von L. Korte, Attendorn. Vgl. auch THENIUS/VÁVRA 1996, 58 ff.

363 Im Inventar des Kreisheimatmuseums Attendorn wird das Stück als „mittelalterliches Kinderspielzeug" geführt. Möglicherweise wurde eine Herkunft aus einer der mittelalterlichen Schichten beobachtet, jedoch nicht weiter festgehalten.

364 THENIUS/VÁVRA 1996, 14 ff.; ANKEL 1958, 130 ff.

365 ANKEL 1958, 131 ff.; THENIUS/VÁVRA 1996, 14 ff., 77 ff.

366 THENIUS/VÁVRA 1996, 41, 58 ff.; ANKEL 1958, 132 ff.

367 THENIUS/VÁVRA 1996, 62, ANKEL 1958, 135.

4.10. Das Fundspektrum der Attendorner Kirchengrabung 1974 – eine abschließende Betrachtung

Die Faktoren, welche die Zusammensetzung des Fundmaterials eines Grabungsobjektes bestimmen, unterliegen den unterschiedlichsten Bedingungen von Nutzung und Errichtungsvorgängen. So kann einerseits die Analyse des Fundgutes zur Erschließung weiterer, bislang nicht bekannter Nutzungsaspekte führen, andererseits können Fehlinterpretationen vermieden werden, wenn eine Erfassung aller denkbaren Gesichtspunkte erfolgt, die ein Objekt wie „Kirche" oder „Altstadt" etc. charakterisieren könnten. Da bei einer partiellen Ausgrabung stets nur ein Bruchteil der möglichen Informationen, die das Gesamte enthält, aufgenommen werden kann, bleibt das Bild lückenhaft, und so bilden die nachfolgenden Ausführungen nur einen möglichen Interpretationsansatz.

Die Kirche als öffentlicher Raum im Mittelalter

Der von Ferne schon weit über die Siedlung hinausragende Kirchturm symbolisierte nicht nur den Ort geistlichen Lebens und gelebter Frömmigkeit, sondern zugleich auch bis zur Errichtung prunkvoller Rathäuser den bürgerlichen Mittelpunkt.[368] Gerichtsverhandlungen fanden vor dem Kirchenportal statt, ebenso Trauungen und öffentliche Bekanntmachungen. Der Stadtrat versammelte sich in der Ratskapelle, dem Raum im ersten Obergeschoß des Kirchturmes, und stellte Urkunden aus. In vielen Altstädten Deutschlands findet sich heute noch der Markt zu Füßen der Kirche, und in unmittelbarer Nähe, später hinzugekommen, das Rathaus. An den Außenwänden der Kirche wurden verbindliche Maße für Längen angebracht, ebenso konnte sich in der Nähe ein feststehendes Gefäß für Hohlmaße, etwa zur Abmessung von Getreide, befinden. Im Kircheninneren repräsentierte sich die örtliche Oberschicht durch prunkvolle Grabdenkmäler und Stiftungen von Fenstern, Altargerät und Meßfeiern. Die Grabstätte in der Kirche mußte seit dem hohen Mittelalter käuflich erworben werden und konnte in den nachfolgenden Generationen von Mitgliedern derselben Familie wiederbelegt werden. Auch für die St. Johannes – Kirche zu Attendorn sind solche Erbbegräbnisse überliefert. Neben Mitgliedern der örtlichen Adelsfamilien, zu denen sicherlich der in dem „Schwertgrab" aus der ersten Hälfte des 16. Jahrhunderts Bestattete zählt, und einflußreichen Kaufleuten wurden auch Geistliche, z.B. die Senioren des Chorkapitels, im Kirchenraum bestattet. Eine nähere Zuweisung der bei der Grabung 1974 aufgedeckten Gräber, etwa eine Identifikation der Toten, ist aufgrund des fragmentarischen Befundes jedoch nicht möglich. Da der Begräbnisplatz in der Kirche begrenzt war und von vielen örtlichen Dignitäten beansprucht wurde, ist die Wahrscheinlichkeit gering, daß es sich bei dem „Pilgergrab" um das eines durchreisenden Pilgers aus dem Norden[369] gehandelt haben kann. Vielmehr wird der Bestattete ein Attendorner Adeliger, Kaufmann oder Geistlicher gewesen sein, der im Verlaufe seines Lebens eine Pilgerreise nach Santiago de Compostela unternommen hatte und mit seinem Ehrensouvenir, der Muschel auf dem Gewand, begraben wurde. Als Attribut christlicher Geisteshaltung gelangte auch ein beinerner Rosenkranz der frühen Neuzeit in das Grab seines Besitzers; Funde einzelner Rosenkranzperlen aus Bein und Gagat machen deutlich, daß der Rosenkranz lange Zeit alltäglicher Begleiter des Gläubigen war.

Den Kirchgang mit „Kind und Kegel" verdeutlichen uns andere Grabungsfunde: Spielzeug wie das Steinzeugkrüglein aus dem beginnenden 16. Jahrhundert, ein Glasfingerring aus dem 11./12. Jahrhundert, den vielleicht ein Kind oder ein junges Mädchen getragen hat, eine hochmittelalterliche Knochennadel und die Murmeln sind Zeugnisse bürgerlichen Lebens, das sich im Kirchenraum abspielte, auch wenn Tätigkeiten wie das Murmelspiel seitens der Geistlichen mißtrauisch beäugt, wenn nicht gar verboten wurden. Die glatten Bodenflächen aus Stein- oder Tonplatten in der Kirche zogen die großen und kleinen Murmelspieler geradezu an, und so ist es nicht verwunderlich, daß gerade bei Kirchengrabungen häufig Murmeln zutage treten. Tracht- und Kleidungsbestandteile wurden ebenfalls geborgen, wie die Fibel aus dem 9./10. Jahrhundert sowie Stecknadeln und Reste von Stoff und Schuhen aus dem 16./17. Jahrhundert.

Durch Bodenritzen gelangten viele dieser Kleinfunde, sofern sie nicht als Grabbeigabe erkennbar sind, in den Untergrund und können, etwa wenn Fußbodenplatten bei der Anlage einer Grabstelle aufgenommen wurden, mit in die Grabgrube gelangt sein.

---

368 BOOKMANN 1982, 18 ff.

369 SCHMORANZER 1992, 107. Die Thesen Schmoranzers zur Herkunft des Pilgers, zur Datierung des Grabes und zu Attendorn als Sammelort der Pilger sind aufgrund des Befundes nicht haltbar. Die Angabe der Körperhöhe des Bestatteten mit „fast 2 m" ist irreführend und hätte anhand des Maßstabes auf dem publizierten Foto zumindest anähernd korrekt abgelesen werden können (vgl dazu Katalog der Befunde, Nr. 33).

Die Ausstattung des Kirchenraumes im Lichte archäologischer Fundstücke

Neben der festinstallierten Bauzier waren Altäre, Skulpturen, Grabdenkmäler und liturgische Geräte dazu angetan, dem Kirchenraum Glanz zu verleihen und von Einfluß und Reichtum seiner Stifter zu zeugen. Viele der kostbaren Kreuze, Reliquiare, Tragaltäre, Gefäße und sonstiger Geräte haben aufgrund ihres hohen ideellen und materiellen Wertes die Zeiten überdauert und sind in Museen, Privatsammlungen und Kirchenschätzen erhalten geblieben. Ungleich größer dagegen muß die Zahl der weniger wertvollen Stücke gewesen sein, die im Laufe der Zeit eingeschmolzen wurden oder – seltener – bei Bränden und Abbrüchen von Kirchen verloren gingen. Da verarbeitetes Metall selbst wieder eine Rohstoffquelle bildet, gelangten defekte oder unbrauchbar gewordene Stücke nicht in den Abfall, so daß archäologisches Fundgut nur selten größere Komplexe von liturgischem oder sonstigem metallenen Gerät enthält. Kleine Reste wie die in Attendorn gefundenen, offenbar zum erneuten Einschmelzen vorbereiteten Fragmente von kupfernen Beschlagplättchen eines Reliquienkästchens aus dem 10./11. Jahrhundert sind jedoch häufig im Fundgut von Kirchengrabungen zu finden. Auf eine hölzerne Truhe oder einen Kasten, vielleicht zur Aufbewahrung von liturgischen Gewändern, Geräten oder wichtigen Schriftstücken weist der Rest eines eisernen Scharniers aus dem 11./12. Jahrhunderts hin.

Verglichen mit der großen Anzahl ergrabener Kirchengrundrisse in Nordrhein-Westfalen ist die Zahl jener vergangenen Kirchenbauten gering, von denen sich Reste der Bauzier fanden. Da Baumaterial oft über große Entfernungen herantransportiert werden mußte,[370] verwendete man mit Vorliebe zuerst im Fundamentbereich die Steine des zuvor abgebrochenen Vorgängerbaues. So ist der Verlauf alter Mauern oftmals nur noch in Ausbruchgruben nachweisbar, sind Reste von Fußböden bestenfalls noch als Laufhorizonte anzusprechen. Großformatig angelegte Baugruben des Neubaues haben vielfach zusätzlich einen Großteil der alten Baureste zerstört. Alte Plattenfußböden wurden zumeist abgetragen und konnten, waren sie noch in brauchbarem Zustand, sogar verkauft und erneut verbaut werden. Die – verglichen mit der ursprünglichen Gesamtfläche, die er einst bedeckt haben mag – kümmerlichen Reste eines Tonfliesenbodens aus dem 12. Jahrhundert mögen unter einem Schutthügel verborgen gewesen sein oder als Unterlage für ein Baugerüst gedient haben und sind so der Abtragung entgangen. Zwei Fragmente einer kleinen Säule sind die Reste mittelalterlicher Bauzier des aufgehenden Mauerwerkes, abgesehen von den in der Ratsloge erhaltenen Kapitellen, Säulen und Basen, die vom romanischen Bau stammen. Daß sowohl der romanische als auch der gotische Bau mit farbigen Fenstern versehen waren, ist durch Funde bemalten Fensterglases nachweisbar. Farbiger Wandputz fand sich nur in Befunden, die zum – nachweislich ausgemalten – gotischen Bau gehören. Dies schließt nicht aus, daß die übrigen Bauten unverputzt und ohne Fensterverglasung gewesen sein müssen: es verdeutlicht nur die Lückenhaftigkeit der Aussagemöglichkeiten aus dem Fundmaterial.

„Fabrica ecclesiae"

Abriß und Neubau eines Kirchengebäudes waren stets Vorgänge, die tief in die Bodensubstanz eingriffen und dort umfangreiche Spuren hinterließen. Neben dem Abbruchmaterial des jeweiligen Vorgängerbaues wie Mörtel, Steine, Nägel, Fensterglas, Reste der Dachdeckung und auch Brandresten fanden sich, neben den zahlreichen, diesen Vorgängen zuzuordnenden Befunden, in Attendorn auch einige Hinweise auf den Baubetrieb in Form von temporären Einbauten, wie z. B. eine Mörtelwanne mit den Resten ausgesiebten Materials zur Mörtelmischung, und ein Schmelzofenrest, in dem möglicherweise das Blei für die Fensterverglasung geschmolzen wurde. Daß Baugruben, die ohnehin zugeschüttet werden sollten, von den Bauhandwerkern gerne als Abfallgruben genutzt wurden, belegen die Keramikfunde: es handelt sich überwiegend um Gefäßkeramik, die als Trink- oder Schankgeschirr angesprochen werden kann.

---

370 Das Baumaterial der Attendorner Bauten stammt überwiegend aus den Steinbrüchen der Umgegend, das Material für die Bauskulptur des gotischen und romanischen Baues aus den Anröchter Grünsandsteinbrüchen. Vgl. dazu GOEBEL 1994.

5. Spätromanische Spolien in der Pfarrkirche St. Johann Baptist zu Attendorn

Felicia Schmaedecke

Einleitung

In der Pfarrkirche St. Johann Baptist in Attendorn finden sich Werkstücke aus romanischer Zeit, die in der bestehenden Kirche sekundär verbaut sind.

Bereits beim Neubau der Hallenkirche im 14. Jahrhundert wurden zwei romanische Kapitelle und eine Säulenbasis hoch oben in den querschiffartig ausladenden östlichen Seitenschiffjochen versetzt, wo sie als Konsolen für die Rippen des gotischen Kreuzgewölbes dienen. Da davon auszugehen ist, daß diese Spolien aus dem durch die archäologischen Untersuchungen von 1974 erschlossenen Vorgängerbau (Bau III) stammen,[371] kommt ihnen bei der Frage nach der Zeitstellung dieses Baus besondere Bedeutung zu.

Dieser sehr begrenzte Bestand an älterer Bauplastik läßt sich um zwei gut erhaltene Doppelkapitelle und ein Viererblockkapitell erweitern, die in der zum Mittelschiff hin geöffneten Viererarkade im Obergeschoß des Westturms angebracht sind *(Abb. 68)*. Den Bauuntersuchungen zufolge stammt die Arkadenarchitektur aus dem 19. Jahrhundert und wurde einem ehemals in ganzer Breite zum Kirchenschiff geöffneten Rundbogen eingefügt. Auch wenn an einer ursprünglichen Verwendung der eingebauten Architekturteile im Westturm wie auch im ehemaligen Kirchenraum gezweifelt werden muß,[372] ist eine Betrachtung zusammen mit den übrigen Attendorner Kapitellen insofern berechtigt, als sie, wie sich im folgenden zeigen wird, von der gleichen Werkstatt stammen. Damit ergibt sich für eine Einordnung und Datierung der Attendorner Bauornamentik eine breitere und zugleich auch gesichertere Basis.

Die Kapitelle und ihre Einordnung

Der Schmuck der Attendorner Kapitelle besteht überwiegend aus Blattdekor, der sich aus dem Zungenblatt und der Palmette zusammensetzt. Hiermit sind die beiden Doppelkapitelle in den Westturm-Arkaden und das als Rippenkonsole verwendete Kapitell im nördlichen Seitenschiff verziert. Dessen Gegenstück im südlichen Seitenschiff ist mit Rankenwerk dekoriert, während der ohnehin herausragende Viererblock in der Westturm-Arkade als einziger figürlichen Schmuck trägt, der aus einem Drachenfries besteht.

Die Blattkapitelle

Mit seiner konkav ausladenden Korbform ist das südliche Doppelkapitell im Westturm noch stark dem Würfelkapitell verpflichtet[373] *(Abb. 69)*. Es trägt einen Kranz aus großen Zungenblättern und dreigliedrigen Palmetten im Wechsel, wobei die Zungenblätter jeweils an den Kapitellecken und auf den Längsseitenmitten sitzen. Ihre eingerollten Spitzen definieren die Blockzone. Spiralförmig aufgerollte Blattstiele, die sowohl den Zungenblättern als auch den Palmetten beidseitig entwachsen, füllen die Zwickel zwischen den Blättern.

Grundform des nördlichen Doppelkapitells *(Abb. 70)* ist der Kelchblock, der mit seinem aufsteigenden Kelch und der bekrönenden Blockzone zwischen der runden Säule und der eckigen Deckplatte vermittelt.[374] Hierbei wird der Kelch durch fünfgliedrige Palmetten gebildet, die jeweils an den Kapitellecken und auf den

---

371 Für die Wiederverwendung von Werkstücken aus niedergelegten Bauten oder Bauteilen im Kirchenneubau finden sich Parallelen in der Ostkonche der Pfarrkirche von Plettenberg (Neubau um 1450) und bereits schon früher in der kurz vor der Mitte des 13. Jahrhunderts neu errichteten Apsis der Pfarrkirche zu Drolshagen, wo aus dem 12. Jahrhundert stammende Würfelkapitelle sowohl als Kapitelle als auch als Basen verwendet wurden.

372 Als Standort käme eher ein mit einer reich dekorierten Arkade ausgestatteter Profanbau in Frage. Viererblockkapitelle im Kircheninneren sind äußerst selten. In der Liebfrauenkirche zu Maastricht finden sich zwei mit alttestamentarischen Szenen ausgestattete Beispiele im Scheitel des geräumigen Umgangschor, die Mittelpunkt einer umfangreichen Kapitellfolge sind.

373 Deckplatte fehlt; Maße: Höhe mit Halsring 20,5 cm, Länge 38 cm, Tiefe 26,5 cm. Material: Briloner Grünsandstein.

374 Deckplatte fehlt; Maße: Höhe mit Halsring 20,5 cm, Länge 38 cm, Tiefe 26,5 cm. Material: Briloner Grünsandstein.

Abb. 69 Attendorn, Pfarrkirche, südliches Doppelkapitell der Viererarkade. Foto WAfD.

Abb. 68 Attendorn, Pfarrkirche, Viererarkade im Obergeschoss des Westturms. Foto WAfD.

Längsseitenmitten bis in die Höhe des Blockes aufwachsen. Obwohl das Ornament direkt über dem Halsring nur ansatzweise ausgearbeitet ist, ist zu erkennen, daß die Palmettenstiele sich hier teilen und seitlich umbiegen, um aufsteigend die Palmettenfächer zu rahmen und so bis in die Blockzone vorzustoßen. Eine Reihung von Halbkugeln, die entsprechend der zunehmenden Stengeldicke von unten nach oben größer werden, und die volutenartige Einrollung der Stengelenden setzen ornamentale Akzente. Der auf den Kapitellschmalseiten zwischen den Stengeln verbleibende Raum ist mit einem aus dem Halsring aufwachsenden dreigliedrigen Blatt gefüllt, das bündig unter die heutige Arkadenarchitektur stößt. In den kleineren Stengelzwickeln auf den Längsseiten sitzen jeweils drei blütenartig angeordnete Blattfinger.

Das Blattkapitell im nördlichen Seitenschiff *(Abb. 71)* schließt sich eng an das Palmettendoppelkapitell an.[375] Wie bei diesem wurde flächig ausgebreiteter Blattschmuck der Grundform des Kelchblocks angepaßt. In der Kelchzone findet sich der bereits bekannte Kranz aus gerahmten Palmetten, wobei das Motiv im Unterschied zum Westbaukapitell jedoch auf den Kopf gestellt ist und die fünfgliedrige Palmette herabhängt. Die Palmettenrahmung ist einfacher gestaltet; mit ihrer länglichen, am Ende gerundeten Form erinnert sie an einen Blattfinger. Durch die Umkehrung des Motivs schließen sich die jeweils benachbarten Palmettenrahmen eng zusammen, so daß sich zwickelfüllende Motive erübrigen. Statt dessen galt es, die Blockzone zu gestalten und durch hängende bzw. aufsteigende Motive mit dem Kelch zu verbinden. So findet sich an der Kapitellecke ein Blattgebilde, das herabhängend die darunter befindliche Eckpalmette berührt und seitlich je zwei abgespreizte Blattfinger besitzt; aus den Zwickeln der Palmettenrahmen steigen tropfenförmige Füllmotive bis in die Blockzone auf, während die auf den Kapitellseiten herabhängenden Palmetten sich wurzelartig bis unter die Deckplatte fortsetzen.

Die Blattkapitelle stimmen stilistisch eng überein. Sie sind sehr sorgfältig gearbeitet, wobei offensichtlich Wert auf große Formen und nicht auf eine detaillierte Ausarbeitung gelegt wurde. Alle Blattformen sind stark stilisiert und bleiben auffallend flach. Die einzelnen Blattfinger sind weich geschnitten und nur leicht gemuldet; durch Grate hervorgehobene Blattrippen fehlen. Spiralen und Kegelreihen setzen lediglich ornamentale Akzente. Der schalen-

---

375 Standort: Nordwest-Ecke; Deckplatte fehlt; Maße und Material sind nicht bekannt; Fassung modern.

Die Kapitelle und ihre Einordnung 99

Abb. 70 Attendorn, Pfarrkirche, nördliches Doppelkapitell der Viererarkade. Foto WAfD.

Abb. 72 Bonn, Münster, Kreuzgang. Foto Schmaedecke.

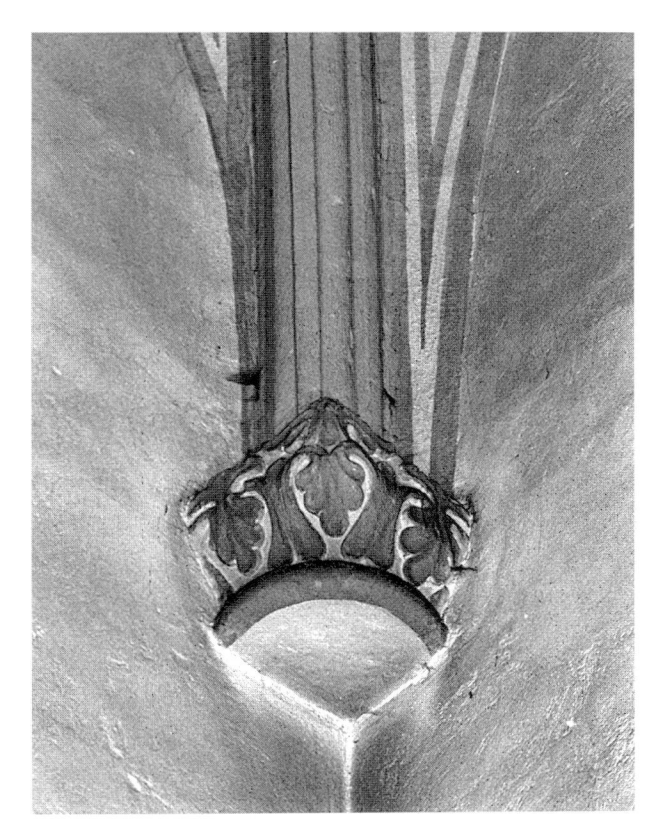

Abb. 71 Attendorn, Pfarrkirche, Rippenkonsole im Ostjoch des nördlichen Seitenschiffs. Foto Reinartz.

Abb. 73 Schwarzrheindorf, Doppelkapelle, Zwerggalerie. Foto Schmaedecke.

Abb. 74 Köln, Groß St. Martin, Ostchor. Foto Schmaedecke.

sondere der Formen- und Motivkreis frühstaufischer Bauten heranzuziehen, wie der Schwarzrheindorfer Doppelkapelle (Weihe 1151; Erweiterung vor 1173)[376] und des Münster-Kreuzganges in Bonn (vermutlich 1140–1169),[377] der am Beginn der spätromanischen Kapitellornamentik am Niederrhein steht und deren weitere Entwicklung maßgeblich beeinflußt.

Das kräftige Zungenblatt als Eckzier von Kapitellen in Kombination mit einem die Seitenmitte füllenden Blattmotiv findet sich wiederholt sowohl im Bonner Münster-Kreuzgang *(Abb.72)*[378] als auch auf der Zwerggalerie der Doppelkapelle von Schwarzrheindorf *(Abb. 73).*[379] Da hier die Zungenblätter anders als in Attendorn am Blattanfang gar nicht oder nur unwesentlich verjüngt sind und das Kapitell kelchförmig zugearbeitet ist, schließen sich Zungenblätter und Palmetten eng zusammen; auf zwickelfüllende Ornamente konnte verzichtet werden. Vergleichbar ist der Stilisierungsgrad der Blattformen, doch sind diese sowohl in Bonn als auch in Schwarzrheindorf kräftiger modelliert und durch kantig vorspringende bzw. tief eingekerbte Mittelgrate plastischer gestaltet. Mit ihren vorgewölbten und umgeklappten Spitzen besitzen die Schwarzrheindorfer Blattformen zudem räumliches Volumen, das durch den weit zurückgearbeiteten Kapitellkern noch gesteigert wird.

Bald nach der Mitte des 12. Jahrhunderts spielt das Zungenblatt in der rheinischen Ornamentik nur noch eine geringe Rolle. Seine ungegliederte, fleischige Form ist mit dem aufkommenden Bestreben, das Blatt- und Rankenwerk möglichst detailliert und naturalistisch zu gestalten, schwer vereinbar. Zudem zeigen in der Nachfolge von Schwarzrheindorf und Bonn stehende Zungenblattkapitelle, wie sie in Köln in dem Dreikonchenchor von Groß St. Martin (Weihe 1172)[380] und auf der Zwerggalerie des Dreikonchenchores von St. Aposteln (gegen 1200)[381] auftreten, eine entwickeltere Auffassung: ein Kranz aus gleich gestalteten kelchartig angeordneten

artig vor dem Kapitellkern liegende Blattschmuck ist nur gering herausgearbeitet, so daß er kein plastisches Volumen besitzt. Selbst die eingerollten Blattspitzen und Stielenden sind rein flächig gehalten und nicht vom Grund gelöst. Dem geringen Grad der plastischen Ausarbeitung des Ornaments entspricht auch, daß alle Elemente streng nebeneinander gesetzt sind, so daß an keiner Stelle Überschneidungen entstehen.

Von den Motiven her sind enge Verbindungen zur niederrheinischen Kapitellornamentik gegeben. Hier ist insbe-

---

376 Zur Baugeschichte KUBACH/VERBEEK 1976, 1006–1010; zu den Kapitellen RESSEL 1977, 1–126.

377 Zur Baugeschichte KUBACH/VERBEEK 1976, 107–119; zu den Kreuzgangkapitellen RESSEL 1977, 127–173.

378 Weitere Bespiele bei RESSEL 1977, 167, Nr. 17, 19; 168, Nr. 11.

379 Hierzu gehört auch das Kapitell Nr. 41 bei RESSEL 1977, 72, dessen Zungenblattspitzen sich ähnlich volutenartig einrollen wie bei den Attendorner Zungenblättern.

380 ZIMMERMANN 1950, Abb. 57, 58. Zur Datierung KUBACH-VERBEEK 1976, 575.

381 NUSSBAUM 1985, Abb. 15. Zur Datierung KUBACH/VERBEEK 1976, 513.

Abb. 75 Bonn, Münster, Kreuzgang. Foto Schmaedecke.

Abb. 76 Schwarzrheindorf, Doppelkapelle, Zwerggalerie. Foto Schmaedecke.

Abb. 77 Schwarzrheindorf, Doppelkapelle, Zwerggalerie. Foto Schmaedecke.

Abb. 78 Köln, St. Georg, Westbau. Foto Schmaedecke.

Zungenblättern, deren leicht nach außen gebogene Blattspitzen die Deckplatte tragen, umkleiden den schlanken Kapitellkörper *(Abb. 74)*.

Von größerer Bedeutung als das Zungenblatt ist in der rheinischen Ornamentik jedoch das Palmettenmotiv des anderen Attendorner Doppelkapitells. Die gerahmte Palmette hat hier als Eckmotiv auf Kapitellen reiche Verwendung gefunden, wobei jedoch die rahmenden Stengel oder Bänder nur selten wie in Attendorn aus dem Palmettenstiel selbst hervorgehen.[382]

Hierfür ist im Rheinland nur ein Kapitell aus dem Kreuzgang des Bonner Münsters bekannt *(Abb. 75)*, das sich jedoch in der Detailausführung von Stengel und Blattfingern und der voluminösen Formgebung stark von

---

382 Dies ist der Fall bei friesartiger Reihung des Motivs in der Bauornamentik, bei Wandmalereien oder an Goldschmiedewerken. Hier wird allerdings der Rahmen oben geschlossen und die Palmette in mehrere Wedel aufgeteilt, die über den Rahmen

hinauswachsen und diesen mit ihren überfallenden Blattspitzen umfangen. Von den zahlreichen Beispielen können hier nur wenige angeführt werden, wie der Fries im Chor des Bonner Münsters, DIEPEN 1926/31, Taf. LVI,4; die Tympanonrahmung am Nordwestportal von St. Servatius in Maastricht, ebd. Taf. XXXVIII,4; das Fragment einer Schranke aus dem Westbau von St. Jakob in Lüttich, ebd. Taf. LIV, 3 und der Türpfostenfries am Portal der Knechtstedener Abteikirche, ebd. Taf. LV, 4. Als Beispiele seien auch die Giebelkämme rheinischer Reliquienschreine angeführt, so vom Viktorschrein in Xanten, ebd. Taf. LXII, 1; vom Kölner Heribertschrein, ebd. Taf. LXIII, 2 und vom Maurinusschrein in Köln, ebd. Taf. LXIII, 4.

Abb. 79 Bonn, Münster, Kreuzgang. Foto Schmaedecke.

Abb. 80 Bad Homburg, Schloss, Doppelkapitell aus dem ehemaligen Kreuzgang der Abtei Brauweiler. Foto Schmaedecke.

dem Attendorner Kapitell unterscheidet.³⁸³

Formal näher stehen indes Kapitelle des vor 1173 erweiterten Teils der Südgalerie in Schwarzrheindorf *(Abb. 76, 77)*.³⁸⁴ Sie zeigen eine Frühform des in staufischer Zeit im Rheinland überaus beliebten Palmettenstengelkapitells, bei dem eine an der Ecke aus dem Halsring aufwachsende, in der Regel fünffingrige Palmette von seitlich ebenfalls aus dem Halsring aufsteigenden Stengeln gefaßt wird.³⁸⁵ Wie in Attendorn bleibt hier das Palmettenblatt kleiner als der Rahmen; es gibt keinerlei Überschneidungen. Die Stengelzwickel sind übereinstimmend mit dreiblättrigen Palmetten gefüllt. Vergleichbar sind auch die Voluten an den Stengelenden *(Abb. 77)* bzw. die Kugelreihen auf den Stengelschäften *(Abb. 76)*. Blattwerk und Stengel sind in Schwarzrheindorf zwar ähnlich stilisiert, aber tiefer gemuldet und gekerbt und zeigen in der Aushöhlung des Kapitellkerns und der damit möglichen Freistellung des Blattschmucks wie auch in dem Versuch, das Blattwerk durch Überschläge zu verräumlichen, eine fortschrittlichere Haltung als die Attendorner Arbeit.

Aus der hier behandelten Frühform entwickelt sich im letzten Viertel des 12. Jahrhunderts das typisch rheinische Palmettenkapitell, wie es beispielsweise in dem um 1180 errichteten Westbau von St. Georg in Köln zu finden ist *(Abb. 78)*.³⁸⁶ Es geht in seiner detaillierten Blattgestaltung, in der Verlebendigung der Vegetation durch zusätzliche Blattriebe und in seiner räumlichen Wirkung, die nicht durch einen tief ausgehöhlten Kern, sondern durch eingeklappte Blattspitzen sowie vielfältige Über- und Hinterschneidungen hervorgerufen wird, deutlich über die Stilstufe der obigen Kapitelle hinaus.

Auch für die hängende Palmette des als Rippenkonsole zweitverwendeten Attendorner Kapitells lassen sich Vorbilder in der niederrheinischen Kapitellplastik finden. Mehrfach wird das Motiv auf den Kegelstumpfkapitellen des Bonner Münsterkreuzgangs aufgegriffen *(Abb. 79)*.³⁸⁷

---

383 Vergleichbar ist auch ein Kapitell der Wartburg, zwischen 1163 und 1173, vgl. RESSEL 1977, 224.

384 Ebd. 17–23, Nr. 1-6.

385 In Schwarzrheindorf sind insgesamt sechs Kapitelle mit diesem Motiv verziert, das in drei Variationen vorkommt, so daß sich jeweils zwei Kapitelle vollkommen entsprechen, RESSEL 1977, Nr. 1 und 5; Nr. 2 und 3; Nr. 4 und 6.

386 Zur Datierung KUBACH/VERBEEK 1976, 529–533. Die Westbau-Kapitelle abgebildet bei SCHORN/VERBEEK 1940. Zahlreiche Beispiele dieses späteren Kapitelltyps bei KAELBLE 1988, Abb. 15, 16, 18, 21–31, 34–40, 52–58.

387 Ein dem Attendorner Kapitell näher stehendes Beispiel bei DIEPEN 1926/31, Taf. LXXVI,3.

Sie zeigen Vergleichbares, wie die flachen Stengel und das Füllmotiv unter der Deckplatte in den Rahmenzwickeln, aber auch formal Unterschiedliches, wie die Wiedergabe des hängenden Blattmotivs als symmetrisch ausgebildete vielgliedrige Halbpalmette. Stilistisch sind Übereinstimmungen insofern gegeben, als das Ornament der Bonner Kapitelle ähnlich folienhaft dem Block aufliegt und auch in der plastischen Ausarbeitung nur wenig über die Attendorner Arbeit hinausgeht.

Im Schwarzrheindorfer Motivrepertoire kommt die herabhängende Palmette nicht vor. Sie findet sich nur noch ein weiteres mal auf einem Doppelkapitell, das aus dem vor 1174 errichteten Ost- oder Südflügel des Kreuzganges der Abtei Brauweiler stammt und sich heute im Schloß von Bad Homburg v.d. Höhe befindet *(Abb. 80)*.[388] In verwandter Weise sind hier die Kelche mit Kränzen aus hängenden Palmetten umgeben, die von Halbpalmetten auf langen, feingerippten Stielen seitlich eingefaßt werden. Anders als in Attendorn sind letztere jedoch in aufwachsender Bewegung gegeben und bilden damit einen spannungsreichen Kontrast zu den hängenden Palmetten. Hierdurch bot sich zugleich die Möglichkeit, Kelch- und Blockzone organisch miteinander zu verbinden. Während das Ornament der Kelchzone ähnlich flächig wie in Attendorn ausgebreitet ist, dabei allerdings größere Plastizität besitzt, zeigt sich in der Blockzone mit den sich überkreuzenden Stengeln und den voluminös eingerollten Blättern eine deutlich entwickeltere Stilstufe.

Das Drachenkapitell

Der Kapitellblock auf den Vierersäulen im Westturm trägt einen rein figürlich gestalteten Fries aus vier gleichartigen Drachenpaaren, die jeweils eine Kapitellfläche einnehmen *(Abb. 81)*.[389] Die Paare werden durch einander zugewandte Drachen gebildet, deren Hälse miteinander verschlungen sind, so daß die Köpfe zurückblicken. Jeder Drache trägt in seinem Maul eine Kugel. Die friesartige Zusammenbindung der Paare erfolgt an den Kapitellecken, wo sich die Schwänze miteinander verhaken.

Abb. 81 Attendorn, Pfarrkirche, mittlerer Kapitellblock der Viererarkade. Foto WAfD.

Die Drachenleiber sind so angeordnet, daß sie die mittlere und obere Kapitellzone bedecken; die massigen Körper befinden sich in der Kapitellmitte, während die aufgerichteten Köpfe zusammen mit den hochgeklappten Flügeln und den blattartig endenden, aufwärtsgebogenen Schwänzen die obere Zone füllen; weitgehend leer bleibt der säulenartig gerundete Bereich über dem Halsring, in den lediglich die dünnen Drachenbeine hinunterreichen.

Die Tiere entsprechen einem Drachentyp, wie er im Mittelalter allgemein geläufig ist.[390] Er hat die Gestalt eines Krokodils oder einer Schlange, raubtierartige Krallenfüße und Fledermaus- bzw. Raubtierflügel.[391] Solche Drachendarstellungen, die in der christlichen Anschauung als Symbol des Teufels, der Ketzerei und des Heidentums gelten, sind in der mittelalterlichen Kunst weit verbreitet. Die Kugeln in den Drachenmäulern sind wohl als Äpfel zu deuten. Sie spielen auf die verderbenbringende Frucht an, mit der der Teufel in Gestalt einer Schlange die ersten Menschen zur Sünde verleitete.[392]

---

388 Die Kreuzgang-Kapitelle jüngst vorgelegt von KAELBLE 1995, 13-99.

389 Deckplatte erhalten; Maße: Höhe mit Halsring und Deckplatte 28 cm, Höhe ohne Deckplatte 18,5 cm, Länge Kapitellblock 32 × 32 cm, Länge Deckplatte 42 × 42 cm; Material: Briloner Gründsandstein; zum Kapitell GOEBEL 1994a, 12.

390 Es handelt sich nicht um Greifen, wie GOEBEL 1994a, 12 vermutet. Der Greif setzt sich aus Löwe (Körper) und Adler (Kopf und Klauen) zusammen, wie beispielsweise auf der Kanzel von S. Giulio im Ortasee in Oberitalien zu sehen ist, DIEPEN 1926/31, Taf. LXVIII, 1.

391 Aus der zahlreichen Literatur zum Drachen sei insbesondere auf zusammenfassende Lexikonartikel hingewiesen: STAUCH 1958; MERKELBACH 1959; LUCCHESI-PALLI 1968; weitere Literatur zusammengestellt bei BROSCHEIT 1990, Anm. 104.

392 Zur christlichen Symbolik des Apfels vgl. STAUCH 1937a; AURENHAMMER 1967; OS VAN 1968.

Abb. 82 Schwarzrheindorf, Doppelkapelle, Zwerggalerie. Foto Schmaedecke.

Abb. 83 Essen, Münster, Vierung. Foto Schmaedecke.

Abb. 84 Limburg an der Lahn, Dom, Chorempore. Foto Schmaedecke.

Abb. 85 Schwarzrheindorf, Doppelkapelle, Zwerggalerie. Foto Schmaedecke.

Verglichen mit den Blattkapitellen ist das Drachenkapitell stilistisch entwickelter. Die Tiere besitzen größere Plastizität und sind kräftiger aus dem Kapitellkern herausgearbeitet. Hals- und Schwanzverschlingungen schaffen verschiedene Ebenen und lassen die Darstellung raumhaltiger wirken. Während die Blattendungen der Schwänze entsprechend den Blattkapitellen stark vereinfacht sind und die Bohrlochreihen auf den wulstigen Leibern eine vergleichbare Neigung zu ornamentaler Gestaltung erkennen lassen, sind Köpfe, Flügel und Klauen mit einem Sinn für Details gearbeitet, wie er bei den Blattkapitellen nicht vorhanden ist. Das mit einer Braue versehene Auge, die Konturierung des Maules, die – wenngleich auch nur schwach reliefierte – Angabe von anliegenden Federn am Flügelansatz und aufgestellten Schwungfedern, die sehr feine Gestaltung der Beine und die Herausarbeitung der Klauen sind Zeichen eines beachtlichen handwerklichen Vermögens. Hinzu kommt eine deutlich jüngere Auffassung des Kapitellkörpers als Bildträger. Während bei den Blattkapitellen die Komposition des Ornaments maßgeblich von der Form des Kapitells bestimmt wird, hat sich der Meister des Drachenkapitells von diesem Zwang freigemacht und die Tiere nicht in einen vorgegebenen Rahmen gepreßt.

Am Niederrhein gehört der Drache zu den beliebtesten Tiermotiven; er ist überaus zahlreich in der Bauornamentik vertreten. Den Attendorner Drachen am nächsten stehen vom Typ und der Ausführung her auch in diesem Fall wieder frühe Beispiele, wie sie sich auf der Westempore der Abteikirche zu Maria Laach,[393] im

---

393 SCHIPPERS 1967, Abb. 12; Datierung: 1130–1156.

Kreuzgang des Bonner Münsters,[394] auf der Zwerggalerie in Schwarzrheindorf *(Abb. 82)* und auf einem Kapitell in den Ostteilen des Münsters zu Essen *(Abb. 83)* finden. Es handelt sich um die gleichen massigen, mittig zusätzlich verdickten Leiber mit Bohrlochzier, die auf eine Reihe reduziert sein kann. Vergleichbar sind auch der Kopftypus und die Blattschwänze, wobei der des Essener Drachen jedoch vielteiliger gestaltet ist. Der aufgerichtete Flügel findet sich ganz ähnlich auf dem Essener Kapitell wieder, wohingegen die Schwarzrheindorfer Drachen ihre Flügel angelegt haben. Letztere sind ebenfalls paarweise – allerdings voneinander abgewandt – angeordnet, dabei aber auf der vergleichsweise schmalen Kapitellseite eng und flächendeckend zusammengerückt. Dem Umriß des Kapitells folgend nehmen sie eine Art schaukelnde Haltung ein, die auch bei der späteren Vereinzelung des Motivs auf dem Essener Kapitell beibehalten wird, obwohl sie hier kompositorisch nicht notwendig ist. Bereits oben wurde darauf hingewiesen, daß das Attendorner Drachenkapitell dieser strengen Unterordnung des Dekors unter die vorgegebene Kapitellform nicht unterliegt und damit eine jüngere Auffassung vertritt, wie sie am Niederrhein erst bei spätstaufischen Kapitellen zu finden ist; als Beispiel läßt sich ein nach 1220 entstandenes Kapitell von der Chorempore des Limburger Domes anführen *(Abb. 84)*.[395]

Im Schwarzrheindorfer Motivrepertoire findet sich auch der Apfel wieder, den die Attendorner Drachen im Maul halten. Er wird hier von Affen gegessen *(Abb. 85)*, die nach mittelalterlicher Vorstellung ebenfalls den Teufel personifizieren. Mit dem Apfel in der Hand gelten sie als Symbol des Sünders.[396]

Der im vorhergehenden betrachtete Drachentyp wird am Niederrhein im letzten Viertel des 12. Jahrhunderts grundlegend variiert und bleibt in dieser Gestalt bis weit in das 13. Jahrhundert hinein allgemein verbindlich. Besonders qualitätvolle Beispiele finden sich an einem Portalbogen im Hessischen Landesmuseum von Darmstadt, der aus der Klausur der ehemaligen Abtei Brauweiler stammt *(Abb. 86)*. Bei diesen ist der Drachenkörper deutlich graziler, fast vogelähnlich; Hals und vor allem der Schwanz sind auffallend dünn geformt; der bisherige Schlangenkopf ist durch einen Wolfskopf ersetzt, den gelegentlich ein Ziegenbart ziert. Eine Übereinstimmung mit dem

Abb. 86 Darmstadt, Hessisches Landesmuseum, Detail des Portalbogens aus der Abtei Brauweiler. Foto Schmaedecke.

eigentlichen furchterregenden Drachen ist mit dieser Neuschöpfung kaum mehr gegeben.

Das Rankenkapitell

Ausgangsform des heute im Südschiff als Rippenkonsole verwendeten Kapitells ist der Würfel, dessen Oberfläche von Ranken überzogen ist *(Abb. 87)*.[397] Soweit es der schlechte Erhaltungszustand erkennen läßt, sind beide Kapitellseiten mit jeweils einer spiegelbildlich identischen Weinranke dekoriert. Die Rankenzweige wachsen gemeinsam an der Kapitellecke aus einer aufgrund der Schäden nicht näher zu identifizierenden „Verdickung" oberhalb des Halsringes hervor und beschreiben auf der Kapitellseite einen leicht gedrückten Kreis. Diesen füllen ein kurz vor dem Rankenende abgehender, in einem zweifingrigen Blatt endender Nebentrieb und eine herabhängende Traube. Es ist anzunehmen, daß beide Hauptranken ehemals in einem gemeinsamen Blatt an der oberen Kapitellecke endeten. Eine wulstige Verdickung in der Mitte der linken Ranke auf halber Kapitellhöhe könnte zu einem Ring gehören, der diese Ranke mit derjenigen der benachbarten Seite über die Kapitellecke hinweg zusammenband. Dies würde bedeuten, daß es sich um ein vierseitig bearbeitetes, ehemals freistehendes Kapitell handelt. Hierauf weist auch ein nur noch durch eine Fehlstelle auf dem Stein erkennbarer weiterer Nebentrieb, der auf der Höhe des kreisfüllenden Triebes von der

---

394 DIEPEN 1926/31, Taf. XX, 1.
395 Zur Baugeschichte KUBACH/VERBEEK 1976, 663–671.
396 STAUCH 1937; JANSON 1952, 138 mit Anm. 11; 110–112. 114–115; AURENHAMMER 1967, 60–63; WEHRHAHN-STAUCH 1968.

397 Standort: Südost-Ecke; Maße und Material unbekannt; Erhaltung: Deckplatte und Halsring fehlen; starke Abstoßungen an der Ecke, leichtere auf den Seiten; Putzreste nicht ursprünglich.

Abb. 87 Attendorn, Pfarrkirche, Rippenkonsole im Ostjoch des Südseitenschiffs. Foto WAfD.

Abb. 88 Köln, St. Georg, Westbau. Foto Schmaedecke.

Ranke abgeht und zur linken Kapitellecke aufsteigt, wo er vermutlich in einem die Ecke kennzeichnenden Blatt endete.

Aufgrund des schlechten Erhaltungszustandes läßt sich das Kapitell stilistisch nur bedingt beurteilen. Die Hauptranke scheint als einfacher Wulst gebildet zu sein. Eine detailliertere Gestaltung liegt wohl bei einem Blatt mit abgebrochener Spitze vor, das den inneren Nebentrieb umhüllt; seine Außenseite ist durch Längsrillen gegliedert. Das Blatt im Kreisinneren hingegen besteht aus zwei fleischig aufgewölbten, weich geformten Blattfingern, bei denen eine feinere Ausarbeitung nicht erkennbar ist. In der plastischen Gestaltung des Ornaments lassen sich Vergleiche zum Drachenkapitell ziehen. Anders als bei diesem werden jedoch Überschneidungen konsequent gemieden; Ranke, Traube und Blattwerk sind streng nebeneinander angeordnet.

Auch für das Rankenkapitell läßt sich auf den Niederrhein verweisen, wo vergleichbare Spiralrankenornamente ausgehend von Schwarzrheindorf bei der ornamentalen Ausgestaltung von Kapitellen und Friesen an staufischen Bauten überaus beliebt sind. Dieses Ornament läßt zahlreiche Variationsmöglichkeiten hinsichtlich der Zahl der Einrollungen, der Menge der abgehenden Neben- und Blattriebe wie auch der Art der Zusammenbindung an den Kapitellecken zu. Im Westbau von St. Georg in Köln *(Abb. 88)* tritt um 1180 die Spiralranke bereits in entwickelter Form auf: aus dem fein gesträhnten Bart eines männlichen Kopfes geht ein dreisträhniger, mehrfach eingerollter Rankenstamm hervor, dem zahlreiche Blattriebe entwachsen, die die Ranke überfangen oder hinterschneiden. In der feinteiligen, detaillierten Ausarbeitung und dem Bemühen um eine Verräumlichung des Dekors geht dieses Kapitell, wie auch alle nachfolgenden rheinischen Arbeiten, weit über das Attendorner Kapitell hinaus. Eine diesem vergleichbare Stilstufe vertreten hingegen die Rankenkapitelle der Schwarzrheindorfer Doppelkapelle,[398] deren Ausgangsform zudem ähnlich würfelartig ist. Hier findet sich auch eine entsprechende Rankenkomposition *(Abb. 89)*, die allerdings symmetrisch verdoppelt wurde, wobei sich die Rankenzweige in der Seitenmitte miteinander verflechten. Wie bei dem Schwarzrheindorfer Kapitell könnte auch die Eckgestaltung des Attendorner Kapitells ausgesehen haben.

Hinsichtlich Komposition und Ausführung läßt sich dem Schwarzrheindorfer Kapitell ein Doppelkapitell im Rheinischen Landesmuseum Bonn an die Seite stellen

---

398 RESSEL 1977, 39–43, Nr. 20, 21, 45.

Abb. 89 Schwarzrheindorf, Doppelkapelle, Zwerggalerie. Foto Schmaedecke.

Abb. 90 Bonn, Rheinisches Landesmuseum, Magazin, vermutlich aus dem Kreuzgang von St. Gereon in Köln. Foto Schmaedecke.

(Abb. 90), das zu einer Kölner Kapitellgruppe gehört, die vermutlich aus dem Kreuzgang von St. Gereon stammt.[399] Aufgrund der entwickelteren Ornamentik dürften sie wohl im 3. Viertel des 12. Jahrhunderts entstanden sein. Mit Attendorn vergleichbar ist die grobe Gestaltung des Rankenzweiges und der Blattriebe, die Ausbildung des Blattüberfalles und die fingerartig dicke Ausformung der Blattlappen.

Zur Datierung der Attendorner Kapitelle

Die große Zahl der motivischen Übereinstimmungen weisen auf den Niederrhein als Quelle für die Attendorner Kapitellplastik hin. In besonderem Maße vorbildlich war die Kapitellplastik frühstaufischer Kirchenbauten, wie des Münster-Kreuzgangs in Bonn, der Zwerggalerie der Schwarzrheindorfer Doppelkapelle und deren Nachfolge im 3. Viertel des 12. Jahrhunderts. Daß das Schwarzrheindorfer Motiv- und Formengut nicht nur für die weitere Entwicklung der niederrheinischen Bauornamentik von Bedeutung gewesen ist, zeigt dessen weite Verbreitung bis ins Maasgebiet[400] und nach Thüringen (Wartburg,

Eisenach).[401] Während sich dort jedoch anhand stilistischer Übereinstimmungen und Weiterentwicklungen unmittelbare Werkstattzusammenhänge und direkte personelle Verbindungen erschließen lassen, über die auch die zeitliche Abfolge der Arbeiten faßbar wird, ist dies für Attendorn nicht möglich. Hier bleibt es bei der rein formalen Nachfolge. Einzig das Rankenkapitell steht mit seinen voluminösen, plastischen Formen den rheinischen Vorbildern auch stilistisch recht nahe. Besonders auffällig ist die Handschrift der Blattkapitelle mit der zwar sehr sorgfältigen, aber insgesamt starren und flächigen Behandlung des Ornaments, der geringen Eintiefung der Blattumrisse in den Kapitellblock und dem Hang zu ornamentalen Details. Diese Stilstufe findet sich weder in Schwarzrheindorf noch in Bonn. Neben dieser vereinfachten Weiterführung des Motivrepertoires gibt es aber auch ein deutlich fortgeschritteneres Niveau, vertreten durch das Drachenkapitell, das in seiner freien Umsetzung des Tierfrieses auf den Kapitellkörper, der als Bildträger ohne Rahmenzwang aufgefaßt wird, weit über die Stilstufe der Schwarzrheindorfer und Bonner Figurenkapitelle hinausgeht. Der Gedanke, dieses Kapitell als ein späteres, nicht zugehöriges Werk zu betrachten, wird angesichts der identischen Basen der in der Westturmarkade verbauten Kapitelle jedoch hinfällig.

Daher ist für eine Datierung der Attendorner Kapitellgruppe letztlich das Drachenkapitell als stilistisch jüngstes Werk ausschlaggebend. Daß dessen Stilstufe im Rheinland erst in spätstaufischer Zeit erreicht wird, wurde bereits oben festgestellt. Die Ornamentik der nahegelegenen Pfarrkirche von Plettenberg bestätigt diesen

---

399 Die Kapitelle befinden sich heute im Landesmuseum Bonn und im Kölner Schnütgen-Museum; KAELBLE 1990, 69–78 bes. 74 und Anm. 22, wo KAELBLE diese Kapitelle dem Kreuzgang von St. Gereon in Köln zuweist.

400 Beispiele in Odilienberg, Tongern und Gent bei DIEPEN 1926/31, Taf. XLV, 6.7; Taf. XLVI, 2–4, 7; hierzu gehören auch bisher unpublizierte Kapitelle im Bonnefantenmuseum von Maastricht.

401 VOSS 1917, 124–139; RESSEL 1977, 213–268 bes. 266–268.

5. Spätromanische Spolien in der Pfarrkirche St. Johann Baptist zu Attendorn

Abb. 92 Plettenberg, Pfarrkirche, Südportal, östliches Gewände. Foto Schmaedecke.

Abb. 93 Bonn, Münster, Rankenfries im Langchor. Foto Schmaedecke.

Abb. 91 Plettenberg, Pfarrkirche, Nordportal. Foto Schmaedecke.

Abb. 94 Plettenberg, Pfarrkirche, Südportal, östliches Gewände. Foto Schmaedecke.

Abb. 95 Soest, St. Maria zur Höhe, Südportal, östliches Gewände. Foto Schmaedecke.

Abb. 96 Bacharach, St. Peter, nördliches Seitenschiff, Schlangensäugerin. Foto Schmaedecke.

späten zeitlichen Ansatz. Am Nordportal der Kirche findet sich ein Drachenkapitell, das offensichtlich die Attendorner Drachen kopiert *(Abb. 91)*, ohne jedoch die Qualität des Vorbildes zu erreichen. Dieses Kapitell steht in einem bauornamentalen Kontext, der sowohl motivisch als auch stilistisch in das 13. Jahrhundert gehört. So weist das Südportal der Kirche an seinem östlichen Gewände einen Kreisrankenfries und ein weiteres figürliches Motiv auf *(Abb. 92)*. Der Rankenfries findet Anschluß an die niederrheinische Bauzier der Zeit um 1200. Formal und kompositionell vergleichbar ist der Fries am Langchor des Bonner Münsters *(Abb. 93)*, dessen eingeschriebene Tier- und Menschenfiguren der Plettenberger Fries jedoch nicht übernimmt. Offenbar mißverstanden wurden zudem die in Bonn den Blattfingern mittig aufgesetzten Rippen, die in Plettenberg die einzelnen Blattfinger voneinander trennen.

In der figürlichen Darstellung neben dem Plettenberger Rankenfries läßt sich trotz starker Verwitterung eine Frau erkennen, die zwei Tiere nährt *(Abb. 94)*. Die zentralsymmetrische Komposition folgt einem im Rheinland geläufigen Typus der Tiersäugerin, dem weiblichen Gegenstück zu dem zahlreich verbreiteten Tierbändiger.[402] Eine als Halbfigur in frontaler Haltung gegebene Frau wird von an ihren Brüsten saugenden Drachen oder Schlangen flankiert, deren Hälse oder Schnauzen sie umfaßt hält. Im Rheinland läßt sich die zeitliche Verbreitung dieses Motivs auf die Jahre zwischen 1190 und ca. 1230 einengen.[403] In der westfälischen Bauornamentik taucht die Tiersäugerin ab dem 2. Viertel des 13. Jahrhunderts auf. In der nach 1221 erbauten Burgkapelle von Rheda-Wiedenbrück sind auf den Kapitellen am Ostfenster der Oberkapelle zwei drachensäugende Frauen dargestellt.[404] Die Verbindungen zu den rheinischen Darstellungen sind hier ebenso offensichtlich, wie bei der schlangennährenden Frau am Südportal von St. Maria zur Höhe in Soest (um 1220/30) *(Abb. 95)*, der ein Kapitell im nördlichen Seitenschiff von St. Peter in Bacharach zugrunde liegt *(Abb. 96)*.[405] An das Soester Motiv wiederum schließt sich formal die Plettenberger Tiersäugerin eng an, die sich allerdings durch die geringere Ausführungsqualität unterscheidet. Die Schlangen zu

---

402 BROSCHEIT 1990, 241–246, hier alle rheinischen Beispiele; 246–248 zur Ikonographie des Motivs.
403 Ebd. 245–246.
404 Ebd. Abb. 399–402.
405 Ebd. Abb. 229. Auf weitere Beispiele des Motivs in westfälischen Kirchen (Herford, Brilon) weisen BARTH/HARTMANN/KRACHT 1983, 651 hin.

Abb. 97 Plettenberg, Pfarrkirche, Triumphbogen, Basis der nördlichen Vorlage. Foto Reinartz.

Abb. 98 Attendorn, Pfarrkirche, Basis aus dem Ostjoch des Südseitenschiffs. Foto WAfD.

Seiten der Frau sind ähnlich derb und kräftig wie die Drachen auf dem Nordportalkapitell in Plettenberg. Ihre Körper tragen die auch für die Attendorner Drachen charakteristische Lochzier.

Die Ornamentik an den Langhausportalen der Plettenberger Pfarrkirche wird man demzufolge nicht vor dem 2. Viertel des 13. Jahrhunderts ansetzen. Sie gehört damit in eine Zeit, in der im westfälischen Raum verstärkt niederrheinische Bau- und Ornamentformen Eingang finden.[406] Nach MÜHLEN und BÖKER datiert der Plettenberger Kirchenbau sogar erst in die Jahre nach 1240.[407]

Ein zeitlich enges Verhältnis der Kirchen von Plettenberg und Attendorn läßt sich außer über das Drachenkapitell auch über identische Säulenbasen fassen. Die Basis der nördlichen Säulenvorlage im Triumphbogen von Plettenberg *(Abb. 97)*[408] zeigt eine ähnliche Gestaltung wie die als Konsole versetzte Basis im Südseitenschiff von Attendorn *(Abb. 98)*.[409] Für beide ist die zweifache Eckzier charakteristisch, die aus einem Tuch und einer darunter hervorschauenden eiförmigen Ecknase besteht. Die Tücher an den Ecken sind so weit ausgebreitet, daß sie sich zusammenschließen und den Wulst weitgehend bedecken. Während die Ecknase der Attendorner Basis eine gratige Erhöhung besitzt, sind die Ecknasen der Plettenberger Basis mit Spiralmotiven verziert. Das Motiv der eingerollten Ränder, wie es die Plettenberger Tücher zeigen, begegnet ganz ähnlich bei den in der Westturmempore in Attendorn verbauten Basen *(Abb. 99, 100)*. Diese weisen zwar die weithin übliche Eckzier aus zungenförmigen Blättern mit eingerollter Spitze auf, doch sind diese ebenfalls auffallend breit und wulstbedeckend angelegt; auch die tütenförmige Einrollung der Ränder findet sich an zwei Seiten der vierfachen Säulenbasis wieder *(Abb. 100)*.

Mit dem Drachenkapitell am Langhausportal und den Basen im Ostchor erschöpfen sich die Beziehungen zwischen Plettenberg und Attendorn. Einem offensichtlich anderen, nicht rheinischen Formengut entstammt die Kapitellplastik im Ostchor der Plettenberger Kirche.[410] Die an den Chorkapitellen ausgearbeiteten bandartig geströhnten Ranken, die flach ausgebreitete Blätter und Trauben umschließen *(Abb. 101)*, wie auch die kerbschnittartig angelegten Blattmotive erinnern an den Motivkreis sächsischer Bauzier, der im 12. Jahrhundert in Westfalen weit verbreitet ist, in Plettenberg allerdings im 13. Jahrhundert noch einmal zur

---

406 Nach MAUÉ 1975 beginnt dieser Einfluß bereits im letzten Viertel des 12. Jahrhunderts und verdrängt den bis dahin für Westfalen wichtigen Einfluß Sachsens.

407 MÜHLEN 1965, 70–92 bes. 78; BÖKER 1984, 54–76 bes. 66.

408 Bei der südlichen Basis ist im Ansatz eine ähnliche Gestaltung zu erkennen, sie ist aber unvollendet geblieben. Auch die Ostseite der nördlichen Basis ist nicht fertig ausgearbeitet.

409 Standort: Südwest-Ecke; die Gestaltung des oberen Wulstes, der Kehle und der Nordseite lassen sich aufgrund jüngerer Putze oder Farbfassungen nicht mehr beurteilen.

410 An ihrem originalen Standort befinden sich heute noch das südliche und nördliche Triumphbogenkapitell, wohingegen zwei kleinere Kapitelle und deren Basen in der wohl um 1450 neu erbauten Ostkonche den die Gewölberippen auffangenden Vorlagen aufgesetzt wurden.

Zur Datierung der Attendorner Kapitelle

Abb. 99 Attendorn, Pfarrkirche, Basis aus der Viererarkade. Foto WAfD.

Abb. 100 Attendorn, Pfarrkirche, Basis aus der Viererarkade. Foto WAfD.

Abb. 101 Plettenberg, Pfarrkirche, Triumphbogen, Kapitell der nördlichen Vorlage. Foto WAfD.

Abb. 102 Helden, Pfarrkirche, Apsis, Kapitell zwischen den Nischen. Foto WAfD.

Abb. 103 Helden, Pfarrkirche, Apsis, Kapitell zwischen den Nischen. Foto Schmaedecke.

Ausführung kommt. Den 1986 in der Pfarrkirche durchgeführten archäologischen Untersuchungen zufolge setzt sich der Chor zwar mit Fuge gegen das Langhaus, wird aber von ELLGER dennoch der gleichen Bauphase zugerechnet.[411] Die Tatsache, daß für die Herstellung der Ostchorkapitelle allerdings eine andere Bildhauerwerkstatt herangezogen wird als für die Langhausportale, scheint aber doch für eine zeitliche Verzögerung zwischen der Errichtung des Langhauses und der Anfügung des Chores zu sprechen.

Den Attendorner Kapitellen lassen sich zwei weitere Kapitelle in der Apsis der in der Nähe von Attendorn gelegenen Pfarrkirche von Helden an die Seite stellen. Beide wiederholen das schon aus Attendorn bekannte gerahmte Palmettenmotiv, wobei das südliche Kapitell *(Abb. 102)* unmittelbar an das Palmettendoppelkapitell im Westbau von Attendorn anschließt. Unterschiede bestehen lediglich in der Ausführung von Details, wie der Diamantstäbe auf den rahmenden Stengeln, die sich bis auf die untersten Blattfinger der Mittelpalmette fortsetzen; hierzu gehören auch die ebenfalls aus Diamantreihen v-förmig zusammengesetzten Zwickelfüllungen unter der Deckplatte und die in eine Kreisform mit Binnenstichelung umgewandelten Eckvoluten. Im übrigen aber sind die Übereinstimmungen mit den Attendorner Blattkapitellen so eng, daß eine Zuweisung an den gleichen Steinmetzen gerechtfertigt ist. Die in Helden neu auftretende Diamantierung der Stengel wird als Variante zu den Kugelreihen auf Kölner Kapitellen seit dem 3. Viertel des 12. Jahrhunderts gebräuchlich; Kugelreihen treten danach nur noch selten auf.

Das nördliche Kapitell in Helden kombiniert die bisher bekannten Palmettenmotive in ganz neuer Weise *(Abb. 103)*, indem aufwachsende und herabhängende Palmetten im Wechsel als Eckmotiv verwandt werden. Die auf der vorspringenden Kapitellecke befindliche aufgerichtete Palmette wird leicht abgewandelt. Sie besteht aus nur drei Fingern, aus deren über dem Halsring umgebogenen Stielhälften zwei kleinere Palmetten hervorgehen, die sich in die Zwickel der Rahmenmotive einfügen. Der mittlere Rahmen hat keine Verbindung zur Palmette; er ist leicht nach oben verschoben und scheint hinter dem Eckblatt hervorzukommen.

Für diese Kombination der gerahmten Palmetten gibt es im Rheinland keine Parallele. Die Ausgestaltung des Kapitellkelches mit einem Palmettenkranz findet sich aber mehrfach auf den Schwarzrheindorfer Kapitellen[412] und taucht einmal auch in Zusammenhang mit der von Stengeln gerahmten Eckpalmette auf *(Abb. 77)*.

Wie in Attendorn steht auch in Helden der Rückgriff auf niederrheinische Kapitellplastik in unmittelbarem Zusammenhang mit der Übernahme niederrheinischer Bauformen. So entspricht die Aushöhlung der Apsismauer durch Nischen einer rheinischen Gepflogenheit, die im Zusammenhang mit der Ausbildung reicher staufischer Chorgliederungen steht. Mit Nischen ausgestattete Apsiden kommen im Rheinland in dem Zeitraum von 1150 bis nach 1220 vor.[413] Ihre südwestfälischen

---

411 ELLGER 1991, 135–155 bes. 143–144, 152.

412 RESSEL 1977, 44 Nr. 7, 15, 40.

413 Die ältesten finden sich in der Doppelkapelle von Schwarzrheindorf (Weihe 1151) mit zwei runden Nischen zu Seiten einer rechteckig geschlossenen und in St. Gereon in Köln (Weihe durch Erzbischof Arnold II. von Wied 1151–56); es fol-

Abb. 104   Meinerzhagen, Pfarrkirche, Taufbecken. Foto Schmaedecke.

Abb. 105   Attendorn, Westturm, Ostseite, Fenster im 3. Geschoß. Foto Reinartz.

Nachfolger werden bisher allgemein in das 2. Viertel des 13. Jahrhunderts und später datiert,[414] was den für die Attendorner Kapitelle aufgrund des Vergleichs mit Plettenberg ermittelten zeitlichen Ansatz bestätigt.

Ganz offensichtlich war die gerahmte Palmette das bevorzugte Motiv der Attendorner Werkstatt. Hierauf weist auch ein Kapitellfund aus der Pfarrkirche von Meinerzhagen, der aus dem Abbruchschutt der westlichen Orgelempore geborgen wurde. Es handelt sich um ein Eckkapitell, dessen Palmettendekor demjenigen des Doppelkapitells auf der Westturmempore der Attendorner Pfarrkirche vollkommen entspricht.[415] Ehemaliger Standort könnte der Westturm gewesen sein, der nach einer Brandzerstörung von 1797 rund 20 Jahre später abgetragen und neu aufgebaut wurde. Über die Errichtungszeit des älteren Turmes ist nichts bekannt. Die Kapitelle auf den Langhausemporen und am Südportal der Kirche sind ebenfalls rheinisch beeinflußt, greifen aber auf zeitgemäßes Formengut zurück, indem sie das zu Beginn des 13. Jahrhunderts am Niederrhein verbreitete Palmettenstengelkapitell kopieren.[416]

Das Motiv der gerahmten Palmette wird in Meinerzhagen ein weiteres mal aufgegriffen und zwar bei der Ausgestaltung des im Kirchenchor stehenden Taufbeckens *(Abb. 104)*. Das sechzehneckig gefaltete kelchförmige Becken wird von acht (1909 erneuerten) Säulchen umstellt, die über dem Halsring anstelle eines Kapitells jeweils eine gerahmte Palmette tragen, deren mindere Ausführungsqualität allerdings auf einen anderen ausführenden Steinmetzen hinweist. Der Form nach gehört der Taufstein in das 13. Jahrhundert; er kopiert einen am Niederrhein zu Beginn des Jahrhunderts aufkommenden Typ.[417]

Zusammenfassend darf somit für die hier interessierende Kapitellplastik eine Datierung in die 1230er Jahre angenommen werden. Auf eine entsprechende Datierung des Vorgängerbaus (Bau III) der heutigen Attendorner Kirche, von der noch der Westturm erhalten ist, weist auch ein Kapitell am Ostfenster des 3. Westturm-Obergeschosses, das als einziges noch nicht ausgetauscht wurde *(Abb. 105)*. Es handelt sich um ein Eckkapitell, dessen Dekor eindeutig in den Formenkreis des frühen 13. Jahrhunderts gehört. Trotz fortgeschrittener Verwitterung läßt es sich

---

gen Groß St. Martin (Weihe 1172) und St. Aposteln in Köln (gegen 1200), die Liebfrauenkirche in Andernach (begonnen gegen 1200), St. Kunibert in Köln (vor 1224) und St. Amandus in Köln-Rheinkassel (nach 1220).

414   Pfarrkirche von Obernetphen, KLUGE/HANSMANN 1969, 423; Pfarrkirche von Feudingen, ebd. 162; Pfarrkirche von Drolshagen, ebd. 144–145; eine entsprechende Apsis durch Ausgrabungen auch in der Martinikirche in Siegen nachgewiesen, ebd. 517.

415   BARTH/HARTMANN/KRACHT 1983, Abb. S. 467 unten.

416   VRIES DE 1986, Abb. S. 15 und Rückseite.

417   ZIMMERMANN 1954, 472–500 bes. 477–480 Kat. Nr. I 47.

als schlichte Ausführung eines Knospen- oder Knollenkapitells erkennen, wie es ab dem 2. Jahrzehnt des 13. Jahrhunderts in Deutschland weit verbreitet ist.[418] Dieser Kapitelltyp entwickelt sich aus dem Palmettenstengelkapitell, das im wesentlichen aus unter der Deckplatte überfallenden langstieligen Blättern gebildet wird, indem es die Blattüberfälle zunehmend vom Kapitellkern ablöst und schließlich in voluminöse Knollen umgestaltet.[419] Mit fortschreitender Entwicklung werden zudem die Blattformen immer stärker abstrahiert.

Wie für den westfälischen Raum allgemein sind somit auch für Attendorn in spätromanischer Zeit starke rheinische Einflüsse sowohl auf die Bau- als auch auf die Ornamentformen festzustellen. Doch anders als beispielsweise an den Portalen in Plettenberg oder auch in der nach rheinischem Vorbild erbauten Kirche von Meinerzhagen schöpft die Attendorner Werkstatt im frühen 13. Jahrhundert aus einem Formenrepertoire, das am Niederrhein in spätstaufischer Zeit längst veraltet und überholt ist. Ohne Kenntnis des Drachenkapitells wäre man hinsichtlich der Zeitstellung der vegetabilen Kapitelle sicherlich zu einem wesentlich früheren Ergebnis gekommen.

Ob dieser Rückgriff auf altertümliche Formen bewußt geschah oder aber in Unkenntnis dessen, was am Niederrhein im 13. Jahrhundert aktuell war, und ob die „archaische" Ausführung den altertümlichen Formen entsprechend gewählt wurde oder aber Ausdruck eines an sächsischer Ornamentik geschulten Stilempfindens ist, muß letztlich dahingestellt bleiben. Ein Nebeneinander von altertümlichen und zeitgemäßen Formen und Stilen ist jedenfalls im 13. Jahrhundert nicht ungewöhnlich. Die reichhaltige und vielfältige Bauornamentik am Bamberger Dom (Neubaubeginn im 2. Jahrzehnt des 13. Jahrhunderts) zeigt dieses Phänomen in ganz ausgeprägter Form.[420] Hier reicht die Spanne vom schlichten Würfelkapitell über Frühformen des blattverzierten Kelchblockkapitells bis hin zum spätromanischen Knospenkapitell. Auch in Plettenberg findet sich neben zeitgemäßer rheinischer Ornamentik an den Seitenschiff-Portalen auch älteres sächsisches Formengut, vertreten durch die Chorkapitelle.

So bietet sich in Südwestfalen in spätromanischer Zeit ein recht breites Spektrum an bauornamentaler Ausgestaltung, in dem die Attendorner Kapitelle mit ihrem Rückgriff auf ältere rheinische Ornamentik eine besondere Variante darstellen.

---

418 AHLENSTIEL-ENGEL 1922, 135–219 bes. 158–159, 177.

419 Diese Abstammung ist den Knollenkapitellen im Langhaus der Pfarrkirche in Wormbach noch unmittelbar ablesbar und zwar aufgrund ihrer originalen Bemalung, die ein Palmettenstengelkapitell vortäuscht: auf der Seitenmitte steigen langstielige Palmetten auf, deren dreiblättrige Endungen sich auf den Knollengebilden einrollen; s. MÜHLEN 1965, 70–92, Abb. 88, 89.

420 WINTERFELD VON 1979, bes. 47–63, Abb. 436–800.

6. Die Pfarrkirche St. Johannes Baptist in Attendorn

Quellen zur Baugeschichte

Von Otto Höffer

Im folgenden Beitrag werden jene Quellen aus dem Pfarrarchiv von St. Johannes Baptista sowie verschiedener weiterer Archive und Urkundeneditionen vorgestellt werden, die sich unmittelbar auf die Bau- und Nutzungsgeschichte der Pfarrkirche beziehen oder Rückschlüsse auf Sie zulassen.

Turm, Kirchenschiff und Chor

1253 Mai 24: Conrad von Hochstaden erneuert die von Erzbischof Anno, dem Gründer der Kirche in Helden, herrührende Bestätigung des Rechtes der Wachszinsigen dieser Kirche, nachdem die Urkunde beim Brande von Attendorn zugrunde gegangen sei. – Actum et datum Colonie IX kal. junii anno domini milles. CCL tercio.
Original im HStAD: Bestand Kurköln, Urkunde 137.
BRUNABEND/PICKERT/BOOS (1958), 13; SEIBERZ: Westfälisches Urkundenbuch, Band VII, Nr. 800; Regesten der Erzbischöfe von Köln, Band 3/1, Nr. 1732.

1353 Januar 17: Robert von der Beke vermacht in seinem Testament unter anderem der Kirchenfabrik St. Johannes Baptist (*ad structuram ecclesiae*) seinen Wald, genannt Schoyneykholt, und 1 Mark Attendörnischer Währung.
PfrA Attendorn: Urk. 2.

1388 Juli 21 [Abschrift vom 14.11.1440]: Verhandelt *in der Sakristei* der Pfarrkirche Attendorn.
PfrA Attendorn: Urk. 36.

1396 November 22: Elisabeth, Witwe Dietrichs upper Hütten und ihr Sohn Johann leihen bei der Kirchenfabrik von St. Johannes (*sente Johannese to erme buwe*) 6 Mark zu je 4 guten Koppeken für den Pfennig.
PfrA Attendorn: Urk. 6.

1412 April 9: Albert Paelsol stiftet ... zur Beleuchtung und zum Bau der Pfarrkirche Attendorn.
PfrA Attendorn: Urk. 17.

1414 Juni 25: Erzbischof Dietrich von Moers weilt in Attendorn [Weiheakt?].
BRUNABEND/PICKERT/BOOS (1958) 329 f.

1426 März 17: Peter Gasterge und Frau Drudeke verkaufen für 6 Mark Attendorner Währung und 6 Schillinge der gleichen Währung an die Kirchmeister zum Behuf und *to buve der hillgen kerken* aus ihrem Garten an der Beke vor der Veldtkermisse.
PfrA Attendorn: Urk. 24.

1507 Januar 25: Dorothea von Hatzfeld, Witwe des Ritters Johann von Hatzfeld, Herrn zu Wildenburg und Johann von Hatzfeld, ihr Sohn, überweisen an Johann Hesse, Regens des Altares St. Sebastian und Anna in Attendorn 48 Gulden zu je 10 Schilling. Die Stifterin wünscht *ihr Grab vor der Chortür des Altares im Gang*.
PfrA Attendorn: Akten A 1, II; daselbst A 2,3.

1583 Juni 13: *...Darnach ist Truchseß wiederumb vom schloß Bilstein in die stadt Attendorn gezogen ... und der Truchseß hat in der pfarrkirchen die kriegsleute mustern, der von Moers aber einen dieb an eine linde auf dem kirchhoff henken lassen ... Danach hat er [Truchseß] sich mit seinem Motthaeo in die kirche daselbst begeben und alle bilder und altarsteine mit vielen gewaltigen schlegen zerbrochen. Die übrigen altere und bilder wurden aus geheiß des Truchseß und Motthaei von den kriegsleuten zerstucket. Das gold und silber, so an den bildern gewesen, hat Motthaeus zu sich genommen. Und bald darnach ist der von Moers in die kirche kommen und hat die provisoren genotiget, daß sie ihme die kelche und monstranzen, auch etliche silberne creuzer und bildern liefern müssen...*".
BRUNS (1987), 175; BRUNABEND/PICKERT/BOOS (1958), 78 ff., 89 f.

1623: Turm abgebrannt. 1625 wurden Gelder der Hospitalstiftung dem Kirchenvermögen zugeschlagen, um den ausgebrannten Kirchturm zu restaurieren und neue Glocken anzuschaffen.
BRUNABEND/PICKERT/BOOS (1958), 9, 36, 105.

1624: Errichtung eines Grabdenkmals für Johann Gott-

fried von Fürstenberg in der Pfarrkirche.
SCHÖNE (1968), 176 f.

1628: Beschreibung der kirchlichen Zustände durch Johannes Gelenius. In der Pfarrkirche standen 9 Altäre.
SCHEELE (1963) 485 ff., 830.

1637: Dach und Glocken der Pfarrkirche durch Feuersbrunst zerstört.
BRUNABEND/PICKERT/BOOS (1958), 105.

1656: Turm abgebrannt.
BRUNABEND/PICKERT/BOOS (1958), 9, 118.

1694: Stadt und Gemeinheit beschweren sich über die rege Bautätigkeit an der Pfarrkirche, obwohl nicht genügend Gelder da sind und noch Rückstände von den Kirchenstühlen ausstehen.
PfrA Attendorn: Kirchenrechenbuch.

1710: Turm abgebrannt.
BRUNABEND/PICKERT/BOOS (1958), 9.

1732 April 9: Auszug aus dem Testament der Ida Ursula Elisabeth von Schade zu Ahausen, vormalige Kanonesse in Fröndenberg, mit Legaten von je 100 Rtl.
a) für die Pfarrkirche mit der Auflage der Anerkennung des Rechtes auf das *Familienerbbegräbnis*,
b) für den Chor mit der Auflage einer Memorie, bestehend aus *einem singenden hohen Amt cum expositione tumbae et pulsu solemni* und am Vortag den gewöhnlichen Vigilien mit 3 Nocturnen,
c) für die 2 Kinderschulen, damit unvermögende Kinder aufgenommen werden können.
Der Auszug wird beglaubigt durch Ferdinand Stumelius, apostolischer Protonotar und Testamentsvollstrecker, sowie P.J. Köchling, Testamentsvollstrecker.

Dabei: **1738 März 6**: Pastor, Bürgermeister und Rat sowie der Gogreve von Attendorn als Oberprovisoren weisen in Erfüllung der Auflage den Begräbnisplatz aus und zwar *von der sogenannten Waldenburger Begräbnis oder Grabstein mit einem Deutschen Ordenskreuz gezeichnet, bis an die Burghofische Begräbnis (allwo annoch die alten Begräbnisrudera und adeliche Wappen deren vorigen Besitzeren des Hauses Ahausen befindlich zu sehen bis an den Grabstein Annae Burghof ausgeschlossen.* Das Begräbnisrecht steht dem Stamm- und Erbherrn von Ahausen in perpetuum zu, solange selbiger bei der uralten römischen katholischen Religion beharren und bleiben wird, nur muß er die Grabsteine auf seine Kosten ordnungsgemäß verlegen. Sie wollen dazu die Genehmigung des Ordinariates einholen.

Dabei: **1738 Mai 28**: Johann Andreas von Francken-Sierstorpff, Generalvikar von Köln, nimmt auf Antrag von Pfarrer und Oberprovisores der Pfarrkirche Attendorn die Testamentsauflagen an und genehmigt mit allen Klauseln das Recht auf Erbbegräbnis in der Pfarrkirche kraft erzbischöflicher Autorität.
Er unterschreibt und siegelt.
Gegengezeichnet vom Protonotar J. Dux.
PfrA Attendorn: Akten A 1, 479 ff.

1737: Turm abgebrannt.
BRUNABEND/PICKERT/BOOS (1958), 9.

1742: Pfarrkirchturm, Pfarrhaus, Nikolaikapelle abgebrannt.
BRUNABEND/PICKERT/BOOS (1958) 123; FRÖHLING (1978) 169.

Am 13. Juli 1783 zerstörte ein Großbrand den größten Teil der Stadt Attendorn. Dabei wurde auch das Stadtarchiv ein Raub der Flammen. Die Beseitigung der Schäden an der Pfarrkirche St. Johannes Baptist dauerte bis weit ins 19. Jahrhundert.

1783: Bis zum Brand war am Turm die Kreuzkapelle; der Turmhelm brannte ab; die Kreuzkapelle wurde ebenfalls zerstört; die 6 Seitenaltäre blieben verschont.
BRUNABEND/PICKERT/BOOS (1958), 9, 37, 134; Festschrift 700 Jahre Stadt Attendorn (1922).

[1783]: Ein Kostenvoranschlag zum Wiederaufbau der Pfarrkirche schließt mit 6.641 Rtl. ab. Hierin sind enthalten: Inneres Mauerwerk und Bewurf, äußeres Mauerwerk, teilweise Aufmauern der Strebepfeiler, Reparatur der zwei Giebelmauern am Turm, Abbruch der Giebelmauern nach Osten, Zimmerarbeit, Fuhrlohn, Dachdeckerarbeiten, Flaschenzüge.
StdA Attendorn: Bestand Archivalienfund Pastorat, Akten VI–7b.

1784 August 20: Der Magistrat zu Attendorn bittet die Regierung in Arnsberg dafür zu sorgen, daß die Zehntherren Freiherr von Fürstenberg, von Schade, Kloster Ewig sowie die Abtei Grafschaft zum Wiederaufbau der

abgebrannten Pfarrkirche beitragen. Ebenso wird die Genehmigung zur Verwendung der Kapellenvermögen Ennest und Heggen beantragt.
HStAD: Bestand Kurköln, Reg. VII 1a, fol. 31.
[Über die Finanzierung des Wiederaufbaus vgl. auch die Akte im StAM: Bestand Herzogtum Westfalen IX, 15. Hierüber hat Prof. Dr. Peter Weber, Münster, ausführlich in seinem Artikel „Der Wiederaufbau der Attendorner Pfarrkirche nach dem Brand von 1783" berichtet in: Attendorn, gestern und heute, Mitteilungsblatt des Vereins für Orts- und Heimatkunde Attendorn e.V., Nr. 6/1982, 38 ff.]

1785 November 13: Entsprechend der Auflage des Kurfürsten haben die zum Chor gehörigen Beneficiaten und Kaplane, um ihren Anteil an dem *Wiederaufbau des mit der Pfarrkirche verbrannten Chores* aufzubringen, in Welschen Ennest bei Johann Eustachius Fünkeler ein Kapital von 300 Rtl. geliehen, zu dessen Verzinsung ihr Prokurator jedem einzelnen jährlich 2 Rtl. von den Choreinkünften abziehen soll. Unterschriften der Vikare Bresser, Hoberg, Schmidt, Petri und Harnischmacher. Siegel des Chorkapitels.
PfrA Attendorn: Akten A 2, 571.

1787 April 13: Baumeister Metz fertigt einen *Abriß des hiesigen Pfarrkirchen Baus.* – Am 19.4.1787 bemerkt Zimmermeister Lütticke in einem Kostenvoranschlag, daß die gegen Chor und Turm befindlichen Giebelwände abgerissen und durch Holz ersetzt werden müßten. – Am 4. Mai 1787 nimmt Prior Esser von Kloster Ewig Stellung zu dem von Metz verfertigten Abriß: Das Dach sei viel zu hoch, es gebe zu viele Dachfenster, viel überflüssiges Holz sei daran verwendet worden. Esser bekräftigt weiter, man könne nicht einfach die Zimmerarbeiten einem Einheimischen übertragen, das Projekt müsse vielmehr im Intelligenzblatt ausgeschrieben werden. – Hiergegen stellt sich allerdings die Meinung, daß dann die beste Zeit zum Holzfällen verstreiche und das ohnehin schadhafte Notdach einstürze. – Am 9. Mai 1787 erscheinen die Zimmermeister Franz Lüttike von Essinghausen, Engelbert Berg von Gerringhausen und Heinrich Funke von Eckenhagen zu den angesetzten Verdingverhand-lungen. Das Dach soll nach dem vorliegenden Abriß von Metz in diesem Jahr gefertigt werden. Eine verschließbare Tür ist am Durchgang vom Turm auf das Dach anzubringen, *mithin dadurch denen bishero geschehenen entfrömbdungen des stützholzes vorzubeugen.* Daraufhin gibt Meister Funke von Eckenhagen das Mindestgebot über 638 Rtl. ab, mit dem sich die Dezimatoren aber nicht einverstanden erklärten, weil es ihnen zu hoch schien. – Am 10.5. gibt Funke ein neues Gebot in Höhe von 600 Rtl. ab und erhält vorbehaltlich der Zustimmung durch die Zehntherren den Zuschlag.
PfrA Attendorn: Akten A 57, 6 ff.

[1794 März]: Maurermeister Stephan Frey, Zimmermeister Johannes Höffer und Laiendecker Stephan Groos werden beauftragt, die Kirche zu besichtigen und den Zustand des Daches zu ermitteln. Dabei wird festgestellt, daß Freiherr von Fürstenberg seinen Anteil am Dach mit Schiefer decken ließ, während Freiherr von Schade zu Ahausen und der Prior zu Ewig ihre Teile mit Pfannen haben decken lassen [Dies erklärt auch die unterschiedliche Dachdeckung auf den Stadtansichten aus der Zeit um 1800]. – Die Sachverständigen erklären, daß das Schieferdach gut sei, dagegen das Pfannendach nur zu einem Drittel etwas tauge.
PfrA Attendorn: Akten A 57, 26.

1819 Oktober 31: Der Kirchenvorstand beantragt beim Landrat Freusberg die Instandsetzung der Außenmauern von Kirche und Turm. Dabei sollen die Außenmauern von Kirche und Turm neu beworfen werden.
PfrA Attendorn: Akten A 4, 163.

1819 November 8: Kostenvoranschlag zur Reparatur der Pfarrkirche, aufgestellt von Kreiswerkmeister Zeppenfeld. Demnach ist die Pfarrkirche 52 Fuß hoch, hat einen Umfang von 588 Fuß, 22 Strebepfeiler, 18 Fenster und 4 Haupttüren. 12 Pfeiler sind zweimal, 10 Pfeiler einmal abgesetzt. Die Abdeckungen und *Entschlüsse* der Pfeiler sind mit Schiefer abgedeckt, dieser ist aber sehr mangelhaft. Für die Reparatur der Pfeiler sind 6 Riß bester Ölper Schiefer erforderlich. Folgende Arbeiten sind im einzelnen auszuführen: Ausgebröckeltes Mauerwerk ausbessern, vor allem die Fluchtecken der Fenster; das gesamte Gebäude mit einem Spritzbewurf versehen und dreimal überarbeiten und abweißen. Die Fensterlöcher sollen mit einem 10 Zoll breiten Haarmörtel umzogen und in blauem Steincoleur angestrichen werden; hierzu ist Milstenauer Kalk zu verwenden, der mit scharfem Sand und eichenem Sägemehl zu vermischen ist. An den Haupttüren der Südseite ist die altfränkische Verdopplung, die größtenteils gerissen ist, abzunehmen und mit trockenen Eichenbrettern, doppelt gefalzt, zu erneuern. Die Türen sind in grüner Ölfarbe, die Gewände in blauer Steinfarbe zu streichen. Die Maßwerke der 18 Stück und 34 Fuß hohen Fenster sind in hell grüner Ölfarbe zu streichen.

Gesamtkosten: 639 Rtl. 7 Sgr. 6 Pfg.
PfrA Attendorn: Akten A 4, 177 ff.

1820 März 20: Verdingverhandlungen über die Reparatur der Pfarrkirche: Die bretterne Giebelwand soll abgerissen und erneuert werden; sie ist mit einem schieferfarbigen Anstrich zu versehen. – Das gesamte Gebäude soll mit einer ockernen Farbe versehen werden, wobei bereits der vorletzte Überzug des Bewurfes in diesem Farbton eingefärbt werden soll.
PfrA Attendorn: Akten A 4, 170.

1821 September 15: Stadtschultheiß Salomon beantragt die Anlegung von Dachrinnen am Kirchturm, da das oberste Turmgeschoß nach Westen zurückspringt und so das Regenwasser auf die Westseite des Turmes fällt. Dadurch springt der Putz ab. Das Wasser ist daher mit Dachrinnen aufzufangen und über Fallrohre auf das Kirchendach zu leiten.
PfrA Attendorn: Akten A 4, 213.

1822 November 19: Kreiswerkmeister Zeppenfeld warnt vor der unmittelbar bevorstehenden Gefahr eines Gewölbeeinsturzes in der Pfarrkirche und schlägt Maßnahmen zur Vorbeugung vor. Er entwirft eine Holzkonstruktion, die im Kirchendach auf den Pfeilern ruht und die Schlußsteine der Gewölbe mit dieser verbindet und so vom Druck entlastet.
PfrA Attendorn: Akten A 4, 217.

1842 Juli 29: Der Kirchenvorstand beantragt die Genehmigung zur Anlegung eines neuen Steinplattenbelages in der Pfarrkirche. – Das Kapitularvikariat genehmigt die Maßnahme am 12.8., die Verdingverhandlungen sind am 13. September 1842. Folgende Arbeiten sind durchzuführen: Aufnehmen des vorhandenen Plattenbelages und Vorbereitung der wiederzuverwendenden Steine; lotgerechtes Verlegen der Steinplatten in ein dünnes Lehmbett mit Anlegung paßgerechter Fugen; Brechen der Steinplatten in den Steinbrüchen Albringhausen, Worpscheid oder Finnentrop mit einer Mindeststärke von zwei Zoll; der Kirchenvorstand legt die jährlich zu verlegende Quadratrutenzahl fest, da das Werk nicht auf einmal durchgeführt werden kann. – Der Zuschlag wird dem Unternehmer Ferdinand Hage erteilt; dieser hat 1842 10–15 Ruten fertigzustellen.
PfrA Attendorn: Akten A 4, 411 ff.

1843 September 11: Der Kirchenvorstand teilt dem Generalvikariat mit, daß mit den Pflasterarbeiten 1842 nicht begonnen werden konnte. Als man nun 1843 den Anfang machte, wurde festgestellt, daß es besser wäre, den Fußboden insgesamt zu erneuern, da auch die Bankschwellen komplett neu gefertigt werden müssen. Das Generalvikariat lehnt die Kompletterneuerung unter Zuhilfenahme eines Innenkredites am 5.12.1843 ab.
PfrA Attendorn: Akten A 4, 423; AFH: Akte 5449.

1843: Über die Neuverlegung des Fußbodens schreibt Pfarrer Habbel in der Pfarrchronik folgendes: *1843 ist die Kirche durchgehends mit neuen Steinen belegt aus dem Steinbruche beim Dohme, Pfarrei Helden, die Leichensteine in der Kirche wurden dazu verwendet um den mittleren Gang von oben bis unten damit zu belegen. Auch wurde die Taufe, die oben in der Kirche bei dem Kreuz-Altare stand, unten in die Kirche, wo früher der Altar SS. Trinitatis stand, gestellt und dazu von Leichensteinen der erhöhte Platz mit zwei Tritten eingerichtet.*
PfrA Attendorn: Akten A 60, 262.

1852 Februar 12: Sitzung des Kirchenvorstandes und der Gemeinderepräsentanten mit Beratung über die Reparatur des Kirchturms, Bewurf des Kirchenschiffs, Reparatur des Kirchendachs, Vermauerung der Öffnung zwischen Turm und Kirche oberhalb des h. Grabes [Säulengalerie?], Verputz des Innern der Kirche.
StdA Attendorn: Bestand Akten B 246, 4.

1852 Juli 1: Protokoll über die Verhandlungen zur Festsetzung des Renovierungsumfanges. Dabei wird bemerkt, daß die Kirche *in den Anfangs 1800zwanziger Jahren zuletzt repariert und mit einem äußeren Kalkverputze versehen* wurde. *Derselbe ist indessen jetzt, namentlich an der Westseite von allem Kalkputz entblößt und das Mauerwerk selbst an verschiedenen Stellen im schlechten Zustande ...*
StdA Attendorn: Bestand Akten B 243, 36.

1853 Oktober 28: Bei der Schlußabnahme der erfolgten Renovierungsarbeiten [Neuverputz des Turmes] wird erwähnt, daß die 98 laufenden Fuß Dachgesimse am Turm mit roter Wasserfarbe gestrichen wurden. Der Maurer Theodor Frey III erhält 496 Thaler 10 Silbergroschen und 6 Pfennige.
PfrA Attendorn: Akten A 89, 532.

1861 September 28: Kostenvoranschlag des Kreisbaumeisters Haege über den Verputz der Außenwände der Pfarrkirche. Haege schlägt vor, die Fugen auszukratzen

und zu verfugen. – Diözesanbaumeister Güldenpfennig lehnt am 15.12.1861 dieses Verfahren ab, da dies in der mittelalterlichen Bauweise nicht üblich war. Ebenso lehnt er eine einheitliche Farbgebung ab, da dies nur eine fremdartige Wirkung verursachen könne.
PfrA Attendorn: Akten A 4, 495 ff.

1866 Mai 24: Gutachten des Schreiners Heuel über den Zustand des Gewölbes: *Oben vor dem Chor, da ist die Kirche 11 Fuß tiefer, da steht die Mauer 5 1/2 Fuß auswärts, wo vor dem Brande eine Frontspitze aufgestanden hat, ist nicht wieder gebaut, sie haben die Dachfläche gleich gemacht und die Mauer 4-5 Fuß abgenommen.* Heuel rät, die veränderten Druckverhältnisse, die durch die Abtragung der zwei Kreuzschiffgiebel entstanden sind, wieder zu reparieren, indem die Giebel wieder aufgebaut werden. *Eine gotische Spitze wird uns zu teuer, denn wir bauen aus Not.*
PfrA Attendorn: Akten A 4, 582.

1866 Dezember 21: Rechnung des Maurermeisters Theodor Bernhard Frey über die Reparatur des zweiten Gewölbes im Kirchturm [Ratskapelle]. Dabei wurde ein Stück herausgenommen und wieder neu eingesetzt.
PfrA Attendorn, Akten A 4, 529.

1876 Januar 1: Rechnung über ausgeführte Reparaturen und Restaurierungsarbeiten und Materiallieferungen zur Instandsetzung der Pfarrkirche von F.W. Beverungen: Zunächst wurden die Bänke und Statuen aus der Kirche entfernt, dann ein stabiles Gerüst gezimmert. Die Gewölberippen und die Gewölbekappen wurden dann vorsichtig abgetragen, die Materialien über Hebevorrichtungen herabgelassen und außerhalb der Kirche aufgeschichtet. Da die Schadhaftigkeit der Gewölbe umfangreicher war als ursprünglich angenommen, wurden sämtliche Gewölbe in ihren schadhaften Teilen renoviert. *Um nun die Gewölbe leichter zu machen, so wurde die neue Einwölbung an der Wurzel der Gewölbe mit Ziegelsteinen (29.300 Stück), und näher dem Scheitel zu mit Schwemmsteinen (31.800 Stück) in Wasserkalkmörtel aufgeführt. Die Rippen in den Gewölben wurden in Werkstein unter Zuhülfenahme der beim Abbruch gewonnenen, noch brauchbaren aufgeführt, und die Schlußsteine größtenteils erneuert (39,25 lfd. Meter profilierte, fein bearbeitete Gewölberippen aus märkischem Sandstein; 7,25 lfd. Meter profilierte, fein bearbeitete Werksteine zu den Gurtrippen aus märkischem Sandstein,; 9 Stück schwere Schlußsteine mit Ornament aus märkischem Sandstein;* 50 kg Blei zum Vergießen der Dübel an den Rippen und Gurten der Gewölbe). Die Gewölbe, Pfeiler und Seitenwände in der Kirche wurden neu in Putz gesetzt. Außen wurden die Wasserabschläge der Strebepfeiler und in den Fensterlaibungen mit Zementmörtel geputzt. Die massive Aufgangtreppe im Turm, die auf die Gewölbe führt [Südseite], wurde mit Ziegelsteinen neu gemauert und mit märkischen Sandsteinplatten (36 Stufen) abgedeckt.
PfrA Attendorn, Akten A 4, 669 f.

1877 Januar 1: II. Rechnung des Unternehmers F.W. Beverungen über weitere Restaurierungsarbeiten: So wurden die Gewölbe in den Kreuzschiffen und eine Vierung im Chor herausgenommen und gemäß der Rechnung vom 1.1.1876 erneuert. Dann wurden die Wände und Gewölbe in diesen Teilen der Kirche neu verputzt; der gesamte Fußboden bestand aus bröckligen Bruchsteinpflaster. Dieses wurde komplett aufgenommen und durch Sandsteinplatten (Weserplatten) im Hauptschiff und Teilen des Kreuzschiffes ersetzt. *Um einen wärmeren Platz für die Schulkinder herzustellen, wurde der übrige Teil des Kreuzschiffs, welcher gegen das Schiff der Kirche um eine Stufe höher liegt, mit eichenem Fußboden bedielt. Die hier vorhandenen schadhaften, hölzernen Trittstufen beseitigt und durch neue profilierte Werksteinstufen ersetzt. Der Chor der Kirche ist mit Mosaikplatten in Cementmörtel auf entsprechendes Unterpflaster beplattet ...* – [Pfarrarchiv, A 90, 569: Rechnung der Sinziger Mosaikplatten- und Tonwaarenfabrik vom 4.8.1876 über 936 Platten, 124 Friese incl. 8 Ecken und 122 uni braune Platten.] *Der unschöne und unförmliche Aufsatz des Hochaltars ist abgetragen und beseitigt ... Die beiden Halbsäulen des Triumphbogens wurden auf ca. 5 mtr. Höhe abgebrochen und demnächst die Endigungen entsprechend in Cement consolartig hergestellt. Die äußeren Strebepfeiler wurden komplett mit bearbeiteten Werksteinen abgedeckt. Das mittlere Chorfenster, welches vermauert war, wurde freigelegt, mit neuer Fensterbank versehen, die Laibungen neu geputzt und das Maßwerk sowie die Fensterstäbe teilweise erneuert ... Im Kreuzschiff der Kirche sind vier Fenster in neuer Rautenverglasung mit farbigem Fries und Maßwerk hergestellt ... Sämtliche sieben Fenster im Chor wurden in der Verglasung ganz neu beschafft, hiervon sind die vier Seitenfenster in Teppichmuster und die übrigen drei Fenster in Glasmalerei mit figürlicher Darstellung gefertigt...* – Hierbei wird bemerkt, daß das mittlere Fenster in der Apsis auf Kosten des Herrn Dechanten Pielsticker beschafft und von demselben auch Zahlung dafür geleistet worden ist ... Auf den Gewölben

wurden Laufflächen angelegt. Zwei Drittel der nördlichen Kirchendachfläche wurden neu eingedeckt. Die Rechnungen von 1876 und 1877 belaufen sich auf insgesamt 40.118 Mark.
PfrA Attendorn: Akten A 4, 691 ff.; ebd.: Akten A 90, 569.

1879 Dezember 14: Rechnung des Maurermeisters Theodor Frey über die Zumauerung einer Nische unter einem Fenster [Lavabonische im nördlichen Kreuzschiff, wiederentdeckt 1974].
PfrA Attendorn: Akten A 4, 729.

1882 November 20: Rechnung des Maurermeisters Adolf Frey. Dieser berechnet u.a. die Zumauerung einer Nische mit 156 Ziegeln. [Handelt es sich hierbei um die Außennische an der westlichen Abschlußwand des südlichen Seitenschiffes, die 1980 wiederentdeckt wurde ?].
PfrA Attendorn: Akten A 5, 225.

1894 Juni: Die Pfarrkirche wurde von Maurermeister Adolf Frey neu verputzt; Dachdecker Frey hat die Blitzableiteranlage erneuert und die Giebelseite über dem Chor, die bislang nur verbrettert war, verschiefert; Schlossermeister J. Stumpf II hat den Hahn renoviert, er wurde von Vollmer neu vergoldet; Malermeister Arens hat die Außentüren neu gestrichen.
PfrA Attendorn: Akten A 4, 735 f.

1916 September 6: Vorschläge des Diözesanbaumeisters Matern über die Restaurierung der Turmhalle, des Westportals, der Turmkapelle mit Säulengalerie. Matern schreibt: *Ich denke mir daher die jetzige [Orgel] Empore beseitigt und auch den ganzen unteren Turmraum freigelegt; das Turmportal wird wieder in seiner ursprünglichen Form aufgebrochen und als Eingang, namentlich für Feiern benutzt - die Form des Portals wird erst festgestellt werden können, wenn die jetzige Ausmauerung beseitigt ist... Dann wird die obere sehr reizvolle Gallerie mit den romanischen Säulchen nach dem Mittelschiff zu aufgebrochen, wie sie auch früher offen war, ebenso die Rosette an der Westseite über dem Portal.*
PfrA Attendorn, Akten A 4, 775 ff.

1919 Juni 9: Kirchenvorstand und Gemeindevertretung beschließen die Renovierung der Pfarrkirche nach den Plänen des Diözesanbaumeisters Kurt Matern von 1916. So sollen zunächst die beiden Turmkapellen freigelegt werden, falls die Staatsregierung den Überteuerungszuschuß übernimmt. – Das Generalvikariat genehmigt am 27.6.1919 die Renovierung auf dieser Grundlage. Die Maßnahme selbst kommt aber nicht zur Ausführung.
PfrA Attendorn: Akten A 4, 783 ff.

1923 August 9: Dechant Hillebrand unterbreitet der Orgelbauanstalt Feith folgenden Vorschlag: Da aus Kostengründen auf den Anbau von zwei Turmkapellen an Süd- und Nordaußenwand des Turmes verzichtet werden muß, muß die Orgel vollständig im Turm untergebracht werden. Dies soll so geschehen, daß das Vierpaßfenster frei bleibt. Die jetzige Orgelbühne ist zu entfernen und durch ein *Schwalbennest* zu ersetzen, auf dem der Spieltisch Platz findet. Von diesem führt ein doppelter Aufgang rechts und links an der Säulengalerie vorbei in den Turm. Das Gebläse müßte im 2. Turmgeschoß (Uhrenkasten) eingebaut werden. – Feith kann aus orgelbautechnischen Gründen diese Lösungsvorsschläge nicht akzeptieren. – Dechant Hillebrand legt aber Wert darauf, die Säulengalerie zu erhalten.
PfrA Attendorn: Akten A 6, 285.

1923 September 24: Dechant Hillebrand teilt dem Orgelbaumeister Feith mit, daß die alte Orgel abgebrochen wurde und zur Zeit die Orgelbühne beseitigt werde. *Der ganze Orgelraum [Ratskapelle] ist schon fertig mit einem guten glatten Verputz versehen. Nun noch die Wand über der Säulengalerie! Sie reicht höher als der den Orgelraum nach vorn abschließende Gewölbebogen, kann also nur bis an diesen ausgebrochen werden. Muß nun auch der Zwickel, der von dem Widderkopf nach oben geht, im Interesse der Klangwirkung herausgebrochen werden....?* [Der heute existierende Widderkopf wurde in den 1950er Jahren vom Attendorner Bildhauer Karl-Josef Hoffmann frei, also ohne Vorlage, entworfen und angefertigt (frdl. Auskunft vom 11.3.1996); offensichtlich gab es aber bereits 1923 einen Widderkopf; war dieser möglicherweise romanisch?]
PfrA Attendorn: Akten A 6, 293 f.

1923 Oktober 23: In einem Erläuterungsbericht des Dechanten Hillebrand zum geplanten Orgelbühnenbau wird die Ostwand des Turmes wie folgt beschrieben: *Die Mauervorsprünge, auf denen der in der Mitte auf der Widderkopfkonsole aufsitzende Doppelbogen ruht, sollen in dem durchlaufenden Kämpfergesims der Lisenen ihren Abschluß erhalten.*
PfrA Attendorn: Akten A 4, 849.

1923 Oktober 24: Bildhauer Franz Belke zu Grevenbrück berechnet für die Renovierung der drei alten Säulengruppen [im Turm] 54 Steinbildhauerstunden. – Am 4.11.1923 berechnet Belke nochmals 8 Steinmetzstunden für *das Aufstellen der renovierten alten Säulen.*
PfrA Attendorn: Akten A 94, 649/658.

1923 November 9: Dechant Hillebrand versteht den Einwand der Firma Feith nicht, in der Ratskapelle keine Orgel einbauen zu können, da man doch Platz durch die Tatsache gewinnt, daß der Gang zur Glockenstube nicht durch die Orgel führen muß, *da der an der anderen Seite neu aufgedeckte zweite Aufgang zur Orgel unmittelbar zu dem Aufgange nach der Glockenstube hinführt.*
PfrA Attendorn: Akten A 6, 315.

1923 November 12: Der Provinzialkonservator in Münster nimmt zum geplanten Bau von Orgelbühne und Westportal wie folgt Stellung: *Wenn die Empore nicht bis an die Schiffspfeiler heranreichen soll, dann müssen säulenartige Stützen angebracht werden, worauf die Vorderkante der Empore ruht. Die jetzt geplante brückenartige Unterstützung kann in einem denkmalwerten Gebäude nicht zugelassen werden. Ich sehe aber hier auch kein Hindernis, was einem Vorziehen der Empore bis an die doch nur ganz wenig weiter entfernten Rundpfeiler und dem Einschieben der Emporenbrüstung zwischen dieselben entgegen stehen könnte. Bei der Größe des Kirchenraumes kann dies nur günstig wirken und es ist doch eigentlich auch das natürlichste. Die Baluster stehen übrigens m.E. zu eng zusammen und sind etwas kurz. Die Bogenöffnung über der Säulenarkade bleibt am besten offen. Eine Drahtgazewand dortselbst ist sowohl in ästhetischer wie in akustischer Beziehung nachteilig. Der Vorschlag des Staatshochbauamtes Siegen, das Portaloberlicht teilweise mit Holzfachwerk zu verblenden, ist mir nicht sympatisch, es würde dadurch dem Turmraum eine Menge Licht entzogen. Die Ausbildung der Schlagleiste als Säule kann ich nicht empfehlen. Am Portal bitte ich die Jahreszahl A.D. 1923 anbringen zu lassen.*
PfrA Attendorn: Akten A 4, 847.

1923: Dechant Hillebrand vermerkt über den geplanten Umbau in der Pfarrchronik folgendes: *Das Untergeschoß des Turmes war bisher Lagerraum, besonders für die Kohlen der Heizung. Außerdem war darin ein hl. Grab für die Karwoche eingebaut mit einem unter dem Altare liegenden Holzbilde des toten Christus, welches von den Leuten als besondere Sehenswürdigkeit angestaunt wurde, aber sehr häßlich war. Nach der Kirche zu war der Raum durch eine Eichenholzvertäfelung im Barockstil abgeschlossen, nach der Westseite hin war ein früheres Portal zugemauert, wobei eine kleine Tür geblieben war, welche die Jahreszahl 1688 trug. Der Raum war wie auch das zweite Geschoß, nicht verputzt. In letzterem war auch eine über dem früheren Portale angebrachte Vierpaßfenster bis auf ein kleines viereckiges Loch vermauert. Dort fand man auch in der nach der Kirche zugewandten Mauer acht prachtvolle Sandsteinsäulen mit romanischen Basen und Kapitälen eingemauert ... In der letzten Augustwoche 1923 wurde begonnen mit dem Herausbrechen der Westportal-Vermauerung, des hl. Grabes, der oberen Abschlußwand sowie mit dem Ausschachten des Kohlenkellers. Die gesamten Arbeiten wurden geleitet von den Architekten Dipl.-Ing. Anton Frey und Albert Biecker, beide Attendorner, besonders letzterer nahm sich der Arbeiten mit viel Liebe und Verständnis an. Die Zeichnung der Sandstein-Umrahmung des Westportals ist sein Werk. Ausgeführt wurde es von dem Bildhauer Franz Belke in Förde. Die Maurerarbeiten wurden dem Attendorner Bauunternehmer Heinrich Nebeling übertragen, der später von dem Maurermeister Adam Volpertz abgelöst wurde. Die Schreinerarbeiten lieferte der Schreinermeister Albert Stinn, die Kunstschlosserarbeiten der Schlossermeister Hermann Deichmann. Im September 1923 wurde die alte Orgel abgebrochen und durch ein Harmonium ersetzt. Dem folgte der Abbruch der alten Orgelbühne. Dabei stellte sich heraus, daß eine frühere Orgelbühne in der gleichen Höhe sich befunden hatte, in welcher die neue gebaut war; denn in der Turmwand fanden sich die Balkenköpfe der früheren Tragbalken in dieser Höhe; sie waren s.Zt. bei dem Abbruch einfach vor der Wand abgesägt und mit Verputz verdeckt...Sobald das Wetter es zuließ, wurden die Bauarbeiten an der Kirche wieder fortgesetzt. In der Karwoche wurde das neue Turmportal vollendet und für den inzwischen verputzten Turmraum ein stilgerechter Kronleuchter beschafft, gezeichnet für unsere Kirche und geliefert von der Firma Karl Bussmann in Hagen. Auch das Obergeschoß des Turmes wurde nach den festgelegten Plänen ausgebaut unter Verwendung der romanischen Säulen. Beim Herausbrechen dess Hl. Grabes fand sich auch auf der Nordseite des Turmes eine Wendeltreppe, die wie auf der Südseite zum 2. Geschoß führt ... Um auch weiter noch die Kirche für die Neubemalung vorzubereiten, wurden die Wände ringsum in der Höhe von 3 m mit einem Kosmosplattenbelag versehen, auf den der neue Verputz aufgetragen wurde...*
PfrA Attendorn: Akten A 60, 291 ff.

1925 Mai 7: Am Choraufgang müssen die beiden Statuen Herz Jesu und Herz Mariä als gänzlich unkünstlerisch und stilwidrig wegfallen. Die darüber in Konsolen auslaufenden Ecksäulen sind bis auf den Fußboden herunterzuziehen; das Chorgestühl, das jetzt keinen Abschluß hat, läuft dann in diese Säulen aus. Die beiden an den Säulen stehenden Statuen Petrus und Paulus werden ebenfalls weggenommen, ebenso die beiden Apostelbilder an den nach der Kirche gewendeten Wandflächen neben den beiden Seitenaltären. An die Stelle der letzteren kommen die wertvolleren Nikolaus und Anno. Die weggenommenen Statuen werden an geeigneten Stellen in den Seitenschiffen untergebracht.
PfrA Attendorn: Akten A 5, 85.

1925 Mai 7: Der Kirchenvorstand beschließt die Ausmalung der Kirche nach den Vorschlägen von Prof. Alois Fuchs, Paderborn. Diese Vorschläge haben folgenden Wortlaut: *Der Grundcharakter der Bemalung muß sein: Hervorhebung der Bauformen. Die Säulen sind in gelb getönter Sandsteinfarbe mit ganz leichter Maserung zu halten, der Sockel etwas dunkler, am Kapitäl die Hohlkehle blau oder rot, der Kämpfer hell, vielleicht in Gold, die Gewölbe-Rippen in Sandsteinfarbe, die Gewölbe-Kappen schlicht, ganz ohne Blumenranken oder Ornamente in den Zwickeln. Die Wände sind über dem Sockel einfarbig, hell und warm getönt, zu streichen, der Sockel mit einem Teppichmuster zu versehen und der dazugehörende Fries dunkel zu halten. Die Kreuzwegstationen müssen ohne die unruhig wirkenden Rahmen über dem Sockel an die Wand gehängt werden; eine ganz schlichte Holzleiste fasst sie ein, auf die Wand wird eine Rahmendekoration gemalt. Wenn möglich sind sie sofort oder später durch auf Metallplatten gemalte Stationen gleicher Größe zu ersetzen.*

Die Fensterlaibungen werden am besten in Quadern abgeteilt, im Chore jedoch, wo sie als Flächen wirken, ist dekorative Bemalung ratsam.

Der Turmraum kann zur Hervorhebung der Kriegerehrung mäßige dekorative Bemalung erhalten. Dann muß aber auch die Umrahmung des Denkmals etwas Farbe haben, der Rand hell, der Untergrund dunkel, die Ranke golden.

Das Chor kann etwas lebhafter gehalten werden als die Schiffe. Auch die Gewölbe-Kappen können dekorativ behandelt werden, aber dann in ihrer ganzen Fläche ...

Die Figur des h. Christophorus wird am besten von ihrem jetzigen Platze zwischen 2 Fenstern, wo sie nicht genügend ins Auge fällt, weggenommen und vor die eine der westlichen Abschlußwände der Seitenschiffe gestellt, etwa 1/2 bis 3/4 Meter über der Vertäfelung. Die andere Wand erhält dann die 2 Ritterfiguren.

In das Bogenfeld der Wand, welche den Orgelraum abschließt, wird ein schmiedeeisernes oder hölzernes Gitter gesetzt. Die Jalousien erhalten den Anstrich der Wand. Die Bogenöffnungen der Säulengalerie bleiben offen oder erhalten Stoffvorhänge.

Das in der Ecke zwischen Turm und südlichem Seitenschiff aufsteigende Wasserrohr wird durch farbige Behandlung und Schattierung unauffällig gemacht, ebenso der Schornstein der Heizung, dessen Weiterführung bis zum Gewölbe nicht ratsam ist.

Die Altäre müssen alle neu polychromiert werden in weißem oder wenigstens hellem Grundton und reicher Vergoldung. Der Hochaltar bleibt in naturfarbenem Grundton. Im Agatha-Altar wird das wertlose Altarbild durch ein Herz-Jesu-Bild von einem hervorragenden Maler ersetzt. Auch das obere Rundbild wird am besten entfernt und an seine Stelle ein gutes Agathabild gesetzt. Dann kann der Altar weiter als Agatha-Altar dienen und zugleich als Herz-Jesu-Altar benutzt werden. Wie die Altäre so ist auch die Kanzel in hellem Ton zu malen. Die Brüstung der Sängerbühne ist in einem dem jetzigen Farbtone ähnlichen, jedoch gleichmäßigen Tone zu beizen, die Wellenstäbe sind mit Gold abzusetzen.

Die Kirchtüren sind baldigst mit Deckfarbe zu streichen, da sie sich nach außen öffnen und daher der Verwitterung und dem Rosten der Eisenbeschläge ausgesetzt sind. Die unschöne Bekrönung der südlichen Windfänge ist zu entfernen.
PfrA Attendorn: Akten A 5, 85.

Durch den Bombenangriff auf Attendorn am 28. März 1945 wurde auch die Pfarrkirche schwer getroffen. Der unverzüglich einsetzende Wiederaufbau unter der Gesamtleitung des Architekten Otto Greitemann gestaltete sich äußerst aufwendig und nahm eine Zeitdauer von mehr als 15 Jahren in Anspruch.

Der damalige Rendant Toni Hormes hat in seinen *Aufzeichnungen über die Zerstörung und den Wiederaufbau der Pfarrkirche St. Johannes Bapt. in Attendorn (1945–1954)* die einzelnen Phasen des Projektes aus eigener Anschauung detailliert festgehalten:
Am 28. März 1945 wurde die Stadt Attendorn durch einen Fliegerangriff schwer getroffen.

Die Pfarrkirche und der Turm erhielten folgende Schäden: Durch einen Bombenvolltreffer wurde die 2 mtr.

dicke Bruchsteinmauer des Turmes etwa 15 mtr. unter der Mauerkrone in Höhe der Glockenfenster an der Südwestecke durchschlagen. Die Bombe hinterließ eine große Lücke und zerstörte auch im Innern des Turmes den Glockenstuhl und das Uhrgehäuse. Der Turmhelm war unbeschädigt geblieben. 2 Stunden nach dem Fliegerangriff hatte der Turmhelm wahrscheinlich durch Funkenflug von den brennenden umliegenden Gebäuden in Höhe der Uhr Feuer gefangen, welches sich rasch ausbreitete und den Helm zur brennenden Fackel machte. Durch die herabstürzenden brennenden Balken des Helmes fing auch das große Kirchdach Feuer und brannte vom Turm beginnend bis zum Chordach einschließlich ab. Das Gewölbe hielt den zusammenstürzenden brennenden Balken stand, sodaß das Innere der Kirche nicht beschädigt wurde. Durch Druck- und Sogwirkung der rings um die Kirche krepierenden Bomben wurden sämtliche 21 hohe gotische Fenster zerstört und auch bei dem Kreuzaltar- und Marienaltarfenster und den 4 unteren Fenstern des an der Südseite des Hauptschiffes die unteren Maßwerke vernichtet.

Kunstmaler Johannes Körschen von hier hat den Zustand der Kirche nach der Zerstörung in einem Gemälde festgehalten, welches im Flur der Pastorat aufgehangen ist [1998: Arbeitszimmer des Pfarrers]. Außerdem sind Originalfotos von dem Ausmaß der Katastrophe im Pfarrarchiv hinterlegt.

Sogleich nach der Zerstörung wurde mit dem Wiederauf[bau] begonnen. Durch freiwillige Helfer und mit Unterstützung der Attendorner Industriefirmen wurde zunächst der Brandschutt entfernt und von Zimmermeister Ernst Reuber über das gesamte Kirchenschiff und über die Mauerkrone des Turmes eine Konstruktion aus Tannenhölzern für ein Notdach errichtet, worauf Dachdeckermeister August und Karl Hoffmann die vom hiesigen Walzwerk gelieferten verzinkten Wellbleche aufdeckten. Im Innern des Turmes wurden die erhalten gebliebenen drei Glocken (2 im Jahre 1921 angeschaffte Stahlglocken 81 Ztr. Ton A und 38 Ztr. Ton d und die im Jahre 1937 angeschaffte Bronze-Glocke c' 5 1/2 Ztr.) aus dem zerstörten im Jahre 1937 angeschafften Eisenglockenstuhl durch Arbeiter und Ingenieure des hiesigen Walzwerkes herausmontiert und sichergestellt. Schlossermeister Erich Rinschede montierte darauf mit seinen Arbeitern den Glockenstuhl aus. Für die weiteren Arbeiten am Turm wurde von Zimmermeister Ernst Reuber ein großes Standgerüst zunächst von Außen bis zur 35 mtr. hohen Mauerkrone unter Benutzung von 100 fm Bauholz aus dem Kirchenwald am Waldenburgerweg errichtet. Ebenfalls erhielt der Turm von Innen ein stabiles Gerüst. Diese Arbeiten wurden 1945 und 1946 durchgeführt.

Ende 1946 begann Bauunternehmer August Kronenberg mit dem Wiederaufbau der oberen beiden Stockwerke des Turmes. An der Weststeite mußte das Mauerwerk von der Basis der Glockenfenster vollkommen neu aufgebaut werden. Die Ostseite mit den alten, romanischen Säulen war erhalten geblieben. Nach dem Muster dieser Fenster wurden auch in den übrigen 6 Schallöchern romanische Säulen von Steinmetz Karl Falk eingebaut. Zur Sicherung des Mauerwerkes wurden im Inneren des Turmes 2 Betondecken eingebaut, welche die Glockenstube von Unten und Oben in etwa 12 mtr. Abstand begrenzen. Hierdurch wird auch die Tonbildung der Glocken günstig beeinflußt.

Nach Abschluß dieser Maurerarbeiten war für den Turmhelm die Basis geschaffen. Der Helm wurde in genauer Nachbildung der alten Konstruktion in Barockform durch Zimmermeister Josef Viegener im August und September 1948 gezimmert und gerichtet. Der tragende Kaiserstiel und die Auflagen sind aus Eichenpfosten und die übrigen Hölzer und die Verschalung aus Tannenholz gezimmert. Gekrönt wurde der Turm durch ein 7 mtr. hohes schmiedeeisernes Kreuz mit kupfernem Hahn aus der Werkstatt des Schlossermeisters Aloys König. Im Innern des Turmes wurde von der Firma Petit und Gebr. Edelbrock in Gescher ein neuer, 9 mtr. hoher eiserner Glockenstuhl geschaffen, welcher 8 Glocken im Gewicht zwischen 85 bis 5 Ztr. aufnehmen kann. Hierin wurden die 3 erhalten gebliebenen Glocken aufgehangen und mit neuen, elektrischem Läutewerk der Firma Herforder Elektrizitätswerke versehen. Der Turm erhielt sodann eine neue Treppenanlage, beginnend in Höhe des zweiten Geschosses, sowie neue Fußböden in diesem Geschoß, in der Glockenstube und im Obergeschoß. Ende des Jahres 1948 wurde der Turmhelm zunächst mit Dachpappe beschlagen und im Sommer 1949 von Dachdeckermeister Karl Hoffmann in Moselschiefer beschiefert. Zur gleichen Zeit wurde von der Firma Bernhard Vortmann in Recklinghausen eine neue Turmuhr mit 4 je 2 mtr. hohen Zifferblättern und elektrischem Laufwerk eingebaut. Die Glockenfenster erhielten neue, eichene Challousienfenster und für die Abwässerung des Turmes wurden von der Firma Otto Bischoff neue Zinkrinnen verlegt.

Im Frühjahr 1949 begann Zimmermeister Ernst Reuber mit dem Zimmern und Aufrichten des neuen Kirchendaches mit seiner 1.500 qm großen Fläche. Das Hauptdach mußte zunächst mit verkupferten Flußstahlblechen, die in Schieferfarbe gestrichen sind, gedeckt werden. Da-

gegen konnte das Chordach mit Türmchen und die Ostwand der Kirche mit Moselschiefer von Dachdeckermeister Josef Hoffmann gedeckt werden. Die neuen Zink-Dachrinnen baute Klempnermeister Helmut Bruse. Den Anstrich der Gesimse und Rinnen am Turm und an der Kirche besorgte Anstreichermeister August Schulte. Im Jahre 1951 wurde sodann das gesamte Mauerwerk des Turmes von der Firma Josef Thranberend gefugt und nach altem Muster unter Freilassung der Bruchsteinquader mit rauhem Putz beworfen. In der gleichen Form wurden die Außenwände des Chores und der Nordseite der Kirche erneuert. Die nach dem Brand der Kirche verlegte elektrische Notleitung wurde durch neuen Kabel, der die Licht- und Kraftleitung enthält, durch Elektromeister Josef Ante ersetzt. Die Firma Hinderthür in Siegen baute für Turm und Kirche eine neue Blitzschutzanlage ein. Im Frühjahr 1952 begannen die Wiederherstellungsarbeiten im Inneren der Pfarrkirche.

Hier wurde zunächst der Chorraum bis zur Hälfte des Kinderchores durch eine Bretterwand abgeschirmt und davor ein Notaltar errichtet. Dann begann die Firma Josef Thranberend mit der Höherlegung des Chorraumes, wobei zunächst die Stufe im Kinderchor entfernt und bis zum Beginn der neuen Kommunionbank zurückverlegt wurde. Etwa 2 m dahinter wurde eine zweite Stufe in Höhe der Sakristeifußböden und weiter 2 m rückwärts in ganzer Breite des Chores 4 neue Stufen eingebaut. Auf diesem Plateau erhebt sich auf drei weiteren Stufen der von der Firma Westdeutsche Granitwerke in Dortmund erbaute neue Hochaltar. Der alte, neugotische Hochaltar aus dem Jahre 1886, welcher keinen Kunstwert besitzt, konnte nicht wieder verwertet werden. Dagegen ist das alte, klassizistische Chorgestühl vorsichtig ausgebaut und vorläufig sichergestellt worden. Ebenso der Kreuz- und Marienaltar mit den beiden Ölgemälden.

Der neue Hochaltar erhielt als Aufbau einen neuen Tabernakel, der von der Firma H. Tölke in Gelsenkirchen geliefert wurde. Das alte, gotische Kreuz aus dem früheren Kreuzaltar, welches W. Klocke jr. in Gelsenkirchen renoviert hatte, wurde als Altarkreuz aufgestellt. Als Kerzenleuchter dienen die 6 alten Barock-Silberleuchter. Der gesamte Chorraum einschließlich Gewölbe mußte neu verputzt und bemalt werden. Sämtliche Maurerarbeiten erledigte J. Thranberend und die Malerarbeiten Kirchenmaler Clemens Ortmann. Zwischen den Fenstern unter den Strebepfeilern wurden die bisher im Kirchenschiff aufgestellten 6 lebensgroßen Apostelfiguren, nachdem diese von W. Klocke jr. in Gelsenkirchen gründlich renoviert waren, aufgestellt. Sämtliche 7

Chorfenster und die Fenster über dem Marien- und Kreuzaltar mußten in ihren Maßwerken fast vollkommen erneuert werden. Dieses besorgte die Firma Karl Falk. Nach Beendigung dieser Arbeiten wurden die von dem Künstler Walter Klocke in Gelsenkirchen entworfenen bunten Glasfenster durch die Herstellerfirma Otto Peters in Paderborn eingebaut. Die beiden Sakristeien erhielten unmittelbar hinter den beiden Abschlußstrebepfeilern des Chores neue Eingänge. Die alte Sakristei an der Nordseite mit ihrem gotischen Gewölbe erhielt neuen Verputz und ein neues, buntes Glasfenster. Die neue Sakristei an der Südseite wurde neu bemalt und der Tresorschrank in eine Mauernische verlegt.

Durch den Chorumbau wurde auch die Verlegung des Warmluftkanals der Kirchenheizung notwendig, welcher jetzt hinter der Kommunionbank seinen Ausgang hat. Die neue Kommunionbank, welche ebenfalls wie der Hochaltar aus Muschelkalk-Steinblöcken hergestellt ist, sowie der aus Jura-gelb-Platten bestehende Fußboden wurden von der Firma Westdeutsche Marmor- und Granitwerke in Dortmund hergestellt und verlegt. Die notwendigen Verlegungen der Lautsprecheranlagen besorgte die Firma Alois Zeppenfeld und die Verlegung der Lichtanlagen einschließlich der Scheinwerfer Elektromeister Josef Ante.

Nach Entfernung der Notwand konnte im Juni 1952 der neue Hochaltar durch den H.H. Erzbischof konsekriert werden.

Damit war ein weiterer Bauabschnitt beendet.
PfrA Attendorn: Bestand Neues Archiv, Akten 411-2.

1947 Juli 25: Provinzialkonservator Dr. Rave begrüßt die geplante Verlegung der Orgel aus der Turmkapelle vor die Abschlußwände der Seitenschiffe, *so daß der jetzt verunstaltende Bogen über den kleinen Arkaden wieder geschlossen werden könnte.*
StdA Attendorn: Bestand Nachlaß Karl Boos, Manuskriptsammlung.

1957 September 21: Der Landeskonservator Dr. Busen genehmigt den Entwurf des Widderkopfes über der Turmgalerie im Westen der Kirche.
PfrA Attendorn: Bestand Neues Archiv, Akten 411-1.

1980 November 7: Gotischer Zugang zu einer Orgelbühne entdeckt. *Im unteren Teil ist ein Sockel aus Bruchsteinen zu erkennen, nach außen hin war eine Türschwelle nachzuweisen. Nach eingehender Diskussion kann folgendes vermutet werden: Man hat zur Bauzeit hier einen Eingang zu einer Sänger- oder Orgelbühne geplant*

und auch ausgeführt. So etwas wurde auch kürzlich bei der Renovierung des Paderborner Domes entdeckt. Die Tür ist sogar zeitiwilig benutzt worden, da eiserne Türangeln und ein Schloß noch vorhanden waren. Dort, wo das Ziegelsteinmauerwerk ansetzt, war das Fußbodenniveau einer früheren Orgelbühne, die bis etwa 1880 benutzt wurde. Während dieser Zeit diente die Nische dazu, sämtlichen auf der Orgelbühne anfallenden Unrat aufzunehmen. So fanden sich von vergoldeten Skulpturfragmenten bis hin zu Osterkommunionzetteln und Orgelmaterialien relativ unbedeutende Abfälle. Im Zuge der umfassenden Kirchenrenovierung um 1880 wurde diese Nische dann auch zum Kircheninneren hin zugemauert...
Diavortrag Otto Höffer, Volkshochschule, 7.11.1980

Baugeschichtliche Quellen zu den Anbauten

St. Michaelskapelle

1384: Bestätigung der Kreuzkapelle durch Erzbischof Friedrich von Köln.
BRUNABEND/PICKERT/BOOS (1958), 9, 22, 37; ISPHORDING, Das Chorkapitel, 825.

1391: Erzbischof Friedrich III. von Köln weiht die Kreuzkapelle ein. Zeugen sind Detmar v. Wichmodeberg, Priester, Rektor der Kapelle S. Crucis et Michaelis; Hermann und Konrad v. Körbecke, Kapläne; Nicolaus von Ennest, Vikar Omnium sanctorum; Heinemann, Nikolausrektor; Thomas, Glöckner der Pfarrkirche.
BRUNABEND/PICKERT/BOOS (1958), 37; FRÖHLING (1978), 171.

1392 Dezember 3, Perugia: *Bonifacius IX concedit indulgentias (non plenarias) per decanium capelle S. Crucis et S. Michaelis archangeli in oppido Attendorn prope parochialem eccl. constructa et dotata a Johanne van der Beke et Hertwin van der Beke oppidanis dicti oppidi.*
Urkunden und Regesten aus dem Vatikanischen Archiv zur Geschichte der Rheinlande, Bd. 6, Nr. 534.

1804 Oktober 28: Pfarrer Petri teilt dem Kirchen- und Schulrat zu Arnsberg mit, daß das Eigentum der an der Nordwestecke der Pfarrkirche angebauten Michaelis-Kapelle der Pfarrkirche zustehe, da ihre Mauern fest mit der Kirche verbunden seien. Außerdem würden dort Gebeine von Toten aufbewahrt. Die Kapelle brannte 1783 ab. – Der Abriß erfolgte nach 1898.
PfrA Attendorn: Akten A 4, 7.

1881 April 12: Der Vorsitzende des Kirchenvorstandes, Schneidersmann, bietet der Stadt seitens der Kirchengemeinde einen Zuschuß in Höhe von 200–300 Mark zum Neubau eines Spritzenhauses an. Bisher wurde zu diesem Zweck die frühere Michaelis-Kapelle benutzt. Diese ist aber inzwischen für die Lagerung der Feuerlöschgeräschaften zu feucht und soll abgerissen werden. *Für die äußere Schönheit der Kirche wäre der Wegfall des alten Gebäudes zu wünschen.*
PfrA Attendorn: Akten A 4, 9.

1954 Mai 18: Landeskonservator Dr. Mühlen begrüßt die Wiedererrichtung der nördlichen Turmkapelle und den so geschaffenen Zugang zur Orgel.
PfrA Attendorn: Bestand Neues Archiv, Akten 411-1.

1956 August 13: Das Erzbischöfliche Generalvikariat genehmigt den Bau einer Taufkapelle an der Nordseite des Turmes. Der Landeskonservator hatte bereits am 3.11.1955 seine Zustimmung erteilt.
PfrA Attendorn: Bestand Neues Archiv, Akten 411-1.

1958/1959: *Die Wiederherstellung im Inneren der Kirche ist mit dem Anstrich und dem Einbau der neuen Orgel noch nicht abgeschlossen:*
Die Taufkapelle. Sie wurde an der Nordseite des Turmes auf alten Fundamenten errichtet. Es hat also ehemals dort eine Kapelle gestanden, wahrscheinlich eine alte Friedhofskapelle, als der Kirchplatz noch Friedhof war. Die Fenster der Kapelle stellte die Firma Peters in Paderborn her. Ein kleiner Altar wurde aufgestellt, darüber das alte, große Kreuz aus der Sakristei. Den Fenstern gegenüber wurde ein altes Bild der hl. Dreifaltigkeit aufgehängt. Die Decke wurde gestäbt und in der Mitte der alte Kanzeldeckel angebracht. Der Deckel ragte zu weit in die Kirche herein, wenn man vom Turm aus in die Kirche schaute. Er sollte dann ins Museum, aber er ging durch keine Tür. So machte Herr Architekt Otto Greitemann den Vorschlag, die Decke der Taufkapelle damit zu schmücken. Ein Vorschlag der die helle Begeisterung des Landesdenkmalamtes in Münster fand. die Kanzel erhielt einen neuen, kleineren Deckel. Den Eingang zur Taufkapelle ziert ein sehr schönes, schmiedeeisernes Tor, Entwurf: Greitemann, Ausführung Kunstschlosser Hermann Deichmann.
PfrA Attendorn: Parrchronik II, 122.

Sakristei

[1901]: *Der Plan zum Neubau einer Sakristei für die Pfarrkirche in Attendorn betreffend. Erläuterungsbericht. Die jetzige Sakristei liegt 3 Stufen niedriger als das Chor, hat ein schweres flachbogiges Bruchsteingewölbe, ist feucht und bis zum Scheitel des Gewölbes nur 2,70 m hoch. Durch einen Umbau ist diesen Übelständen nicht abzuhelfen und es ist deshalb ein Neubau an derselben Stelle, aber mit einer Verlängerung nach Osten um 2,30 m geplant. Auf Blatt 1 der beigefügten Zeichnungen ist ein Entwurf zu diesem Neubau im Grundriß nebst Balkenlage, in 2 Schnitten und 2 Ansichten dargestellt.*
PfrA Attendorn: Akten A 5, 249.

1532 August 11: Johannes Baetstoeve, Priester, Rektor des Altars Omnium sanctorum in der Kirche zu Attendorn, wünscht sein Begräbnis in der Kirche St. Johannes Baptist am Eingang beim Allerheiligenaltar.
SCHEELE (1963), Urk. 274.

– Jakobus und Andreas

1391–1396: In diesem Zeitraum wurde die Vikarie SS. Jacobi et Andreae gestiftet.
BRUNABEND/PICKERT/BOOS (1958), 37.

Inventar

Inventar im Turm

Glocken

1368: Thomas, Campanarius.
PfrA Attendorn: Akten B 1, 1.

1391: Glöckner Thomas erscheint nochmals als Zeuge.
PfrA Attendorn: Akten B 1.

Inventar im Kirchenschiff und Chor

Altäre

– Omnium sanctorum

1368 Bonifatius: *ein schon errichteter und der Ehre Aller Heiligen geweihter Altar kraft Eurer Vollmacht zu einem dauernden kirchlichen Benefizium erhoben wird...* Präsentionsrecht haben Bürgermeister und Rat von Attendorn.
PfrA Attendorn: Akten B 1, 1 ff.

1396 März 24: Bei der Gründung des Chorkapitels durch Johann von der Becke wird der Rektor des Allerheiligenaltares erwähnt.
PfrA Attendorn: Urk. 5a.

1475 Januar 26: Heyneman op den Steynen, Priester und Rektor des Allerheiligen-Altars in der Kirche zu Attendorn.
SCHEELE (1963), Urk. 169.

7. Zusammenfassung

Die Stadt Attendorn (Kreis Olpe) *(Abb. 1)*, im südlichen Sauerland gelegen, gilt als eine der im 9. Jahrhundert zur Verbreitung des christlichen Glaubens gegründeten Urpfarren des kölnischen Missionsbezirkes. Die Kreuzung zweier wichtiger mittelalterlicher Handelswege im späteren Stadtbereich verband Attendorn bereits früh mit den großen Handelsplätzen des Rheinlandes und Westfalens. Im Jahre 1072 wird erstmals der Name urkundlich erwähnt, als Kirche und Hof zu "Attandarra" vom Kölner Erzbischof Anno an das neugegründete Kloster Grafschaft übergeben wurden. Die Ansiedlung entwickelte sich unter dem Schutz des Klosters und der Kölner Erzbischöfe rasch zu einem Handelszentrum mit eigener Münzstätte. Erzbischof Engelbert ließ den Ort zu Beginn des 13. Jahrhunderts mit einer Befestigungsanlage umgeben und verlieh ihm schließlich im Jahre 1222 das Stadtrecht. Alsbald trat Attendorn der Hanse und weiteren wichtigen Städtebünden bei. Während der Blütezeit der Stadt im 12./13. bis in das beginnende 15. Jahrhundert entstanden aus den finanziellen Zuwendungen wohlhabender Bürger zahlreiche kirchliche und profane Bauwerke, wie etwa in der zweiten Hälfte des 14. Jahrhunderts das Rathaus und der Neubau der Pfarrkirche, darüber hinaus auch fromme Stiftungen wie das Chorkapitel an der Pfarrkirche St. Johannes Baptista im Jahre 1396. Vom 15. bis in das 17. Jahrhundert hinein wurde die Stadt von zahlreichen Brandkatastrophen, Pestzügen und Kriegshandlungen heimgesucht. Mit der Übernahme der Verwaltung durch den Drosten Caspar zu Fürstenberg zu Beginn des 17. Jahrhunderts setzte eine vorübergehende kulturelle Belebung ein, die jedoch den allmählichen wirtschaftlichen Niedergang der Stadt nicht aufhalten konnte. Erst mit der Einführung neuer Technologien in der lokalen Eisenverarbeitung und -gewinnung sowie der Entdeckung des landschaftlich sehr reizvollen Sauerlandes als Ziel zahlreicher Erholungssuchender im 19. und beginnenden 20. Jahrhundert konnte sich Attendorn als modernes städtisches Zentrum etablieren.

Die Pfarrkirche St. Johannes Baptista *(Abb. 3, 55)* liegt auf einer kleinen Anhöhe im Herzen des noch im Straßenverlauf erkennbaren mittelalterlichen Stadtkernes. Im Süden befindet sich, im Anschluß an den Marktplatz, das gleichzeitig mit Chor und Langhaus der Kirche in verwandten Bauformen errichtete Rathaus, so daß sich hier ein einzigartiges Ensemble gotischer Baukunst erhalten hat.

Im Jahre 1974 fand in der Pfarrkirche eine begrenzte archäologische Untersuchung statt *(Abb. 4, 21)*. Durch sie wurde ein Einblick in die Abfolge dreier Vorgängerbauten unter der erhaltenen gotischen, im Westteil noch romanischen Kirche gewährt.

Als ältester Befund erwies sich dabei eine Kulturschicht, die nach Ausweis des Fundmaterials als späteisenzeitlich bis frühmittelalterlich eingestuft werden kann. Flechtwerklehm, Tierknochen und Keramik im Fundgut lassen auf eine nahegelegene Siedlungstätigkeit, Reste von Rennfeuerschlacke auf die Verarbeitung von Eisenerz schließen.

Bau I: Das erste nachweisbare Bauwerk an dieser Stelle war eine aus Bruchsteinen gemauerte Saalkirche mit rechteckig schließendem Chor, der mit Zungenmauern vom Langhaus abgetrennt war *(Abb. 6)*. Die lichte Gesamtlänge des kleinen Kirchenbaues betrug 18,60 m, seine lichte Breite 6,75 m. Aufgrund des Fundmaterials konnte sein Baubeginn frühestens in das 9. Jahrhundert datiert werden. Ein Brand dieses Baues im ausgehenden 11. oder beginnenden 12. Jahrhundert zog einen Neubau nach sich, bei dem allerdings die Chorpartie des ersten Baues beibehalten wurde.

Die kleine Saalkirche an der Stelle der heutigen Pfarrkirche St. Johannes Baptista kann als Gründungsbau des ausgedehnten Pfarrsprengels angesehen werden. Sie läßt sich in die Gruppe der zahlreichen gleichartigen, im Rheinland, dem Maasgebiet und Westfalen als Pfarr-, Stifts- und Eigen-kirchen errichteten Bauten einfügen. Ähnliche Kirchengrundrisse des 9./10. Jahrhunderts wie der in Attendorn ergrabene konnten in Westfalen z. B. in Enger, Herzfeld, Lügde, Lage, Stapellage und Soest aufgedeckt werden.

Bau II: Der zweite Kirchenbau folgte, abgesehen von der alten Chorpartie, einem veränderten Konzept: Das Langhaus wurde nun im basilikalen Schema errichtet, mit schmalen Seitenschiffen und zwei querhausähnlichen Annexräumen im Osten. Im Westen fügte man überdies noch einen Turm an *(Abb. 17)*. Im Typus entsprach dieser Bau der im ländlichen Kirchenbau des Rheinlandes und vereinzelt Westfalens beliebten Kleinbasilika des 10. bis 12. Jahrhunderts. Nach Norden hin wurden Mauerreste beobachtet, die auf Nebengebäude oder Anbauten schließen lassen. Nach einem Brand etwa in der Mitte des 12. Jahrhunderts wurden Restaurierungsmaßnahmen an der Kirche durchgeführt, zu denen auch die Einbringung eines qualitätvollen Musterfußbodens aus Tonfliesen gehörte *(Abb. 15, 16)*. Brandreste, die diesem Boden aufgelagert waren, lassen auf eine erneute Brandzerstörung schließen, in deren Folge der zweite Bau möglicherweise zugunsten eines Neubaues aufgegeben wurde.

Bau III: In der ersten Hälfte des 13. Jahrhunderts entstand anstelle der kleinen nun eine größere dreischiffige Basilika mit kurzem Langhaus zu 1½ Jochen, Westturm und einem Dreikonchenchor im Osten *(Abb. 43)*. Die jeweils drei Langhausstützen waren alternierend als Kreuz- und Rechteckpfeiler mit Spannfundamenten ausgebildet. Fundamentreste an der Choranlage lassen zudem auf die Existenz kleiner, in die Zwickel der Konchen eingestellter Flankentürmchen sowie auf einen Anbau im Nordosten des Chores schließen. Das Fundament des südlichen Seitenschiffs enthielt am westlichen Ende einige in situ belaufene Steine, so daß an dieser Stelle ein Eingang angenommen werden kann. Der nachfolgende gotische Bau öffnet sich ebenfalls an dieser Stelle mit dem Marktportal nach Süden hin.

Die Fundamente, insbesondere jene des Chores *(Abb. 21)*, waren als mächtige Packlagen ausgeführt und wiesen innen an den westlichen Chorpfeilern nachträglich angesetzte Verstärkungen auf. Ob es sich dabei um Restaurierungsmaßnahmen nach einer Brandzerstörung oder um statisch bedingte Ergänzungen im Zuge der Errichtung handelte, war nicht mehr eindeutig zu entscheiden. Die Ostkonche verfügte über einen Einzug etwa um Mauerstärke, die Nord- und Südkonche hingegen wiesen stark verdickte Fundamente auf, so daß bei ihnen im Aufgehenden eine Nischengliederung angenommen werden kann. Im Inneren der Ostkonche wurden Fundamentreste eines Altarstipes aufgefunden.

Der noch bestehende Westturm des dritten Baues *(Abb. 28, 29, 55)* ist in vier ungleich hohe, nach oben hin niedriger werdende Geschosse gegliedert, deren oberes nachträglich aufgesetzt ist. Seine Wandfelder sind außen mit Lisenen, Blendbögen und am dritten und vierten Geschoß mit Zackenfriesen versehen. Innen befindet sich im ersten Obergeschoß die sogenannte Ratskapelle mit sekundär eingesetzter Bauplastik in der Arkadenöffnung zum Mittelschiff hin.

Der dritte Bau wurde in spätromanischen Bauformen errichtet, deren Vorbilder in den Kölner Dreikonchenbauten des ausgehenden 12. und beginnenden 13. Jahrhunderts, etwa Groß St. Martin, zu suchen sind *(Abb. 46)*. Das basilikale Langhaus dagegen ist eher an westfälischen Bauten des 12. und beginnenden 13. Jahrhunderts, wie etwa der Kirchen zu Berghausen (Kr. Meschede), Osttönnen (Kr. Soest) oder Gehrden (Kr. Warburg), orientiert. Die nur wenig später unter dem Einfluß des Attendorner Baues entstandene Christuskirche im nahegelegenen Plettenberg *(Abb. 27, 53)* weist dagegen bereits die als "moderner" anzusehende Form des Hallenlanghauses auf.

Bau IV: Die heute bestehende, um die Mitte des 14. Jahrhunderts errichtete gotische Kirche *(Abb. 54-56)* nimmt im Westen mit der Beibehaltung des romanischen Turmes ein Motiv des dritten Baues zwar auf, ist jedoch in ihrer Gesamtheit von erheblich größerer Dimension. Sie präsentiert sich als dreischiffige Hallenkirche zu sechs Jochen, deren zwei östliche Seitenschiffsjoche auf Mittelschiffsbreite erweitert sind und so der Eindruck eines Querhauses entsteht. Der Chor besteht aus einem Chorjoch und einer polygonalen Apsis mit 5/8-Schluß. Das äußere Erscheinungsbild der Pfarrkirche wird von den zweifach abgestuften Strebepfeilern, den drei- und vierbahnigen Maßwerkfenstern und - am Langhaus - den darüberliegenden Kreuz- und Kreisblenden bestimmt. An der Nordseite befinden sich zudem quadratische Blenden mit Kreuzpässen in Form eines Andreaskreuzes an den Stirnseiten der drei westlichen Strebepfeiler. Sie korrespondieren mit jenen am südlich der Kirche gelegenen Rathaus. Den oberen Abschluß der Langhauswände bildet ein Zackenfries, ähnlich jenem am Turm, der von breiten Blenden in Fortsetzung der Strebepfeiler unterbrochen wird. Auch hier wurde bewußt ein Motiv des romanischen Baues aufgegriffen. Die Unterschiede in der Behandlung der Maßwerkfenster und der Wandflächen lassen Rückschlüsse auf den Ablauf der Errichtung zu: Demnach wurde das Bauwerk am Chor begonnen und bis zu den westlichen Stirnwänden des Querhauses aufgeführt. Erst dann erfolgte möglicherweise der Abbruch des romanischen Baues und schrittweise die Fertigstellung des Langhauses. Im Inneren wird der dreischiffige Hallenraum durch kräftige Säulen geschieden, aus denen sich die Rippen des vierteiligen Kreuzrippengewölbes erheben. In ihrer Gesamtheit ist die Gliederung des Innenraumes ausnehmend schlicht gehalten, sieht man einmal von den im Chor tief herab gezogenen Rippen ab, denen sechs Heiligenfiguren auf Konsolen folgen.

Die Finanzierung des gotischen Neubaues lag nach Ausweis der Schriftquellen vorwiegend in den Händen vermögender Familien der Stadt Attendorn. Von der Mitte des 14. bis in das erste Viertel des 15. Jahrhunderts lassen sich zahlreiche Zuwendungen zugunsten des Baues und der Ausstattung der Pfarrkirche aus den Archivalien erschließen, darunter auch die Stiftung eines Chorkapitels im Jahre 1396 durch Johann von der Beke.

Während der archäologischen Untersuchung im Jahre 1974 wurden auch die Fundamente der Mittelschiffs-

7. Zusammenfassung

stützen und Außenmauern des gotischen Baues angeschnitten. Dabei stellte sich heraus, daß die Säulen, mit Ausnahme des östlichen Säulenpaares, auf den Fundamenten des Vorgängerbaues aufruhen - eine Tatsache, die auch die deutliche Abweichung der Langhausstützen aus der Flucht erklären könnte *(Abb. 54)*. Fundamentreste, die an der nördlichen Säule des westlichen Langhausjoches sowie am westlichen Chorabschluß beobachtet wurden, gehörten möglicherweise zu Abmauerungen einzelner Gebäudeabschnitte während der Errichtung oder - jene am Chor - zu einem nach der Gründung des Chorkapitels errichteten Lettner.

Gräber: Das Innere der Pfarrkirche und ihres Vorgängerbaues war seit dem hohen und späten Mittelalter verstärkt auch als Begräbnisplatz genutzt worden. Aufgrund der Störungen durch zahlreiche Bestattungen waren die Baubefunde stellenweise stark abgebaut. Neben unmittelbar den Bauphasen der einzelnen Kirchenbauten zugehörigen Befunden konnten aus Zeitgründen nur wenige Bestattungen aufgedeckt und untersucht werden. Besonders das Grab eines Santiagopilgers aus dem beginnenden 14. Jahrhundert, in dem eine Muschelklappe im Brustbereich des Skelettes gefunden wurde, sei an dieser Stelle erwähnt *(Abb. 92, 93)*. Ebenfalls aus einem Grab stammt ein Schwert zu Anderthalb Hand, das im 16. oder 17. Jahrhundert seinem verstorbenen Träger als besonderes Ehrenzeichen beigegeben wurde *(Abb. 81)*. Ein weiteres frühneuzeitliches Grab enthielt zahlreiche beinerne Perlen eines Rosenkranzes *(Abb. 84, 89)*.

Funde: Neben den bereits erwähnten Grabfunden kamen zahlreiche Fundstücke aus Keramik, Metall, Glas, Bein, Werkstein und Fragmente von Leder zutage. Die meisten Keramikfragmente ließen sich importierten Warenarten aus dem Rheinland (Rheinisches Vorgebirge sowie Siegburg) und der Eifel (Mayen) zuweisen und entstammen dem 8./9. bis 14. Jahrhundert *(Taf. 1, Nr. 8-14; Taf. 2, Nr. 1-1;, Taf. 3, Nr. 1-11)*. Es handelt sich dabei vorwiegend um Bruchstücke von Trink- und Schankgefäßen. Einheimische frühmittelalterliche und neuzeitliche Warenarten des 15.-18. Jahrhunderts traten nur zu einem geringen Prozentsatz auf. Der größte Teil der Keramik dürfte also während der jeweiligen Bauvorgänge im 9. bis 14. Jahrhundert in den Boden der Kirche gelangt sein. Erwähnenswert seien an dieser Stelle noch Funde von keramischem Kinderspielzeug, wie ein Miniaturkrug aus Raerener Steinzeug aus der Zeit um 1500 *(Abb. 74)* und einige Murmeln. In den Bereich der Baukeramik gehören die Tonfliesen des Musterfußbodens, der etwa um die Mitte des 12. Jahrhunderts im zweiten Bau verlegt wurde *(Abb. 15, 16, 75, 76)*. Zahlreiche Fragmente von dünnem Buntmetallblech, zum größten Teil mit getriebenen floralen oder punktförmigen Verzierungen versehen, gehörten vermutlich zum Beschlag eines Reliquienkästchens und waren bereits zum erneuten Einschmelzen vorbereitet worden *(Taf. 6, Nr. 1-11; Taf. 7, Nr. 1-10)*. Ebenfalls aus Buntmetall ist eine Emailscheibenfibel des 9./10. Jahrhunderts, deren Herkunft aufgrund von Vergleichsfunden sowie einem weiteren gußgleichen Stück aus dem friesischen oder niedersächsischen Küstengebiet als gesichert gelten kann *(Abb. 86, 87)*. Einige Fragmente mittelalterlichen und neuzeitlichen Fensterglases, zum Teil mit Bemalung, konnten ebenfalls geborgen werden, darunter auch der Rest einer Stifterscheibe aus der ersten Hälfte oder der Mitte des 16. Jahrhunderts *(Taf. 9, Nr. 1)*. Als Kuriosum dagegen ist der Fund eines importierten fossilen Seeigels, vielleicht als Amulett oder Sammelobjekt verwendet, zu betrachten *(Taf. 9, Nr. 7)*.

Die Bauplastik des romanischen Baues: Der Beitrag von Felicia Schmaedecke ist den Spolien gewidmet, die mit größter Wahrscheinlichkeit aus dem romanischen Kirchenbau oder - im Falle des Viererblockkapitells - aus einem nahegelegenen Profanbau stammen. Es handelt sich um zwei Kapitelle und eine Säulenbasis *(Abb. 68)*, als Konsolen für die Rippen des gotischen Kreuzgewölbes wiederverwendet, sowie zwei Doppelkapitelle und ein Viererblockkapitell *(Abb. 69)*, heute in der dem Mittelschiff zugewandten Arkade im Obergeschoß des Westturmes eingesetzt. Sie alle entstammen derselben Werkstatt und sind als gleichzeitig zu betrachten. Der Schmuck der Kapitelle besteht in drei Fällen aus Blattdekor, das vierte ist mit Rankenwerk verziert. Gänzlich anders hingegen ist das Viererblockkapitell gestaltet: Es trägt einen Fries aus vier gleichartig gestalteten Drachenpaaren, deren Hälse miteinander verschlungen und deren Schwänze mit denen des benachbarten Paares verhakt sind.

Die Motive des vegetabilen Kapitellschmuckes lassen eine enge Verbindung zur niederrheinischen Kapitellplastik, insbesondere zu jener frühstaufischer Bauten wie der Schwarzrheindorfer Doppelkapelle (Weihe 1151, Erweiterung vor 1173) und des Kreuzganges am Bonner Münster (vermutlich 1140-1169) erkennen. Die stilistisch in deren Nachfolge stehenden Blattkapitelle im Dreikonchenchor von Groß St. Martin zu Köln (Weihe 1172) und jener auf der Zwerggalerie des Dreikonchenchores von St. Aposteln zu Köln (um 1200) verfügen über eine weiter entwickelte Motivgestaltung und kommen als Vorbilder für die Attendorner Kapitelle nicht mehr in Frage, obwohl die Chorform des romanischen Baues in Attendorn selbst diesen Kölner Bauten entlehnt ist. Das Rankenkapitell gehört ebenfalls dem Schwarzrheindorfer Formenkreis an und findet darüber hinaus eine verwandte Ausführung in einem Doppelkapitell im Rheinischen Landesmuseum Bonn, welches vermutlich aus dem Kreuzgang von St. Gereon zu Köln stammt und im dritten Viertel des 12. Jahrhunderts entstanden ist.

Das Viererblock- oder Drachenkapitell stellt eine im Vergleich mit der Ausführung der Blattkapitelle weiter entwickelte Form dar. Die Darstellungsweise der Tiere ist raumhaltiger und feingliedriger, die Auffassung des Kapitellkörpers moderner. Das Motiv des Drachens ist in der mittelalterlichen Kunst weit verbreitet und gilt als Symbol des Teufels, der Ketzerei und des Heidentums. Die von den Drachenmäulern gehaltenen Kugeln sind als Äpfel zu deuten, in der christlichen Ikonographie ein Hinweis auf den Sündenfall. Am Niederrhein gehört der Drache zu den beliebtesten Tiermotiven und ist zahlreich in der Bauornamentik vertreten. In Typus und Ausführung stehen den Attendorner Drachen jene der Kapitellornamentik auf der Westempore der Abteikirche Maria Laach (1130-1150), im Kreuzgang des Bonner Münsters, auf der Zwerggalerie in Schwarzrheindorf und auf einem Kapitell in den Ostteilen des Münsters zu Essen nahe. Anders als bei jenen ist jedoch beim Attendorner Drachenkapitell eine weniger strenge Unterordnung des Dekors unter die vorgegebene Kapitellform zu beobachten. Hier wird eine jüngere Auffassung vertreten, die am Niederrhein erst bei spätstaufischen Kapitellen zu finden ist, wie etwa bei einem nach 1220 entstandenen Kapitell von der Chorempore des Limburger Domes.

Für die Datierung der Attendorner Kapitellgruppe ist das Drachenkapitell als stilistisch jüngstes ausschlaggebend und läßt eine Entstehung in den 1230er Jahren annehmen. Dies wird auch durch die Bauornamentik an der nahegelegenen, wenig später entstandenen Pfarrkirche zu Plettenberg betätigt, insbesondere durch das am Attendorner Viererblockkapitell angelehnten Drachenkapitell am Nordportal. Die Ornamentik an den Plettenberger Langhausportalen ist zeitlich nicht vor dem zweiten Viertel des 13. Jahrhunderts anzusetzen und gehört, wie Attendorn, einer Zeit an, in der im westfälischen Raum verstärkt niederrheinische Bau- und Ornamentformen Eingang finden. Ein weiteres datierendes Element für den Attendorner Bau ist ein kleines Eckkapitell am Ostfenster des 3. Obergeschosses des Westturmes, das als einziges noch nicht ausgetauscht wurde. Sein Dekor gehört eindeutig jenem Formenkreis an, der ab dem zweiten Jahrzehnt des 13. Jahrhunderts in Deutschland weit verbreitet ist. Offenbar schöpft die mit der Attendorner Bauplastik betraute Werkstatt aus einem Formenrepertoire, das am Niederrhein in spätstaufischer Zeit bereits veraltet war. Ohne Kenntnis des Drachenkapitells wäre man hinsichtlich der Datierung der vegetabilischen Kapitelle zu einem wesentlich früheren Ergebnis gekommen. Allerdings ist das Nebeneinander von altertümlichen und zeitgemäßen Formen und Stilen im 13. Jahrhundert nicht ungewöhnlich, wie auch die Bauornamentik des Bamberger Domes (Baubeginn im zweiten Jahrzehnt des 13. Jahrhunderts) besonders deutlich zeigt.

Quellen zur Baugeschichte: Otto Höffer stellt in seinem Beitrag jene Quellen aus dem Pfarrarchiv von St. Johannes Baptista sowie verschiedener weiterer Archive und Urkundeneditionen vor, die sich unmittelbar auf die Bau- und Nutzungsgeschichte der Pfarrkirche beziehen oder Rückschlüsse auf sie zulassen. Insbesondere für die Errichtung und Ausstattung des vierten Baues konnte anhand der Quellen ein Zeitraum von der Mitte des 14. bis in die ersten Jahrzehnte des 15 Jahrhunderts erschlossen werden. Weiterhin konnten wichtige Hinweise auf spätere Eingriffe in die Bau- und Bodensubstanz, wie Brandzerstörungen, Restaurierungen und Bestattungen gewonnen werden, die in die Auswertung der Grabung einflossen.

Summary

The town of Attendorn (District of Olpe) *(Abb. 1)*, located in southern Sauerland, is regarded as one of the original parishes established in the 9th century for the spreading of christianity in the missionary district of Cologne. First mentioned in a document from 1072, the settlement rapidly developed into a trading centre with it`s own mint and obtained a town charter in the year 1222. From the 12th/13th century up until the beginning of the 15th century the town flourished with numerous eccesiastical and secular buildings being erected through financial donations from prosperous citizens, for example the Council house and the rebuilding of the parish church in the second half of the 14th century. In the period from the 15th into the 17th century the town suffered from numerous disasterous fires, outbreaks of the plague and through warfare. At the start of the 17th century the take over of the towns administration by Caspar zu Fürstenberg, the district administrator, brought about a temporary cultural revival, which however could not prevent the gradual economic decline of the town. First with the introduction of new technology into the local iron working and iron smelting industries as well as the discovery of the very attractive landscape of the Sauerland as a relaxation`s destination for numerous people in the 19th and and the beginning of the 20th century it became possible for Attendorn to establish itself as a modern town.

In 1974 a limited archaeological investigation was carried out inside the parish Church, which located on a low hill stands in the middle of the medieval town centre as still recognisable in the street plan of Attendorn *(Abb. 4)*. The oldest archaeological evidence recovered consisted of a cultural layer containing daub, animal bones and pottery pointing to nearby settlement activities whilst bloomery furnace slag indicate the smelting of iron ore. Following it`s finds this layer belongs to the period between the late iron age and early medieval period.

Building I: The earliest demonstrable building in this location was a church built from rough, undressed stone consisting of a single aisled nave and a square chancel *(Abb. 6)*. This building fits into a large group of churches with the same ground plan erected as parish, collegiate and private churches in the Rhineland, the Maas region and in Westphalia. Based on the archaeological finds the building of this church began at the earliest in the 9th century. Churches with similar ground plans to this excavated at Attendorn dating to the 9th/10th century in Westphalia for example in Enger, Herzfeld, Lügde, Lage, Stapellage and Soest have also been uncovered.

Building II: At the end of the 11th or beginning of the 12th century following a fire in Building I a new church was erected which only retained the Chancel of its predecessor. This second church was built in the form of a basilica with narrow side aisles and two annex rooms resembling transepts built onto the chancel. In addition to this a tower was erected on the west end of the nave *(Abb. 17)*. This building corresponded in type to the popular small basilicas of the 10th to 12th centuries erected as rural churches in the Rhineland and known through isolated examples in Westphalia. To the north the remains of walls were observed which point to the presence of adjoining buildings or annexes. Following a fire around the middle of the 12th century restoration measures were carried out in the church which included the laying of a high quality patterned clay tile floor *(Abb. 15, 16)*. Burnt remains found on this floor suggests a renewed destruction of the building by fire as a result of which Building II was possibly abandoned in favour of a new building.

Building III: In the first half of the 13th century a larger three aisled basilica was built consisting of a short nave of 1,5 bays long and west tower, whilst in the east the chancel and transepts were erected in the form a cloverleaf *(Abb. 43)*. The nave supports consisted of three pairs of alternating cross and square pillars standing on span-foundations. Remains of foundations of the chancel point in addition to the existance of small flanking towers inserted into the spandrels of the cloverleaf as well as to an annex to the northeast. The foundations of the southern aisle of the nave held at the west end several in situ worn floor stones, so it can be assumed that an entrance way was located here. This building`s successor, a gothic church had in any case an entrance here with the Market portal opening to the south. Inside the eastern apse of the chancel the remains of the foundations of an altar stipes were found. Located on the first floor of the still standing west tower of this third building *(Abb. 21)* is the council chapel with secondarily inserted romanesque architectural sculpture.

The third building was erected in the late romanesque building style, who`s models are to be looked for in the cloverleaf constructions in Cologne, such as Groß St. Martin`s, dating from the end of the 12th and beginning of the 13th century. On the other hand the nave in the form of a basilica is orientated more to constructions in Westphalia of the 12th and early 13th centuries.

Building IV: In the course of the archaeological excavations of 1974 the foundations of the nave supports and the outer walls of the existing gothic church *(Abb. 54-56)* were also investigated. The results of which showed that all the columns, with the exception of the eastern pair, were seated on the foundations of this building`s predecessor *(Abb. 54)*. Foundation remains observed by the northern column of the western nave bay as well as at the western end of the chancel possibly belonged to the separation of individual sections of the building through walls simultaneous to the building`s erection or to a rood screen erected after the establishment of the canonical college.

Graves : The inside of the parish church and that of it`s predecessor was since the high and late middle ages also intensively used as a burial place. Particularly noteworthy here is the grave of a Santiago Pilgrim from the beginning of the 14th century, in which a mussel shell was found in the chest area of the skeleton *(Abb. 92-93)*. From a grave of the 16th or 17th century a sword of one and a half hands long was recovered, which had been placed in the grave as a particular symbol of honour for it`s dead owner *(Abb. 81)*. A further early post-medieval grave contained numerous bone beads from a rosary *(Abb. 84, 89)*.

Finds: Beside the already mentioned grave finds numerous others of ceramic, metal, glass, bone, ashlars and fragments of leather were recovered. Most of the ceramic fragments can be assigned to types of imported wares from the Rhineland and the Eifel out of the period from the 8th/9th century until the 14th century *(Taf. 1, Nr. 8-14; Taf. 2, Nr. 1-13; Taf. 3, Nr. 1-11)*. Locally produced types of early medieval pottery as well as post-medieval pottery wares dating from the 15th to the 18th century were present only as a small percentage. Numerous fragments of thin non-ferrous metal sheeting, for the most part provided with chased floral decoration or a decoration in the form of points, probably belonged to the mount of a small relics casket and were already prepared for remelting *(Taf. 6, Nr. 1-11; Taf. 7, Nr. 1-10)*. Likewise made of non-ferrous metal is an enamelled disc brooch of 9th/10th century date, which based on comparative finds as well as a further example from the same casting mould, can be considered as certainly originating from the coastal region of Friesland or Niedersachsen *(Abb. 86, 87)*. Some fragments of medieval and post-medieval window glass, some of which is stained, were also recovered.

The architectural Sculpture of the romanesque Building: The contribution of Felicia Schmaedecke is dedicated to reused stonework which in all probability originated from the romanesque church. This deals with two capitals and a column base *(Abb. 68)*, which were reused as corbels for the ribs of the gothic cross- vault, as well as two double capitals and a four-block capital inserted into the arcade of the upper floor of the west tower today facing the middle aisle of the nave. These pieces all came from the same workshop and are to be considered as being contemporary. Following detailed comparisions with related pieces of architectural sculpture from the lower Rhine area, in particular with those of the Münster at Bonn and of the Church of Schwarzrheindorf, a dating of the Attendorn pieces at around 1230 can be established. This knowledge allows the time period in which the earlier romanesque church was erected to be very precisely narrowed down.

Sources for the building history: Otto Höffer puts forward in his contribution those sources from the parish church of St. Johannes Baptista as well as from various other Archives and collections of documents, which refer either directly to or allow conclusions to be drawn over the constructional history of and historical uses of the parish church.

(Translation: Mark Hudson)

Résumé

De la ville d'Attendorn (Kreis Olpe) *(fig. 1)*, située dans le sud du Sauerland, on prétend qu'elle fut une de ces premières paroisses fondées au IX° siècle dans le but de répandre la foi chrétienne dans la sphère d'évangélisation de Cologne. La première mention du nom date de l'année 1072. L'agglomération devint rapidement cité commerçante, dotée d'un atelier monétaire propre et, à partir de 1222, d'une charte de liberté. L'apogée de la ville, du XII/XIII° au début du XV° siècle, vit, grâce aux donations financières de bourgeois fortunés, l'édification de bâtiments ecclésiastiques et profanes tels que l'hôtel de ville et la reconstruction de l'église paroissiale dans la deuxième moitié du XIV° siècle. Du XV° et jusqu'au cours du XVII° siècle, la ville fut victime de nombreux incendies, d'épidémies de peste et de guerres. La reprise en main de l'administration par le bailli Caspar zu Fürstenberg au début du XVII° siècle fut la cause d'une courte réanimation culturelle, qui pourtant ne put enrayer le déclin économique de la ville. Ce n'est qu'après l'introduction de nouvelles technologies dans la production et la transformation locales du fer ainsi qu'après la découverte des possibilités régionales du Sauerland comme zone de repos à la fin du XIX° et au début du XX° siècle qu'Attendorn a pu devenir un centre urbain moderne.

En 1974 eut lieu une fouille archéologique dans l'église paroissiale, dressée sur une petite hauteur au sein de la ville médiévale dont le souvenir est conservé par le tracé des rues *(fig. 4)*. La structure la plus ancienne rencontrée se révéla être une couche archéologique que son mobilier permet de dater de la fin de l'Age du Fer jusqu'au haut Moyen-Age. Les restes de torchis, les ossements d'animaux et la céramique témoignent d'un habitat proche et les scories du travail du fer.

Bâtiment I: La première construction attestée est une église à nef unique, maçonnée en moellons et dotée d'un choeur rectangulaire *(fig. 6)*. Elle appartient à un groupe d'édifices destinés à un usage paroissial, monacal ou individuel, bien représenté en Rhénanie, dans le bassin de la Meuse et en Westphalie. Partant du mobilier on ne peut dater la construction de cette église plus tôt qu'au IX° siècle. Des plans d'église semblables et datés du IX°/X° siècle ont été découverts à plusieurs reprises en Westphalie: par exemple à Enger, Herzfeld, Lügde, Lage, Stapelage et Soest.

Bâtiment II: Un incendie à la fin du XI° ou au début du XII° siècle occasionna une réfection du bâtiment qui conserva pourtant le choeur initial. Le deuxième édifice ecclésiastique fut érigé sur plan basilical avec d'étroits collatéraux et deux annexes dans la partie orientale évoquant une sorte de transept *(fig. 17)*. Ce type de construction correspond aux petites basiliques rurales plus répandues en Rhénanie qu'en Westphalie, du X° au XII° siècle. Au nord du bâtiment, on releva des restes de mur qui permettent de conclure à l'existence de constructions secondaires ou annexes. Après un incendie vers le milieu du XII° siècle, eurent lieu des travaux de restauration au cours desquels fut posé un beau dallage orné, fait de carreaux de terre cuite *(fig. 15, 16)*. Des traces de feu constatées au-dessus de ce sol signalent un deuxième incendie à la suite duquel, probablement, le bâtiment II fut abandonné au profit d'une nouvelle construction.

Bâtiment III: La première moitié du XIII° siècle vit l'érection d'une basilique à trois nefs plus vaste, à nef courte (1½ travée), tour occidentale et choeur à trois absides disposées en trèfle à l'est *(fig. 43)*. Les trois soutiens de la nef étaient des piliers alternativement cruciformes ou rectangulaires reliés par des fondations de tension. Des substructions observées dans le choeur prouvent l'existence de tourelles de flanquement à la jointure des absides ainsi que d'une construction jointive au nord-est du choeur. Les restes de mur du collatéral sud présentaient à leur extrémité occidentale quelques pierres usées sur place. On peut donc admettre qu'une entrée se trouvait à cet endroit, d'autant plus que la construction suivante, gothique, s'ouvrira vers le sud au même emplacement par le portail du marché. A l'intérieur de l'abside furent relevés les traces de la base d'un autel. Dans la tour occidentale du bâtiment III *(fig. 21)*, qui existe toujours, se trouve au premier étage la chapelle dénommée du conseil avec son ornementation architecturale romane rapportée.

Le bâtiment III fut construit selon des schémas romans tardifs inspirés des édifices à plan tréflé de Cologne, tels que Saint-Martin-le-Grand, de la fin du XII° et du début du XIII° siècle. La nef basilicale, quant à elle, est typologiquement plus proche des églises de Westphalie datées de la même époque.

Bâtiment IV: Au cours des fouilles de l'année 1974, on dégagea aussi les fondations des piliers de la nef centrale et des murs extérieurs de la construction gothique conservée jusqu'à nos jours *(fig. 54-56)*. Il apparut ainsi que, à l'exception de la paire de colonnes orientales, les piliers reposent sur les fondations de la construction antérieure *(fig. 54)*. Les substructions excavées près de la colonne nord de la travée occidentale de la nef et à l'extrémité ouest du choeur pourraient être les restes de clôture de certaines parties du bâtiment au cours de son érection ou appartenir à un jubé, postérieur au chapitre du choeur.

Tombes: L'intérieur de l'église et de ses états antérieurs a été utilisé comme lieu sépulcral, surtout à partir de l'époque médiévale et au Moyen-Age tardif. On notera particulièrement la tombe d'un pélerin de Santiago, datée du début du XIV° siècle, avec sa coquille Saint-Jacques trouvée dans la cage thoracique du squelette *(fig. 92, 93)* ainsi qu'une épée à une main et demie dans une tombe du XVI° ou du XVII° siècle et qui avait été déposée là dans le but d'honorer son porteur *(fig. 81)*. Une autre tombe de l'époque moderne contenait de nombreuses perles en os d'un chapelet *(fig. 84, 89)*.

Mobilier: A part les attributs funéraires déjà nommés, on a mis à jour de nombreux objets en céramique, en métal, en verre, en os, en pierre ou en cuir. La plupart des tessons de céramique peut être identifiée comme issue des poteries de Rhénanie ou de l'Eifel, du VII°/IX° au XIV° siècle *(pl. 1, Nr. 8-14; pl. 2, Nr. 1-13; pl. 3, Nr. 1-11)*. Les productions locales du haut Moyen-Age et de l'époque moderne (XV°-XVIII° siècles) restent rares. De nombreux fragments de tôle en métal coloré, souvent ornés de motifs floraux ou de points au repoussé, proviennent probablement d'un reliquaire et avaient été rassemblés pour une prochaine refonte *(pl. 6, Nr. 1-11; pl. 7, Nr. 1-10)*. Une fibule émaillée, en plaque de métal coloré, du IX°/X° siècle, devrait, au vu de ses parallèles, venir de la côte frisonne ou de Basse-Saxe *(fig. 86, 87)*. On relève enfin quelques fragments de verre et partie peints, médiévaux et modernes.

Ornementation architecturale de la construction romane: La contribution de Felicia Schmaedecke est consacrée aux restes trouvés en ré-emploi qui, très vraisemblablement, proviennent de l'église romane. Il s'agit de deux chapiteaux et d'une base de colonne *(fig. 68)* réutilisés comme supports pour les nervures de la voûte gothique ainsi que de deux chapiteaux doubles et d'un chapiteau quadripartite réemployés aujourd'hui dans l'arcade tournée vers la nef du premier étage de la tour occidentale. Toutes ces pièces sont issues du même atelier et contemporaines. Il ressort de longues recherches comparatives avec l'ornemenzation architecturale de la Basse Rhénanie, en particulier avec celle du Munster de Bonn et de l'église de Schwarzrheindorf, que les décors d'Attendorn datent des années autour de 1230. Ce résultat permet de dater assez précisément l'érection de la phase romane de construction.

Sources de l'histoire architecturale: Otto Höffer présente et édite dans sa contribution les documents qui, dans les archives paroissiales de St Johannes Baptist ainsi que dans diverses archives, concernent l'histoire de l'édification et de l'utilisation de l'église paroissiale ou permettent de tirer quelque conclusion à ce sujet.

(Traduction: Daniel Bérenger)

8. Abkürzungs- und Literaturverzeichnis

Neben den Abkürzungen aus den Richtlinien der RGK werden weiterhin folgende verwendet:

AFWL	Ausgrabungen und Funde in Westfalen-Lippe
BA	Bildarchiv
Bef.-Nr.	Befund-Nummer
BKW	Die Bau- und Kunstdenkmäler Westfalens
BP	Bauperiode
BS	Bodenscherbe
DFW	Denkmalpflege und Forschung in Westfalen
FN	Fundnummer
Gr.	Gruppe
HdA	Handwörterbuch des deutschen Aberglaubens
HS	Henkelscherbe
HSO	Heimatstimmen aus dem Kreise Olpe
LCI	Lexikon der christlichen Ikonographie
NJG	Neujahrsgruß
NNU	Nachrichten aus Niedersachsens Urgeschichte
OK	Oberkante
RdK	Reallexikon der deutschen Kunstgeschichte
Ref. MA	Amt für Bodendenkmalpflege, Münster, Referat Mittelalter
RhAfD	Rheinisches Amt für Denkmalpflege, Abtei Brauweiler
RS	Randscherbe
StA	Stadtarchiv
TL	Tülle
UK	Unterkante
WKB	Westfälisches Klosterbuch
WAfD	Westfälisches Amt für Denkmalpflege, Münster
WMfA	Westfälisches Museum für Archäologie, Münster
WS	Wandscherbe
WZ	Westfälische Zeitschrift
ZAM	Zeitschrift für die Archäologie des Mittelalters

500 Jahre Rosenkranz 1475–1975 (1975). Katalog des Erzbischöflichen Diözesanmuseums (Köln 1975).

AHLENSTIEL-ENGEL (1922): E. AHLENSTIEL-ENGEL, Die stilistische Entwicklung der Haupt-Blattform der romanischen Kapitellornamentik in Deutschland und der Wesensunterschied der romanischen Bauornamentik in Deutschland, Frankreich und Italien. Repertorium für Kunstwissenschaft 43, 1922, 135–219.

ALDERS (1988): G.P. ALDERS, Nieuwe dateringen van het vroegste steengoed. Westerheem 37, 1988, 306–312.

ANKEL (1958): C. ANKEL, Ein fossiler Seeigel vom Euzenberg bei Duderstadt. Die Kunde NF 9, 1958, 130–135.

APPUHN (1980): H. APPUHN, Die Möbel des hohen und späten Mittelalters in den ehemaligen Frauenklöstern um Lüneburg. In: Klösterliche Sachkultur des Spätmittelalters. Kongreß Krems/Donau 1978. Veröffentl. d. Instituts f. mittelalterl. Realienkunde Österreichs 3, 1980, 343–352.

AURENHAMMER (1967): H. AURENHAMMER, Lexikon der christlichen Ikonographie. I. 1967, 171–174.

Aus dem Alltag der mittelalterlichen Stadt (1982). Handbuch zur Sonderausstellung im Bremer Landesmuseum für Kunst- und Kulturgeschichte (Focke-Museum). M. POHL-WEBER (Hrsg.), Hefte des Focke-Museums, Nr. 62 (Bremen 1982).

Ausgrabungen in Minden (1987). B. TRIER (Hrsg.), Bürgerliche Stadtkultur des Mittelalters und der Neuzeit. Aufsätze zur Ausstellung des Westfälischen Museums für Archäologie Münster (Münster 1987).

BACHMANN (1941): E. BACHMANN, Kunstlandschaften im Romanischen Kleinkirchenbau Deutschlands. In: Zs. d. Dt. Ver. f. Kunstgeschichte 8, 1941, 159–172.

BANDMANN (1990): G. BANDMANN, Mittelalterliche Architektur als Bedeutungsträger (Darmstadt ⁹1990).

BARTH/HARTMANN/KRACHT (1983): U. BARTH/E. HARTMANN/A. KRACHT, Kunst- und Geschichtsdenkmäler im märkischen Kreis (Balve 1983).

BAUMGARTNER/KRÜGER (1988): E. BAUMGARTNER/I. KRÜGER, Phönix aus Sand und Asche. Glas des Mittelalters (München 1988).

BECKMANN (1975): B. BECKMANN, Der Scherbenhügel in der Siegburger Aulgasse. Band 1. Rheinische Ausgrabungen 16 (Bonn 1975).

BECKSMANN (1975): R. BECKSMANN, Fensterstiftungen und Stifterbilder in der deutschen Glasmalerei des Mittelalters. Vitrea Dedicata 1975, 65–85.

BEEH-LUSTENBERGER (1967, 1973): S. BEEH-LUSTENBERGER, Glasmalerei um 800–1900 im Hessischen Landesmuseum Darmstadt. Kataloge des Hess. Landesmuseums Darmstadt Nr. 2 , Bd. 1, Tafelteil (Frankfurt 1967) Bd. 2, Textteil (Hanau 1973).

Beiträge zur Archäologie mittelalterlicher Kirchen in Hessen (1991). K. SIPPEL (Hrsg.), Materialien zur Vor- und Frühgeschichte von Hessen, Bd. 9 (Wiesbaden 1991).

Einzelberichte zur Denkmalpflege 1980–84: Attendorn (Referent: STÖVER). Westfalen 67, 1989, 385 f.

BINDING (1975): G. BINDING, Die Kirchenbaukunst zur Zeit des Erzbischofs Anno. Monumenta Annonis 1975, 128–132.

BINDING (1993): G. BINDING, Baubetrieb im Mittelalter (Darmstadt 1993).

BOCK (1979): E. BOCK, Schwäbische Romanik. Baukunst und Plastik im württembergischen Raum (Stuttgart 1979).

BOEHEIM (1890): W. BOEHEIM, Handbuch der Waffenkunde (Leipzig 1890, Nd. Graz 1966).

BÖHNER (1955/56): K. BÖHNER, Frühmittelalterliche Töpferöfen in Walberberg und Pingsdorf. Bonner Jahrb. 155/156, 1955/56, 372–387.

BÖKER (1984): H.J. BÖKER, Die spätromanische Wandpfeilerhalle. Entstehung und Rezeption einer Sonderform des Kleinkirchenbaus im Umkreis des Wittgensteiner Landes. Westfalen 62, 1984, 54–76.

BOOKMANN (1982): H. BOOKMANN, Die Lebensverhältnisse in den spätmittelalterlichen Städten. In: Aus dem Alltag der mittelalterlichen Stadt (Bremen 1982) 9-21.

BOOS (1953): K. BOOS, Stadt und Amt Attendorn (SD Hannover 1953).

BRACHT/BROCKNER (1995): S. BRACHT, /W. BROCKNER, Naturwissenschaftliche Untersuchungen zu Aufbau, Herstellung und Verzierung hochmittelalterlicher Scheibenfibeln. Arch. Korrbl. 25, 1995, 411–419.

BRANDT (1988): K.H. BRANDT, Ausgrabungen im St. Petri-Dom zu Bremen, Bd. 2: K.H. BRANDT (Hrsg.) Die Gräber des Mittelalters und der frühen Neuzeit. Mit Beiträgen von W. HENKE, P. ILISCH, J. PETRASCHEK-HEIM (Stuttgart 1988).

BRAUN (1940): J. BRAUN, Die Reliquiare des christlichen Kultes und ihre Entstehung (Freiburg i. Br. 1940).

BREMEN (1964): W. BREMEN, Die alten Glasgemälde und Hohlgläser der Sammlung Bremen in Krefeld. Bonner Jahrb., Beih. 13 (Graz 1964).

BRITTING/HOFFMANN/SPECHT (1993): J. BRITTING/C. HOFFMANN/O. SPECHT, Spielsteine, Wetzsteine, Schreibgriffel. In: Geschichte aus Gruben und Scherben. Archäologische Ausgrabungen auf dem Domberg in Bamberg. In: L. HENNIG (Hrsg.), Schriften des Historischen Museums Bamberg, Nr. 26 (Bamberg 1993) 207-209.

BROSCHEIT (1990): F. BROSCHEIT, Figürliche Darstellungen in der romanischen Bauornamentik des Rhein-Maas-Gebietes (Köln 1990) = G. BINDING (Hrsg.), 37. Veröffentlichung der Abteilung Architektur des Kunsthistorischen Instituts der Universität zu Köln.

BRUNABEND/PICKERT/BOOS (1958): J. BRUNABEND/J. PICKERT/K. BOOS, Attendorn, Schnellenberg, Waldenburg und Ewig (Münster ²1958).

BRUNS (1987): A. BRUNS, Tagebuch der truchsessischen Wirren im Herzogtum Westfalen 1583/84. Landeskundliche Schriftenreihe für das kurkölnische Sauerland, Bd. 7 (Meschede 1987).

BUCHHOLZ (1990): R. BUCHHOLZ, Mittelalterlich-frühneuzeitliche Spielzeugfunde aus Wismar. Wismarer Studien zur Archäologie und Geschichte, Bd. 1, 1990, 56–61.

CALISCH (1993): A. CALISCH, Bestek. Een onderzoek naar het gebruik van mes, lepel en vork naar aanleiding van Bourtanger Bodemvondsten. In: Schans op de Grens (1993) 537–565.

CAPELLE (1976): T. CAPELLE, Die frühgeschichtlichen Metallfunde von Domburg auf Walcheren. Nederlandse Oudheden, ROB 5, 1976.

CLAUSSEN/LOBBEDEY (1985): H. CLAUSSEN/U. LOBBEDEY, Die karolingische Stiftskirche in Meschede. Jahrbuch Hochsauerlandkreis 1985, 76–82.

CLAUSSEN/LOBBEDEY (1984): H. CLAUSSEN/U. LOBBEDEY, Untersuchungen in der Krypta der Stiftskirche zu Neuenheerse. Westfalen 62, 1984, 26–53.

CLAUSSEN/WINKELMANN (1953): H. CLAUSSEN/W. WINKELMANN, Archäologische Untersuchungen in der Pfarrkirche zu Vreden. Westfalen 31, 1953, 304–319.

CONRAD (1990): D. CONRAD, Kirchenbau im Mittelalter. Bauplanung und Bauausführung (Leipzig 1990).
CORDES (1972): W. CORDES (Hrsg.), Attendorn – Beiträge zur Geschichte einer kurkölnischen Stadt (Attendorn 1972).
CORDES (1972a): W. CORDES, Attendorn und seine Umgebung in alten Bildern. In: CORDES (1972) 20–40.
COWGILL/DE NEERGARD/GRIFFITHS (1987): J. COWGILL/M. DE NEERGARD/N. GRIFFITHS, Medieval Finds from London: 1. Knives and Scabbards. Katalog des Museum of London (London 1987).
DANNHEIMER (1984): H. DANNHEIMER, Totenbrauchtum in vor- und frühgeschichtlicher Zeit. In: Die letzte Reise. Sterben, Tod und Trauerzeiten in Oberbayern (München 1984) 135–138.
Das Reich der Salier (1993). Katalog des Historischen Museums der Pfalz (Speyer 1992/Sigmaringen 1993).
Der Sauerländer Dom: Bau- und Kunstgeschichte (1994): Katalog des Kreisheimatmuseums Attendorn (Attendorn 1994).
DETHLEFS (1997): G. DETHLEFS, Das Kunstwerk des Monats April 1997. Die Wappenscheiben des Dechanten Johann Knipperdollinck und des Kanonikus Reiner Jodefeld im Westfälischen Landesmuseum Münster (Münster 1997).
Die Bau- und Kunstdenkmäler von Westfalen (1903). Bd. 14: Die Bau- und Kunstdenkmäler des Kreises Olpe. Bearb. v. A. LUDORFF (Münster 1903).
DIEPEN (1926/31): H.A. DIEPEN, Die romanische Bauplastik in Klosterrath und die Bauornamentik an Maas und Niederrhein im letzten Drittel des 12. Jahrhunderts (Diss. Würzburg 1926/Den Haag 1931).
DORNSEIFFER (1896): J. DORNSEIFFER, Geschichtliches über Eslohe (Paderborn 1896).
EGAN/PRITCHARD (1991): G. EGAN/F. PRITCHARD, Medieval Finds from Excavations in London 3: Dress Accessories c. 1150–c. 1450. Katalog des Museum of London (London 1991).
EGGENBERGER/DESCOEUDRES (1992): P. EGGENBERGER/G. DESCOEUDRES, Klöster, Stifte, Bettelordenshäuser, Beginen und Begarden. In: Stadtluft, Hirsebrei und Bettelmönch. Katalog zur Ausstellung in Zürich 1992 (Stuttgart 1993) 437–451.
ELBERN (1988): V.H. ELBERN, Die Goldschmiedekunst im frühen Mittelalter (Darmstadt 1988).
ELLGER (1991): O. ELLGER, Ausgrabungen in der Ev. Christuskirche von Plettenberg, Märkischer Kreis. Ausgr. u. Funde Westfalen-Lippe 6B, 1991, 135–155.
ENDREI (1988): W. ENDREI, Spiele und Unterhaltung im alten Europa (Hanau 1988).
ES VAN/VERWERS (1975): W.A. VAN ES/W.J.H. VERWERS, Cèramique peinte d'epoque carolingieune, trouvée à Dorestad. BROB 25, 1975, 133–164.
ESTERHUES (1965): F.J. ESTERHUES, Hemer, Kr. Iserlohn, St. Vituskirche. Grabungen zur mittelalterlichen Baugeschichte Westfalens. Berichte. Westfalen 43, 1965, 102–112.
EWALD (1973): J. EWALD, Die Ausgrabungen in der Kirche zu Gelterkinden. Baselbieter Heimatbuch 12, 1973, 232–282.
FELDTKELLER (1940): H. FELDTKELLER, Kleine romanische Basiliken im Waldeckisch-Hessischen Gebiet, insbesondere die Kirche in Twiste und ihre Beziehungen zu Westfalen. Westfalen 25, 1940, 143–153.
Festschrift St. Bartholomäus/Einen (1983): Pfarrgemeinde St. Bartholomäus/Einen. Festschrift aus Anlaß der Feier der Kirchweih ... 1983, hrsg. von der Kath. Pfarrgemeinde St. Bartholomäus (Einen 1983).
Festschrift zum 700jährigen Bestehen der Stadt Attendorn (Attendorn 1922).
FINGERLIN (1992): I. FINGERLIN, Die Grafen von Sulz und ihr Begräbnis in Tiengen am Hochrhein. Forschungen und Berichte der Archäologie des Mittelalters in Baden-Württemberg, Bd. 15 (Stuttgart 1992).
FORCK (1909): H. FORCK, Heimatkundlicher Führer durch Attendorn und Umgebung (Attendorn 1909).
FORRER (1905): R. FORRER, Die Schwerter und Schwertknäufe der Sammlung Schwerzenbach (Leipzig 1905).
FREUDELSPERGER (1919): H. FREUDELSPERGER, Die Salzburger Kugelmühlen und Kugelspiele. Mitt. d. Gesellschaft f. Salzburger Landeskunde 1919, 1–36.
FRICK (1993): H.J. FRICK, Karolingisch-ottonische Fibeln des nördlichen Formenkreises. Offa 49/50, 1992/93, 243–463.
FRIEDRICH (1988): R. FRIEDRICH, Eine chronologisch bedeutsame Bechergruppe der Pingsdorfer Ware. In: D.R.M. GAIMSTER/M. REDKNAP/H.-H. WEGNER (Hrsg.), Zur Keramik des Mittelalters und der beginnenden Neuzeit im Rheinland. BAR International Series 440 (Oxford 1988) 271–297.
FRODL-KRAFT (1970): E. FRODL-KRAFT, Die Glasmalerei. Entwicklung, Technik, Eigenart (Wien/München 1970).
FRÖHLING (1978): C.-P. FRÖHLING, Attendorn vermittelte rheinische Baugedanken nach Plettenberg. Heimatstimmen aus dem Kreise Olpe, Folge 110, 1978, 12-15.
GENICOT (1972): J.L. GENICOT, Der Kirchenbau und seine liturgische Funktion. Rhein und Maas 1972, 127–132.
GLAZEMA (1949): P. GLAZEMA, Vorm en Oorsprong van de rechtgesloten Zaalkerk. Miscellanea Mgr. Dr. P.J.M. van Gils. Publikations de la Société Historique et Archéologique dans le Limbourg. T. 85, 1949, 173–198.

GLÄSER (1989): M. GLÄSER, Kinderspielzeug: Miniaturgefäße. In: H.J. BRACKER (Hrsg.), Die Hanse: Lebenswirklichkeit und Mythos, Bd. 2 (Hamburg 1989) 557.

GOEBEL (1991): U. GOEBEL, Spielen und Spielzeug in „Alt Attendorn". Versuch einer Rekonstruktion. Attendorn gestern und heute. Jahresmitteilungen des Vereins für Orts- und Heimatkunde Attendorn e.V., Nr. 15, 1991, 39–50.

GOEBEL (1994): U. GOEBEL, Grundriß und Planung beim Bau der Attendorner Pfarrkirche – Versuch einer Deutung. In: Der Sauerländer Dom (1994), 5–9.

GOEBEL (1994a): U. GOEBEL, Doppelkapitell mit Greifen. In: Der Sauerländer Dom (1994), 12, 89.

GOEBEL/KORTE (1995): U. GOEBEL/L. KORTE, Fundstellen historischer Trinkgefäße in Attendorn und Umgebung. In: Wasser, Wein und Gerstensaft (Attendorn 1995) 29–39.

GOUBNITZ (1993): O. GOUBNITZ, Leder. In: Schans op de Grens (1993) 525–536.

GRABERT/ZEISCHKA (1987): H. GRABERT/A. ZEISCHKA, Material und Alter der nachkarolingischen Töpferware von Paffrath. Natur am Niederrhein 2, Heft 1, 1987, 15–25.

HAASE (1965): C. HAASE, Die Entstehung der westfälischen Städte. Veröffentlichungen des Provinzialinstituts für westfälische Landes- und Volkskunde, Reihe I Heft 11 (Münster, 2. berichtigte Auflage 1965).

HAIDUCK (1992): H. HAIDUCK, Beginn und Entwicklung des Kirchenbaues im Küstengebiet zwischen Ems- und Wesermündung bis zum Anfang des 13. Jahrhunderts. Quellen zur Geschichte Ostfrieslands Bd. 15 (Aurich 1992).

HAUSER, G. (1989): G. HAUSER, Zur Definition der Pingsdorfer Keramik im Rheinland. In: 6. Kolloquium zur mittelalterlichen Keramik Schleswig 1988 (Schleswig 1989) 60–63.

HAUSER (1991): G. HAUSER, Abschied vom Hildbold-Dom. Die Bauzeit des alten Doms aus archäologischer Sicht. Kölner Domblatt. Jahrbuch des Zentral-Dombau-Vereins 56, 1991, 209–228.

HÄHNEL (1987): E. HÄHNEL, Siegburger Steinzeug. Formen und Entwicklung, Teil 1: Siegburger Steinzeug, Bestandskatalog Bd. 1. In: J. HÄHNEL (Hrsg.), Führer und Schriften des Rheinischen Freilichtmuseums und Landesmuseums für Volkskunde in Kommern, Nr. 31 (Köln 1987) 9–52.

HEEGE (1992): A. HEEGE, Rheinische Keramik des Mittelalters. Stand der Forschung unter Berücksichtigung der Funde von Hambach 500 (Göttingen 1992).

HEINE (1979): H.-W. HEINE, Bericht über die Ausgrabungen auf der Graf-Gerlachsburg bei Netphen-Sohlbach, Kreis Siegen, 1974. Mit einem Beitrag von U. LOBBEDEY: Die Einzelfunde der Schürfungen von 1970. In: Beiträge zur archäologischen Burgenforschung und zur Keramik des Mittelalters in Westfalen 1. DFW 2 (Bonn 1979) 79–98.

HENZE (1992): P. HENZE, Ein rätselhaftes Wappen in der Pfarrkirche St. Johannes Bapt. in Attendorn. Heimatstimmen aus dem Kreise Olpe, Folge 166, 1992, 55-59.

HINTON/KEENE/QUALMAN, K. (1981): D. HINTON/S. KEENE/K. QUALMAN, The Winchester Reliquary. Medieval Archaeology 25, 1981, 45–77.

HOBERG (1994): C. HOBERG, Die Barockisierung der Pfarrkirche St. Johannes Baptist zu Attendorn. Der Sauerländer Dom 1994, 39–51.

HOEYNCK (1885/86): A. HOEYNCK, Zur Geschichte der Dekanie Attendorn. WZ 43, 1885/II, 62–85, WZ 44, 1886/II, 1–44.

HÖFFER (1983): O. HÖFFER, Die Pfarrkirche St. Johannes Baptist zu Attendorn. Westfälische Kunststätten, Heft 28 (Münster 1983).

HÖFFER (1983a): O. HÖFFER, Requiescat in Pace. Ein Beitrag zum Begräbniswesen in Attendorn unter der besonderen Berücksichtigung historischer Grabsteine. Attendorn gestern und heute 7, 1983, 14–17.

HÖMBERG (1951): A.K. HÖMBERG, Das mittelalterliche Pfarrsystem im kölnischen Westfalen. Zeitschr. Westfalen 1951, 33.

HÖMBERG (1943/52): A.K. HÖMBERG, Studien zur Entstehung der mittelalterlichen Kirchenorganisationen in Westfalen. Westfäl. Forsch. 6, 1943/1952, 46-115.

HÖMBERG (1984 ff.): PH.R. HÖMBERG, Fundchronik Reg. Bez. Arnsberg: Kreis Olpe. Attendorn. AFWL 2, 1984, 189, AFWL 3, 1985, 211 f., AFWL 4, 1986, 273 f., AFWL 5, 1987, 626 f., AFWL 6A, 1988, 200, AFWL 8A, 1992, 140 f.

HÖMBERG (1985): PH.R. HÖMBERG, Jäckelchen bei Helden, Kreis Olpe. Frühe Burgen in Westfalen Bd. 5 (Münster 1985).

HOFFMANN (1996): V. HOFFMANN, Allerlay kurtzweyl – Mittelalterliche und frühneuzeitliche Spielzeugfunde aus Sachsen. Arbeits- u. Forschber. sächs. Bodendenkmalpfl. 38, 1996, 127–200.

HOLTZINGER (1962): G.W. HOLTZINGER, Romanische Turmkapellen in Westtürmen überwiegend ländlicher Kirchen im südlichen Teil des alten Erzbistums Köln (Diss. TH Aachen 1962).

HOLZE-THIER (1995): C. HOLZE-THIER, Kinderspiele im mittelalterlichen Warburg. In: B. TRIER (Hrsg.), Mittelalterliches Leben an der Klockenstraße. Eine Dokumentation des Westf. Museums für Archäologie zu den Ausgrabungen 1991 in der Warburger Altstadt. Katalog Museum im „Stern" Warburg 1995 (Warburg 1995) 128–132.

HOEYNTZ (1885/1886): A. HOEYNTZ, Zur Geschichte der Dekanei Attendorn. WZ 43, 1885/II, 62-85 und WZ 44, 1886/II, 1-44.

HURST/NEAL u.a. (1986): J.G. HURST/D.S. NEAL u.a., Pottery produced and traded in north-west Europe 1350–1650. Rotterdam Papers VI (Den Haag 1986).

ILISCH (1980): P. ILLISCH, Münzfunde und Geldumlauf in Westfalen in Mittelalter und Neuzeit. Veröffentlichungen des Provinzialinstituts für westfälische Landes- und Volksforschung des Landschaftsverbandes Westfalen-Lippe Reihe 1, Heft 23 (Münster 1980).

ISENBERG, G. (1980): G. ISENBERG, Die Ausgrabungen in der St. Ida-Kirche in Herzfeld. In: G. JASZAI (Hrsg.), Heilige Ida von Herzfeld 980–1980. Festschrift zur 1000-jährigen Wiederkehr ihrer Heiligsprechung (Münster 1980) 73–85.

JANSON (1952): H. JANSON, Apes and Ape Lore in the Middle Ages and the Renaissance (London 1952).

JANSSEN (1988): H.L. JANSSEN, The dating and typologie of the earliest Siegburg stoneware in the Netherlands. In: D.R.M. GAIMSTER/M. REDKNAP/H.-H. WEGNER (Hrsg.), Zur Keramik des Mittelalters und der beginnenden Neuzeit im Rheinland. BAR International Series 440 (Oxford 1988) 311–333.

JANSSEN (1987): W. JANSSEN, Die Importkeramik von Haithabu. Neumünster 1987.

JÜRGENS, A. (1991): Die Paffrather Ware im Rheinland. In: 7. Kolloquium zur mittelalterlichen Keramik Schleswig 1990 (Schleswig 1991) 33–39.

KAELBLE (1988): B. KAELBLE, Spätromanische Bauornamentik vom Kreuzgang der Prämonstratenser-Abtei Knechtsteden (Neuss 1988).

KAELBLE (1990): B. KAELBLE, Zu den frühesten Kapitellen im staufischen Neubau von St. Andreas. Colonia Romanica. Jahrbuch des Fördervereins Romanische Kirchen Köln 5, 1990, 69–78.

KAELBLE (1995): B. KAELBLE, Die Brauweiler Kreuzgangwerkstatt. In: Wallraf-Richartz-Jahrbuch 56, 1995, 13–99.

KARRAS (1992): M. KARRAS, Spielen und Spielzeug im Mittelalter und der frühen Neuzeit. In: Bodenfunde aus der Stadt Ahaus. Mittelalterliches und früh-neuzeitliches Leben im Westmünsterland. Aufsätze zur Ausstellung im Rathaus der Stadt Ahaus 1992 (Ahaus 1992) 177–182.

KIER (1970): H. KIER, Der mittelalterliche Schmuckfußboden (mit besonderer Berücksichtigung des Rheinlandes) (Düsseldorf 1970).

KITSCHENBERG (1990): M. KITSCHENBERG, Die Kleeblattanlage von St. Maria im Kapitol zu Köln. 36. Veröffentlichung der Abteilung Architektur des Kunsthistorischen Instituts der Universität zu Köln (Köln 1990).

KLINGE (1972): E. KLINGE, Siegburger Steinzeug (Düsseldorf 1972).

KLUGE/HANSMANN (1969): D. KLUGE/W. HANSMANN, Westfalen (Darmstadt 1969) = G. DEHIO: Handbuch der deutschen Kunstdenkmäler. Nordrhein-Westfalen II.

KLUGE-PINSKER (1992): A. KLUGE-PINSKER, Keramikgefäße auf Herd und Tisch im Salierreich. In: Das Reich der Salier (1992) 14–31.

KOCH (o.J.): M. KOCH, Mittelalterliche Saalkirchen in Westfalen (Unveröff. Magisterarbeit Bonn. o.J.).

KORTE (1978): L. KORTE, Das Wassertor im Attendorn und einige Betrachtungen zu Attendorns früher Befestigung. HSO 49, 1978, 80–87, 118–126, 188–197.

KÖSTER (1983): K. KÖSTER, Pilgerzeichen und Pilgermuscheln von mittelalterlichen Santiagostraßen. Schleswiger Funde und Gesamtüberlieferung. Ausgrabungen in Schleswig, Berichte und Studien Bd. 2 (Neumünster 1983).

KUBACH (1985): H.E. KUBACH, Der Raum Westfalen in der Baukunst des Mittelalters. Zu Kurt Wilhelm-Kästners gleichnamigem Beitrag aus dem Jahre 1955. Der Raum Westfalen, Bd. 6, Teil 1 (Münster 1985).

KUBACH/VERBEEK (1976): H.E. KUBACH/A. VERBEEK, Romanische Baukunst an Rhein und Maas. Katalog der vorromanischen und romanischen Denkmäler. Bd. 1–3 (Berlin 1976).

KUBACH/VERBEEK (1989): H.E. KUBACH/A. VERBEEK, Romanische Baukunst an Rhein und Maas. Bd. 4 (Berlin 1989).

LANDGRAF (1993): E. LANDGRAF, Ornamentierte Bodenfliesen des Mittelalters. Forschungen und Berichte der Archäologie des Mittelalters in Baden-Württemberg Bd. 14, 1–3 (Stuttgart 1993).

LEINEWEBER (1918): L. LEINEWEBER, Die Besetzung der Seelsorgebenefizien im alten Herzogtum Westfalen bis zur Reformation (Arnsberg 1918).

LITHBERG (1932): N. LITHBERG, Schloß Hallwil III: Die Fundgegenstände (Stockholm 1932).

LOBBEDEY (1968): U. LOBBEDEY, Untersuchungen mittelalterlicher Keramik vornehmlich aus Südwestdeutschland (Berlin 1968).

LOBBEDEY (1969): U. LOBBEDEY, Red-painted and glazed pottery in Western Europe from the eigth to the twelfth century. Germany. Medieval Archaeology 13, 1969, 121–128.

LOBBEDEY (1972): U. LOBBEDEY, Kurze Berichte über Ausgrabungen. Westfalen 50, 1972, 11–25.

LOBBEDEY (1972a): U. LOBBEDEY, Die Geschichte der Pfarrkirche zu Albersloh, Ldkr. Münster, nach den Ausgrabungen 1965. Mit Beiträgen von P. BERGHAUS, H. EICKEL, U.-D. KORN. Westfalen 50, 1972, 25–57.

LOBBEDEY (1975): U. LOBBEDEY, St. Johann in Attendorn: Drei Kirchen unter dem Boden des Gotteshauses. Vorbericht über die Ausgrabung 1974. In: W. STANNAT (Hrsg.), Festschrift des Rivius – Gymnasiums Attendorn 1975 (Attendorn 1975) 43–48.

LOBBEDEY (1977): U. LOBBEDEY, Kurze Berichte über Ausgrabungen. Westfalen 55, 1977, 257–284.

LOBBEDEY (1977a): U. LOBBEDEY, Drei Reliquienbehälter aus Glas und Ton. Westfalen 55, 1977, 525-526.

LOBBEDEY (1978): U. LOBBEDEY, Der frühmittelalterliche Kirchenbau im angelsächsischen und sächsischen Missionsgebiet. In: Sachsen und Angelsachsen. Katalog Helms-Museum Harburg (Hamburg 1978).

LOBBEDEY (1979): U. LOBBEDEY, Der Altenfels nahe Brilon. Rettungsgrabung an einer hochmittelalterlichen Burg. Beiträge zur archäologischen Burgenforschung und zur Keramik des Mittelalters in Westfalen Bd. 1. DFW 2 (Bonn 1979) 11–78.

LOBBEDEY (1980): U. LOBBEDEY, Der frühe Kirchenbau im Oberstift Münster. In: Führer zu vor- und frühgeschichtlichen Denkmälern Bd. 45: Münster, westliches Münsterland, Tecklenburg. T. 1 (Mainz 1980) 217–237.

LOBBEDEY (1981): U. LOBBEDEY, Borgholzhausen. Archäologie einer westfälischen Kirche. DFW 3 (Bonn 1981).

LOBBEDEY (1983): U. LOBBEDEY, Funde von der Burg Isenberg (zerstört 1225) bei Hattingen (Stadt), Ennepe-Ruhr-Kreis. Westfalen 61, 1983, 60–83.

LOBBEDEY (1983a): U. LOBBEDEY, Kurze Berichte über Ausgrabungen. Westfalen 61, 1983, 216–253.

LOBBEDEY (1989): U. LOBBEDEY, Zur Anfangsdatierung der Pingsdorfer Ware. In: 6. Kolloquium zur mittelalterlichen Keramik Schleswig 1988 (Schleswig 1989) 14–15.

LOBBEDEY (1993): U. LOBBEDEY, Die Kirchenbauten des Mittelalters im Bistum Münster. In: Imagination des Unsichtbaren. 1200 Jahre bildende Kunst im Bistum Münster. Katalog Westf. Landesmuseum für Kunst und Kulturgeschichte Münster 1993 (Münster 1993) 172–213.

LOBBEDEY (1993a): U. LOBBEDEY, Baubestand und Baugeschichte. Unter Mitwirkung von H. Scholz. In: U. LOBBEDEY/H. SCHOLZ/S. VESTRING-BUCHHOLZ: Der Dom zu Münster: 793 – 1945 – 1993. Bd. 1; Der Bau. Mit Beiträgen von C. KETTELHACK, F. MÜHLEN, H. SEEBERG, E. ZURHEIDE, P. HANNING. DFW 26 (Bonn 1993) 1–322.

LOBBEDEY (1994): U. LOBBEDEY, Eine Emailscheibenfibel aus Attendorn, wohl 11. Jahrhundert. Der Sauerländer Dom 1994, 14-15.

LUCAS (1941): O. LUCAS, Das Olper Land. Arbeiten der geographischen Kommission im Provinzialinstitut für westfälische Landes- und Volkskunde 4 (Münster 1941).

LUCCHESI-PALLI (1968): E. LUCCHESI-PALLI, „Drache". In: Lexikon der christlichen Ikonographie I, 1968, 516–524.

LUNG (1955/1956): W. LUNG, Die Ausgrabung nachkarolingischer Töpferöfen in Paffrath, Gemeinde Bergisch Gladbach, Rheinisch-Bergischer Kreis. Bonner Jahrb. 155/156, 1955/56, 355–371.

LUKANOW (1984): S. LUKANOW, Fundchronik für den Kreis Olpe 1948–1980. Attendorn: Nr. 1–19. AFWL 2, 1984, 137–176.

LUKANOW (1988): S. LUKANOW, Fundchronik Reg. Bez. Arnsberg: Kreis Olpe. Attendorn. AFWL 6A, 1988, 148, 200.

LÜDTKE (1985): H. LÜDTKE, Die mittelalterliche Keramik von Schleswig, Ausgrabung Schild 1971–1975 (Neumünster 1985).

LÜDTKE (1989): H. LÜDTKE, Fünf Karten zur Verbreitung mittelalterlicher Keramik in Skandinavien. Hammaburg NF 9, 1989, 215–226.

LÜDTKE (1989a): H. LÜDTKE, The Bruggen Pottery I. Introduction and Pingsdorf Ware – The Bruggen Papers. Supplementary Series No. 4 (Bergen 1989).

MARTIN (1967): P. MARTIN, Waffen und Rüstungen von Karl dem Großen bis Ludwig XIV. (Frankfurt 1967).

MAUÉ (1975): H. MAUÉ, Rheinisch-staufische Bauformen und Bauornamentik in der Architektur Westfalens (Köln 1975) = G. BINDING (Hrsg.), 7. Veröffentlichung der Abteilung Architekturgeschichte des Kunsthistorischen Instituts der Universität zu Köln.

MELZER (1993): W. MELZER, Archäologische Untersuchungen im ehemaligen Augustiner-Chorherren-Kloster Ewig bei Attendorn, Kreis Olpe. AFWL 8B, 1993, 113–120.

MELZER (1995): W. MELZER, Alltagsleben in einer westfälischen Hansestadt. Stadtarchäologie in Soest. Begleitheft zur Ausstellung in der Alt St. Thomä-Kirche/Soest 1995 anläßlich des 15. Internationalen Hansetages (Soest 1995).

MERKELBACH (1959): R. MERKELBACH, „Drache". In: Reallexikon für Antike und Christentum IV, 1959, 226–250.

MEYER-BARKHAUSEN (1952): W. MEYER-BARKHAUSEN, Das große Jahrhundert Kölnischer Kirchenbauten 1150– 1250 (Köln 1952).
MIGLBAUER (1991): R. MIGLBAUER, Ausgrabungen im ehemaligen Minoritenkloster von Wels, Oberösterreich. Beiträge zur Mittelalterarchäologie in Österreich 7, 1991, 93–113.
MITTERMEIER (1992): M. MITTERMEIER, Fünf Jahre Deggendorfer Stadtarchäologie. In: K. SCHMOTZ (Hrsg.), Vorträge des 10. Niederbayerischen Archäologentages (Deggendorf 1992) 167–180.
MITTERMEIER (1992a): M. MITTERMEIER, Waffenausstattungen in Gräbern aus der zweiten Hälfte des 16. Jahrhunderts in der Kirche von Rettenbach, Stadt Deggendorf, Ndb. Ausgr. u. Funde in Altbayern 1989–1991. Katalog Gäubodenmuseum Straubing Nr. 18, 1991/92, 119–123.
Monumenta Annonis (1975). Köln und Siegburg. Weltbild und Kunst im hohen Mittelalter. Katalog des Schnütgen-Museums Köln (Köln 1975).
MÜHLEN (1965): F. MÜHLEN, Die Kirche in Wormbach. Westfalen 43, 1965, 70–92.
NEUGEBAUER (1981): M. NEUGEBAUER, Baugeschichtliche Untersuchungen im Dachwerk der Kirche von Borgholzhausen. In: LOBBEDEY (1981), 108–127.
NEUMANN (1965): E.G. NEUMANN, Das Rathaus zu Attendorn. In: HSO (1965), 59–73.
NORMAN (1980): A.V.B. NORMAN, The Rapier and small sword (London 1980).
NUSSBAUM (1985): N. NUSSBAUM, St. Aposteln in Köln. Rheinische Kunststätten, Heft 50 (Neuss 1985).
NYDOLF (1983): N.-G. NYDOLF, Fundchronik Reg. Bez. Arnsberg: Attendorn. AFWL 1, 1983, 164-165.
OEXLE (1986): J. OEXLE, Würfel- und Paternosterhersteller im Mittelalter. In: Der Keltenfürst von Hochdorf. Methoden und Ergebnisse der Landesarchäologie in Baden-Württemberg. Katalog der Joseph-Haubrich-Kunsthalle (Köln 1986) 455–462.
Opgravingen in Amsterdam (1977): 20 jaar Stadskernonderzoek. Bearb. v. J. BAART u. Anderen (Amsterdam 1977).
Ornamenta Ecclesiae (1985). Kunst und Künstler der Romanik. Bd. 1–3, Katalog des Schnütgen-Museums Köln (Köln 1985).
OVERMANN (1939): A. OVERMANN, Die St.-Johannis-Pfarrkirche (Attendorn 1939).
OS VAN (1968): H.W. VAN OS, „Apfel", in: Lexikon der christlichen Ikonographie I, 1968, 123–124.
PEINE (1989): H.-W. PEINE, Zu den Reliquienbehältern. In: H. CLAUSSEN/B. SIGRIST/F. KASPAR/H.-W. PEINE/D. KLUGE, Die Gastkirche in Recklinghausen – Untersuchungen und Entdeckungen. Westfalen 67, 1989, 214–244, hier 238–241.
PEINE (1993): H.-W. PEINE, Die früh- und hochmittelalterliche Keramik der Grabung Soest, Petristraße 3. Mit einem Beitrag von J. RIEDERER. AFWL 8/B, 1993, 241–278.
PEINE (1993a): H.-W. PEINE, Vorwiegend Alltagssachen. Das Fundgut der Grabungen 1988 bis 1991 im Überblick. In: B. TRIER (Hrsg.), Ausgrabungen in der Abtei Liesborn (Münster 1993) 135–251.
PHILIPPOVICH (1966): E. VON PHILIPPOVICH, Kuriositäten und Antiquitäten (Braunschweig 1966).
POESCHKE/SYNDIKUS/WEIGEL (1993): J. POESCHKE/C. SYNDIKUS/TH. WEIGEL, Mittelalterliche Kirchen in Münster. Mit Aufnahmen von J. Brüdern (München 1993).
POTTHOFF (1992): M.-TH. POTTHOFF, Beitrag Attendorn – Franziskaner. WKB 1, 1992, 46–50.
POTTHOFF (1992a): M.-TH. POTTHOFF, Beitrag Kloster Ewig. WKB 1, 1992, 294–299.
RECH (1989): M. RECH, Zur frühmittelalterlichen Topographie von Walberberg. Bonner Jahrb. 189, 1989, 285–344.
REDKNAP (1988): M. REDKNAP, Medieval pottery produktion at Mayen: Recent advances, current problems. In: D.R.M. GAIMSTER/M. REDKNAP/H.-H. WEGNER (Hrsg.), Zur Keramik des Mittelalters und der beginnenden Neuzeit im Rheinland. BAR International Series 440 (Oxford 1988) 3–37.
REINEKING VON BOCK (1986): G. REINEKING VON BOCK, Steinzeug. Kunstgewerbemuseum der Stadt Köln, 3. Aufl. (Köln 1986).
REINEKING VON BOCK/JÜRGENS (1985): G. REINEKING VON BOCK/A. u. M. JÜRGENS, Brühler Keramik des Mittelalters. Vorstufe zur Rheinischen Töpferkunst (Brühl 1985).
REINLE (1988): A. REINLE, Die Ausstattung deutscher Kirchen im Mittelalter (Darmstadt 1988).
RENAUD (o.J.): J.G.N. RENAUD, Rhodesteyn. Schatkamer der middeleeuwse ceramiek. Mededelingenblad Vrienden van de Nederlandse Ceramiek Nr. 71 (o.O., o.J.).
RESSEL (1977): G. RESSEL, Schwarzrheindorf und die frühstaufische Kapitellplastik am Niederrhein (Köln 1977) = G. BINDING (Hrsg.), 13. Veröffentlichung der Abteilung Architekturgeschichte des Kunsthistorischen Instituts der Universität zu Köln.
Rhein und Maas (1972). Kunst und Kultur 800–1400. Katalog des Schnütgen-Museums Köln u. der Königl. Museen f. Kunst u. Geschichte Brüssel (Köln 1972).

RITZ (1975): G. RITZ, Der Rosenkranz. In: 500 Jahre Rosenkranz (1975), 51–101.
RODENKIRCHEN (1935): N. RODENKIRCHEN, Die Krypta in der Kirche zu Helden. Westfalen 20, 1935, 352–356.
ROESER (1986): V. ROESER, St. Remigius in Nagold. Die Grabung 1961. Ergebnis und landesgeschichtliche Bedeutung. Forschungen und Berichte zur Archäologie des Mittelalters in Baden-Württemberg 9 (Tübingen 1986).
RÖBER (1992): R. RÖBER, Kloster tom Roden: Das Fundmaterial und seine Aussagen zur Ausstattung der Anlage und zur Lebensweise seiner Bewohner. Westfalen 70, 1992, 143–181.
Schans op de Grens (1993). Bourtanger Bodemvonsten 1580–1850. Red. J.J. LENTING/H. VAN GANGELEN/H. VAN WESTING (Sellingen 1993).
SCHEELE (1963): N. SCHEELE, Regesten des ehemaligen Klosters Ewig (Olpe 1963).
SCHELLE (1924): O. SCHELLE, Die Pfarrkirche zum Hl. Johannes in Attendorn. Trutznachtigall, 6. Jg., 1924, H 5, 131.
SCHELLE (1926): O. SCHELLE, Die Attendorner Pfarrkirche. Heimatblätter. Zeitschrift der Heimatvereine des Kreises Olpe, Jg. 3, Nr. 7, August 1926, 348–351.
SCHMIDT (1992): H. SCHMIDT, Beitrag Attendorn – Kollegiatstift St. Johannes. WKB I: 1992, 44–46.
Schmiedekunst und Schmiedehandwerk im Kreis Olpe (1981). Katalog des Kreisheimatmuseums Attendorn (Attendorn 1981).
SCHMITZ-EHMKE (1975): R. SCHMITZ-EHMKE, Das Kosmosbild von Oberpleis. Monumenta Annonis 1975, 120–123.
SCHMORANZER (1992): A. SCHMORANZER, Santiagowege im Sauerland (Paderborn 1992).
SCHNEIDER (1988): M. SCHNEIDER, Die Stiftskirche zu Cappel. Kunsthistorische Auswertung der Ausgrabung 1980 und der archivalischen Überlieferung. DFW 16 (Bonn 1988).
SCHIPPERS (1967): A. SCHIPPERS, Das Laacher Münster. Bearb. von TH. BOGLER (Köln 1967).
SCHÖNE (1968): M. SCHÖNE, Grabdenkmäler der Familie von Fürstenberg in Attendorn. HSO 70, 1968, 176–180.
SCHORN/VERBEEK (1940): W. SCHORN/A. VERBEEK, Die Kirche St. Georg in Köln (Berlin 1940).
SCHOTTEN (1989): H.J. SCHOTTEN, Archäologische Untersuchungen in der Wochensakristei der Stiftskirche St. Peter zu Fritzlar. Beiträge zur Archäologie mittelalterlicher Kirchen in Hessen 1989, 11–39.
SCHUCK (1992): M. SCHUCK, Horn-, Geweih- und Knochenverarbeitung. In: Stadtluft, Hirsebrei und Bettelmönch (1992), 416 f.
SCHULTEN (1978): W. SCHULTEN. Kostbarkeiten in Köln. Auswahlkatalog des Erzbischöflichen Diözesanmuseum Kölns (Köln 1978).
SCHÜTTE (1982): S. SCHÜTTE, Spielen und Spielzeug in der Stadt des späten Mittelalters. In: Aus dem Alltag der mittelalterlichen Stadt (Bremen 1982) 201–210.
SCHWIND (1989): L. SCHWIND, Leder- und Textilreste aus frühneuzeitlichen Gräbern im Bereich der Pfarrkirche von Kirchberg (St. Niedenstein, Schwalm-Eder-Kreis). Beiträge zur Archäologie mittelalterlicher Kirchen in Hessen 1989, 175–191.
SEITZ (1965): H. SEITZ, Blankwaffen (Braunschweig 1965).
SEIBT (1990): F. u. A. SEIBT (Hrsg.), Vergessene Zeiten. Mittelalter im Ruhrgebiet. Katalog des Ruhrlandmuseums Essen I (Essen 1990).
SPECK (1993): B. SPECK, Römisches Spielzeug: Rasseln, Tier, Puppen und Knöchelchen. In: Spielzeug in der Grube lag und schlief... (1993), 13–25.
SPEHR (1994): R. SPEHR, Grabungen in der Frauenkirche von Nisan/Dresden. In: Frühe Kirchen in Sachsen. Ergebnisse archäologischer und baugeschichtlicher Untersuchungen. Hrsg. v. Landesamt f. Archäologie mit Landesmuseum f. Vorgeschichte v. J. OEXLE (Stuttgart 1994) 206–217.
Spielzeug in der Grube lag und schlief... (1993). Archäologische Funde aus Römerzeit und Mittelalter. Katalog zur Sonderausstellung der städtischen Museen Heilbronn 1993. Museo H. 5 (Heilbronn 1993).
Stadtluft, Hirsebrei und Bettelmönch (1992). Die Stadt um 1300. Katalog zur Ausstellung des Landes Baden-Württemberg und der Stadt Zürich 1992/93 (Stuttgart 1992).
STAUCH (1993): E. STAUCH, Kinderspiele für draußen: „daz ist allez kintlich spil". In: Spielzeug in der Grube lag und schlief ... (1993), 72–79.
STAUCH (1993a): E. STAUCH, Mittelalterliche Kinder imitieren ihre Welt: „daz ist ein spil mit tocken." In: Spielzeug in der Grube lag und schlief ... (1993), 80–93.
STAUCH (1937): L. STAUCH, „Affe". In: Reallexikon zur deutschen Kunstgeschichte I, 1937, 202–206.
STAUCH (1937a): L. STAUCH, „Apfel". In: Reallexikon zur deutschen Kunstgeschichte I, 1937, 748–751.
STAUCH (1958): L. STAUCH, „Drache". In: Reallexikon zur deutschen Kunstgeschichte IV, 1958, 342–355.
STEPHAN (1982): H.-G. STEPHAN, Die mittelalterliche Keramik in Norddeutschland (1200–1500). In: Aus dem Alltag der mittelalterlichen Stadt (1982), 65–122.

STEPHAN (1983): H.-G. STEPHAN, The development and production of medieval stoneware in Germany. In: P. DAVEY/R. HODGES (Hrsg.), Ceramic and Trades (Sheffield 1983) 95–120.
STEPHAN (1988): H.-G. STEPHAN, Steinzeug und Irdenware: Diskussionsbeiträge zur Abgrenzung und Definition mittelalterlicher deutscher Steinzeuggruppen. In: D.R.M. GAIMSTER/M. REDKNAP/H.-H. WEGNER (Hrsg.), Zur Keramik des Mittelalters und der beginnenden Neuzeit im Rheinland (Oxford 1988) 81–117.
STOOB (1981): H. STOOB, Attendorn. Westfälischer Städteatlas. Lieferung II, Nr. 1, 1981. Veröff. d. Histor. Kommission f. Westfalen. Hrsg. v. H. STOOB (Dortmund 1981).
STROBL (1990): S. STROBL, Glastechnik des Mittelalters (Stuttgart 1990).
SWIENTEK (1968): O. SWIENTEK, Inventar des Graf v. Spee'schen Archivs Ahausen (Münster 1968).
SYNDIKUS (1993): C. SYNDIKUS, St. Ludgeri. In: POESCHKE/SYNDIKUS/WEIGEL (1993), 115–133.
THENIUS/VÁVRA (1996): E. THENIUS/N. VÁVRA, Fossilien im Volksglauben und im Alltag. Bedeutung und Verwendung vorzeitlicher Tier- und Pflanzenreste von der Steinzeit bis heute. Senckenberg-Buch 71 (Frankfurt 1996).
THIER (1993): B. THIER, Die spätmittelalterliche und neuzeitliche Keramik des Elbe-Weser-Mündungsgebietes. Ein Beitrag zur Kulturgeschichte der Keramik. Probleme der Küstenforschung 20 (Oldenburg 1993).
THIER (1993a): B. THIER, Ein spätmittelalterliches Pilgerzeichen aus Gagat, gefunden in Otterndorf-Westerwarden, Ldkr. Cuxhaven. NNU 62, 1993, 331–338.
THIER (1995): B. THIER, „godes denest buten lande". Die Pilgerdarstellung des Oldenburger Sachsenspiegels im Lichte archäologischer Hinweise zur Wallfahrt nach Santiago de Compostela. In: Der Sassen Speygel. Sachsenspiegel – Recht – Alltag. Katalog Oldenburg 1995 (Oldenburg 1995) 351–360.
THIER (1995a): B. THIER, Tafelfreuden und Sinneslust. Die mittelalterliche und neuzeitliche Trinkkultur Attendorns im Lichte archäologischer Funde. In: Wasser, Wein und Gerstensaft (1995), 5–28.
Thuis in de late middeleeuwen (1980): Het Nederlands burgerinterieur 1400–1535. Katalog des Provinciaal Overijssels Museum (Zwolle 1980).
TRAPP (1981): Graf O. TRAPP, Schwerter als Grabbeigaben. In: Die Kuenringer. Das Werden des Landes Niederösterreich. Katalog Stift Zwettl 1981. Katalog des Niederösterreichischen Landesmuseums, NF Nr. 110 (2. verbesserte Auflage Wien 1981) 90.
UHLEMANN (1968): H.R. UHLEMANN, Kostbare Blankwaffen aus dem deutschen Klingenmuseum Solingen. Auswahlkatalog des Klingenmuseums Solingen (Solingen 1968).
ULBRICHT (1984): I. ULBRICHT, Die Verarbeitung von Knochen, Geweih und Horn im mittelalterlichen Schleswig. Ausgrabungen in Schleswig, Berichte und Studien 3 (Neumünster 1984).
VERBEEK (1958): A. VERBEEK, Dreikonchenchor. RDK 4, 1958, 465–475.
Vitrea Dedicata (1975). Das Stifterbild in der deutschen Glasmalerei des Mittelalters. Mit Beiträgen von R. BECKSMANN und S. WAETZOLD (Berlin 1975).
Vorromanische Kirchenbauten (1966/1971). Katalog der Denkmäler bis zum Ausgang der Ottonen. Bearb. v. F. OSWALD/L. SCHAEFER/H.R. SENNHAUSER, Bd. 1 (München 1966–71).
Vorromanische Kirchenbauten (1992). Nachtragsband. Bearb. v. W. JACOBSEN/L. SCHÄFER/H.R. SENNHAUSER, Bd. 2 (München 1992).
VOSS (1917): G. VOSS, Die Wartburg. Bau- und Kunstdenkmäler Thüringens. Heft 41 (Jena 1917).
VRIES DE (1986): J. DE VRIES, Die rheinische Emporenbasilika in Meinerzhagen (Münster 1986) = Westfälische Kunststätten, Heft 46.
Wasser, Wein und Gerstensaft (1995). 1000 Jahre Gastlichkeit im Sauerland. Katalog des Kreisheimatmuseums Attendorn (Attendorn 1995).
WATERSTRADT (1987): E. WATERSTRADT, Kinderspielzeug im Mittelalter. In: Ausgrabungen in Minden (1987) 174–154.
WEGNER (1990): H.H. WEGNER, Mittelalterliche Töpfereibetriebe in Mayen. Archäologische Untersuchungen „In den Burggärten". Archäologie an Mittelrhein und Mosel 4 (Koblenz 1990).
WEHRHAHN-STAUCH (1968): L. WEHRHAHN-STAUCH, „Affe". In: Lexikon der christlichen Ikonographie I, 1968, 76–79.
WEIGEL (1993): TH. WEIGEL, Liebfrauen-Überwasser. In: POESCHKE/SYNDIKUS/WEIGEL (1993), 163–175.
WEILANDT (1992): G. WEILANDT, Geistliche und Kunst. Ein Beitrag zur Kultur der ottonisch-salischen Reichskirche und zur Veränderung künstlerischer Traditionen im späten 11. Jahrhundert. Beihefte zum Archiv für Kulturgeschichte H. 35 (Köln 1992).
Westfalica Picta (1987). Bd. 1: Hochsauerlandkreis/Kreis Olpe. Bearb. v. J. LUCKHARDT unter Mitarbeit von K. PÜTTMANN. Hrsg. v. J. LUCKHARDT (Bielefeld 1987).

WESTFÄLISCHES KLOSTERBUCH (1992): Lexikon der vor 1815 errichteten Stifte und Klöster von ihrer Gründung bis zur Aufhebung. 2 Bde. Hrsg. v. K. HENGST (Münster 1992).

Wikinger – Waräger – Normannen (1992). Die Skandinavier und Europa 800–1200. Katalog der Staatl. Museen Berlin (Berlin 1992).

WILHELM-KÄSTNER (1955): K. WILHELM-KÄSTNER, Der Raum Westfalen in der Baukunst des Mittelalters. Der Raum Westfalen Bd. 2, Teil 1 (Münster 1955) 369–460.

WILSON (1986): A. WILSON, Angelsächsische Kunst (Stuttgart 1986).

WINTERFELD VON (1979): D. VON WINTERFELD, Der Dom zu Bamberg. Bd. 1, Die Baugeschichte bis zur Vollendung im 13. Jahrhundert (Berlin 1979).

WIRTH (1990): S. WIRTH, Mittelalterliche Gefäßkeramik. Die Bestände des Kölnischen Stadtmuseums (Köln 1990).

ZEISCHKA (1983): A. ZEISCHKA, Seppenrade. Ausgrabung einer münsterländischen Dorfkirche 1976/77. Mit Beiträgen von R. BERG, W. HENKE, P. ILISCH, U. LOBBEDEY. DFW 3 (Bonn 1983).

ZEMMER-PLANK (1992): L. ZEMMER-PLANK, Lienz, Pfarrkirche St. Andreas. In: 750 Jahre Stadt Lienz: 1242–1992. Katalog des Museums der Stadt Lienz, Schloß Bruck (Lienz 1992) 135-140.

ZETTLER (1993): A. ZETTLER, Rezension zu R. HODGES (Hrsg.), San Vincenzo al Volturno 1: The Excavations 1980–1986, Part 1 (London 1993). ZAM 21, 1993, 235–243.

ZIMMERMANN (1950): W. ZIMMERMANN, Neue Beobachtungen zur Baugeschichte von Groß St. Martin in Köln. Kölner Untersuchungen. Die Kunstdenkmäler des Landesteiles Nordrhein. Beiheft 2 (Ratingen 1950).

ZIMMERMANN (1954): W. ZIMMERMANN, Romanische Taufsteine am Niederrhein. Annalen des historischen Vereins für den Niederrhein 155/156, 1954, 472–500.

ZURHEIDE/HANNING (1993): E. ZURHEIDE/P. HANNING, Anmerkungen zur Steinbearbeitung. In: U. LOBBEDEY/H. SCHOLZ/S. VESTRING-BUCHHOLZ (1993): Der Dom zu Münster 793–1945–1993. Bd. 1: Der Bau. Mit Beiträgen von C. KETTELHACK, F. MÜHLEN, H. SEEBERG, E. ZUHEIDE, P. HANNING. DFW 26 (Bonn 1993) 334–342.

9. Abbildungsnachweis

1. Attendorn. Auszug aus der Topographischen Karte 1:25000, Blatt 4813, Aufl. 1979.
2. Wachstumsphasen der Stadt Attendorn. Nach STOOB 1981, Taf. 2.
3. Plan der Stadt Attendorn 1831/32. Nach STOOB 1981, Taf. 1.
4. Gesamtansicht der Grabung 1974, von Westen. WAfD, Foto Bathe 1974.
5. Bau I/III: Ansicht des Chores (Mauer 6) mit der teilweise ausgebrochenen Ostmauer. Im Hintergrund die Nordkonche (1) und der Rest des Altarfundamentes (11) von Bau III. Ansicht von Westen. WAfD, Foto Bathe 1974.
6. Bau I: Rekonstruktion des Saalkirchenbaues. WMfA, Zeichnung Frohnert 1974.
7. Bau I: Grundrisse vergleichbarer Saalkirchen Westfalens aus dem 9./10. Jahrhundert: Herzfeld (nach LOBBEDEY 1993, 173) und Enger (nach LOBBEDEY 1979, 12).
8. Bau I: Die heute noch in Teilen erhaltene Saalkirche in Einen/Warendorf, vermutlich vor dem 12. Jahrhundert entstanden. Grundriß und Rekonstruktion des Aufgehenden. Nach Festschrift St. Bartholomäus/Einen 1983, 8.
9. Bau I: Die Saalkirche von Welbergen, deren Langhaus ebenfalls vor das 12. Jahrhundert zu datieren ist. Nach LOBBEDEY 1993, 173.
10. Bau I/II: Blick auf die teilweise ausgebrochene Südmauer des Chores von Bau I (6), mit der Erweiterung (9) (Ostmauer des sülichen Annexraumes) nach Süden. Ansicht von Nordwesten. WAfD, Foto Bathe 1974.
11. Bau I/II: Die Nordmauer des Chores (6), daran nach Norden hin abgehend die Ostmauer (9) des nördlichen Annexraumes mit Fundamentrest 10. An 9 nach Osten hin anschließend das Fundament (12) der Wand eines Anbaues im Osten oder Nordosten der Kirche. Ansicht von Osten. WAfD, Foto Bathe 1974.
12. Bau II/III: Langhaus- und Pfeilerfundamente im südlichen Teil der Kirche: Pfeiler 26, daran anschließend Pfeiler 28; im Hintergrund Mauern 1 (Südkonche) und 2 (südliche Langhausmauer) von Bau III. Ansicht von Norden. WMfA, Foto Jüttner 1974.
13. Bau I-III: Die westlichen Langhausabschlüsse: Turmfundament von Bau III (30), östlich davon ein Rest der Westmauer von Bau I (6); im Süden und Norden an 30 Reste der Langhausfundamente von Bau II (14). Ansicht von Nordosten. WMfA, Foto Jüttner 1974.
14. Bau II/III: Die Turmfundamente von Bau II (31) und Bau III (30), sowie Packlage 34. Ansicht von Osten. WMfA, Foto Jüttner 1974.
15. Bau II: Die Rosette des Tonfliesenbodens (15) in Fundlage. Ansicht von Norden. WMfA, Foto Jüttner 1974.
16. Bau II: Das Schachbrettmuster des Tonfliesenbodens (15) in Fundlage. Ansicht von Norden. WMfA, Foto Jüttner 1974.
17. Bau II: Rekonstruktion der frühromanischen Basilika. WMfA, Zeichnung Frohnert 1974.
18. Bau II: Grundriß der Kirche St. Luzius in Werden, Baubeginn 995, Weihe 1063. Nach ZIMMERMANN und SCHAEFER (Vorrman. Kirchenbauten 1966, 371).
19. Bau II: Die Kirche zu Bertem (Belgien), weitgehend erhaltene Basilika des 11. Jahrhunderts. Grundriß, Aufriß, Rekonstruktion und Innenansicht. Nach KUBACH/VERBEEK 1976 90f.
20. Bau III: Gesamtaufnahme der Grabung von Osten: Im Vordergrund die Ostkonche (1) des dritten Baues, im Inneren die Reste des Altarfundamentes 11. WAfD, Foto Bathe 1974.
21. Bau II/III: Befunde im Nordseitenschiff: Die nördliche Langhausmauer (2) stößt gegen die Nordkonche (1). Südlich von 2 verläuft parallel ein Rest der Langhausmauer von Bau II (14). Ansicht von Westen. WAfD, Foto Bathe 1974.
22. Bau III: Befunde im Südseitenschiff: Die südliche Langhausmauer (2) stößt mit erkennbarer Fuge gegen das Mauerwerk der Südkonche (1). Ansicht von Westen. WMfA, Foto Jüttner 1974.
23. Bau II/III: Der nordwestliche Vierungspfeiler des dritten Baues (28), als Packlage mit dem daraufsitzenden Pfeilerfundament, davor jener des zweiten Baues (26). Ansicht von Süden. WAfD, Foto Bathe 1974.
24. Bau II/III: Das Fundament der Stirnwand des Nordseitenschiffesvon Bau III unter der gotischen Westwand, darin einbindend das Spannfundament 28 und das nördliche Langhausfundament 2. Südlich von 28 ein Rest des Pfeilers 26 des zweiten Baues. In der linken Bildhälfte das Turmfundament 30. Ansicht von Südosten. WMfA, Foto Jüttner 1974.
25. Bau III: Grundriß der erhaltenen Ev. Christuskirche in Plettenberg, um 1240. BA WAfD.
26. Bau III/IV: Ansicht der Pfarrkirche St. Johannes Baptista von Süden. Nach LUDORFF 1903, 19.
27. Bau III/IV: Aufriß, wie vor. Nach LUDORFF 1903, 19.

28. Bau III: Ansicht der Pfarrkirche von Westen. StA Attendorn, Foto um 1890.
29. Bau III: Turm, Südseite: Zackenfries oberhalb der Schallarkaden. Slg. Höffer, Foto Höffer 1979/80.
30. Bau III/IV: Die Kirche nach den Zerstörungen des zweiten Weltkrieges: Die Südwestecke der beiden oberen Geschosse wurde bei der Bombardierung weggesprengt, ebenso die Mittelsäulen der Schallarkaden. Neben den Dächern wurden auch die Fenster und Maßwerke zerstört. StA Attendorn, Foto Bilsing 1946.
31. Bau III: Turm, Ostwand zum Mittelschiff hin: Zustand nach der Restaurierung und dem Einbau der Orgel in die Ratsloge 1923. Ansicht von Osten. StA Attendorn, Foto ca. 1930.
32. Bau III: Das erste Turmobergeschoß innen, die sogenannte Ratsloge. Blick auf die Westwand mit dem Vierpaßfenster. Ansicht von Osten. WAfD, Foto Bathe 1974.
33. Bau III/IV: Turm, Ostwand während des Wiederaufbaues: Erkennbar sind der Anschlag des Vorkriegsdaches (von 1794?) sowie darunter, auf der Nordhälfte unterhalb des Blendbogenfrieses, der eines älteren. Im unteren Bildbereich das sehr flache Notdach. StA Attendorn, Foto Hormes 1946.
34. Bau III: Rekonstruktion des Dreikonchenbaues. WMfA, Zeichnung Frohnert 1974.
35. Bau III: Grundriß der Kirche Groß St. Martin in Köln. Nach KUBACH/VERBEEK 1976, 573.
36. Bau III: Grundriß der Kirche von Roermond. Nach KUBACH/VERBEEK 1976, 966.
37. Bau III: Plettenberg, ev. Christuskirche: Blick in die Südkonche. WAfD, Foto Nieland 1988.
38. Bau III: Plettenberg, ev. Christuskirche, Nordkonche mit Flankenturm. WAfD, Foto 1906.
39. Bau IV: Grundriß der Pfarrkirche. Nach LUDORFF BKW Kr. Olpe 1903, 18.
40. Bau IV: Ansicht der Pfarrkirche von Süden. Foto Brockmann 1981.
41. Ansicht der Pfarrkirche von Norden. Foto Brockmann 1981.
42. Bau IV: Kreuzblende auf dem westlichen Strebepfeiler der Nordseite bei der Freilegung. Slg. Höffer, Foto Höffer 1979/80.
43. Bau IV: Zackenfries an der westlichen Stirnseite des Südseitenschiffes. Slg. Höffer, Foto Höffer 1979/80.
44. Bau IV: Die beiden westlichen Fenster auf der Nordseite. WAfD, Foto Ludorff 1900.
45. Bau IV: Ansicht der Stadt Attendorn um 1650. Ausschnitt aus dem Altarbild des ehemaligen Dreifaltigkeitsaltares in der Pfarrkirche. Südsauerlandmuseum Attendorn. StA Attendorn, Foto.
46. Bau IV: Inneres der Pfarrkirche nach Osten. WAfD, Foto Brockmann 1981.
47. Bau III/IV: Inneres der Pfarrkirche nach Westen. WAfD, Foto Brockmann 1981.
48. Rekonstruktion des dritten Baues während der Errichtung des Chor- und „Querhaus"bereiches der gotischen Kirche. Nach GOEBEL 1994, 9.
49. Bau III oder IV: Rest des Schmelzofens 32. Ansicht von Norden. WMfA. Foto Jüttner 1974.
50. Spielzeugkrug aus Steinzeug (Raeren), Anfang 16. Jahrhundert. Foto WMfA 1979.
51. Zeichnerische Rekonstruktion des Tonfliesenbodens. Slg. Korte, Zeichnung Korte.
52. Siegen, Martinikirche, Tonfliesenboden, aufgedeckt bei Grabungen 1960. WAfD, Foto 1960.
53. Oberpleis, Propsteikirche St. Pankratius, Tonfliesenboden. RhAfD, Foto Lieven 1984.
54. Schwert, Detail des Knaufes. Foto WMfA, 1979.
55. Bestattung eines Edelmannes mit seinem Schwert: Grab des Herzogs Albrecht von Holstein (gest. 1613) in der Kreuzkiche zu Dresden. Zeichnung von der Graböffnung 1764. Nach FINGERLIN 1992, 228.
56. Eisenöse und eiserne Scharniere, 9.-11./12. Jahrhundert. Foto WMfA 1979.
57. Reliquiar, 9./10. Jahrhundert, gefunden bei Ausgrabungen in Winchester/England. Nach WILSON 1986, 159.
58. Emailscheibenfibel aus Buntmetall, Ende 9./ Anfang 10. Jahrhundert. Foto WMfA 1979.
59. Karte: Die bekannten Scheibenfibeln mit Sternmotiv. Karte nach FRICK 1993, ergänzt um Nr. 7 (Attendorn). Zeichnung Schieving.
60. Emailscheibenfibel aus Wijnaldum. Nach FRICK 1993, 461.
61. Stecknadel aus Buntmetall mit Glaskopf, 12. Jahrhundert, beinerne Rosenkranzperlen, 14./15. Jahrhundert, und Knochennadel, 11./12. Jahrhundert. Foto WMfA 1979.
62. Grab 11a, Fundort der Rosenkranzperlen. Slg. Korte, Foto Korte 1974.
63. Wappenscheibe des 16. Jahrhunderts: Darstellung des Hl. Jakobus d.J. mit dem Wappen des Kanonikers Emmerich Richardy. Köln, vermutlich an einer der Kurien bei der St. Apostelkirche angebracht. Hess. Landesmuseum Darmstadt. Nach BEEH-LUSTENBERGER 1967, Nr. 199.
64. Das Pilgergrab 33 mit der Muschel im Bereich des rechten Brustkorbes. Slg. Korte, Foto Korte 1974.
65. Pilgermuschel aus Grab 33, 13.-15. Jahrhundert. Foto WMfA 1979.
66. Darstellung eines Santiagopilgers mit einer im Brustbereich auf dem Mantel sitzenden Muschel. 14. Jahrhundert. Oldenburger Handschrift des Sachsenspiegels. WMfA, Umzeichnung Helmich 1995.

67. Die Pilgertracht des Nürnberger Patriziersohnes Stephan III. Praun (1544-1591) von 1571. Germanisches Nationalmuseum Nürnberg. Foto ebd. 1994.

Beitrag Schmaedecke

Westfälisches Amt für Denkmalpflege 68-70, 81, 87, 98-100.
G. Reinartz, Attendorn 71, 97, 101, 105.
Verfasserin 72-80, 82-86, 88-96, 102-104.

Tabelle 1: Verteilung der Materialgruppen auf Fundnummern und Befunde[1]

FN.	Keramik	Eisen	Glas	Bein	Mörtel	Putz	Werkstein	Stein	Schlacke	Münzen	Buntmetall	Sonstiges	Befund
1	+	.	.	.	.	.	.	.	.	.	.	+	Lesefunde
2	.	+	.	.	.	.	.	.	.	.	.	.	Abbruch-Oberkante von 6
3	+	.	.	.	.	.	.	.	.	.	.	.	Bauschicht von 6
4	+	.	.	.	.	.	.	.	.	.	.	.	über 19
5	+	+	.	.	.	.	.	.	.	.	.	.	9/17
6	.	.	+	.	.	.	.	.	.	.	.	+	11a
7	+	.	.	.	.	.	.	.	.	.	.	.	19, östlich von 6
8	+	.	.	.	.	.	.	.	.	.	.	.	Fundamentgrube von 2
9	+	.	.	.	.	.	.	.	.	.	.	.	Ausbruchgrube von 6
10	+	.	.	.	.	.	.	.	.	.	.	.	20
11	+	.	.	.	.	.	.	.	.	.	.	.	19
12	+	+	.	.	.	.	.	+	.	.	+	.	Abbruchniveau von 15
13	+	.	.	.	.	.	.	.	.	.	+	.	17
14	+	.	.	.	.	.	.	.	.	.	.	.	12
15	+	.	.	.	.	.	.	.	.	.	.	.	18
16	+	.	.	.	.	.	.	.	.	.	.	.	19, evtl. gestört
17	+	.	+	.	.	.	.	.	.	.	.	.	über der unteren Mörtelzone von 21; 21c ?
18	+	.	.	+	.	.	.	.	.	.	.	.	18
19	+	.	.	.	.	.	.	.	.	.	.	.	10
20	+	.	.	.	.	.	.	.	.	.	.	.	9
21	.	.	+	.	.	.	+	.	.	.	.	.	zu 8 gehörend
22	+	.	.	+	.	.	.	.	.	.	+	.	21
23	+	.	.	.	.	.	.	.	.	.	.	.	unter 21, gleichzeitig mit Bau von 6
24	+	.	+	.	.	.	.	.	.	.	.	.	10
25	+	.	.	+	.	.	.	.	.	.	.	.	Lesefunde, Schn. 1, obere Schichten
26	+	.	.	.	.	.	.	.	.	.	.	.	Lesefunde, Fundort unbekannt
27	+	.	+	.	.	.	+	.	.	.	+	.	Oberkante von 19
28	+	.	+	+	.	.	.	.	.	.	+	.	Lesefunde, Fundort unbekannt
29	+	.	.	+	.	.	.	.	.	.	.	.	über 26, in Bauschicht für BP III
30	.	.	.	+	.	.	.	.	.	.	.	.	17
31	+	.	.	+	.	.	.	.	.	+	.	.	Schnitt 4, jüngeres Grab (17. Jh.)
32	+	.	.	+	.	.	.	.	.	.	+	.	19
33	+	.	.	.	.	.	.	+	.	.	.	.	Lesefunde, Fundort unbekannt
34	+	.	.	+	.	.	.	.	.	.	.	.	19, 5 cm unter Oberkante
35	+	.	.	.	.	.	.	+	.	.	.	.	19, 51 cm unter der Oberkante
36	+	.	.	.	.	.	.	.	.	.	.	.	19, obere Lage
37	+	.	.	.	.	.	.	.	+	.	.	.	Fundamentgrube von 8
38	+	.	.	+	.	.	.	.	+	.	.	.	17
39	.	.	.	+	.	.	.	.	.	.	.	.	19
40	+	.	.	.	.	.	.	.	.	.	.	.	unter 21
41	+	.	.	+	.	.	.	.	.	.	+	.	21c
42	+	.	.	.	.	.	.	+	.	.	.	.	Pfostengrube, durchschlägt 21
43	+	.	.	.	.	+	.	.	.	.	.	.	19
44	+	.	.	.	.	+	.	.	.	.	.	.	11a
45	.	.	.	+	.	.	.	+	.	.	.	.	Pfostengrube in Schn. 1, zu 8 gehörend ?
46	+	.	.	.	.	.	.	.	.	.	.	.	19 ? (gestört)
47	+	.	.	+	.	.	.	.	.	.	.	.	19 ? (gestört)
48	+	.	.	.	.	.	.	.	.	.	.	.	Grabgrube in Schnitt 2
49	.	.	.	+	.	.	.	.	.	.	.	.	17
50	+	.	.	.	.	.	.	.	.	.	.	.	Schnitt 4, oberste Mörtelschicht
51	+	.	.	.	+	.	.	.	.	.	+	.	19, tiefere Lage
52	.	.	.	.	+	.	.	+	.	.	.	.	21b
53	+	.	.	.	.	+	.	.	+	.	.	.	32
54	+	.	.	.	.	.	.	.	.	.	.	.	19 ? (gestört)

Sonstige Funde ohne Fundnummer:

Schwert aus einem Grab; Pilgermuschel aus Grab 33; 2 Kammzinken aus 17; Kammfragment aus dem Abraum (Privatbesitz); Gagatperle (Privatbesitz); Keramik, aus 19? (Privatbesitz); Keramik, aus dem Gräberbereich?; 5 Murmeln (1 aus Stein, 4 aus Keramik); Dachziegelreste; Bruchstücke von Tonfliesen aus 15; Glasfluß; Bleischmelze; Tierzähne; Knochen- und Lederreste.[2]

---

[1] Die Angaben der Fundorte beziehen sich weitgehend auf jene der Fundzettel.

[2] Diese Funde wurden vor und nach der Ausgrabung geborgen und später zum Teil im Museum Attendorn abgegeben, bzw. verblieben in Privatbesitz. Soweit sie zugänglich oder wenigstens hinreichend dokumentiert waren, wurden sie bei der Auswertung berücksichtigt. Die wenigen, nicht mehr eindeutig zuweisbaren Keramikfragmente wurden nicht in Tabelle 2 aufgenommen.

Tabelle 2: Verteilung der Fragmente der Gefäßkeramik nach Warenarten auf Fundnummern und Befunde

FN	1	2	3	4	5	6	7	8	9	10	11	12	13	14	15	Befund
1	1WS	-	-	-	-	-	-	-	-	-	1RS, 1HS, 2WS	-	1RS, 1WS	1BS, 1WS	1HS, 3WS	Lesefunde
2	-	-	-	-	-	1WS	-	-	-	-	1RS, 1WS	-	-	-	-	Abbruch-Oberkante von 6
3	-	-	-	-	-	-	-	-	-	-	1BS, 2WS	-	-	-	-	Bauschicht von 6
4	-	-	-	-	1WS	-	-	-	-	-	-	-	-	-	-	über 19
5	-	-	-	-	-	-	-	-	-	-	1RS, 4WS	-	1WS	-	-	9/17
7	1WS	-	-	-	-	-	-	-	-	-	-	-	-	-	-	19, östlich von 6
8	-	1WS	-	-	-	-	-	-	-	-	1BS	-	-	-	-	Fundamentgrube von 2
9	-	-	-	-	-	-	-	-	-	-	1WS	-	-	-	-	Ausbruchgrube von 6
10	1RS	-	-	-	-	-	-	-	-	-	1WS	-	-	-	-	20
11	-	-	-	-	1WS	-	-	-	-	-	-	-	-	-	-	19
13	-	-	1RS, 40WS	10WS	-	-	-	-	-	-	1RS, 23WS	-	-	-	-	17
14	-	-	-	2WS	-	-	-	-	-	-	-	-	-	-	-	12
15	-	-	-	-	1WS	-	1WS	1WS	-	-	1WS	-	-	-	-	18
16	-	-	-	-	1WS	-	-	-	-	-	2WS	-	-	-	-	19, evtl. gestört
17	-	-	-	-	-	-	-	-	-	-	1WS	-	-	-	-	über der unteren Mörtelzone von 21; 21c ?
18	-	-	-	-	-	-	-	-	-	-	1BS	-	-	-	-	18
19	-	-	-	-	-	-	-	-	-	-	4WS	-	-	-	-	10
20	-	-	-	-	-	-	-	-	-	-	1WS	-	-	-	-	9
22	-	-	-	-	1WS	-	1WS	2WS?	-	-	-	-	-	-	-	21
23	-	-	-	-	-	-	-	-	1WS	1WS	-	-	-	-	-	unter 21, gleichzeitig mit Bau von 6
24	-	-	-	-	-	-	-	-	-	-	1WS	-	-	-	-	10
27	1RS	-	-	-	-	1RS	-	-	-	-	-	-	-	-	-	Oberkante von 19
29	-	-	-	-	1WS	-	-	-	-	-	-	-	1WS	-	-	über 26, in Bauschicht für BP III
30	-	-	-	17WS	-	-	-	-	-	-	-	-	-	-	-	17
32	1WS?	-	-	-	-	-	1WS	-	-	-	-	-	-	-	-	19
33	-	-	-	-	-	-	-	-	-	-	2WS	-	-	1WS	-	Lesefunde, Fundort unbekannt
34	-	-	-	1WS	-	-	-	6WS	-	-	-	-	-	-	-	19, 5 cm unter der Oberkante
35	-	-	-	-	-	-	-	1WS	-	-	-	1WS	-	-	-	19, 51 cm unter der Oberkante
36	-	-	-	1WS?	-	-	-	-	-	-	2WS	-	-	-	-	19, obere Lage
37	-	-	-	-	-	-	-	-	-	-	2WS	-	-	1WS	-	Fundamentgrube von 8
38	-	-	1RS, 15WS	1RS, 10WS	-	-	-	5WS	-	-	8WS, 3BS, 1HS, 1TL, 125WS	-	-	-	-	17
39	-	-	-	-	-	2WS	-	8WS	-	-	-	-	-	-	-	19
40	1RS, 1WS	-	-	-	-	-	-	-	-	-	-	-	-	-	-	unter 21
41	1RS, 3WS	-	-	-	-	-	-	-	-	-	-	-	-	-	-	21c
42	-	-	-	-	-	-	-	-	-	1RS	-	-	-	2WS	-	Pfostengrube, durchschlägt 21
43	-	-	-	-	-	-	-	-	-	-	-	-	-	-	-	19
46	-	-	-	1WS	1WS	-	-	1WS	-	-	-	-	-	-	-	19 ? (gestört)
47	-	-	1WS	-	-	-	-	1WS	-	-	4WS	-	-	-	-	19 ? (gestört)
48	-	-	-	-	-	-	-	-	-	-	1BS, 18WS	-	-	-	-	Grabgrube in Schnitt 2
51	1RS, 1WS	-	-	-	1WS	-	-	-	-	-	-	-	-	-	-	19, tiefere Lage
52	-	-	-	-	-	-	-	-	-	-	15WS	-	-	-	-	21b
54	-	-	-	-	-	-	1WS	-	-	-	-	1WS	-	-	-	19 ? (gestört)
zus.	5RS, 8WS	1WS	2RS, 56WS	1RS, 41WS	10WS	1RS, 3WS	1WS, 4WS	25WS	1WS	1RS, 1WS	12RS, 6BS, 210WS, 2HS, 1TL	2WS	1RS, 3WS	5WS, 1BS	3WS, 1HS	insges. 23RS, 372WS, 7BS, 3HS, 1TL
zus. in %	13 3,2%	1 0,20%	58 14,30%	42 10,30%	10 2,50%	4 1,00%	4 1,00%	25 6,10%	1 0,20%	2 0,40%	231 56,90%	2 0,40%	4 1,00%	6 1,50%	4 1,00%	insges. 406 Fragmente insges. 100,00%

Abkürzungen: FN - Fundnummer; RS - Randscherbe; WS - Wandscherbe; BS - Bodenscherbe; HS - Henkelscherbe; TL - Tülle

Kurzkatalog der Warenarten zur Orientierung in der Tabelle:
Gruppe A: uneinheitlich gebrannte Irdenwaren: **1.** Schwach gebrannte IW; **2.** Hart gebrannte IW. Gruppe B: Reduzierend gebrannte graue Irdenwaren: **3.** Feingemagerte IW. Gruppe C: Oxidierend gebrannte graue Irdenwaren: **4.** "Paffrather" IW. Gruppe D: Oxidierend gebrannte rote Irdenware: **5.** Frühmittelalterliche feingemagerte Drehscheibenware. Gruppe G: gebrannte helle Irdenware: **6.** "Mayener" Ware; **7.** Rauhwandige Drehscheibenware; **8.** "Badorfer Ware"; **9.** Reliefbandamphoren; **10.** "Hunneschans Ware"; **11.** "Pingsdorfer Ware"; **12.** "Walberberger Ware"; **13.** "Siegburger Faststeinzeug"; **14.** "Siegburger Steinzeug". Gruppe G: **15.** spätmittelalterliche und neuzeitliche Warenarten.

Keramikfunde Tafel 1

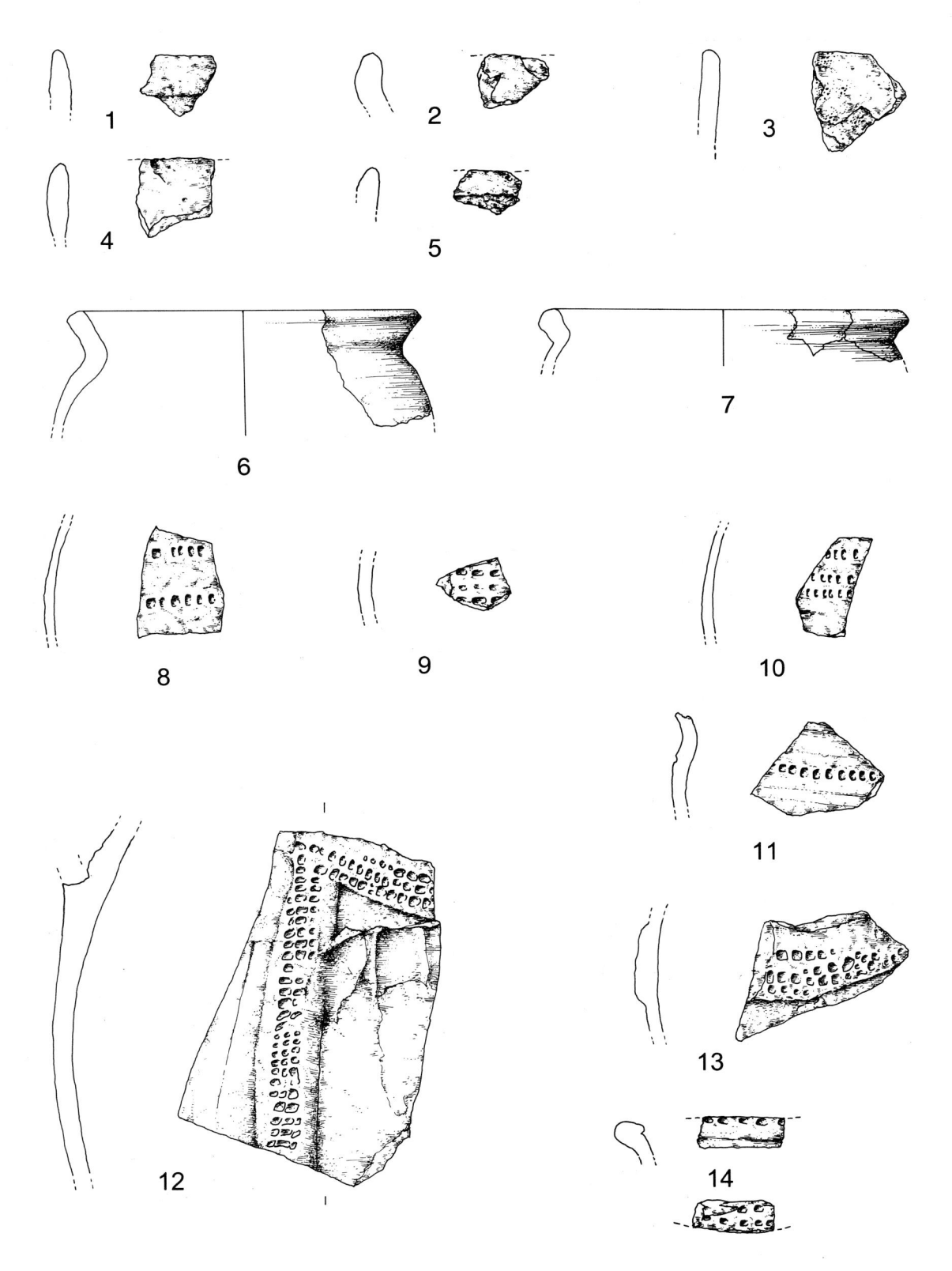

1-5 Gruppe 1; 6-7 Gruppe 3; 8-11 Gruppe 8; 12-13 Gruppe 9; 14 Gruppe 10; M 1:2
1 FN 10; 2, 7 FN 27; 3 FN 39; 4, 14 FN 41; 5 FN 51; 6 FN 13; 8 FN 15; 9 FN 47; 10, 11 FN 35; 12 FN 23; 13 o. FN

Tafel 2   Keramikfunde

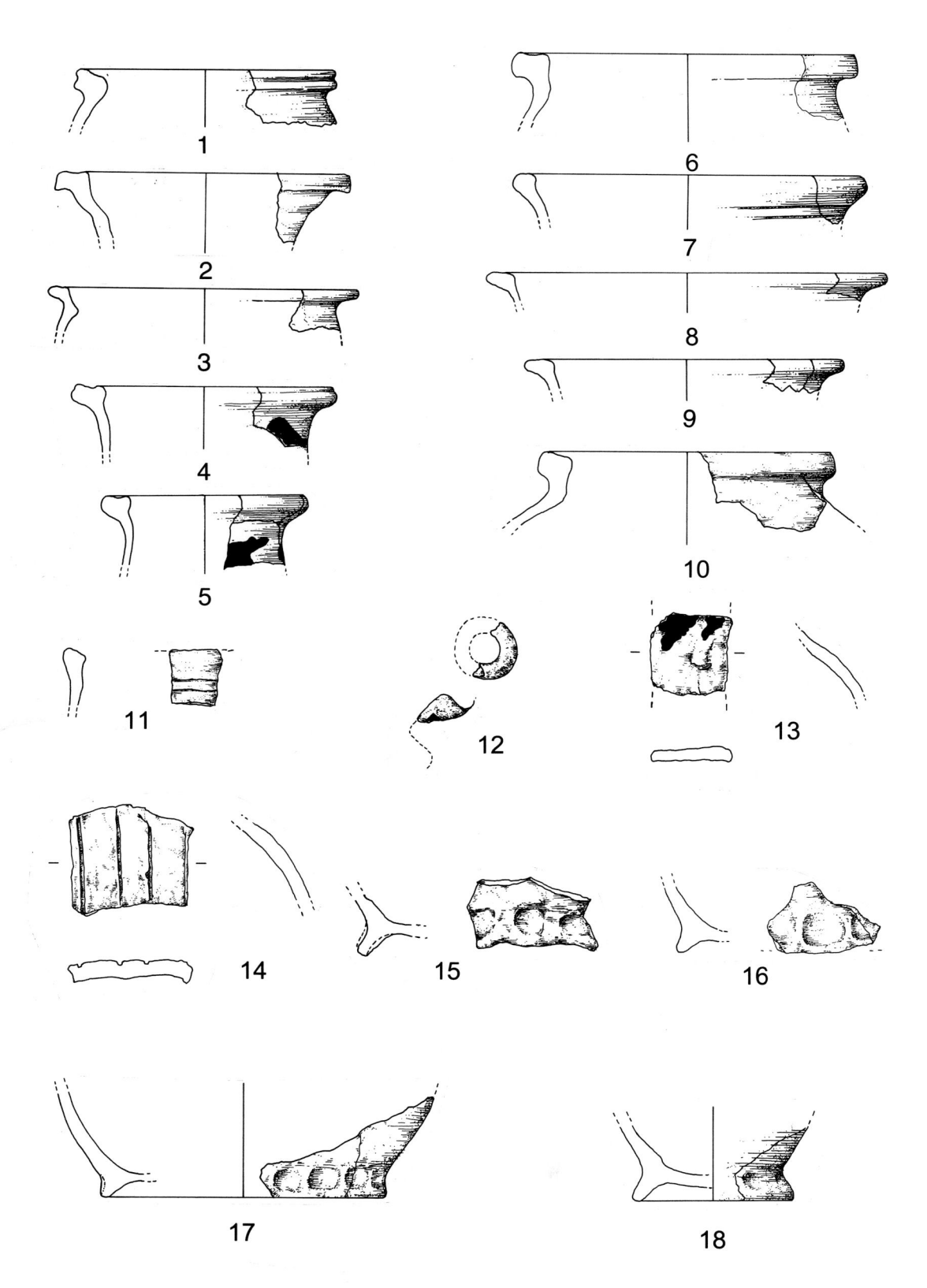

1-18 Gruppe 11; M 1:2
1-3, 5-9, 12, 13, 16, 17 FN 38; 4 FN 2; 10 FN 5; 11 FN 13; 14 o. FN; 15 FN 3

Keramikfunde　　　　　　　　　　　　　　　　　　　　　　　　　　　　　　Tafel 3

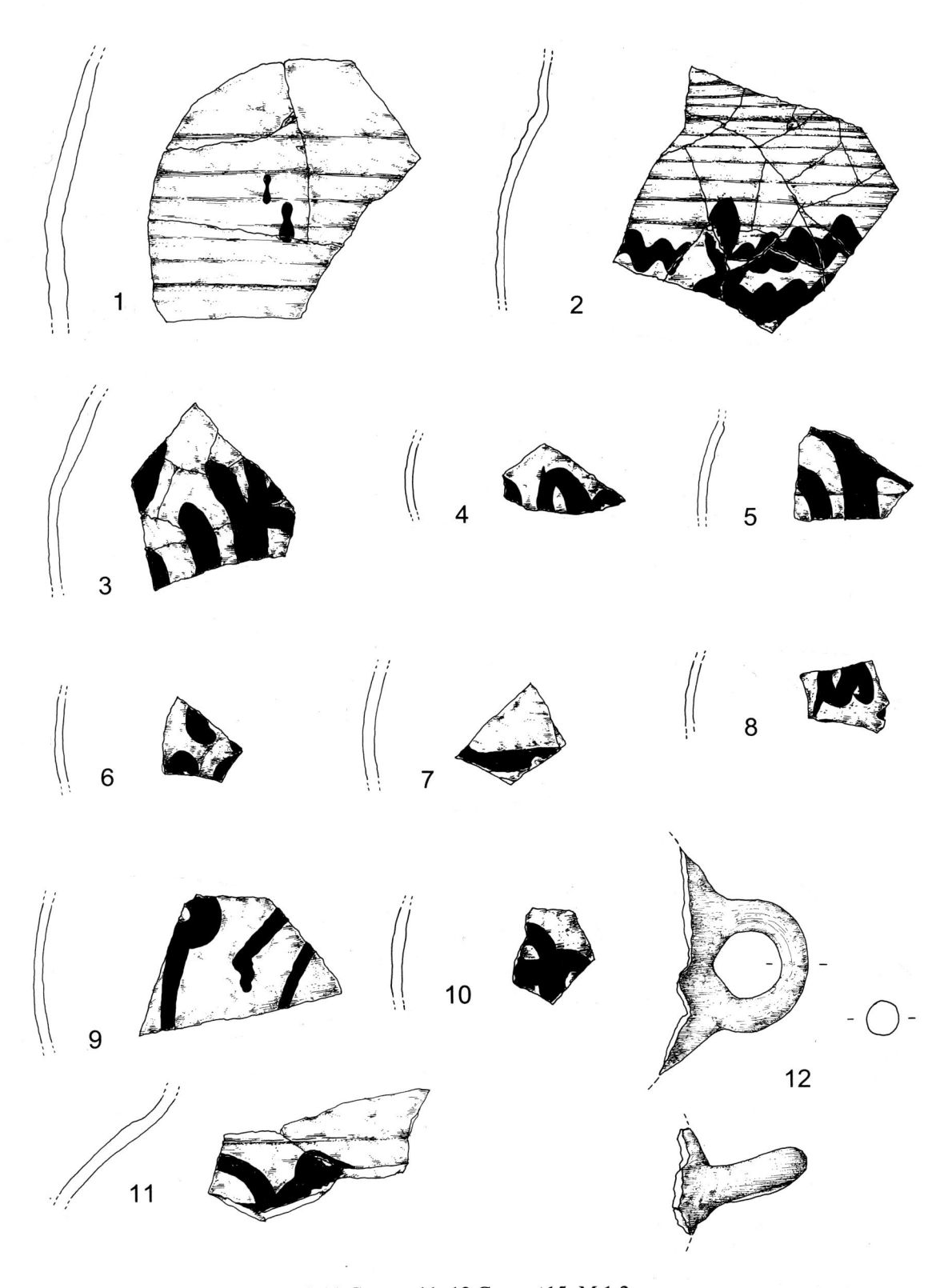

1-11 Gruppe 11; 12 Gruppe 15; M 1:2
1 FN 5; 2 FN 52; 3, 5, 11 FN 48; 4, 6, 10 FN 38; 7 FN 10; 8 FN 1; 9 FN 13; 12 FN 1

Tafel 4   Keramik- und Eisenfunde

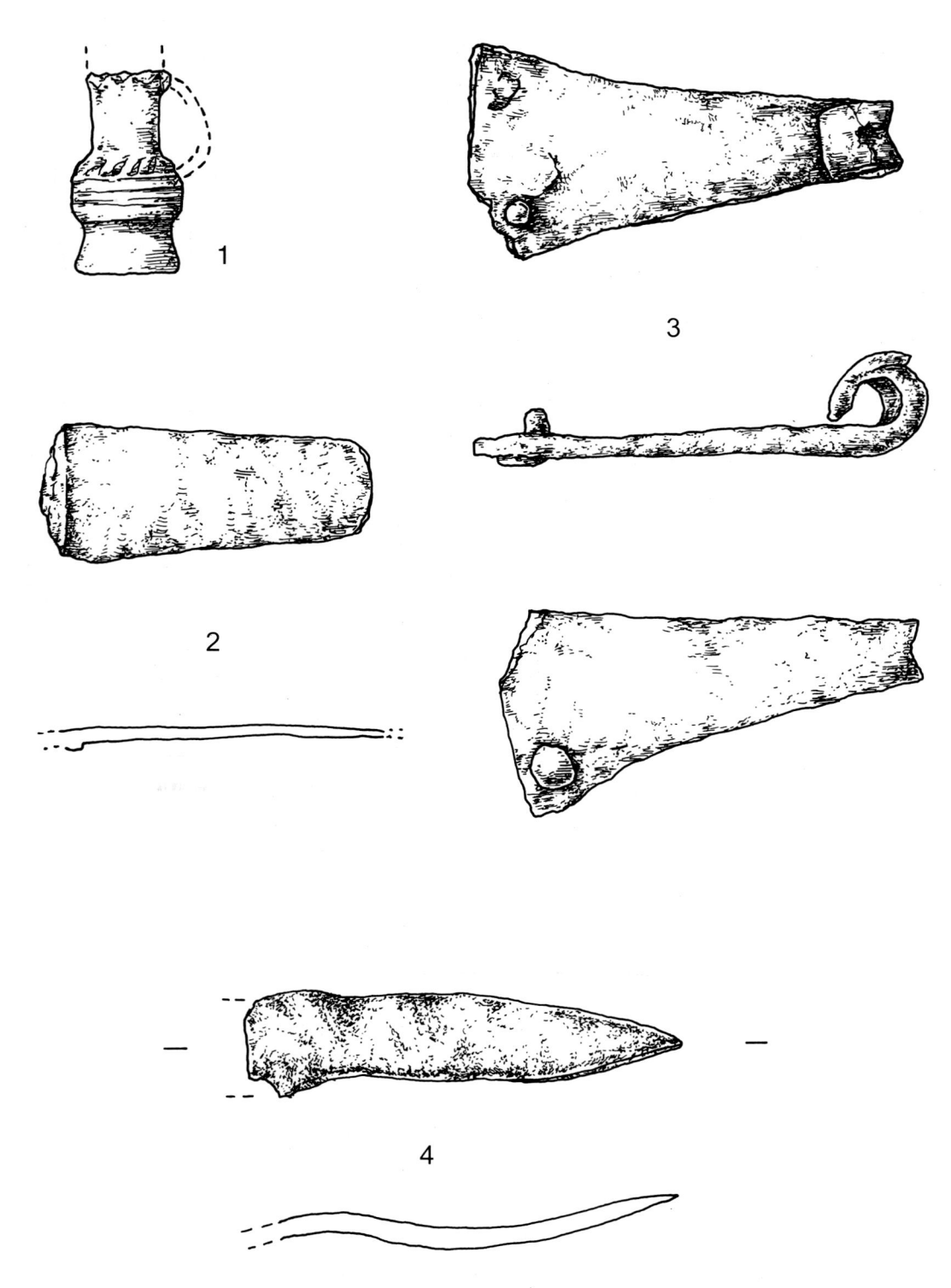

1 Miniaturgefäß aus Steinzeug; 2-3 Scharniere; 4 Messerklinge; M 1:1
1 FN 1; 2, 3 FN 38; 4 FN 6

Eisenfunde Tafel 5

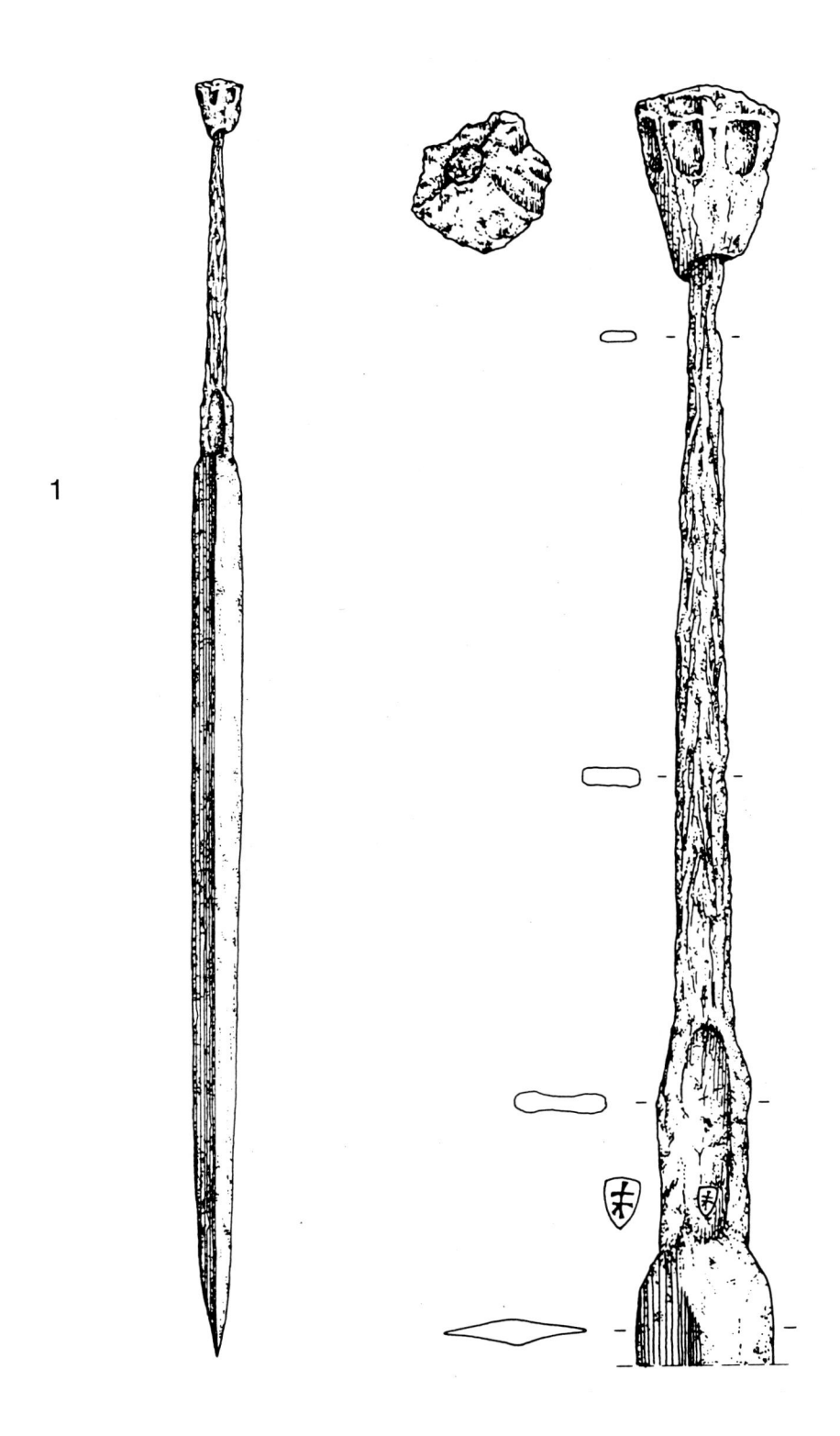

1 Schwert, Eisen; M 1:6, M 1:2, M 1:1 o. FN

Tafel 6   Buntmetallfunde

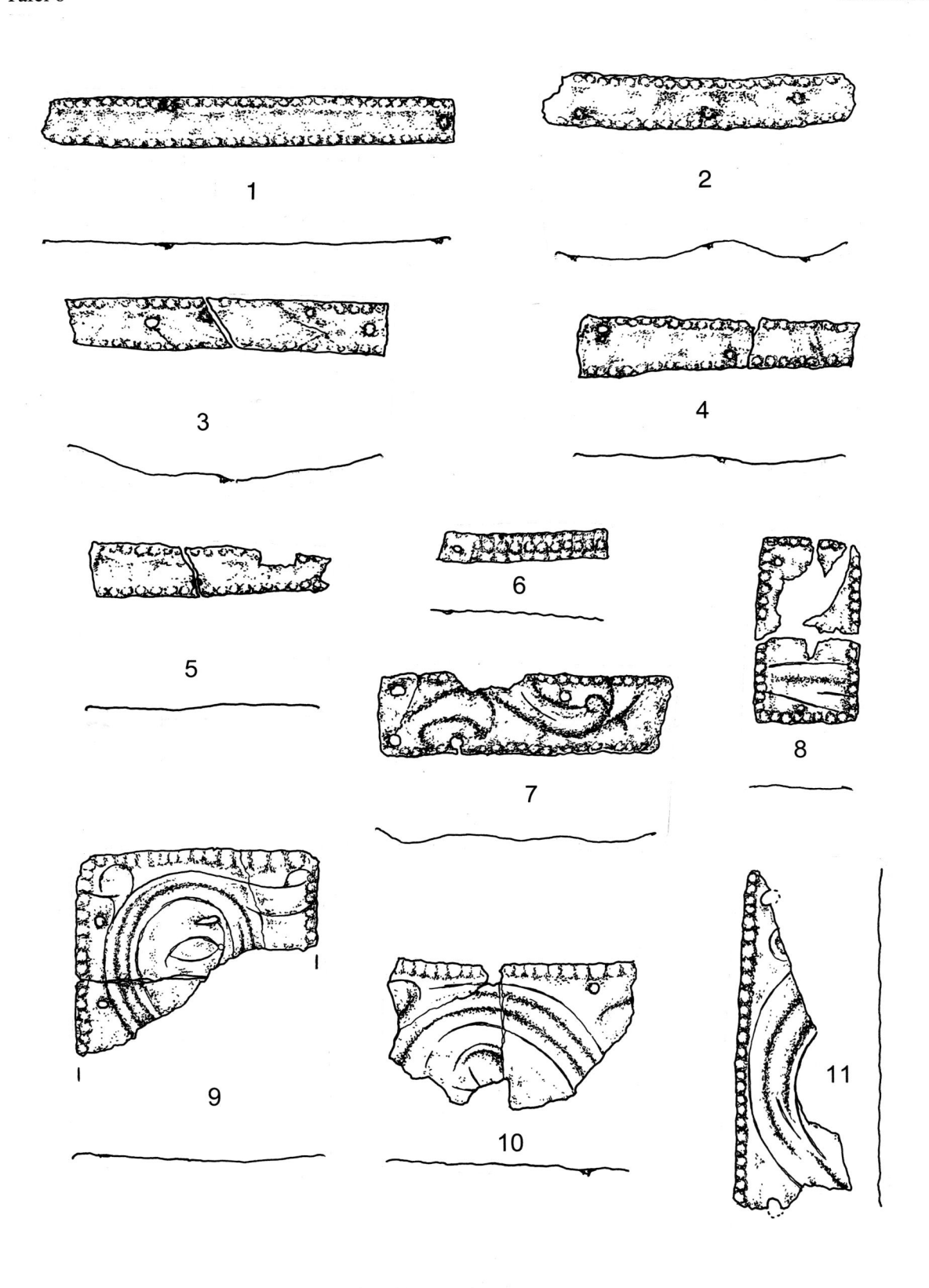

1-11 Beschläge von liturgischem Gerät; M 1:1
1-11 FN 13, 22, 38

Buntmetallfunde Tafel 7

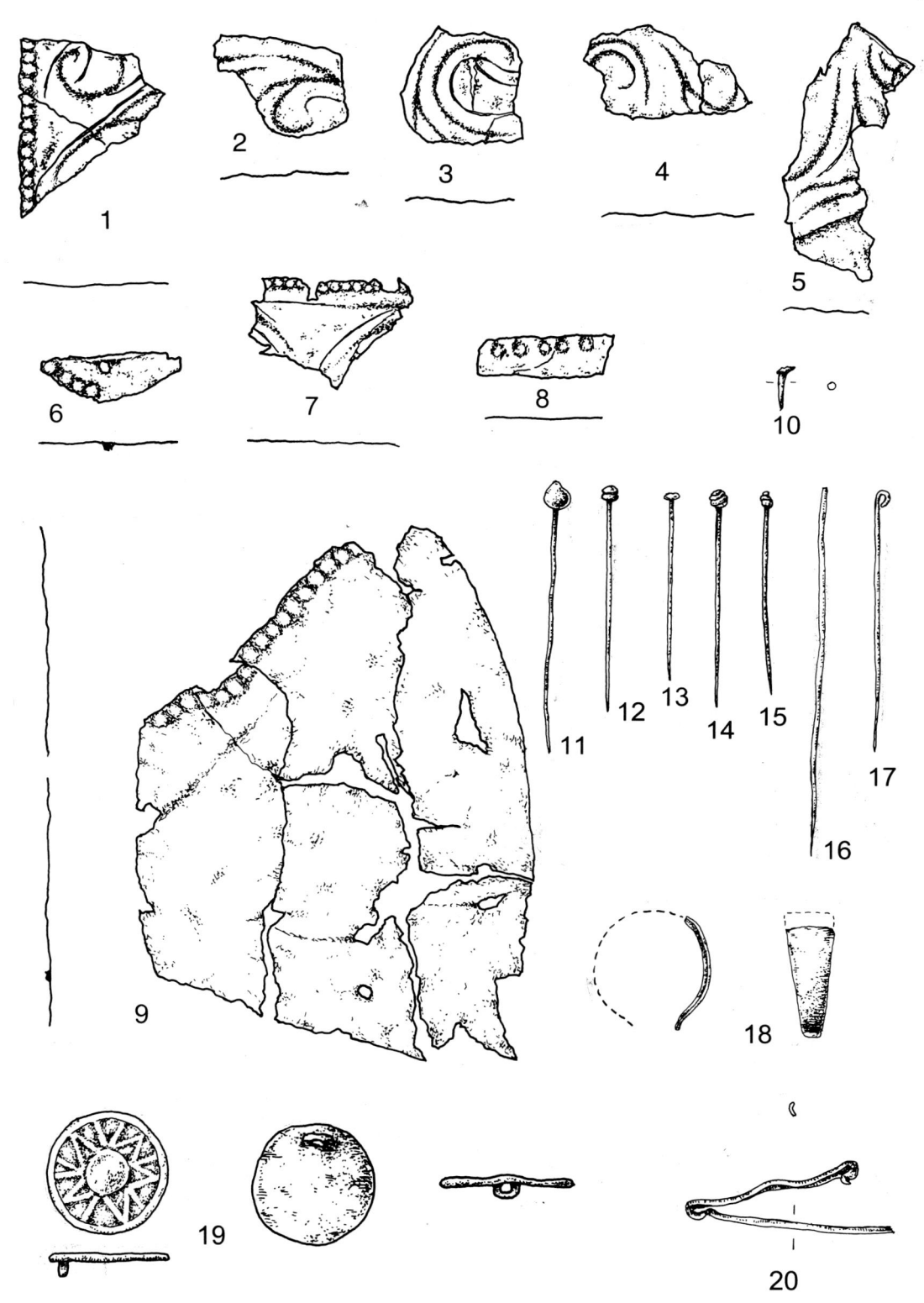

1-9 Beschläge von liturgischem Gerät; 10 Nagel; 11 Stecknadel mit Glasknopf; 12-17 Stecknadel; 18 Ring;
19 Emailscheibenfibel; 20 Haarspange (?); M 1:1
1-10 FN 13, 22, 38; 11 FN 26; 12, 13, 16, 17, 20 o. FN; 14, 15 FN 25; 18 FN 1; 19 FN 52

Tafel 8　　　　　　　　　　　　　　　　　　　　　　　　　　Metall-, Bein- und Glasfunde

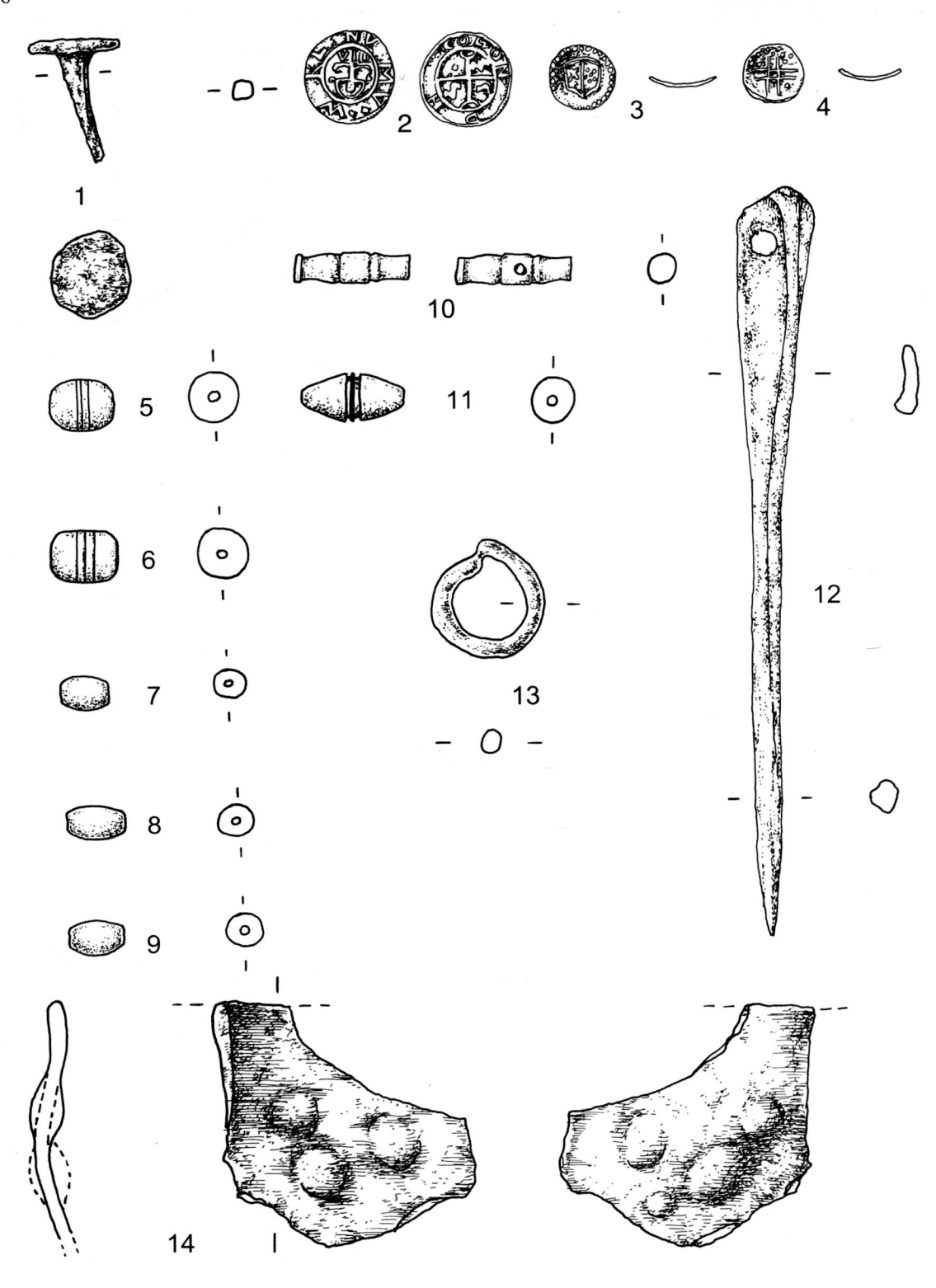

1 Bronzenagel; 2-4 Silbermünzen; 5-11 Rosenkranzperlen aus Bein; 12 Knochennadel; 13 Eisenöse;
14 Randfragment eines Maigeleins; M 1:1
1 FN 14; 2, 3 FN 31; 4 FN 1; 5-9 FN 44; 10 o. FN; 11 FN 50; 12 FN 22; 13 FN 38; 14 FN 25

Tafel 9

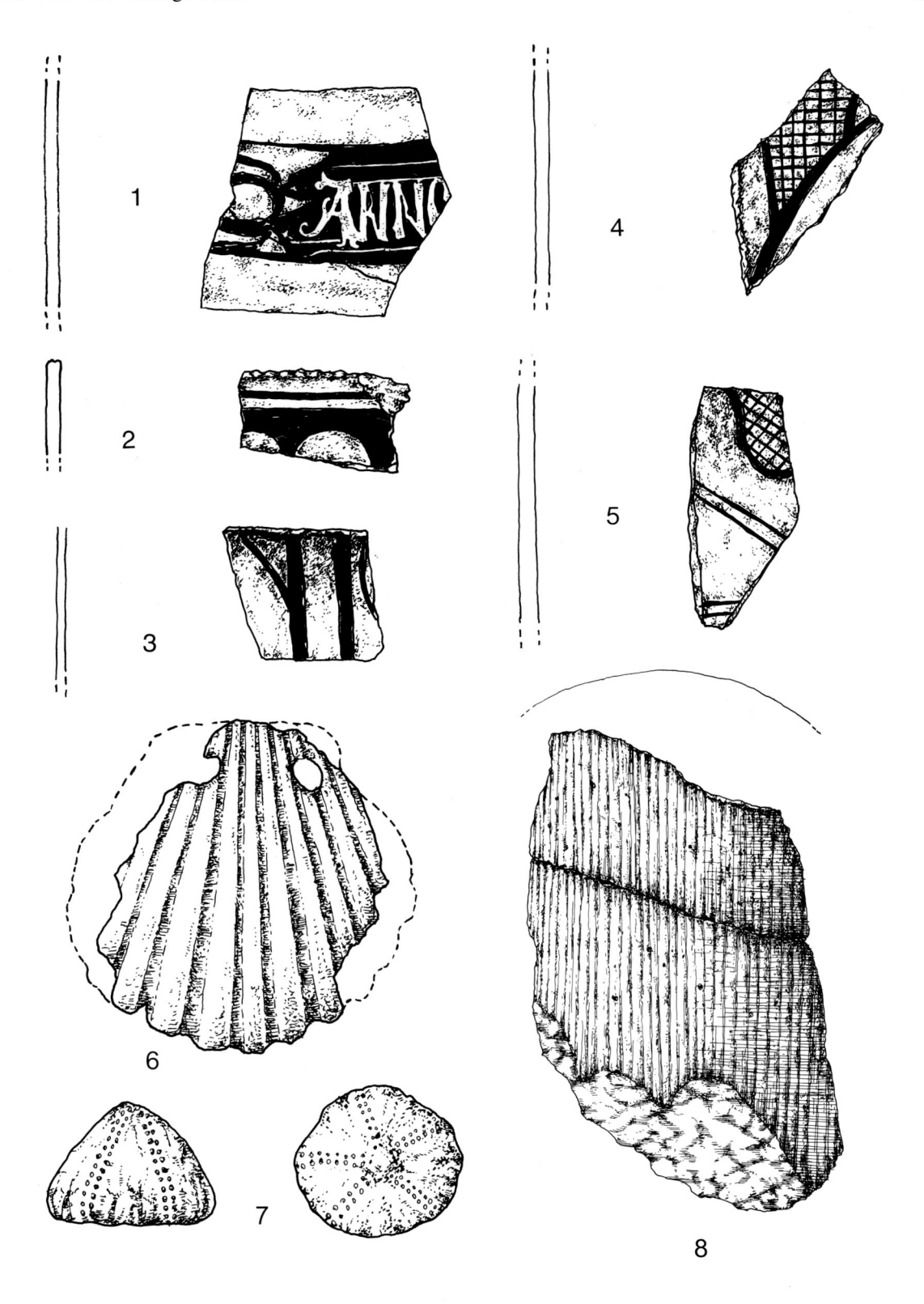

1-5 bemaltes Fensterglas; 6 Pilgermuschel; 7 fossiler Seeigel; 8 Säulenfragment aus Sandstein; M 1:1 (1-7), M 1:2 (8)
1 FN 25; 2, 4, 5 FN 21; 3 FN 6; 6, 7 o. FN; 8 FN 28

Denkmalpflege und Forschung in Westfalen

Im Auftrag des Landschaftsverbandes Westfalen-Lippe
herausgegeben von
Landeskonservator Eberhard Grunsky
Westfälisches Amt für Denkmalpflege
und
Museumsdirektorin Gabriele Isenberg
Westfälisches Museum für Archäologie
Amt für Bodendenkmalpflege

Bd. 1: Die Ausgrabungen in der Stiftskirche zu Enger. Teil I.
Von UWE LOBBEDEY (Grabungsvorbericht). Mit Beiträgen von WERNER KLENKE (Anthropologischer Befund), FRITZ SCHILLING und NORBERT EICKERMANN (Widukind-Inschrift).- 1979, 68 S., 49 Abb. im Text, kart. 28 ,-- DM, ISBN 3-7749-1436-2.

Bd. 2: Beiträge zur archäologischen Burgenforschung und zur Keramik des Mittelalters in Westfalen. Teil 1.
Mit Beiträgen von WALTER BAUER, HERBERT ENGEMANN, HANS WILHELN HEINE und UWE LOBBEDEY. – 1979, 219 S., 118 Abb. im Text, 2 Tabellen, kart. 48,-- DM, ISBN 3-7749-1631-4.

Bd. 3: Borgholzhausen. Archäologie einer westfälischen Kirche.
Von UWE LOBBEDEY. Mit Beiträgen von WILFRIED HENKE, MANFRED NEUGEBAUER und HILDE CLAUSSEN, unter Mitarbeit von PETER ILISCH, ULF-DIETRICH KORN, HORST PIETZNER, ADALBERT SCHERP und GERHARD STADLER. – 1981, 158 S., 89 Abb. im Text, 10 Tabellen, 2 Faltkarten als Beilagen, kart. 34,-- DM, ISBN 3-7749-1815-5.

Bd. 4: Historische Architektur in Theorie und Ausführung: Der Baumeister Emil von Manger.
Von JÖRG A.E. HEIMESHOFF. – 1982, 107 S., 111 Abb., kart. 44,-- DM, ISBN 3-7749-1902-X.

Bd. 5: Seppenrade. Ausgrabung einer münsterländischen Dorfkirche 1976/77.
Von ALFRED ZEISCHKA. Mit Beiträgen von RICHARD BERG, WILFRIED HENKE, PETER ILISCH, UWE LOBBEDEY und PETER MÜLLER. – 1983, 122 S., 76 Abb., 13 Tabellen, 1 Faltkarte als Beilage, kart. 48,-- DM, ISBN 3-7749-2018-4.

Bd. 6: Die thronenden Madonnen des 13. Jahrhunderts in Westfalen.
Von CHARLOTTE KLACK-EITZEN. – 1985, 114 S., 38 Tafeln, kart. 28,-- DM, ISBN 3-7749-2086-9.

Bd. 7: August und Wilhelm Rincklake: Historismusarchitekten des späten 19. Jahrhunderts.
Von GERHARD RIBBROCK. – 1985, 206 S., 167 Abb. im Text, kart. 34,-- DM, ISBN 3-7749-2087-7.

Bd. 8: Die Festung Lippstadt: Ihre Baugeschichte und ihr Einfluß auf die Stadtentwicklung.
Von GUNTER HAGEMANN. – 1985, 207 S., 2 Tabellen, 39 Karten, 151 Abb., Pp 44,-- DM, ISBN 3-7749-2153-9.

Bd. 9: Bauen und Wohnen in einer alten Hansestadt: Zur Nutzung von Wohnbauten zwischen dem 16. und 19. Jahrhundert dargestellt am Beispiel der Stadt Lemgo.
Von FRED KASPAR. – 1985, 414 S., 311 Abb. im Text, Pp 42,-- DM, ISBN 3-7749-2154-7.

Bd. 10: Johann Georg Rudolphi: Ein Beitrag zur Malerei des 17. Jahrhunderts in Westfalen.
Von DIRK STROHMANN. – 1986, 142 S., 72 Abb., Pp 48 ,-- DM, ISBN 3-7749-2228-4.

Bd. 11: Die Ausgrabungen im Dom zu Paderborn 1978/80 und 1983.
Von UWE LOBBEDEY. – 1986. Teilbd.1, Text: Mit Beiträgen von MANFRED BALZER, HILDE CLAUSSEN, GÜNTER GOEGE, GERALD GROßHEIM, WINFRIED HENKE, HUBERT HEYMANS, PETER ILISCH, HERMANN KÜHN, HORST PIETZNER und Zeichnungen von Ingrid Frohnert. 338 S., 87 Abb. im Text. – Teilbd. 2: Befundkatalog. 198 S. – Teilbd. 3: 273 S. mit 497 Abb. – Teilbd. 4: 78 Beilagen. Nur geschlossen zu beziehen. Ln. 470,-- DM, ISBN 3-7749-2292-2.

Bd. 12: Der Umgang mit der Geschichte beim Wiederaufbau des Prinzipalmarktes in Münster/Westf. nach dem 2. Weltkrieg.
Von ROSWITHA ROSINSKI. – 1987, 226 S., 261 Abb. im Text, Pp 54,-- DM, ISBN 3-7749-2230-6.

Bd. 13: Die barocken Schloßbauten Justus Wehmers in Westfalen. Zu Bedingungen und Wegen in der Architekturrezeption.
Von KLAUS G. PÜTTMANN. – 1986, 196 S., 126 Abb., Pp 44,-- DM, ISBN 3-7749-2284-5.

Bd. 14: Schloßkapellen im Raum Westfalen 1650-1770.
Von Kristin Püttmann-Engel. – 1987, 284 S., 230 Abb. im Text, Pp 54,-- DM, ISBN 3-7749-2285-3.

Bd. 15: Konservator im Alltag. Aufsätze und Vorträge.
Von Dietrich Ellger. – 1987, 92 S., 15 Abb. im Text, kart. 19,-- DM, ISBN 3-7749-2290-X.

Bd. 16: Die Stiftskirche zu Cappel. Kunsthistorische Auswertung der Ausgrabung 1980 und der archivalischen Überlieferung.
Von Manfred Schneider. – 1988, 365 S., 101 Abb., 3 Beilagen, Pp 58,-- DM, ISBN 3-7749-2360-4.

Bd. 17: Untersuchungen zur mittelalterlichen Keramik Mindens. Auswertung der Stadtkerngrabungen Bäckerstraße und Hellingstraße.
Von Hans-Werner Peine. – 1988, 274 S., 108 Tafeln, 42 Beilagen, Pp 128,-- Dm, ISBN 3-7749-2361-2.

Bd. 18: Die Marktpfarrkirche St. Lamberti zu Münster. Die Bau- und Restaurierungsgeschichte einer spätgotischen Stadtkirche.
Von Hans Josef Böker. – 1989, 229 S. mit 96 Abb., Pp 48,-- DM, ISBN 3-7749-2382-5.

Bd. 19: Häuser, Speicher, Gaden. Städtische Bauweise und Wohnformen in Steinfurt und im nordwestlichen Münsterland vor 1650.
Von Andreas Eiynck. – 1991, 295 S. mit 213 Abb., 9 Karten, 15 Tabellen, Pp 52,-- DM, ISBN 3-7749-2432-5.

Bd. 20: Johann Mauritz Gröninger. Ein Beitrag zur Skulptur des Barock in Westfalen.
Von Udo Grote. – 1992, 315 S., 311 Abb., Pp 62,-- DM, ISBN 3-7749-2461-9.

Bd. 21: Hoch- und spätmittelalterliche Keramik aus der Klosteranlage tom Roden.
Von Ralph Röber. – 1990, 160 S. mit 23 Abb., 72 Tafeln, 3 Beilagen, Pp 84,-- DM, ISBN 3-7749-2482-1.

Bd. 22: Architektur und Stadtplanung im Wiederaufbau. Bochum 1944-1960.
Von Hans H. Hanke. – 1992, 98 S., 155 Abb., Pp 46,-- DM, ISBN 3-7749-2462-7.

Bd. 23: Bruno Paul in Soest. Villen der 20er Jahre und ihre Ausstattung.
Von Jost Schäfer. – 1993, 86 S. mit 172 Abb., 40,-- DM, ISBN 3-7749-2604-2.

Bd. 24: Das Damenstift Herford. Die archäologischen Ergebnisse zur Geschichte der Profan- und Sakralbauten seit dem späten 8. Jahrhundert.
Von Matthias Wemhoff. – 1993, Teilbd. 1, Text: Mit Beiträgen von Annette Fiebig, Peter Ilisch, Josef Riederer, Erika Gaida, Desiree M.J. Neijgh van Lier und Hans Reichstein. 267 S., 47 Abb., 47 Tab. – Teilbd. 2: Befundkatalog und Tafeln. 202 S., 183 Taf. – Teilbd. 3: 57 Beilagen. Nur geschlossen zu beziehen. Pp 166;-- DM, ISBN 3-7749-2611-5.

Bd. 25: Studien zu den barocken Klosteranlagen in Westfalen.
Von Michael Mette. – 1993, 242 S., 228 Abb., 62,-- DM, ISBN 3-7749-2570-4.

Bd. 26: Der Dom zu Münster 793-1945-1993.
Von Uwe Lobbedey. -Textband: 525 S., 750 Abb. u. zahlr. Zeichnungen; Tafelband mit 31 z.T. farbigen Faltplänen, 430,-- DM, ISBN 3-7749-2571-2.

Bd. 27: Die ehemalige Jesuitenkirche Maria Immaculata in Büren. Dokumentation und Beiträge zur Innenrestaurierung 1986-1988.
320 S., 312 Abb., davon zahlr. farbig, 7 Faltpläne, 98,-- DM, ISBN 3-7749-2660-3.

Bd. 28: Historische Formen der Wasserversorgung in den Städten des ehemaligen Hochstifts Paderborn.
Von Ulrike Melzer. – 1995, 127 S., 44 Abb., 39,-- DM, ISBN 3-7749-2690-5.

Bd. 29: Haus Witten. Die Ergebnisse der archäologischen untersuchung an einem Profanbau aus dem 15. bis 20. Jahrhundert.
Von Markus Sommer. Mit Beiträgen von Brigitte Dahmen, Susanne Sommer, Peter Ilisch – 1995, 281 S., 48 Abb., 85 Taf., 7 Beil., 89,-- DM, ISBN 3-7749-2702-2.

Bd. 30: Aspekte kleinstädtischen Lebens im 18. Jahrhundert. Vom Bauen und Wohnen in Unna.
Von Thomas Spohn. – 1995, 430 S., ca. 308 Abb., 98,-- DM, ISBN 3-7749-2720-0

Bd. 31: Das Lippstädter Marienstift. Baugeschichtliche Untersuchung eines westfälischen Kanonissenstiftes des ausgehenden 12. Jahrhunderts.
Von Claudia Kimminus-Schneider. – 1995, 259 S., 216 Abb., davon 6 farbig, 13 Beil., 98,-- DM, ISBN 3-7749-2746-4.

Bd. 32: Zur Regionalität der Keramik des Mittelalters und der Neuzeit. Beiträge des 26. Internationalen Hafnerei.Symposiums, Soest 5.10.-9.10.1993.
1995, 322 S., 264 Abb., 79,-- DM, ISBN 3-7749-2643-x.

Bd. 33: Die ehemalige St.-Petri-Kirche zu Höxter. Geschichte, Archäologie und Architektur einer mittelalterlichen Stadtkirche.
Von WOLFGANG NIEMEYER. – 1997, 178 Seiten, 32 Abb., 1 Beilage, 1 CD-ROM, 62,-- DM, ISBN 3-7749-2806-1.

Bd. 34: Der Altenberg. Eine Bergbausiedlung des 13. Jahrhunderts im Siegerland. Bd. 1: Die Befunde, Bd. 2: Die Funde.
Von CLAUS DAHM, UWE LOBBEDEY, GERD WEISGERBER. Mit Beiträgen von FOCKE ALBERS, MATHIAS AUSTERMANN, MONIKA DOLL, GUNTRAM GASSMANN, PETER ILISCH, ERWIN ISENBERG, PETER JOHANEK, MANFRED KUNTER, MANFRED LUSZNAT, HANS MERTENS, MECHTHILD NEYSES, THILO REHREN, BURGHART SCHMIDT, JENS SCHNEIDER, HERBERT WESTPHAL, ULRICH WILLERDING, SIGRID VIERCK, ÜNSAL YALCIN. - 1999, Bd. 1: X, 270 S., Bd. 2: VI, 264 S., zus. 321 Abb., 89 Taf., 24 Tab., 1 Falttaf., 11 Beil., 118,-- DM, ISBN 3-7749-2832-0

Bd. 35: Die Sixtus-Kasel in Vreden. Untersuchung und Restaurierung einer mittelalterlichen Gewandreliquie.
Von ELISABETH JÄGERS, UWE LOBBEDEY, ANNELIESE STREITER, ERIKA WEILAND, LEONIE VON WILCKENS, MARIA THERESIA WORCH. - 1999, VI, 127 S., 86 Abb., 9 Taf., 45,-- DM, ISBN 3-7749-2850-9